劉蜀永　著

增訂版

劉蜀永
香港史文集

中華書局

劉蜀永香港史文集（增訂版）

劉蜀永　著

責任編輯　黎耀強

裝幀設計　林曉娜

排　　版　陳先英

印　　務　劉漢舉

出版
中華書局（香港）有限公司
香港北角英皇道 499 號北角工業大廈 1 樓 B
電話：（852）2137 2338
傳真：（852）2713 8202
電子郵件：info@chunghwabook.com.hk
網址：http://www.chunghwabook.com.hk

發行
香港聯合書刊物流有限公司
香港新界荃灣德士古道 220-248 號
荃灣工業中心 16 樓
電話：（852）2150 2100
傳真：（852）2407 3062
電子郵件：info@suplogistics.com.hk

印刷
美雅印刷製本有限公司
香港觀塘榮業街 6 號海濱工業大廈 4 樓 A 室

版次
2021 年 7 月初版
©2021 中華書局（香港）有限公司

規格
16 開（230mm×170mm）

ISBN
978-988-8759-45-3

鳴　謝

香港歷史研究基金會（原香港地方志基金會）
資助本書出版費用

#

人物

研究動態與香港地方志

史實考訂

附錄一　報刊評介

附錄二　信函

劉蜀永攝於嶺南大學（2017 年 4 月 3 日）
攝影：中國新影集團邵可

學術與社會

1985 年春季近代史研究所香港史課題組成員首次赴港學術訪問時，與香港大學歷史系霍啟昌博士在港大校園留影。左起為劉蜀永、劉存寬、霍啓昌、楊詩浩。

反映香港大學與內地關係的文集《一枝一葉總關情》在香港大學舉行首版發行儀式。圖為主編劉蜀永致詞。出席的嘉賓（左起）有香港大學校長王賡武、新華社香港分社副社長張浚生、港大老校友許乃波、文洪磋。（1993 年 2 月 26 日）

劉蜀永在中國社會科學院近代史研究所的辦公室內。桌上堆滿從香港收集到的香港史資料。（約 1987 年）

劉蜀永與導師余繩武教授（中）、劉存寬教授（右）攝於余老師家中。（1997 年 6 月 8 日）

1996 年 7 月 1 日，國務院港澳辦、國務院新聞辦和文化部聯合舉辦的「香港歷史與發展」大型圖片展在北京開幕。作為該展覽策劃人和撰稿人，劉蜀永（左一）陪同全國人大副委員長王光英（左二）、國務院港澳辦主任魯平（中間）和新華社香港分社社長周南（右一）等參觀展覽。

應邀作為嘉賓主持，劉蜀永與主持人徐俐（右）一起，主持中央電視台國際頻道的香港回歸現場直播報道。（1997 年 6 月 30 日）

1997 年 12 月 3 至 5 日，中國社會科學院與香港大學合辦的「香港與近代中國國際學術研討會」在香港舉行。圖為劉蜀永在研討會晚宴上講話。右起為黃宇和、劉蜀永、張海鵬、黃紹倫、蔡榮芳、科大衛、馮仲平。

內地校友到香港參加香港大學九十周年校慶活動。圖為他們在校長寓所花園與前校長黃麗松聚談。右起為程靜、侯健存、黃麗松、劉蜀永、于恩華。(2001 年 12 月）

應英國學術院邀請赴英學術交流期間，劉蜀永在劍橋大學校園內留影。（1998 年 9 月 24 日）

格拉斯哥大學研究香港經濟史的學者沈克博士（Dr. Catherine Schenk）接待來訪的中國社會科學院近代史所學者。右起為張俊義、劉蜀永、沈克。（1998 年 10 月 5 日）

2007 年 6 月 7 至 8 日，「香港歷史與社會」國際學術討論會在嶺南大學召開。圖為嶺南大學劉蜀永、劉智鵬與出席會議的中國社會科學院學者。左起為張俊義、侯中軍、金以林、劉智鵬、步平、劉存寬、劉蜀永、王建朗、張麗、單光鼐。

2016 年 10 月 26 日，「天星小輪事件半世紀回顧座談會」在嶺南大學舉行。圖為劉蜀永、丁新豹、劉智鵬與當年事件的主角蘇守忠先生（前右）在會上合影。

嶺南大學劉蜀永、劉智鵬在香港大學出席其著作《侯寶璋家族史》新書發佈會時，與嘉賓合影。右起為劉智鵬、劉蜀永、香港大學校長徐立之、侯寶璋教授之子侯勵存醫生、中聯辦教科部顧問蔡培遠、李心平教授、陳立昌教授。（2009 年 7 月 20 日）

因一張 1985 年的中英街歷史照片（右下），劉蜀永和中英街歷史博物館館長孫霄推動攝影家和照片上的人物在二十五年後相逢。圖為他們在當年照片拍攝地中英街三號界碑前合影。左起為孫霄、劉蜀永、老戰士鍾軍、攝影家何煌友、原香港警官姚志明、老戰士張求華、廣東邊防六支隊軍官楊華蘭、關進興。（2011 年 2 月 27 日）

2011 年 11 月 2 日，劉蜀永及友人在辛亥革命元老葉定仕三子葉瑞山（左三）陪同下，參觀蓮麻坑葉定仕故居。

容閎長子容覲彤曾在蓮麻坑礦場經營達六年之久。2014 年 12 月 6 日，容覲彤之子容永成（左二）在劉蜀永和蓮麻坑村長葉華清（左一）等陪同下，考察蓮麻坑礦場建築舊址。

劉蜀永、劉智鵬與丁新豹推動召開並出席在嶺南大學舉辦的「達德學院創辦七十周年紀念會」。達德學院是 1946－1949 年中共和民主人士在香港屯門開辦的一間大學。前排就坐的達德校友左起為郭宏隆、曹直、吳佩珩、王謙宇、林濱、何銘思、鄭康明、黃經城。（2016 年 9 月 28 日）

「振興赤徑村研究計劃」啟動典禮在新界鄉議局舉行。鄉議局主席劉業強（前左五）和劉智鵬（前右六）、劉蜀永（前右三）等出席。（2018 年 7 月 17 日）

嶺南大學劉蜀永和劉智鵬曾致力香港威海衛警察口述歷史的收集、整理工作。圖為他們與威海衛警察吳傳忠先生等在一次研討會上合影。左起為張軍勇、嚴柔媛、劉智鵬、吳傳忠、劉蜀永、章珈洛、姜耀麟。（2018 年 12 月 8 日）

劉蜀永和助手嚴柔媛在中聯辦新界工作部副部長肖鷹（前）陪同下考察深港邊境，在深圳河與梧桐河交匯處合影。背景中的黃瓦建築物是羅湖聯檢大樓。（2019 年 6 月 3 日）

劉蜀永與楊少初律師（右）同遊米埔自然保護區。楊律師是新界原居民中第一位律師和第一位立法
會議員。（2006 年 11 月 19 日）

劉蜀永在何觀順校長（左）陪同下，考察屬於香港世界地質公園的西貢火山岩園區，被大自然鬼斧
神工的傑作所折服。（2017 年 5 月 21 日）

香港史研究領域幾位「老友記」訪問新界屏山，在熟悉鄧族歷史的鄧聖時老人陪同下，考察鄧氏宗祠等歷史建築。右起為丁新豹、劉蜀永、鄧聖時、劉智鵬、蕭國健。（2007 年 1 月 25 日）

京港兩地香港史專家考察廈村鄧氏宗祠重修進火典禮。左起為蕭國健、丁新豹、劉蜀永、張俊義。（2012 年 1 月 9 日）

劉蜀永與丁新豹（左）在錦田水頭村鎮銳鋗鄧公祠（茂荊堂）考察寓意「添丁發財」的民間習俗上燈儀式。（2007 年 3 月 4 日）

劉蜀永與劉智鵬（左）在屯門青山「香海名山」牌坊前接受記者採訪。（2007 年 4 月）

劉蜀永在大嶼山狗嶺涌考察「嶼南界碑」，丁新豹、孫霄同行。這是 1902 年英軍豎立的海域界碑之一，是英國租借新界的歷史見證。(2009 年 3 月 8 日)

劉蜀永考察位於港島薄扶林的瀑布灣公園。此瀑布與香港地名由來的一種說法有關。(2014 年 4 月 14 日)

應鄧聰教授（右）邀請，劉蜀永參觀香港中文大學中國考古藝術研究中心。（2018年3月6日）

應深井盂蘭勝會姚志明會長邀請，品嘗著名的「裕記燒鵝」。右起為蘇萬興、姚志明、劉蜀永和裕記老闆吳偉彬。（2012年8月26日）

在嶺南大學觀看「京劇藝術進校園」在香港的首場活動後，劉蜀永與著名京劇表演藝術家王玉珍（左二）及其帶領的中國戲曲學院師生合影。（2017 年 11 月 22 日）

劉蜀永和研究助理曾憲明展示香港與華南歷史研究部收到的一份珍貴文物：香港著名閩籍華商杜四端之侄子杜其瑞 1933 年結婚時的束帖。杜四端係主婚人。該束帖經葉偉彰博士牽線，杜其瑞之子杜祖念老師捐贈。（2019 年 12 月 24 日）

因協助編寫《香港東華三院
一百二十五年史略》，劉蜀
永在交易廣場拜會東華三院
歷屆主席會主席李東海先生
（右）。（1995 年 7 月 2 日）

劉蜀永（右二）與經濟
學家陳可焜教授（右一）
訪問香港企業家唐翔千
（左）。（1995 年 7 月 6
日）

劉蜀永在北京紫竹院拜
訪著名漫畫家丁聰先
生（左）。丁先生將其
在香港拍攝的歷史照片
提供給劉蜀永使用。（約
1997 年）

在陳萬雄博士陪同下，於跑馬地英皇駿景酒店拜會饒宗頤教授。左起為劉蜀永、饒宗頤、陳萬雄。（1999 年 9 月 3 日）

為編寫《侯寶璋家族史》，劉蜀永訪問香港大學前副校長、內科專家楊紫芝教授（右）。（2009 年 2 月 16 日）

劉蜀永在銅鑼灣希慎道蟾宮大廈內的翰墨軒，拜會著名收藏家許禮平先生（右）。（2013 年）

母校南開大學法學院台港澳法研究中心和歷史學院合辦香港史講座，劉蜀永講述香港在國家歷史上的獨特地位。（2017 年 9 月 18 日）

劉蜀永在南京大學歷史學院舉辦講座：〈香港由來與兩地關係〉。右起為孫揚、劉蜀永、何志輝。（2017 年 12 月 8 日）

在廣州香江園拜會抗日老戰士，請教香港抗戰史問題。左起為原東江縱隊
機關報《前進報》社長楊奇、原港九大隊政委陳達明和劉蜀永。（王玉珍攝
於 2015 年 8 月 3 日）

劉蜀永（左四）與港九大隊後人尹素明（左五）、尹小平（左三）、羅志威（右四）、黃小抗（右六）、
黃俊康（左一）等考察沙頭角羅家大屋，討論將其改建為香港沙頭角抗戰紀念館事宜。抗戰時期，
羅家有十一人參加中共領導的抗日游擊隊，人稱「香港抗日大家庭」。（2017 年 10 月 28 日）

在西貢北約鄉事委員會主席李耀斌（左一）等協助下，劉蜀永（前右二）的工作團隊和港九大隊後人在西貢昂窩村的山林中，發現了港九大隊軍需處的岩洞倉庫。（2018 年 12 月 10 日）

抗戰時期，大嶼山寶蓮寺住持筏可曾捨命保護在寺內養病的港九大隊副大隊長魯風。圖為劉蜀永（前右一）和港九大隊後人拜會寶蓮寺前任和現任住持釋智慧（前左三）、淨因（前右三），商討設立抗戰紀念碑事宜。前左一是魯風之子魯慧。（2019 年 1 月 25 日）

2021 年 5 月 22 日，中聯辦副主任陳冬和新界工作部部長李薊貽到訪沙頭角石涌坳羅家大屋，與港九大隊後人和學者座談，了解香港沙頭角抗戰紀念館籌備情況。左起為李薊貽、尹小平、劉蜀永、陳冬、黃俊康、羅凱嬰。

2021 年 5 月 29 日，劉蜀永（左五）與林珍、李耀斌、尹素明、尹小平、黃俊康等約一百人，乘船由屯門碼頭出發，前往當年海戰的沙洲、龍鼓洲一帶海域，參加劉春祥抗日英雄群體犧牲七十八周年祭奠活動。這是港人首次為列入國家級紀念名錄的抗日英烈舉行紀念活動。（香港廣州社團總會照片）

在北京人民大會堂出席全國政協辦公廳等單位舉辦的慶祝中華人民共和國成立七十周年招待會。左起為封小雲、劉蜀永、劉兆佳、謝兵、王靈桂。（2019 年 9 月 28 日）

劉蜀永（後右一）、丁新豹（前左一）和香港地方志辦公室同事在威海衛警察吳傳忠先生（後右二）引導下參觀大館，在原警察總部大樓前合影。（2010 年 12 月 20 日）

在香港歷史博物館出席「香港的歷史與社會研究」國際學術研討會的港澳兩地學者。右起為湯開健、鄭德華、李金強、劉蜀永、冼玉儀、霍啟昌、周佳榮。（2016 年 12 月 2 日）

香港城市大學出版社在城大康樂樓舉辦「香港歷史研究系列」編委會聚會，多位知名學者聚集一堂。前排左起為劉蜀永、丁新豹、朱國斌、劉智鵬、周佳榮、李金強。後排左起為陳家揚、區志堅、游子安、麥勁生、趙雨樂、鄭宏泰、廖迪生、黃文江、張兆和。（2017 年 1 月 11 日）

「二劉一丁」的一次聚會，左起為劉蜀永、丁新豹、劉智鵬。2019 年 5 月 1 日攝於銅鑼灣富豪香港酒店。

劉蜀永及其兩位助手嚴柔媛和姜耀麟。攝於 2016 年 11 月 24 日。

劉蜀永在嶺南大學的辦公室工作。攝於 2015 年 3 月 11 日。

劉蜀永主編、合著或獨著的香港史志著作。

香港修志

2004 年 6 月 9 日，首次研討香港修志的香港地方志座談會在嶺南大學舉行。圖為邱新立、劉智鵬、劉蜀永、秦其明（從左至右）在座談會上。邱、秦兩位嘉賓來自中國地方志指導小組。

在嶺南大學舉辦的「廣東省新編地方志展覽」現場，劉蜀永、劉智鵬與來自北京、廣東的嘉賓合影。左起為邱新立、陳強、秦其明、劉智鵬、劉蜀永、馬建和。（2006 年 5 月 26 日）

劉蜀永、劉智鵬訪問上海市地方志辦公室，與副主任沙似鵬、朱敏彥、《上海通志》總纂黃美其等就《香港通志》篇目進行討論交流。左起為黃海根、王孝儉、劉其奎、劉蜀永、沙似鵬、劉智鵬、黃美其、朱敏彥、梅森。（2006 年）

劉蜀永（左二）、劉智鵬（右二）應邀訪問台灣，圖為他們在中興大學歷史系演講後，與方志專家黃秀政教授（右一）、系主任宋德喜教授（左一）合影。（2006 年 12 月 5 日）

2007 年 2 月 14 日，香港地方志工程啓動典禮在銅鑼灣世界貿易中心舉行。嶺南大學校長陳坤耀、中聯辦副主任李剛、中國地方志指導小組常務副組長朱佳木、秘書長田嘉等出席。圖中左起為劉蜀永、饒美蛟、田嘉、朱佳木、陳坤耀、李剛、陳弘毅、鄧聰、劉智鵬。

劉蜀永作為主編，在新界鄉議局出席香港第一本村志《蓮麻坑村志》發行儀式。右為另一位主編蘇萬興，左為蓮麻坑村代表葉華清。（2015 年 9 月 16 日）

「嶺南二劉」的唐‧吉珂德行動：從狹小的辦公室開始一項巨大的文化工程。（張潔平攝於 2007 年 7 月 5 日）

2016 年 12 月 23 日，「2016 嶺南大學職員年度聚會」在黃金海岸酒店舉行。鄭國漢校長（後排左五）、劉蜀永、劉智鵬和嶺南大學香港與華南歷史研究部的同事合影。研究部和香港地方志辦公室是一個機構兩塊牌子。

在浙江省地方志辦公室顏越虎處長（中）陪同下，劉智鵬（右二）、劉蜀永（右一）赴紹興市地方志辦公室考察交流。圖為劉智鵬向魯孟河主任（左二）贈送香港方志辦出版的書籍。（李能成攝於2011年8月11日）

冀祥德秘書長率領的中國地方志指導小組辦公室港澳考察團到嶺南大學考察香港地方志辦公室工作情況。左起為陳旭、楊軍仕、劉蜀永、劉智鵬、嶺南大學校長鄭國漢、冀祥德、王傑、劉永強、劉丹。

深港兩地方志界有長期的合作交流關係。圖為嶺南大學劉蜀永、劉智鵬到訪深圳市史志辦公室。左起為黃玲館長、劉智鵬、楊立勛主任、劉蜀永、張妙珍副主任。(2018年10月19日)

《粵港澳大灣區城市群年鑒》組稿會在珠海市舉行。廣東省方志辦主任陳華康(前左七)、廣州市方志辦主任黃小晶(前左六)、劉蜀永(前左四)、香港城市大學出版社社長朱國斌(前左三)等出席。(2018年2月1日)

香港地方志辦公室「二劉一丁」與香港地方志基金會幾位副主席在山光道賽馬會會所的一次聚會。
左起為馬逢國、伍步謙、劉蜀永、劉智鵬、丁新豹、簡永楨。(2019年5月6日)

在灣仔富通大廈出席香港地方志中心啓動會議時，劉蜀永、劉智鵬將合著的新書《香港史——從遠
古到九七》贈給董建華先生。左起為劉蜀永、董建華、劉智鵬、陳智思。(2019年9月6日)

《香港志‧大事記》審稿會在香港中華書局會議室舉行。左起為蔡兆浚、孫文彬、劉蜀永、趙東曉、黎耀強、顧瑜、陳德好。（2020 年 11 月 20 日）

《香港志‧總述‧大事記》新書上架儀式及記者會在團結香港基金會議室舉行。圖為該書四位主編與香港地方志中心、香港中華書局負責人合影。左起為林乃仁、鄭李錦芬、陳佳榮、劉智鵬、陳智思、劉蜀永、丁新豹、李焯芬、侯明、孫文彬。（2020 年 12 月 28 日）

學生時代

劉蜀永的小學畢業證書

保定二中高十三班班幹部合影。後右二是劉蜀永。
（約 1959 年）

南開大學外文系俄語專業 1960 年級部分師生在新開湖畔合影。前排左二是陳雲路老師。第
三排右起為谷恆東、劉蜀永。（約 1960 年冬季）

作為近代史研究所 1979 屆唯一一名研究生，劉蜀永參加該所 1978 屆研究生的畢業合影。前排左起為鄒念之、黎澍、李新、李玉貞等老師，二排左起為劉蜀永、潘榮、侯均初、黃修榮、梁澄宇。三排左起為劉敬忠、王好立、張亦工、王樹才。（1981 年 9 月 21 日）

1982 年 7 月，參加中國社會科學院研究生院畢業典禮後，與同屆同學合影。左起為單光鼐、劉蜀永、宋廷明。畢業以後，宋廷明曾任國家體改委理論宣傳局局長兼新聞發言人，單光鼐成為著名社會學家。

家庭記憶

劉蜀永與家人攝於父親的工作單位保定一中,時年十四歲。後排右起為父親劉瑞恩、母親賀淑芬。前排右起為劉蜀永、劉蜀璧、劉蜀定、劉蜀渝。(1955 年春節)

劉蜀永與家人合影,時年二十歲。前排左起為母親賀淑芬、父親劉瑞恩、表兄賀遇凱。後排左起為劉蜀定、劉蜀璧、劉蜀永、劉蜀渝。(1961 年 8 月於河北省保定市)

劉蜀永和家人到夏威夷旅遊度假，攝於庫亞洛亞牧場（Kualoa Ranch）。右起為外孫龔正洋和何浩宇、劉蜀永及夫人張亞娟、長女劉朝暉和次女劉松梅。（2014 年 7 月 17 日）

金婚紀念照。前排為劉蜀永及夫人張亞娟。後排左起為外孫何浩宇、次女劉松梅、長女劉朝暉、外孫龔正洋。（2019 年 7 月 25 日攝於北京王府井中國照相館）

生活情趣
劉蜀永攝影小品

喜鳥鬧春（2020 年 2 月 23 日攝於嶺南大學）

洗耳恭聽？（2021 年 3 月 9 日攝於嶺南大學）

爭奇鬥艷（2020 年 2 月 28 日攝於嶺南大學）

總　論

香港：150 年來政治經濟發展概況

　　香港自古以來便是中國的領土。英國佔領以前，當地的農業、漁業、製鹽業、交通運輸業和文化教育已有一定程度的發展，並非荒涼的不毛之地。在鴉片戰爭的過程中，英軍於 1841 年 1 月 25 日強行佔領香港島。1842 年 8 月，英國強迫清政府簽訂中英《南京條約》，正式割佔該島。在第二次鴉片戰爭的過程中，英軍於 1860 年強行佔領九龍。同年 10 月，英國又強迫清政府簽訂中英《北京條約》，割佔了九龍。1898 年 6 月，在列強瓜分勢力範圍的背景下，英國強迫清政府簽訂了《展拓香港界址專條》，並通過次年的定界談判，租借了深圳河以南、今界限街以北的大片中國領土和 235 個島嶼，即後來所謂的「新界」，從而實現了對整個香港地區的佔領。

　　1997 年 7 月 1 日，中國對香港恢復行使主權，香港歷史翻開了新的一頁。在這具有重大歷史意義的日子到來之際，對英佔香港以後 150 餘年政治與經濟的發展，作一簡單的回顧，總結歷史的經驗和教訓，相信對香港未來的發展，是會有所幫助的。

一、香港的政治制度

　　1843 年 4 月 5 日，維多利亞女王頒佈了《英王制誥》（Letters Patent），宣佈設置「香港殖民地」，確定了香港的地位和政權性質。與此相關，《英王制誥》規定派駐香港總督，授予其廣泛的統治權力。《王室訓令》（Royal Instructions）

是 1843 年 4 月 6 日以英王名義頒發給第一任港督砵甸乍（Henry Pottinger，又譯為璞鼎查）的指示，主要涉及行政局和立法局的組成、權力和運作程序，以及港督在兩局的地位和作用、議員的任免、如何作出決議和制定法律等。《王室訓令》是對《英王制誥》的補充，二者具有同等效力。

根據上述兩個命令，香港總督作為英國國王派駐香港的代表，擁有極大的權力。香港所有的官吏、軍民等都要服從他的管轄。他是行政局和立法局的當然主席。立法局通過的法案必須經過總督同意才能成為法律。他擁有香港三軍總司令的名義。此外，還有任命法官和其他政府官員、頒佈特赦令等權力。第二次世界大戰以後擔任香港總督的葛量洪（Alexander Grantham）在其回憶錄中曾說：「在這個英國直轄殖民地，總督的地位僅次於上帝。他每到一處地方，人人都要起立，在任何情況下都遵從他的意見，——永遠都是：『是，爵士。』『是，閣下。』」[1] 英國學者邁樂文（N. J. Miners）在《香港的政府與政治》一書中曾說：「港督的法定權力達到這樣的程度：如果他願意行使自己的全部權力的話，他可以使自己成為一個小小的獨裁者。」[2]

但是，我們應該看到，香港總督只能在英國政府規定的範圍內，為維護英國的殖民利益而行使他的權力。《英王制誥》規定英國政府有權刪改、廢除或制訂香港法律。按照政制的規定，香港政府的任何行動，均須由英國外交及聯邦事務大臣向英國國會負責。英國外交及聯邦事務大臣擁有向港督發號施令的權力。香港的對外關係也由英國政府直接負責。港督任命官員須經英國政府認可。港督要向英國政府報告工作，重大問題要向英國政府請示。港督處理問題時也要考慮公眾輿論（主要是英商和華人上層人士的意見），避免因公眾強烈

1　Alexander Grantham, *Via Ports, From Hong Kong to Hong Kong* (Hong Kong: Hong Kong University Press, 1965), p. 107.

2　Norman Miners, *The Government and Politics of Hong Kong*. 3rd ed. (Hong Kong: Oxford University Press, 1981), p. 77.

不滿而招致英國政府調查和議會質詢。

行政局（Executive Council）和立法局（Legislative Council）是香港總督的高級諮詢機構，1844 年開始進行工作。

行政局的主要任務是就各種重大決策向港督提供意見，並具有某種立法職能。新的法令要先經行政局審查，批准草案後再交立法局討論通過。該局聚集了港英最高層行政官員，可以說是協助港督決策的總參謀部。

港督主持行政局會議。港督因故不能出席會議時，由他指定的當然官守議員代為主持。港督在行使《英王制誥》賦予的權力時，應就一切事項徵詢行政局的意見，但急事、瑣事或極端機密的事情除外。只有港督有權直接向行政局提出議題。若議員提出議題，需事前向港督提出書面請求，徵得港督同意。港督不贊成全體或多數議員對某事的意見時，他有權按照自己的主張行事，但應將詳情記入會議記事錄，行政局每隔半年將記事錄送呈國務大臣審閱。

行政局議員分為當然官守議員、委任官守議員和非官守議員。為了便於港督集權，在行政局成立的最初三十年，僅有三名官守議員。1917 年修訂的《王室訓令》規定，當然官守議員包括駐軍司令、輔政司、律政司和庫務司（後改稱財政司），後來又增加華民政務司，他們因其在政府中擔任的要職而當然參加行政局，在所有議員中地位最高；其他議員由港督提名，國務大臣正式委任。1966 年以前官守議員在行政局一向佔大多數，此後非官守議員開始佔多數，但這種變化並無重要意義，官守議員特別是當然官守議員位高權重，始終擔任主要角色，非官守議員只起配角作用。行政局成立後八十多年華人一直被拒於大門之外，直到省港大罷工期間，港督金文泰為了「緩和中國的反英情緒及鼓勵香港華人效忠」，[3] 才於 1926 年第一次提名英籍華人周壽臣擔任行政局非

3　G. B. Endacott, *Government and People in Hong Kong, 1841-1962* (Hong Kong: Hong Kong University Press, 1964), p. 146.

官守議員。殖民地大臣艾默里（Leo Amery）和外交大臣奧斯丁‧張伯倫（Austen Chamberlain）表示異議，認為華人在保密方面不可信任。經金文泰一再請求，最後英國政府才同意這一任命，但外交部仍堅持：今後行政局議員不得閱看機密文件。[4]

立法局的任務是協助港督制訂法律和管理政府的財政開支。總督對法律的制訂有決定性的影響。《王室訓令》規定，港督作為立法局主席，投票表決時除擁有本身的一票外，在贊成票和反對票相等時，有權再投決定性的一票（Casting Vote），以保證自己的意圖得到貫徹。即使立法局全體議員一致反對，他照樣可以按照自己的意願制訂和頒佈法令。[5] 立法局內的財政委員會在理論上擁有很大權力，但在討論香港政府年度預算時，它只能接受、否決或減少預算，卻無權增加分文。

佔香港人口絕大多數的華人長期被排斥在立法局大門之外。1855 年，港督包令（John Bowring）主張部分非官守議員由選舉產生。候選人必須是英國人，但每年向政府交租稅 10 英鎊的有產者不分種族均享有選舉權。如此溫和的改革方案，也遭到英國政府拒絕。殖民地大臣拉布謝爾（H. Labouchere）誣衊華人「非常缺乏最基本的道德要素」，[6] 拒絕給任何華人選舉權。十九世紀七十年代，香港華商在轉口貿易等方面已成為一支不可輕視的力量。他們從 1878 年即提出參政要求，上書港督説，香港華人在人數上以十比一的比例超過了外國人，納税金額也遠遠超過了外國人，應該允許華人參與管理公共事務。[7] 後來，港督軒尼詩（John Pope Hennessy）利用立法局議員吉布（H. B. Gibb）請假返

4　Frank Welsh, *A History of Hong Kong* (London: HarperCollins, 1993), p. 400.

5　從 1993 年 2 月 19 日開始，港督不再擔任立法局主席。

6　Labouchere to Bowring, 29 July 1856. British Parliamentary Papers, Irish University Press Area Studies Series. China 24, Correspondence...respecting to the Affairs of Hong Kong, 1846-1860, pp. 200-201.

7　《華商呈文》，1878 年 10 月，英國殖民地部檔案 C.O.129/187, pp. 56-58。

回英國養病這一時機，提議讓華人律師伍廷芳暫時佔據立法局的這個席位。他還建議改組立法局，使伍廷芳能夠比較長期地擔任立法局議員。殖民地大臣比奇（M. H. Beach）只同意伍廷芳擔任立法局臨時代理議員（任期不超過三年），不同意他擔任常任議員。他說，如果立法局研究機密問題，伍廷芳在場諸多不便。[8] 1880 年 1 月 19 日，香港政府發佈公告，宣佈伍敘（伍廷芳）暫行代理吉布為立法局議員，伍廷芳因而成為香港第一位華人非官守議員。此後，黃勝、何啟、韋玉相繼成為立法局議員。但到 1895 年為止，華人在立法局只有象徵性的一個席位，1896 年才增至兩個席位。

早期行政、立法兩局成員全部由港英高級官員兼任。立法局從 1850 年起有外籍商人擔任的非官守議員。1880 年伍廷芳任非官守議員後，立法局開始有華人議員。行政局從 1896 年起有外籍商人擔任的非官守議員。1926 年周壽臣任非官守議員後，行政局才開始有華人議員。兩局成員是由港英高級官員和當地有影響的市民組成。

在英國統治下，香港的政治制度顯然是不民主的。霍普金斯主編的《工業殖民地——香港的政治、社會及經濟概覽》一書認為：「香港不是民主政體。無論是在行政上的和執行上的權力，皆掌握在政府官員之手，而他們在法律上是通過總督向英國負責的。香港人民對他們並無任免之權。」[9]

英國統治香港 150 多年來，根據《英王制誥》和《王室訓令》確立的香港政治制度基本上保持不變。1975 年，邁樂文曾經寫道：「假如香港的第一任總督砵甸乍爵士今天重臨香港，他能認出的東西幾乎只有山頂區的輪廓和政府制度，後者在一百三十年中差不多沒有變化。」[10] 當然，隨着形勢的發展和社會

8　G. B. Endacott, *Government and People in Hong Kong, 1841-1962*, p. 94.

9　Keith Hopkins ed., *Hong Kong: The Industrial Colony* (Hong Kong: Oxford University Press, 1971), p. 55.

10　Norman Miners, *The Government and Politics of Hong Kong*, p. XV.

的變化，香港的政治制度也有局部的調整與變化。

第二次世界大戰以後，在世界反殖民主義潮流的強大壓力下，英國政府一度準備對香港的政治制度實行有限的改革，給殖民統治增加一點開明色彩，以減少港人的不滿和世界輿論的指責。

1946 年 8 月，港督楊慕琦（Mark Young）提出了「楊慕琦計劃」。該計劃的核心內容是選舉產生市議會（Municipal Council）。這個機構不過是一個稍加擴充的市政局（Urban Council），其職能限於管理一些服務性的市政工作，行政、立法、司法、財政、警務等大權仍由香港政府掌握，市議會完全無權過問。後來隨着遠東形勢的演變，英國政府認定其在香港的地位短期內不會發生變化，於是將政改計劃束之高閣，像「楊慕琦計劃」這樣有限的改革也未實施。直至二十世紀八十年代初期基本上一切照舊。在 1982－1984 年中英關於香港問題的談判期間，英方十分強調保持香港的現行政制。當時港英官方鼓吹，現行政制是「香港繁榮之所繫」。[11]

1984 年《中英聯合聲明》簽訂以後，中國政府根據「一國兩制」的方針和聯合聲明的精神，在廣泛徵求香港社會各界意見的基礎上，制訂了《中華人民共和國香港特別行政區基本法》，作出了一整套循序漸進發展民主的政制設計。《基本法》規定香港特別行政區行政長官的產生辦法根據香港特別行政區的實際情況和循序漸進的原則而規定，最終達至由一個有廣泛代表性的提名委員會按民主程序提名後普選產生的目標。香港特別行政區立法會議亦按照同樣的原則選舉產生。過渡時期香港政制的發展，只有與《基本法》銜接，才能保證 1997 年政權的順利交接和平穩過渡，才有利於香港長期的穩定與繁榮。而英國政府在從香港撤退大局已定的局勢下，一反常態，通過港英當局大力推行代議制改革，迫不及待地加快直選步伐，企圖在 1997 年以後繼續由英國人影響和

11　楊奇主編：《香港概論》（續編）（北京：中國社會科學出版社，1993），頁 15。

控制香港。英方大改政制的做法，是一種不明智的選擇，理所當然地遭到中國政府的反對。

二、香港經濟的發展

香港開埠 150 多年以來，經濟面貌發生很大的變化，從二十世紀六十年代開始，特別是中國實行改革開放政策以來，香港經濟飛躍發展，創造了令人矚目的經濟奇跡，成為亞洲「四小龍」之一。香港已從昔日的農業社會發展成為現代化的國際大都會。

香港近現代的經濟經歷了曲折的發展道路，大致可以劃分為五個階段：

（一）轉口港形成前時期（1840－1860 年）

英國統治香港初期，英國商人很少從事正當的經濟活動，主要是從事罪惡的鴉片貿易，香港成為遠東最大的鴉片走私總站。據香港庫務司馬丁（R. M. Martin）1844 年 7 月 24 日的報告，當時香港主要的洋行，如怡和洋行、顛地洋行等皆從事鴉片貿易，鴉片轉口貿易是他們主要的貿易方式。[12] 另據香港助理巡理府米徹爾（W. H. Mitchell）1850 年的備忘錄，1845－1849 年，從印度運往中國的鴉片，有四分之三是經香港轉銷的。[13]

苦力貿易是英佔香港初期又一項重要經濟活動。1847 年美國加利福尼亞金礦的發現和四年以後澳洲金礦的發現，引起了淘金熱，極大地刺激了香港苦力貿易的發展。當時華工出國主要是採取「契約工」的形式。為了償還僱主支付的出國船資和伙食費，苦力必須簽訂契約，為僱主工作一定年限。在巨額利潤的驅使下，西方殖民者僱用拐匪和其他歹徒，在中國內地拐騙勞動者，強迫

12《馬丁報告》，1844 年 7 月 24 日，英國殖民地部檔案 C.O.129/18。
13《米徹爾備忘錄》，1850 年 12 月 28 日，英國殖民地部檔案 C.O.129/34。

其簽訂契約，然後將其轉運到外國充當苦力。1851－1872 年，經香港到世界各地的中國苦力達 32 萬人之多。在苦力貿易中，香港的人販子獲得了驚人的利潤。例如，人販子將一個中國苦力運到秘魯或西印度群島，平均支出 117－190元，當地種植園主收買苦力的價格是人均 350－400 元，人販子獲得的利潤大約每個苦力 200 多元。[14]

（二）轉口港時期（1860－1950 年代初期）

英國通過第二次鴉片戰爭割佔了九龍半島南部，使九龍和香港島之間適合船隻停泊的廣闊水域（即「維多利亞港」）完全處於英國的控制之下。從國際上看，由於歐美主要資本主義國家陸續完成產業革命，由於蘇伊士運河通航和歐亞海底電線的敷設，使西方對中國的商品輸出迅猛增長。上述原因和條件使地理條件優越的香港逐步發展成為一個轉口港。

據統計，1867 年，中國從香港進口的貨物佔全部進口貨物的 20%，經香港出口的中國貨物佔全部出口貨物的 14%。[15] 1880 年，中國進口貨值的 37%、出口貨值的 21%，經過香港。[16]

十九世紀末英國租借新界，使香港原有的陸地面積增加十一倍，總人口增加三分之一以上，為香港經濟的繼續發展提供了有利條件。1911 年廣九鐵路通車，轉口貨物的運輸較前方便。雖然受到兩次世界大戰的影響，香港作為一個轉口港仍在不斷發展。

1900 年，對香港的貿易佔中國出口貿易額的 42% 和進口貿易額的 40%。[17]

14　Sing-wu Wang, *The Organization of Chinese Emigration,1848-1888* (San Francisco, Chinese Materials Center Inc., 1978), pp. 86-87.

15　H. B. Morse, *The International Relations of the Chinese Empire*, Vol. 2, pp. 402-403.

16　G. B. Endacott, *A History of Hong Kong,* Eighth impression (Hong Kong: Oxford University Press, 1985), p. 194.

17　G. B. Endacott, *A History of Hong Kong,* Eighth impression, p. 253.

同年，進出香港的船隻噸位達到 1,402 萬多噸，15 年內增加了一倍。[18]

早在英國佔領香港初期，香港就有了一些工業企業，但主要是為轉口貿易服務的造船和修船企業。十九世紀末、二十世紀初，才開始有輕工業，但並不發達。1937 年抗日戰爭全面爆發後，日軍逐步侵佔我國許多工商業城市，許多華資企業紛紛遷到香港，帶來大量資金和技術人才，香港工業因而得到迅速發展。1941 年日軍侵佔香港前，香港已有工廠 1,250 家，工人 9 萬人以上。1936－1941 年，香港工業產品的出口額激增到 6.8 倍，在出口總額中所佔比重由 3.1% 上升到 12.1%。[19]

日本佔領時期，香港經濟受到嚴重摧殘。到 1946 年，工廠數目已下降為366 家，對外貿易基本上處於停頓狀態。賭場、大煙館卻畸形發展起來。

（三）工業化時期（1950 年代初期－1970 年）

1949 年 10 月 1 日中華人民共和國成立以後，英國從其在華利益和在香港的利益考慮，在西方國家中率先承認新中國，因而香港與內地的商貿活動能夠大量進行。1950 年香港的對外貿易額超過 75 億港元，1951 年達到 93 億港元。1951 年香港對中國內地的輸出總額為 16 億多港元，佔香港出口總額的36.2%。[20]

朝鮮戰爭爆發以後，英國政府屈從於美國的壓力，實行對華禁運，使香港的轉口貿易受到沉重打擊。1952 年香港的對外貿易額下降到 66 億多港元。對中國內地的輸出也下降到 5 億多港元。[21] 在這種情況下，港商不得不調整經濟結構，另尋出路，發展工業。

---

18 余繩武、劉存寬主編：《十九世紀的香港》（北京：中華書局，1994），頁 292。

19 鄒雲濤等整理：《金應熙香港今昔談》（北京：龍門書局，1996)，頁 37。

20 同前引書，頁 38。

21 同前引書，頁 39。

早在中國大陸解放前夕，內地的資金、設備、技術人才和管理人才從上海和廣州大量流入香港。據統計，從 1946－1950 年間，以商品、有價證券、黃金和外幣的形式，從中國大陸流入香港的資金不下 5 億美元。內地遷港的工業，包括紡織、橡膠、五金、化工、火柴等，對香港實現工業化起了重大作用。二十世紀五十和六十年代，香港逐漸完成了從轉口港時期向工業化時期的過渡。1947 年香港僅有工廠 961 家，僱用人員 4.7 萬多人；1959 年工廠增加到 4,541 家，僱用人員 17 萬多人。1959 年，在香港的出口貿易中，港產品的比重已經上升到 69.6%，超過了轉口貨物的比重。這是香港實現工業化的標誌。進入 1960 年代以後，紡織、製衣、塑膠以及新興的電子、鐘錶、玩具等工業等得到迅速發展。

（四）經濟多元化時期（1971－1985 年初）

從 1960 年代晚期起，採用出口導向型經濟策略的地區逐漸增多，台灣、韓國的出口額在 1970 年代前期陸續趕上香港。與此同時，發達工業國家出現經濟衰退跡象，貿易保護主義抬頭。在這種不利的形勢下，香港充分發揮市場自我調節機能，大力推行經濟多元化方針，經濟結構發生重大變化。

1970 年代香港開始出現「經濟起飛」。香港工業向着現代化、多元化發展，以生產高增值產品來應付歐美各國的保護主義措施。香港的註冊廠家從 1970 年的 16,507 家，增加到 1980 年的 45,025 家，僱用人員從 54.9 萬人增加到 90.7 萬人，分別增加 1.7 倍和 0.7 倍。1980 年港產品出口總值為 681.71 億港元，佔出口貿易總值的 69.4%。從事製造業的人數佔就業總人數的 40% 左右。中國內地實行改革開放政策以後，香港製造業大量北移到珠江三角洲，僱工人數大大超過了香港本地僱工人數，低廉的生產成本再次提高了香港工業的競爭能力。多種經濟部門成為香港經濟的支柱。加工業、對外貿易、交通運輸、金融、建築和旅遊業蓬勃發展。香港形成一個地區性的國際金融中心。1984 年香

港的人均生產總值已達到 5,316 美元，在亞洲僅次於日本、文萊，而略高於新加坡。

在 1960 和 1970 年代，香港經濟的四大支柱是出口貿易、製造業、旅遊業和建築業，但 1970 年代後期，在中國內地提出實現四個現代化的目標以後，香港的金融和商用服務業（包括銀行、保險、航運、地產等環節）發展十分迅速。

（五）趨向成熟的服務經濟時期（1985 年至現在）

1985 年 5 月，中英兩國政府互換《中英聯合聲明》批准書。香港在政治上進入過渡期，經濟上又正好進入經濟結構新的轉型期，即從以工業、外貿為基礎的多元化經濟，轉為以服務業為主體，多種經濟全面發展的服務經濟。

這一時期，製造業產值在香港本地生產總值（GDP）中所佔比重逐年下降，從 1987 年的 23% 跌至 1994 年的 9.3%。製造業大規模北移是此次經濟轉型的基本特徵之一。目前，香港製造業原有的 80% 的生產線已經移至內地。

香港的轉口貿易重現興盛，連年大幅上升，1988 年超過港產品出口，佔出口總值的 56%。1994 年這個數字又上升為 81%。

自 1982 年港元危機和 1987 年世界性股災後，香港銀行業進入穩定繁榮時期，金融業監管也日趨完善。香港前途問題明朗化以後，特別是中國實行改革開放政策以後，各國資本在香港投資進入一個繁榮期。香港經濟進一步國際化。

1982 年以前的十年間，世界不少地方經濟動盪，但是香港的生產總值卻以平均每年超過 9.6% 的速度迅速增長。1966－1995 年，香港按人口平均計算的本地生產總值由 668 美元增加到 23,000 美元，增長 33.4 倍。1996 年更達到 24,500 美元，已超過英國、加拿大和澳大利亞，大致與法國看齊，在亞洲僅次於日本和新加坡。目前香港已成為亞太地區著名的國際金融中心、貿易中心、航運中心、旅遊中心和資訊中心。

　　最近幾十年香港經濟繁榮和發展是多方面因素造成的。筆者認為主要的因素是：

（1）有利的國際環境

　　第二次世界大戰以後，亞洲及太平洋地區先後爆發了朝鮮戰爭和越南戰爭，香港卻處於相對穩定的狀態，世界各地的資金源源不斷地流入香港。從 1950 年代末到 1970 年代初，東南亞流入香港的資金超過了 100 億港元。這段時間，世界資本主義經濟也進入了所謂「黃金時代」，歐美主要資本主義國家和日本也將大量資金投入香港，並帶來了先進的科學技術和現代化的企業管理方法。與此同時，西方主要資本主義國家逐步放棄了發展輕紡等勞動密集型傳統工業，重點發展資本密集和技術密集型工業，使世界經濟結構中出現「空缺」，為香港發展勞動密集型工業和開拓國際市場提供了良好的機會。

（2）中國內地因素

　　新中國成立以後，中國政府對香港採取了「長期打算，充分利用」的政策，從實際出發，尊重歷史，維持現狀，從政治上實現香港的穩定，從經濟上給予大力支持。

　　香港長期得到祖國內地各方面的照顧。內地一直以優惠價格向香港提供大量的主食、副食、日用消費品、工業原料、燃料和食水。香港的淡水很大部分依靠內地供應，以 1995 年為例，中國內地輸往香港的水量為 6.9 億立方米，佔當年香港耗水量（9.19 億立方米）的 75%。1974 年，在世界發生能源危機，內地也急需石油的情況下，還是以優惠價格向香港供應石油 30 萬噸。香港進口食品的四成來自內地。從 1962 年開始，有 751、753、755 等三趟「供應港澳鮮活冷凍商品快運貨物列車」經常由內地開往香港。34 年來，共運送活牛 500 多萬頭，活豬近 8,500 萬頭以及大量其他商品。內地供應香港的產品不僅數量大，而且價格一般低於外國同類產品。內地產品的穩定供應，使得香港的通貨膨脹率和勞動成本低於西方工業發達國家，使香港產品在國際市場上能不斷擴

大銷路。

　　中國實行對外開放政策以後，港貨輸入祖國內地的數量急驟增加，刺激了香港經濟的發展。1979 年香港產品對內地的出口總值為 6.03 億港元，1983 年達到 62.23 億港元，1984 年上升到 112.83 億港元，1985 年又增加到 151.89 億港元，六年之內增加了 24 倍。中國內地從 1985 年起，取代美國成為香港第一大貿易夥伴，佔香港進口來源地第一位、轉口貿易第一位和港產品出口市場的第二位，1993 年又成為港產品出口的最大市場。

　　中國實行改革開放政策以後，逐漸改善的投資環境吸引着愈來愈多的港商到內地投資。據統計，1979－1992 年，港商在內地投資的企業達 61,068 家，協定金額達 704.8 億美元，佔內地全部直接投資項目和協定金額的 60% 以上。港商成為內地最主要的海外投資者。港商在內地投資促進了香港與內地的共同繁榮。以廣東省為例，約有 400 萬工人固定受僱於香港公司開辦的企業中。據估計，僅工資支出一項，港商每年便可節省約 2,000 億港元。

（3）香港華人的才華和努力

　　早在十九世紀七十年代後期、八十年代前期，香港華商已經發展成為一支不容忽視的社會力量。1881 年 6 月 3 日，港督軒尼詩曾對立法局議員說：「本港貿易屬華人者不少。本港股商巨賈亦是華人。況本港產業原係華人所有。久居港地者無非都是華人。且本港國餉華人所輸，十居其九。」[22]

　　在當代香港擁有一大批熟悉專業知識的工商業、科技人才和管理人才。他們從事國際貿易的經驗豐富，對環境變化反應迅速，經營上具有高度的靈活性。人們公認，香港華人的才華和努力，是香港繁榮的重要因素之一。從二十世紀六十年代中期開始，香港華資財團在競爭中崛起。1988 年底，股票上市的十大財團中，華資佔了七家，即李嘉誠、包玉剛、郭得勝、李兆基、鄭裕彤、

---

22 *Hong Kong Government Gazette*, Vol. 27, No. 24, 11 June 1881, p. 425.

陳曾熹、邵逸夫。據估計，目前香港華資財團控制的上市公司市值，約佔香港
股市總值的 55% 左右。香港華資已成為香港經濟的重要基礎。香港的繁榮主要
是以中國人為主體的香港人幹出來的。

（4）良好的投資環境

香港是全球最開放的自由港。這與香港政府奉行的「不干預」政策有關。
從 1960 年代起，香港政府對香港經濟奉行「積極不干預」的政策。「積極不干
預」政策，實際上是一種適度的積極干預政策。它具有兩層含義：其一，奉行
自由主義經濟哲學，努力保持自由港地位，堅持自由企業制度和一系列自由經
濟政策，營造鼓勵競爭的投資環境，鞏固市場機制得以順暢運作的經濟基礎。
其二，通過一系列政策措施對採取自由放任經濟政策造成的缺陷加以補救，即
進行適度的必要干預。[23] 這是香港經濟發展取得成功的一個因素。

香港的法律是在英國法律的基礎上制訂的，帶有一定的殖民主義性質。但
是，為了適應商業發展的需要，早在十九世紀五六十年代，香港政府便制訂了
一系列經濟法規，例如 1854 年的《市場條例》、1856 年的《購買地產條例》、
1860 年的《受託人欺詐治罪條例》、1862 年的《本港發明創造專利條例》、
1863 年的《防止假冒商品條例》、1864 年的《破產條例》等等。從二十世紀
五十年代起，香港的法律逐漸完善，使香港具有比較完備的經濟立法和足夠
的法律專業人才。長期以來，港英政府通過完善立法程序，嚴格執法管理，廣
泛進行居民尊法守法的宣傳教育，以及成立廉政公署加強對政府公務員違法亂
紀行為監督等手段，使香港社會的法制環境不斷改善，居民的法制意識不斷增
加，全社會形成了尊重法律和遵守法律的良好風氣。這些無疑有利於增強國際
投資者在香港投資的信心。

香港優良的投資環境吸引了世界上幾乎所有重要地區（獨聯體、東歐除外）

---

23 陳多、蔡赤萌：《香港的經濟（一）》（北京：新華出版社，1996），頁 153。

的資本。這裏既有當地華人的華資，又有英資、日資、美資等，有來自東南亞國家的資本，還有來自台灣的台資，來自中國內地的中資。據估計，二十世紀八十年代末期，在香港的英資、華資、中資、美資、日資資產總額約為 940 億美元。巨額資本對香港經濟的發展產生了巨大的推動作用。每一次資本的大量流入和當地資本積累的擴大，都促使香港經濟躍上一個新台階。香港重要的財團財力雄厚，能夠參與巨額投資活動，彌補政府財力的不足，為發展當地重大的基本建設項目作出貢獻。

《中華人民共和國香港特別行政區基本法》對香港回歸中國以後的香港經濟作了一系列規定。例如，香港特別行政區依法保護私人和法人的財產權；企業所有權和外來投資權均受法律保護；香港特別行政區保持財政獨立；香港特別行政區政府提供適當的經濟和法律環境，以保持香港的國際金融中心地位；香港特別行政區不實行外匯管制政策；香港特別行政區保持自由港地位；香港特別行政區實行自由貿易政策；香港特別行政區為單獨的關稅地區。⋯⋯這些規定為未來香港經濟的繼續繁榮提供了法律保障。相信中國恢復對香港行使主權以後，《中華人民共和國香港特別行政區基本法》會得到認真貫徹，香港經濟的發展前景是樂觀的。

原載《世界史研究年刊》總第 3 期（1997 年），本文英文版載於英國出版的《中國季刊》（*The China Quarterly*）第 151 期，標題為 "Hong Kong: A Survey of its Political and Economic Development over the Past 150 Years"。

從香港史看西方對近代中國社會的影響

　　香港地區位於我國南部邊陲，包括香港島、九龍和新界，面積僅一千平方公里。在古代中國數千年的漫長歲月裏，這是一個鮮為人知的地區。但是，當西方開拓世界市場的狂風巨浪席捲而來之時，香港成為中國最早受到衝擊的地區之一，其重要性陡然提高。從鴉片戰爭開始，中國近代史上許多重大事件都與香港有關。本文徵引香港歷史上的一些典型事例，從不同側面分析西方對近代中國社會的影響，以反映筆者對近代中國與世界相互關係的初步思考與探索。

一

　　西方將中國捲入世界市場是用極其野蠻的方式進行的。他們依仗「船堅炮利」的優勢，對中國發動一次又一次的侵略戰爭，用大炮和刺刀強迫清政府簽訂一個又一個不平等條約，從中國取得一系列侵略特權，嚴重損害了中國的獨立和領土完整。英國侵佔香港地區的經過，明顯地表現出早年西方在華活動的上述特點。

　　英國奪取中國沿海島嶼作為侵華基地蓄謀已久。1792 年和 1816 年英國政府兩次遣使來華，要求建立外交關係並割讓海島，均遭清政府拒絕。1834 年 8 月 21 日，英國駐華商務監督律勞卑（W. J. Napier）提出侵佔香港島的主張，他在致格雷（Earl Grey）的信中主張出兵「佔據珠江東部入口處的

香港」。[1] 鴉片戰爭爆發後，英國「東方遠征軍」北上侵犯廈門，攻陷定海，直抵白河口。清政府張惶失措，答應在廣東進行磋商。在廣東中英交涉的過程中，英軍突然於 1841 年 1 月 6 日攻佔大角、沙角炮台。英方全權代表義律（Charles Elliot）利用這咄咄逼人的軍事攻勢提出割讓九龍半島岬角尖沙咀和香港島的要求。在英國的武力威脅下，清朝欽差大臣琦善於 1 月 5 日發出照會，擅自允許英國於尖沙咀或香港「止擇一處地方寄寓泊船」。次日，義律覆照提出割讓香港島。道光皇帝對琦善擅自同意割讓香港島甚為憤慨，下令將其押回北京問罪。英國方面在進行外交勒索的同時，派兵強行侵佔了香港島。1841 年 1 月 25 日，英軍「琉璜號」艦長貝爾徹（Edward Belcher）帶領士兵在香港島西北部的「佔領角」（水坑口）強行登陸，成為首批佔領者。次日，英國遠東艦隊支隊司令伯麥（G. Bremer）率領海軍陸戰隊在該地登陸，在哨站升起英國國旗，正式佔領了香港島。這說明早在《南京條約》簽約前一年零七個月，香港島已被英國武力侵佔。1842 年 8 月 29 日，在英軍大炮的威脅下，清政府被迫簽訂了中國近代史上第一個不平等條約——《南京條約》。該條約第三款規定將香港島正式割讓給英國。次年 6 月 26 日，英國政府宣佈香港為「殖民地」。

第二次鴉片戰爭期間，一些英軍將領鼓吹趁機佔領香港島對面的九龍半島，得到英國政府支持。1859 年 6 月，英法聯軍在大沽遭到慘敗，英法政府決定增派軍隊，發動更大規模的武裝進攻。1860 年 3 月，英國海陸軍萬餘人陸續來到香港，並強行武裝佔領了九龍半島岬角——尖沙咀一帶。3 月 16 日，香港總督羅便臣（Hercules Robinson）、侵華陸軍司令克靈頓（H. Grant）和英國駐廣州代理領事巴夏禮（H. S. Parkes）在香港磋商九龍問題。羅便臣根據駐華公使布魯斯（F. W. A. Bruce）的授權，要求巴夏禮盡快返回廣州，安排租借九龍半島。3 月 20 日，巴夏禮以「九龍半島的混亂狀態給維護英國利益帶來不便之

---

1 Napier to Grey, 21 Aug 1834, F.O. 17/12.

處」為藉口，致函兩廣總督勞崇光，強行要求租借該地。當時廣州正處於英法
聯軍的軍事佔領之下，巴夏禮任軍管委員會頭目（所謂「大英法會理華洋政務
總局正使司」），勞崇光不過是他們手中的傀儡。後者被迫同意將九龍半島南
端今界限街以南的領土和昂船洲租借給英國。獲悉租借九龍的消息後，英國外
交大臣羅素（J. Russell）於 1860 年 7 月密令駐華全權專使額爾金（Earl of Elgin）
爭取「取得九龍半島的完全割讓」。² 1860 年 10 月，英法聯軍攻入北京，火燒圓
明園，並在安定門等處架設大炮，完全控制了北京城。10 月 24 日，額爾金在
英軍一百名騎兵和四百名步兵的簇擁下，前往禮部大堂，強迫清政府簽訂了中
英《北京條約》。該條約第六款規定將九龍司地方一區，即九龍半島南端今界
限街以南的領土（包括昂船洲）割讓給英國。

　　十九世紀末帝國主義列強在中國掀起了瓜分狂潮。英國利用這一時機，強
租了後來稱「新界」的大片中國領土。1898 年 3 月，法國向清政府提出了強
租廣州灣的要求。英國駐華公使竇納樂（C. M. MacDonald）以此為藉口，向清
政府提出展拓香港界址的要求。他草擬了《展拓香港界址專條》，強迫清政府
於 1898 年 6 月 9 日簽字同意。通過該《專條》，英國將沙頭角海到深圳灣之間
最短直線距離以南、九龍界限街以北大片地區以及附近 235 個島嶼、連同大鵬
灣、深圳灣水域強行租借 99 年。此後英方又通過勘界活動，強迫清政府簽訂
《香港英新租界合同》，將陸界北移至深圳河，強租了更多的中國領土。1899 年
4 月，英國正式接管新界時，當地曾爆發群眾性的武裝反抗。英國殖民者出動
兩艘軍艦和大批士兵進行武裝鎮壓。英軍先後在大埔、林村和上村與抗英志士
交火。他們依仗武器裝置優勢，血腥鎮壓中國居民的反抗，僅上村一戰即打死
打傷抗英志士數十人。他們還炸開吉慶、泰康兩圍的圍牆，將吉慶圍的連環鐵
門繳去，運回英國以炫耀他們的「戰績」。英國還藉口中國居民反對接管，悍

2　Russell to Elgin (Confidential), 9 July 1860, F.O. 17/329.

然出兵一度侵佔九龍城和深圳。英國接管新界是在血雨腥風中得以實現的。

英國武力侵佔香港地區每一部分之後，立即在當地建立嚴酷的殖民統治秩序。他們採用高壓手段奴役當地中國居民，這在十九世紀表現尤為明顯。

早年英國殖民者奴役香港華人，有一種狡詐的辦法，就是所謂以「華律」治華人。1841 年 2 月 1 日，即英國侵佔香港島後的第六天，義律和伯麥聯名向島上中國居民發佈通告，宣佈今後「未奉國主另降諭旨之先，擬應大清律例規矩之治，居民除不拷訊研鞫外，其餘稍無所改」。[3] 英國殖民者一向指責中國法律「野蠻」、「殘酷」，並以此作為向清政府勒索治外法權的藉口。他們聲稱用「華律」治華人，絕非是尊重中國的法律和風俗習慣，更非要改變英國法律在香港至高無上的地位，而是試圖用更野蠻的手段統治香港華人，在東方封建專制的基礎上建立西方殖民專制。1845 年 3 月香港總督德庇時（J. F. Davis）致殖民大臣斯坦利（Lord Stanley）的信，在一定程度上暴露了他們的真實意圖。他寫道：對一無所有的人無款可罰。按照英國法律或習慣對一貧如洗、頑梗不化的中國罪犯從寬處治，只會招致他們的嘲笑，看來需要採取他們所習慣的懲罰方式，按照中國刑法統治他們。[4]

英國殖民者用「華律」治華人，就是採用鞭笞、戴木枷、站木籠等野蠻手段對付華人。英國佔領香港島初期，幾乎每天都有公開鞭笞華人的事情發生。每天日落以前，常有如狼似虎的警察將貧苦華人縛在警署附近公共建築的門柱上，剝去衣服，「用藤鞭抽得皮開肉綻」。1846 年 4 月 25 日一天之內，至少有五十四名華人因為細故被警察處以鞭刑，並受到割去髮辮的侮辱。同年 10 月，英國篷帆製造商鄧肯丟失現金二百元。鄧肯和英國警官一起前往一艘民船胡亂抓人。船員和乘客慌亂逃跑，但多數皆被抓獲帶往巡理府，且有五人逃跑

---

3 中國史學會主編：《鴉片戰爭》（四）（上海：上海人民出版社，1962），頁 239；*The Chinese Repository*, Vol. 10. No. 1, Jan 1841, p. 64。

4 Davis to Stanley, 8 March 1845; C.O. 129/11, p. 157.

中落水溺死。被捕的十三名華人中，內有四人自述為香港居民，因未註冊，每人被抽打五十藤鞭，驅逐出境，其餘九人則被當作流氓、遊民，判處三個月苦役，然後驅逐出境。實際上他們完全是清白無辜的。[5] 這種任意鞭打、虐待華人的現象，直到軒尼詩（J. P. Hennessy）擔任港督期間才逐漸停止。

　　為了鎮壓香港華人反抗殖民壓迫的鬥爭，十九世紀港英當局不斷頒佈法例，長期實行宵禁。例如，第二次鴉片戰爭期間，香港總督包令（John Bowring）曾於 1857 年 1 月 6 日頒佈《維持地方治安條例》。該條例規定由警察司頒發「夜紙」（夜間通行證），每晚八時至次日黎明前，任何華人若被發現處於其住宅之外而未攜帶「夜紙」，將受到太平紳士的即決懲處，或罰款一至五十元，或拘留服役一至十四日，或當眾鞭笞二十鞭以上，或帶枷示眾兩小時以上。在同一時間內，值勤哨兵或巡邏兵在室外發現任何華人，若有理由懷疑其圖謀不軌，該人又對盤查不加理會或拒絕回答，有權將其擊斃。[6] 這種宵禁制度使香港華人生活在恐怖的氣氛中，夜間外出生命安全都難以得到保障。十九世紀一位到過香港的外國旅遊者曾記載香港發生的一件悲劇：一天夜裏，一名值班的錫克警察發現一名華人站在梯子上。他對華人發出口令，那人未加注意。他不分清紅皂白立即開火，將其擊倒在地。其實該人只是一名路燈工人而已。[7] 宵禁這種野蠻的殖民壓迫制度在香港延續五十多年之久，直到 1897 年 6 月才宣佈廢止。

　　香港是中國最早遭受西方列強侵略的地區之一，同時又是西方殖民者從政治、經濟、軍事、文化諸方面進一步侵略中國的基地。英國殖民大臣斯坦利

5　James W. Norton-Kyshe, *The History of the Laws and Courts of Hong Kong* (Hong Kong: Vetch and Lee, 1971), pp. 92, 108-109.

6　*Hong Kong Government Gazette*, vol. 2, No. 80., 10 Jan 1857, p. 2.

7　Henry Norman, *The Peoples and Politics of the Far East*, Seventh Impression (New York: C. Scribner, 1907), p. 22.

1843 年 6 月 3 日給砵甸乍的訓令說得比較清楚：佔據香港「不是着眼於殖民，而是為了外交、商業和軍事的目的」。[8]

香港曾經是英國對華侵略的指揮中樞。最初幾任香港總督皆由英國駐華全權代表和商務監督兼任，一身三任。早年英國侵華的許多重大事件，如鴉片戰爭、廣州入城事件、修約活動、亞羅號事件等，都是他們在香港策劃和指揮的。

早年英國殖民者的在華活動是以赤裸裸的武力侵略為重要特徵。香港是其最重要的軍事據點。鴉片戰爭期間，英國「東方遠征軍」以香港為基地，先北上攻至白河口，後折回攻打廣州城，最後攻入長江口，兵臨南京城下，強迫清政府簽訂了中英《南京條約》。鴉片戰爭後，英國在香港經常駐有大量軍隊。[9]第二次鴉片戰爭期間，香港作為英國對華侵略軍事基地所起作用尤為顯著。1857 年底佔領廣州的英軍地面部隊是由香港提供的。1858 年 5 月和 1859 年 6 月兩次進攻大沽炮台的英國艦隊中，許多船艦是由香港派出的。1860 年 3 月中旬，英國援軍萬餘人在香港集結，大部分駐紮在九龍半島南端。他們在這裏進行北上作戰的各項準備工作，訓練錫克騎兵，並對新式武器阿姆斯特朗炮的「威力和精確性」進行試驗。這批英軍一直逗留到 5 月 19 日，才長驅北上，攻入北京城，強迫清政府簽訂了中英《北京條約》。

1863 年 5 月，香港總督羅便臣曾經這樣分析香港駐軍的作用：英國在華擁

8　Charles Collins, *Public Administration in Hong Kong* (New York: AMS Press, 1975), p. 47.

9　駐港英軍人數統計表（1850 － 1860）

年份	1850	1851	1852	1853	1854	1855
人數	1159	1013	1032	1003	644	566
年份	1856	1857	1858	1859	1860	
人數	672	1434	5046	4667	6018	

此表是據英國陸軍部 1866 年 2 月 19 日的資料編製而成，參看 Area Studies, British Parliamentary Papers China, 25, Hong Kong, Sessions 1862–81, IUP, pp. 119–120.

有巨大的商業利益。中國沿海的外國居留地目前有十四個，居住着大批英國商民。所以英國經常需要與中國政府打交道。「毫無疑問，在比印度更靠近中國的地方駐紮一小支軍隊，對於排除困難有極良好的作用。如果不幸發生誤會，他們即構成作戰的基本力量」。[10] 同年 12 月，香港輔政司馬撤爾（W. T. Mercer）回顧説：「香港一直是軍隊作戰基地（過去七年肯定如此）。為了保衛英帝國利益，由該地派遣軍隊前往中國各地。1856 年西馬糜各厘爵士奪取珠江上的澳門炮台（車歪炮台）後，香港軍隊為該炮台提供了駐軍。1857 年底攻佔廣州時，地面部隊主要由它提供。在 1861 年撤離廣州以前，它一直提供佔領軍。1860－1861 年遠征北京的軍隊是在這裏組織的。從那時起，本殖民地一直被用作軍隊總部，上海、天津等地分遣部隊皆由這裏提供給養和補充兵員。」他還說：「香港應該成為中國海域的海軍總部。」[11]

　　香港曾經是英國對華經濟侵略的基地。這突出地反映在鴉片貿易和金融等方面。在英國政府的縱容與支持下，香港成為遠東最大的鴉片走私總站。據香港庫務司馬丁（R. M. Martin）1844 年 7 月 24 日的報告，當時香港主要的洋行如怡和洋行、顛地洋行等皆從事鴉片貿易。鴉片轉口貿易是它們在香港唯一的貿易方式。[12] 1845 年香港政府年度報告宣稱鴉片是香港主要的出口貨物，是在沿海貿易中換回鑄幣的轉運物資。[13] 香港助理巡理府米徹爾（W. H. Mitchell）1850 年的一份備忘錄指出，1845－1849 年，從英屬印度輸出鴉片 220,717 箱，

10　Robinson to Rogers, 21 May 1863; Area Studies, British Parliamentary Papers China, 25, Hong Kong, Sessions 1862-81, IUP, p. 61.

11　Mercer to Newcastle, 2 Dec. 1863; Area Studies, British Parliamentary Papers China, 25, Hong Kong, Sessions 1862-81, IUP, p. 68.

12　Area Studies, British Parliamentary Papers, China, 24, Hong Kong, Sessions 1846-60, IUP, p. 116.

13　G. B. Endacott, *A History of Hong Kong,* Eighth impression (Hong Kong: Oxford University Press, 1985), p. 73

其中四分之三（即 165,000 餘箱）先集中在香港，然後轉銷中國其他各地。[14] 直至十九世紀八十年代，香港仍然是鴉片貿易中心。例如，1888 年香港輸入鴉片 71,512 箱，香港當地留用 373 箱，輸出 71,139 箱，轉運至廣州、汕頭、上海、廈門等地。[15] 鴉片貿易使中國眾多官紳與民眾身體受到殘害，國家財政受到嚴重影響，英國鴉片商、印度和香港英國當局卻從中大發不義之財。例如，1880 年港英當局所獲鴉片包稅銀即達 20.5 萬港元，是港府僅次於房地產稅的第二大財政來源。[16]

香港曾經是英國對華金融侵略的中心。英國顛地洋行（Messrs Dent & Co.）發起組織的滙豐銀行 1865 年 3 月成立於香港。這是總行設立在中國的第一家外國銀行。該銀行在西方對華金融活動中影響巨大，舉足輕重。它曾利用其強大的資本勢力和不平等條約賦予的政治特權，控制中國外匯市場和資金周轉市場，大量對華貸款，從中國榨取了巨額財富。它成立時的資本為 500 萬港元，但在八十五年後撤離中國內地時，它已積累了三十多億港元的資產。這裏列舉對華貸款的一些事例，說明它是怎樣進行經濟侵略的。從十九世紀八十年代初至甲午戰爭前，清政府的二十二筆借款中，英國包攬了十八筆，其中滙豐銀行承攬了十四筆，數額佔借款總額的 68%。滙豐銀行對華貸款有兩個特點，一是層層盤剝造成的高利率；二是用英國人管理的中國海關關稅擔保。這既使中國政府遭受重利盤剝，又加強了外國對中國海關和對中國財政的控制。以 1877 年總額 500 萬兩的左宗棠第四次西征借款為例，滙豐銀行向清政府索取的利息是年息一分（10%），已屬不低。債券到市場公開發行時，銀行所付利息是年息

14　Memorandum upon the Present Condition Trade and Prospect of the Colony of Hong Kong, C.O. 129/34, p. 328.

15　Report of the Harbour Master for the year 1888, *Hong Kong Government Gazette,* vol. 35, No. 34, p. 638.

16　British Parliamentary Papers 1881, LXIV-2, pp. 542, 548.

八厘（8%），而且還有九八折扣和匯價上的巨額利潤。其重利盤剝的性質昭然若揭。[17] 甲午中日戰爭後，清政府急需巨額款項支付對日賠款和贖遼費等。在英國駐華公使的直接干預下，滙豐銀行和德華銀行一起，以苛刻的條件，兩次向清政府提供巨額貸款，即英德借款和英德續借款。其中以 1898 年 3 月的英德續借款使中國遭受的損失更大，喪失的主權更多。此次借款折扣特別狠（八三折扣），借款總額一千六百萬鎊，實際所得僅為一千三百萬鎊。債券在倫敦和柏林的發行價格是九零，英德銀團一舉又賺得一百多萬鎊。該借款以長江中下游商業最發達地區的貨釐和鹽釐擔保，是外國金融資本進一步控制中國財政命脈的嚴重徵兆。此外還規定，在借款償還期的四十五年之內，「中國總理海關事務應照現今辦理之法辦理」，進一步確保了英國對中國海關的控制。[18] 滙豐銀行還曾作為英國財團，加入國際金融壟斷組織——在華國際銀行團，參加 1913 年的善後大借款，與其他外國財團一起，向袁世凱政府提供總額 2,500 萬鎊的巨額借款。當時中國一些參議員曾經指出：此次借款「利息五厘，折扣八四，而又監督財政，干涉鹽務，條件之嚴酷，為從來所未有」。[19]

　　英國曾經把香港當作對華文化滲透的基地，在香港開辦過許多西式學校，培養華人學生。香港教育委員會 1902 年的報告曾經這樣說明港英當局的辦學動機：「從大英帝國的利益着眼，值得向所有願意學習英語和西方知識的中國青年提供這方面的教育。如果所用經費不多，即令他們不是本殖民地居民，也值得這樣做。」「皇仁書院 900 名孩子大部分屬於這一類型：在內地他們自己的學校學習中文以後，他們被學習英語的便利條件吸引到本殖民地來。他們與香港華人子弟沒有區別，建議不要廢止這一政策。本殖民地的額外支出微不足道，而英語的傳播，對我們大英帝國友好感情的傳播，使英國在華得到的收益將會

17　汪敬虞：《十九世紀西方資本主義對中國的經濟侵略》（北京：人民出版社，1983），頁 245。
18　丁名楠、張振鵾等：《帝國主義侵華史》第二卷（北京：人民出版社，1986），頁 54 – 55。
19　孫曜：《中華民國史料》，「第二，民國二年之善後大借款」，頁 28。

遠遠超過這筆費用」。[20] 十分明顯，他們企圖用有限的教育投資，為維護英國在華勢力，得到盡可能多的實惠。從實際情況看，香港西式學校也確實培養過許多為英國對華侵略服務、使侵略者感到滿意的華人畢業生。早在 1867 年，港督麥當奴（R. G. MacDonnell）就曾得意地宣稱：在造就可靠的職員和買辦方面，已經有所進展。[21]

　　以上是從國家主權和民族關係的角度，考察西方對近代中國社會的影響。本文徵引的上述香港史典型事例，尚不足以反映西方列強對華侵略的全貌，但已涉及其對華侵略的若干重要方面和方式。僅僅這些事例，已經能夠展現西方列強依仗武力推行強權政治的歷史面貌，揭露他們恣意破壞中國主權和領土完整，隨意壓迫、欺凌中國人民，處心積慮榨取中國社會財富的野蠻行徑，在一定程度上說明他們對近代中國社會發展的巨大破壞作用。

二

　　歷史上的香港社會既是一個充滿民族壓迫的殖民地社會，又是一個採用許多資本主義經營管理方式的商業社會。香港被捲入資本主義世界市場以後，逐步發展成為以轉口貿易為主的東方重要商埠。為了適應商業發展的需要，早在十九世紀五六十年代，香港政府即制定了一系列經濟法規，例如《市場條例》（1854 年）、《購買地產條例》（1856 年）、《銀行票據及詐騙法修正條例》、《修正遺囑檢證及遺產管理條例》、《受託人欺詐治罪條例》（1860 年）、《本港發明創造專利條例》（1862 年）、《防止假冒商品條例》（1863 年）、《破產條例》、《動產抵押條例》、《商貿修正條例》（1864 年）、《惡意損害物產治罪條例》、《偽造貨幣治罪條例》（1865 年）等。這些法規保證了香港商業活動的正常進行，調

20　*Report of the Committee on Education*, 1902, p. 8.

21　Anonymous, *Dates and Events connected With the History of Education in Hong Kong*, p. 21.

整人們的財產關係，反映了香港社會的資本主義性質。此外，香港政府在許多
經濟活動中都採用資本主義自由競爭的原則。市政設施的修建、土地和店舖拍
賣、石山開採、鹽和鴉片專賣，甚至連承辦監獄和醫院的伙食，往往都採用公
開投標的辦法。在十九世紀五六十年代的《香港政府憲報》上，經常可以看到
中文的招標啟事，意在吸引華人投標。例如，1857 年 9 月 19 日出版的《香港
政府憲報》即宣佈農曆八月十四（公曆 10 月 1 日）上午 11 時，將中環街市的
七處舖面連同土地「當公出投，以價高者得」。[22]

　　儘管英國殖民統治下的香港社會曾經存在嚴酷的民族壓迫，但是，由於香
港是自由港，港英當局又採取許多資本主義經營管理方式，與「重本抑末」的
中國內地封建社會相比，束縛工商業發展的陳規陋習較少，再加上中國內地不
斷出現社會動盪，香港很早即吸引許多中國商人和手工業者前往謀生。他們把
香港選作避難之地，在那裏求得生存和發展，使華人經營的商店和手工業店舖
如雨後春筍般在香港迅猛發展。以 1858 年為例，當時整個香港島僅有居民七萬
五千餘人，但華人開辦的店舖就有二千餘家，這些店舖中包括雜貨舖 287 家，
洋貨店 49 家，行商 35 家，買辦 30 家，錢幣兌換商 17 家，米商 51 家，造船工
棚 53 家，印刷所 12 家，金、銀、銅、鐵匠舖 116 家，木匠舖 92 家等。[23]

　　到十九世紀七十年代後期、八十年代前期，香港華商已經發展成為不容忽
視的社會力量。1881 年 6 月 3 日，港督軒尼詩曾對立法局說：香港稅收「華
人所輸，十居其九」。[24]另據統計資料，1876 年香港納稅最多的 20 人中，有 12
名歐洲人，納稅 62,523 元，人均 5,210 元；有 8 名中國人，納稅 28,267 元，人
均 3,533 元。而 1881 年香港納稅最多的 20 人中，僅有 3 名歐洲人，納稅 16,038

22　*Hong Kong Government Gazette,* vol. 3, No. 116, p. 1.

23　*Hong Kong Government Gazette,* vol. 4, No. 198, p. 172.

24　*Hong Kong Government Gazette,* vol. 27, No. 24, p. 425.

元，人均 5,346 元；中國人增到 17 人，納稅 99,110 元，人均 5,830 元。[25] 就是說，到 1881 年，在最富有的商人中無論是納稅總額，還是人均納稅額，香港華商已經超過了西商。王韜曾在《循環日報》撰文介紹這個時期香港華商的崛起。他寫道：「近十年以來，華商之利日贏，而西商之利有所旁分矣。即如香港一隅，購米於安南、暹羅，悉係華商為之。凡昔日西商所經營而擘畫者，今華商漸起而予其間⋯⋯」[26] 隨着華商力量的增長，在香港先後出現過若干華商組織的社會團體。例如，1868 年香港華人批發商建立南北行公所。1872 年華商梁鶴巢、陳瑞南倡議創辦的慈善團體東華醫院宣告成立。1896 年寶隆金山莊的古輝山等商界知名人士發起組織中華會館。1900 年華商馮華川、陳賡如等又發起組織了香港華商公局。隨着華商力量的增長，許多中文報刊亦陸續在香港創刊。比較重要的有大約 1864－1865 年創刊的《香港中外新報》、1872 年創刊的《華字日報》、1874 年創刊的《循環日報》和 1880 年創刊的《維新日報》等。其中《循環日報》最明顯地代表華商利益，充當了華商的喉舌。

筆者認為，在香港這個資本主義商業社會環境中，香港華商的經濟活動必然要受到資產階級價值觀念和行為規範的影響與約束，他們的思想意識和階級屬性必然要發生深刻的變化。到十九世紀七十年代後期和八十年代前期，香港華商已基本上完成了從舊式封建商人向新式資產階級商人轉變的歷史過程，香港華人商業資產階級已經初步形成。他們不僅積累了按照資本主義方式經商的豐富經驗，擁有巨大的社會財富，而且有了反映他們意願的輿論工具。香港華人商業資產階級是資產階級變法維新思想和資產階級革命思想在香港產生的社會基礎和階級基礎，而他們本身則是西方資本主義社會經濟形態影響的產物。

西方比較先進的政治、經濟思想和自然科學知識，曾經通過西方人在香港

25　British Parliamentary Papers 1882, XLIV, p. 287.

26　王韜：〈西人漸忌華商〉，《弢園文錄外編》，卷四（北京：中華書局，1959），頁 91 － 92。

興辦的文化教育事業加以傳播，客觀上對近代中國社會亦產生過積極影響。

　　1853－1856 年在香港出版的中文月刊《遐邇貫珍》曾經刊載過大量介紹西方社會科學和自然科學知識的文章。這份雜誌是倫敦傳道會下屬英華書院印發的，理雅各（James Legge）等人任主編。[27]《遐邇貫珍》涉及的方面極為廣泛。政治學方面的文章有〈英國政治制度〉、〈花旗國政治制度〉等；歷史學方面的文章有〈英倫國史總略〉、〈佛國烈女若晏記略〉（即聖女貞德傳）、〈粵省公司原始〉等。此外，還有許多地質、地理學、天文學、生物學、醫學、物理學、工藝學等方面的文章。十九世紀中葉，在封建專制、迷信盛行的中國大地，《遐邇貫珍》所載多數文章無疑具有積極的意義和科學啟蒙作用。從實際情況看，其影響也確實不小。理雅各在〈遐邇貫珍告止序〉中寫道：「《遐邇貫珍》一書自刊行以來，將及三載，每月刊刷三千本，運行各省，故上自督撫以及文武員弁，下遞工商士庶，靡不樂於披覽。」

　　在教育方面，從總體上看，十九世紀香港西式學校的教學內容、教學方法和學習環境都優於中國內地的私塾。早期香港官立學校即設有地理、英國史、自然常識等課程。十九世紀末，香港西式學校開設的中學課程已有拉丁文、閱讀、作文、聽寫、翻譯、莎士比亞、算術、代數、歐幾里得幾何、三角、測量、常識、歷史、地理等。這些課程使就讀的中國學生初步了解當時西方比較先進的社會政治思想和自然科學知識。從 1896 年香港皇仁書院年終考試的部分內容，可以窺見香港西式學校教學方法之一斑。作文考試以「對外貿易的好處」命題。歷史試題要求學生考慮處死查理一世是否正確，並充分說明自己的理由。此外，還包括詹姆士二世為何喪失王位等問題。地理試題要求比較俄法

27　在這裏，我要特別感謝香港大學孔安道紀念圖書館主任楊國雄先生。他十八年如一日，為搜集有關香港的資料，孜孜不倦，辛勤工作，為香港史學者提供過無數方便。由於楊先生不辭辛苦，將分別散落在瑞士和美國的《遐邇貫珍》影印齊全，我們才能夠目睹這份珍貴期刊的全貌。

兩國政體的差異。[28] 上述考試內容説明，與中國內地私塾死記硬背的教學方法不同，香港西式學校已經運用了啟發式的教學方法。這無疑有助於開發學生的智力，拓寬學生的思路。同時，還説明教材中可能已經包含了對英法等國資產階級革命情況的介紹。香港西式學校的教學內容、教學方法和學習環境對在那裏學習的某些中國學生資產民主階級的思想形成，產生過積極的影響。孫中山在 1918 年曾經回憶説：「予在廣州學醫甫一年，聞香港有英文醫校開設，予以其學課較優，而地較自由，可以鼓吹革命，故投香港學校肄業。」[29] 孫中山這裏談的是香港西醫書院，十九世紀香港其他西式學校情況大體也是如此。

　　由於港英當局採取資本主義的經營管理方法，以及香港華人的艱辛努力，開埠數十年間，香港由一個人煙稀少的海島迅速發展成為街市整齊、商業昌盛的新興海港城市。資本主義經營管理方式在香港實踐的成功，香港社會面貌的巨大變化，使身臨其境的中國知識份子感慨不已。曾在香港居住近二十年的著名改良主義思想家王韜寫道：「香港本一荒島，山下平地距海只尋丈。西人擘畫經營，不遺餘力，幾於學精衛之填海，效愚公之移山。」[30] 他還曾進一步寫道：「香港蕞爾一島耳，……叢莽惡石。盜所藪，獸所窟，和議既成，乃割界英，始闢草萊，招徠民庶，數年間遂成市落。設官寘吏，百事共舉，彬彬然稱治焉。遭值中國多故，避居者視為世外桃源。商出其市，賈安其境，財力之盛，幾甲粵東。嗚呼！地之盛衰何常，在人為之耳。故觀其地之興，即知其政治之善，因其政治之善，即想見其地官吏之賢。」[31] 維新運動領袖康有為在《康南海自編年譜》中寫道，他在光緒五年（1879 年）二十二歲時「薄遊香港，

28　Queen's College Hong Kong, Annual Examination 1896; C.O. 129/271, pp. 412-413, 415.

29　中山大學歷史系孫中山研究室等合編：《孫中山全集》，第六卷（北京：中華書局，1985），頁 229。

30　王韜：《漫遊隨錄‧扶桑游記》（長沙：湖南人民出版社，1982），頁 59。

31　王韜：《弢園文錄外編》，卷八，頁 216。

覽西人宮室之瑰麗，道路之整潔，巡捕之嚴密，乃始知西人治國有法度，不得以古舊之夷狄視之，乃復閱海國圖志、瀛寰志略等書，購地球圖，漸收西學之書，為講西學之基矣」。[32] 1923 年 2 月 20 日，革命領袖孫中山在香港大學發表演講，介紹他「於何時及如何而得革命思想及新思想」，他説：「我之此等思想發源地即為香港，至於如何得之，則我於三十年前在香港讀書，暇時則閒步市街，見其秩序整齊，建築閎美，工作進步不斷，腦海中留有甚深之印象。我每年回故里二次，兩地相較，情形迥異，香港整齊而安穩，香山反是。我在里中時竟須自作警察以自衛，時時留意防身之器完好否。我恒默念：香山、香港相距僅五十英里，何以如此不同？外人能在七、八十年間在一荒島上成此偉績，中國以四千年之文明，乃無一地如香港者，其故安在？」他還談到自己對政治問題的研究：「研究結果，知香港政府官員皆潔己奉公，貪贓納賄之事絕無僅有，此與中國情形正相反。蓋中國官員以貪贓納賄為常事，而潔己奉公為變例也。」[33]

上述中國愛國知識份子對香港社會的印象未必完全符合歷史實際。王韜和孫中山對港英當局「政治之善」的讚譽，就存在明顯的片面性，有理想主義的成分。資本主義制度本身絕非盡善盡美，在作為殖民地的香港更是如此。十九世紀英國在香港的殖民統治（尤其是在早期）有其相當殘酷的一面，香港政府中也不乏貪官污吏。但是，我們應該承認，孫中山等對香港社會的印象，在許多方面又是符合歷史實際的。從城市建設和管理的角度看，資本主義制度下香港的發展和進步，與封建制度下中國內地的停滯和落後，的確形成了鮮明的對照，在一定程度上反映出開放性的資本主義制度對封閉性的封建制度的進步性。兩種不同社會經濟形態造成的巨大反差，對中國近代史上志士仁人的思

---

32 中國史學會主編：《戊戌變法》（四）（上海：上海人民出版社，1957），頁 115。
33 中山大學歷史系孫中山研究室等合編：《孫中山全集》，第七卷（北京：中華書局，1985），頁 115 － 116。

想觸動極大，使他們立志學習西方、改造中國，為祖國的繁榮富強奮起鬥爭，這種客觀的歷史作用無疑是存在的。香港社會的資本主義經營管理方式促成香港華人商業資產階級形成，這個階級成為變法維新思想和資產階級革命思想在香港產生的社會基礎和階級基礎。外國在香港興辦的文化教育事業為中國知識份子提供了學習西方先進社會政治思想和自然科學知識的機會和場所。資本主義經營管理方式在香港實踐的成功，香港社會面貌的巨大變化，引起身臨其境的中國知識份子對資本主義制度與封建制度孰優孰劣的思考與選擇。在上述社會歷史條件下，也就是說，在西方社會經濟形態和社會意識形態的影響下，香港歷史上產生過一批新型的中國愛國知識份子，具有程度不同的資產階級民主主義思想的知識份子。他們有的發佈政治綱領，有的發行中文報紙，有的出版政論文集，鼓吹學習西方、變法維新。有的則進而組織革命團體，發動武裝起義，投身推翻清朝封建統治的革命事業。他們的社會實踐活動，先表現為變法維新的思想運動，後表現為資產階級革命的實際鬥爭，在香港形成一股社會進步潮流，對近代中國的社會變革產生過強大的推動力。

洪仁玕是洪秀全的族弟。他曾任倫敦傳道會傳道士和輔導教師，在香港居住達四年之久。他抱着輔佐洪秀全和改變中國面貌的明確目標，在香港如飢似渴地學習西方文化。他除了研究神學以外，還努力學習地理、世界歷史、醫學等世俗科學，對西方政治體制有深刻了解。在被封為太平天國干王、總理朝政之後，他提出了有資本主義色彩的施政綱領《資政新篇》。在政治方面，他強調「法制」的重要性。在經濟方面，他提出了發展資本主義工商業的具體設想，主張製造火車、輪船，鼓勵開礦、開辦銀行、郵局等。他還提倡僱傭勞動，為發展資本主義提供自由勞動力。在對外關係方面，他主張與外國通商，在平等的基礎上友好往來。在向西方學習、探索救國方案方面，在鴉片戰爭期間的地主階級思想家和後來的改良主義思想家之間，洪仁玕發揮了承前啟後的歷史作用。

　　王韜是蜚聲中外的資產階級改良主義思想家。1874 年在香港創辦了第一家能夠反映華人輿論的中文報紙《循環日報》。此後十年間，他以〈變法〉、〈變法自強〉、〈重民〉、〈除弊〉、〈興利〉等為題，在該報撰寫大量政論文章，宣傳政治改良的主張。王韜先後在受西方影響較深的上海、香港等地生活多年，又曾親往英、法等西方國家考察。與同時代其他中國知識份子相比，他對世界大勢的觀察與理解要深刻得多，變法自強的要求也強烈得多。王韜對變法自強有獨特的見解，認為不能只學西方的船堅炮利，還要學其社會風尚、行政管理方面的長處。他認為中國應該變革的有取士、練兵、學校、律例等方面，即主張從人事、軍事、教育、法律等方面對封建制度進行變革。他鼓吹發展工商業，提倡開採礦產，發展機器紡織業，興築鐵路，主張「令民間自立公司」，發展輪船運輸業。在政治制度方面，他推崇「君民共主」（君主立憲），對實行君主立憲制的英國政治評價甚高。他的君主立憲思想在當時中國的社會條件下，具有反對封建專制的進步意義。《循環日報》曾在海內外「凡有華人駐足者」廣泛發行。上海《申報》亦經常轉載《循環日報》的政論文章。這說明王韜的改良主義思想曾經在國內外廣泛傳播，在華人中產生過較大的政治影響。

　　何啟、胡禮垣是香港本地西式學校培養的人才，皆畢業於香港中央書院。他們合作撰寫了《曾論書後》（1887 年春）、《新政論議》（1894 年冬）、《新政始基》、《康說書後》（1898 年春）、《新政安行》（1898 年末）、《勸學篇書後》（1899 年春）、《新政變通》（1900 年冬）等論著。這些著作寫就之後，當時即登諸日報，或排印成冊，後又彙編為《新政真詮》出版。何啟、胡禮垣認為，要振興中國，永安社稷，就必須「奮然改革，政令從新」，因而從政治、思想、經濟、文化等方面，提出了一系列改良主義的主張。他們呼籲從改革吏治入手革新政治，主張把是否贊同變法新政作為官員去留的政治標準。同時，「厚官祿以清賄賂」，並廢止鬻爵賣官的捐納制度。在國家權力結構的改革方面，他們主張「行選舉，以同好惡，設議院，以佈公平」，並首次提了在中國實行議

會政治的具體方案，反映了資產階級參政、議政的強烈願望。在思想方面，他們反覆強調民權的極端重要性，鼓吹資產階級的自由平等思想，提出「民權在，其國在；民權亡，則其國亡」的口號。在經濟方面，他們提議採用民間集股辦公司的辦法，在國內廣築鐵路，並購建輪船以興商務；鼓勵人們採用資本主義方式經營機器製造業、採礦冶金業、農林牧漁業等；鼓勵出口貿易。他們還明確反對妨礙民族資本發展的「官督商辦」制度，反對厘卡制度；在文化教育方面，他們提出「宏學校以育真才」，「宏日報以廣言路」等主張。

　　何啟、胡禮垣政論著作的主流是愛國的、反封建的，順應了歷史發展的潮流，深受中國愛國知識份子歡迎。何啟、胡禮垣曾介紹説，他們的論著「每一編出，草稿未定輒為同人取去，或登諸日報，或排印成書」，「海內同人，再三翻刻」，「《新政論議》一出，中國士子多以為可行，且競欲試為一行。」[34] 他們的政論著作對國內的戊戌維新運動和辛亥革命運動產生過重大影響。戊戌變法前一、二年和康有為、康廣仁有過較多交往的謝纘泰説，康有為及其弟子曾經如飢似渴地閱讀何啟、胡禮垣合著的書籍。[35] 二十世紀二十年代孫中山對傅秉常説過，他曾「受惠於何啟之教」。[36] 孫中山所説「何啟之教」含義廣泛。筆者認為，這不僅指何啟作為西醫書院教師向他傳授過醫學知識，更應該包含何啟、胡禮垣政論著作對他的影響。如果我們把何啟、胡禮垣在《新政論議》中對清末封建社會衰敗現象的揭露，與後來孫中山起草的《香港興中會章程》加以比較，不難發現兩者之間思想上的聯繫和一致性。

　　從香港與辛亥革命的關係看，香港是孫中山革命思想的產生地，是孫中山

34　何啟、胡禮坦：《新政真詮》初編，《前總序》頁一；四編，《新政安行》頁二。

35　Tse Tsantai, *The Chinese Republic, Secret History of the Revolution* (Hong Kong: South China Morning Post, 1924), p. 15.

36　H. Z. Schiffrin, *Sun Yat-sen and the Origins of the Chinese Revolution* (Berkeley: University of California Press, 1968), p. 26.

及其戰友建立革命組織、發動武裝起義、從事革命宣傳和籌集革命經費的重要陣地。

孫中山曾先後在香港中央書院、香港西醫書院讀書,合計七年時間。這段時間對他革命思想的形成,有決定性的影響。除了他在香港大學演講談到的情況外,我們還可以找到其他例證。例如,他在西醫書院的同學關心焉曾經回憶説:「總理(孫中山)在院習醫科五年,專心致意於學業,勤懇非常。彼於日間習讀醫學,夜則研究中文,時見其中夜起床燃燈誦讀。但最愛讀之書乃法國革命史(藍皮譯本)及達爾文之進化論,後乃知其思想受此二書之影響為不少也。」[37]

香港歷史上曾經存在兩個愛國政治小團體,一個是以孫中山、陳少白等「四大寇」為中心的小團體,一個是楊衢雲、謝纘泰等組織的輔仁文社。1895年2月,孫中山以這兩個小團體為基礎,建立了國內第一個資產階級革命小團體香港興中會,以「驅逐韃虜,恢復中華,建立合眾政府」為其政治理想和奮鬥目標。1905年8月,革命政黨中國同盟會在日本東京宣告成立後,孫中山立即派人赴香港建立了國內第一個分會——同盟會香港分會,1909年秋又在香港建立了同盟會南方支部。在孫中山的領導下,先由香港興中會,後由同盟會香港分會和南方支部,團結香港愛國知識份子、愛國商人、會黨份子和中國內地革命志士,在香港形成一股強大的革命力量,為推翻清朝封建統治,展開了長達十六年艱苦卓絕的革命鬥爭。

香港是革命黨人武裝起義的基地。辛亥革命前,孫中山直接策劃的南方十次武裝起義,就有六次是以香港為基地進行的。這六次起義是乙未廣州之役、庚子惠州之役、潮州黃崗之役、惠州七女湖之役、廣州新軍之役和廣州「三‧二九」之役。興中會會員謝纘泰等策劃的洪全福廣州之役也是以香港為基地進

---

37 廣東文物展覽會編:《廣東文物》,中冊(香港:中華文化協進會,1941),卷六,頁431。

行的。

香港是革命黨人的宣傳重地。辛亥革命前，這裏出現過數家革命報刊。號稱革命黨人「機關報元祖」的《中國日報》1900 年即誕生在這裏，成為辛亥革命期間創辦時間最早、延續時間最長的重要革命報紙。該報公開宣傳革命黨人的政治主張，深刻揭露清廷的腐敗，嚴正駁斥保皇派的謬論，在海內外產生過廣泛的政治影響。

香港在財政方面對革命運動的貢獻亦不可低估。香港一些愛國商人或商人子弟，如黃詠商、余育之、李紀堂、李煜堂、李海雲、林直勉等，曾經傾家蕩產，支持革命黨人發動武裝起義。有的甚至因此家道中落，生活陷入困境。此外，正是由於他們的慷慨資助，革命機關報《中國日報》才得以渡過多次經濟難關。

香港地區曾經是資產階級革命運動的重要陣地，這一歷史現象的出現絕非偶然。這既與香港特殊的政治環境和地理位置有關，更與香港接受西方社會經濟形態和社會意識形態影響較早、較深有關。

從上述香港華人商業資產階級的產生，香港愛國知識份子進步思想的形成看，從香港與變法維新思想運動和資產階級革命運動的關係看，西方對近代中國社會的影響客觀上又確有其積極性、建設性的一面，在中國造成了深刻的社會變革，從而充當了歷史的不自覺的工具。

筆者之所以用「不自覺」這三個字，是為了說明西方對近代中國社會的影響有其積極性、建設性的一面，只是就其客觀社會效果而言，並非就其主觀動機而言。近代來華的外國人中間，雖然也有像香港西醫書院教務長康德黎（J. Cantlie）等中國人民的朋友，抱着幫助中國社會進步的真誠願望，做過許多有益的工作。但就總體而言，早年西方國家在華活動是被極其卑鄙和自私的欲望所驅使，絕無幫助中國獨立富強的高尚動機。歐德理（E. J. Eitel）在其 1895 年撰寫的著作中，談到十九世紀香港教育史時，毫不掩飾地說：「在這個時期幾

乎沒有這種想法，即振興中國人的社會，使之達到歐洲人的水準。」[38] 歐德理
1878－1897 年任香港視學官將近二十年，熟諳香港英國統治階層內情。他的説
法大體是可信的。筆者認為，西方對近代中國社會發展客觀上也產生過促進作
用這一説法，只能説明資本主義制度比封建制度更具有生命力和吸引力，只能
説明中國先進的知識份子具有高度愛國熱忱。他們為了祖國的繁榮富強，自覺
地將外國先進經驗引進中國，並不惜為此獻出自己的青春和熱血。

原載《「近代中國與世界國際學術研討會」論文集》
及《史學集刊》1991 年第 2 期

---

38 E.J. Eitel, *Europe in China, the History of Hong Kong from the Beginning to the Year 1882*
(Hong Kong: Kelly & Walsh, Ltd., 1895), p. 575.

英佔以前
的香港

香港地名的由來

香港地區歷史悠久，但「香港」作為地名出現在史籍中卻比較晚。迄今為止，已發現的記載香港這一地名的歷史文獻中，時間最早的是明朝萬曆年間郭棐所著《粵大記》一書。該書所載〈廣東沿海圖〉中，標有香港以及赤柱、黃泥涌、尖沙咀等地名。香港的位置在今香港仔一帶。

一、地名的由來

關於香港地名的由來，至今仍無十分確鑿的史料可為依據。一些學者對這個問題作過種種考證，形成了眾說紛紜、莫衷一是的局面。主要說法有以下幾種：

(一) 因「香姑」而得名

據傳，香姑是清朝嘉慶年間出沒於伶仃洋面的海盜林某之妻。林被李長庚擊敗，後來死在台灣。香姑遂佔據現在這個海島，人們因此稱該島為香港。許地山教授認為：「這話有點靠不住，因為時代太近，加以用海盜底名字來作地名，在國史裏也不經見。」[1]

---

[1] 許地山：〈香港與九龍租借地史地探略〉，載廣東文物展覽會編：《廣東文物》，中冊（香港：中國文化協進會，1941），頁 420。

（二）因販運香木而得名

　　此説始於永言的〈香港地名考〉一文，刊載於黎晉偉主編的《香港百年史》一書，1948 年出版。他認為：名曰「香港」之小海港，以運香木出口而著名。他還具體寫出了運送香木的路線：「自來東莞南部及今新界所產之香，恒在尖沙頭（今尖沙咀）之香埗頭（當今運香木出口之舊式碼頭），用小舟載至石排灣（今香港仔）附近之小港，名香港者，然後改用艚船（大眼雞船）轉廣州城，遵陸而北，逾南雄嶺直達江蘇省蘇松一帶，貿易極盛。」[2] 筆者認為，明至清初東莞、新安沿海一帶盛產莞香，尖沙咀曾為香木出口地等説法，雖皆言之有據，但永言未能説明香木由尖沙咀經石排灣之香港仔轉運廣州這條航線的資料來源，是依據文獻記載還是口頭傳説呢？為何不徑直由尖沙咀運往廣州，反而捨近求遠，繞道經石排灣之香港仔轉運？

（三）因泉水甘甜而得名

　　最早提出此説的是英文雜誌《中國叢報》（*Chinese Repository*）1843 年 8 月號。該雜誌在〈香港地形簡介〉一文中寫道：「香港━━Fragrant Streams，本是該島南部一條小溪的名字，外國人將其作為整個海島的名稱。」中文資料方面，最早涉及香港地名由來的，是香港英華書院印刷發行的雜誌《遐邇貫珍》。1853 年 8 月 1 日出版的該刊第一卷第一號在〈香港紀略〉一文中寫道：「溪澗紛紛噴流山泉，極其甘洌，香港必由此得名。」旅居香港的著名學者王韜亦採用此説。他主編的《循環日報》1874 年 6 月 24 日這一期寫道：「香港以泉水得名，因其山中所出之泉色清而味甘，以鼻觀參之，微覺香洌。」

　　筆者認為，香港以泉水甘甜而得名的説法可追溯到康熙二十七年《新安縣志》。該縣志卷三〈地理志・古蹟〉提到新安八景之一的「鰲洋甘瀑」時寫

2　黎晉偉主編：《香港百年史》（香港：南中編譯出版社，1948），頁 68。

道：「鰲洋甘瀑，在七都大洋中，有石高十丈，四面鹹潮，中有甘泉，瀑若自天而下。」鰲洋應是獨鰲洋，據嘉慶二十四年《新安縣志》，其位置在佛堂門和急水門之間。從縣志描述的景色和位置看，這個甘瀑就是港島香港仔附近的瀑布。

在有關香港得名的各種説法中，因泉水甘甜得名之説提出的時間較早，而且，香港的「甘瀑」遐邇聞名，在中外史籍中皆有記載，故此説成立的可能性較大。

二、香港的別名

香港這個地方「稱名頗繁」。香港是其大名，此外還有紅香爐、赤柱、裙帶路等別名。

紅香爐：一説從前有一個紅香爐，漂到海邊天后廟前。當地居民以為是天后的靈威所召，便把它安放在廟裏，並且把港口稱為紅香爐港。又一説這「紅香爐」是象徵性的，它是指天后廟前的一個小島，孤立在大海中，像一個香爐。這座天后廟在香港島北部銅鑼灣。據嘉慶二十四年《新安縣志》卷十一記載，康熙年間清政府曾在此設置軍事據點，名紅香爐汛。乾隆五十五年（1790年）晚香堂校繪本《邊海全圖》（現藏德國圖書館），書香港島為紅香爐山。

赤柱：嘉慶二十四年《新安縣志》卷四〈山水略〉寫道：「赤柱山，在縣南洋海中，延袤數十里，諸山環拱，為外海藩籬，有兵防守。」該縣志的《新安志圖》中，沒有「香港」這個地名，但畫有兩個島嶼，靠北的上書「紅香爐」，靠南的上書「赤柱」。根據地圖位置和志書的描述，紅香爐可能是指奇力島，赤柱則是指香港島的一個範圍較大的地名。至於赤柱一名的來歷，據故老相傳，是因為在今香港赤柱地方，原有一株大木棉樹，某年被颶風摧毀，枝葉盡落，樹幹皮脱，屹立不榮不枯，從遠處望去，成一紅色大木柱，故名。

　　裙帶路：許地山教授在〈香港與九龍租借地史地探略〉一文中寫道：「相傳在道光年間有一個專為英人做嚮導底名叫阿裙，每從赤柱帶旅客經香港圍到山北來。那條路本是山徑，因為阿裙時常帶領外人從那裏通行，就叫裙帶路。」[3] 阿裙據說叫阿群，大概是疍民（水上居民）。從英語香港一名譯為 Hong Kong 看，香港之「香」，不似普通話讀作 Xiang，不似廣東話讀作 heong，不似客家話讀作 shong，而恰如疍語讀作 hong。這一讀音反映出早年英國人登上香港島後首先接觸到的是疍民。[4] 但說裙帶路一名起源於阿裙帶路，並不確實。錦田鄧氏所藏〈香港等處稅畝總呈〉，載道光年間其祖先上新安縣知縣呈文，說：「承祖鄧春魁等所遺存乾隆年間買受東莞稅田總名裙帶路，內分土名黃泥涌等處，……」[5] 這說明至遲在清初乾隆年間已有裙帶路一名，並非英國人到達，阿裙帶路後方有此名。至於裙帶路的命名取義，主要還有以下的說法：

　　（1）香港全島皆山，闢農田後，農民常上山割草砍柴。砍柴人踏出的小路，從對岸看去，上下縱橫，很像百裙之裙帶。

　　（2）港島在九龍尖沙咀之南，中隔一港，故名港島，一名裙帶路。此說見於清兩廣總督毛鴻賓及瑞麟二人先後主編的《廣東圖說》。

三、地名外延的擴展

　　香港地名的外延是隨着當年英國侵佔香港地區的進程不斷擴展的。香港原來僅指其所在島嶼的一隅，指一小海灣及岸上的一小村莊。清嘉慶二十四年《新安縣志》卷二的〈輿地略‧都里〉部分，僅在官富巡檢司管屬的村莊內，與

3　許地山：〈香港與九龍租借地史地探略〉，頁 421。

4　羅香林等：《一八四二年以前之香港及其對外交通——香港前代史》（香港：中國學社，1959），頁 122。

5　同上註，頁 123。

黃泥涌、薄鳧林等村莊並列，刊有「香港村」三字。三年後，即道光二年（1822年），在阮元所修《廣東通志‧海防略》所載新安縣沿海圖中，也只是在今香港仔附近，書有「香港外洋」幾個字，並未把香港作為全島的名稱。

　　鴉片戰爭期間，英國人圖謀佔領整個海島，堅持把香港指為全島的名稱。在 1841 年年初中英交涉的過程中，英方全權代表義律強行要求將「香港之島及港讓與英國」。因清朝欽差大臣琦善只同意代為奏請給「香港一處」寄寓，而義律「堅求全島」，雙方並未達成協定。1841 年 2 月 18 日，琦善在奏摺中曾對此作過辯解：香港「只係全島中之一隅」，「若就全島而論，東西約長五十里，南北約寬二十里，專就香港而論，東西約十里，南北約五里。」「原擬只就香港酌請裁給，今該夷藉圖全島，是其得隴望蜀，狡詐性成。」[6] 但英國方面根本無視中國主權，早在當年 1 月 25 日就派兵佔領了全島。2 月 1 日義律頒發佈告，謊稱他早與琦善「成立協定，將香港全島讓給英國統治」。儘管如此，港英當局在 1841 年 5 月 15 日刊發的一份人口統計表中，在「香港」這個地名之下，所作的說明仍然是「一個大漁村」，人口僅有 200 人，但整個島嶼的人口為 7,450 人。[7] 1842 年 8 月，清政府在英軍大炮的威脅之下，被迫訂立《南京條約》，規定「將香港一島」割讓給英國。第二次鴉片戰爭中，英國又割佔了九龍。1898 年 6 月，英國強迫清政府簽訂了《展拓香港界址專條》，並通過次年的定界談判，租借了今界限街以北、深圳河以南的中國領土及大小二百多個島嶼，即後來稱為「新界」的地方。在上述歷史過程中，香港地名的外延不斷擴大，最後成為包括香港島、九龍和新界三部分的整個地區的總稱。

6　〈琦善奏查明香港地勢及現在籌辦情形摺〉，道光二十一年正月二十七日發。見《籌辦夷務始末（道光朝）》（北京：中華書局，1964），卷二十三，頁 832—833。

7　《中國叢報》（Chinese Repository），第 10 卷，頁 289。

試論對英佔以前香港歷史的誤解

多年來，許多文章、論著談到香港的發展時，都說英佔以前的香港是一個荒島。例如，1887 年中國著名學者王韜在《漫遊隨錄》一書中寫道：「香港本一荒島，⋯⋯」[1] 1923 年中國的革命領袖孫中山在香港大學的演講中說：「外人能在七八十年間在一荒島成此偉績，中國以四千年之文明，乃無一地如香港者，其故安在？」[2] 1975 年，香港學者林友蘭在《香港史話》一書中說：直到 1841 年，「香港還是南中國海岸的荒島」。[3] 1995 年香港的鄧蓮如女士在〈成功之道〉一文中寫道：香港人「把香港從一個『杳無人煙的荒蕪小島』，改變為今日繁榮昌盛、積極進取的社會」。[4] 其實，把英佔以前的香港說成是一個荒島，並不符合歷史事實，是對香港歷史的誤解。

一、香港島並非荒島

1841 年 5 月，港英當局在《香港憲報》（*Hong Kong Gazette*）上公佈了香港島的下列人口統計數字：

1　王韜：《漫遊隨錄・扶桑遊記》（長沙：湖南人民出版社，1982），頁 59。
2　中山大學歷史系孫中山研究室等合編：《孫中山全集》，第七卷（北京：中華書局，1985），頁 115。
3　林友蘭：《香港史話》增訂本（香港：上海書店，1983），頁 1。
4　香港政府印務局：《香港 1996》，頁 1。

赤柱	首府，大市鎮	2,000 人
香港	大漁村	200 人
黃泥涌	農村	300 人
公岩	採石場，窮村	200 人
掃箕灣	採石場，大村莊	1,200 人
大石下	採石場，村莊	20 人
群大路	漁村	50 人
掃竿浦	村莊	10 人
紅香爐	村莊	50 人
柴灣	村莊	30 人
大浪	漁村	5 人
土地灣	採石場，村莊	60 人
大潭	村莊，大潭灣附近	20 人
索鼓灣	村莊	30 人
石塘嘴	採石場，村莊	25 人
春坎	廢棄的漁村	無人
淺水灣	廢棄的漁村	無人
深水灣	廢棄的漁村	無人
石牌	廢棄的漁村	無人
小販		800 人
船民		2,000 人
九龍來的苦力		300 人
合計		7,450 人 [5]

───────────

5　《中國叢報》（*Chinese Repository*）第 10 卷第 5 期（1841 年 5 月），頁 289。有人對這份人口資料的準確性表示懷疑。歐德理（E. J. Eitel）1895 年在《歐西於中土》（*Europe in China*）一書第 171 頁中認為，説赤柱有 2,000 名華人是「謄寫工作的筆誤」造成的，赤柱只有幾百人，整個香港島的人口總數為 5,650 人。但筆者以為，歐德理未能説明他的説法根據何在，未必可靠。

　　英軍是 1841 年 1 月 25 日在香港島登陸的，2 月 20 日撤離，3 月 6 日重新佔領。上述人口統計資料公佈的時間距英軍第二次佔領的時間，只有兩個多月，大體能夠反映英國人剛到來時的情況。

　　從上述人口資料看，當時的香港島總人口為 7,450 人，有 14 個有人居住的村莊，一個市鎮。港島南部的赤柱是全島的中心，是一個有 2,000 人口的「大市鎮」（a large town）。當時的人口平均密度，中國每平方公里約為 33 人，香港島每平方公里約為 100 人，大於全國的人口平均密度。

　　明朝萬曆年間的《粵大記》一書所載《廣東沿海圖》中，已標有香港、赤柱、黃泥涌、筲箕灣等地名。[6] 這說明香港島上的這些村莊至遲在明朝就已經存在。

　　英佔以前香港島的農業已比較發達。據錦田鄧族清朝道光年間所作《香港等處稅畝總呈》，至遲在清朝康熙年間，鄧族在香港島的香港和大潭已擁有不少田地。香港當時是一個小地名，在今天的香港仔一帶，大潭在今日香港島的赤柱附近。

　　1924 年出版的《中國通商圖》一書，刊有法國畫家波塞爾（Auguste Borget）所繪香港島農村的繪畫多幅，從一個側面反映出當時農業發展的情況。其中一幅叫做《港島某村莊小廣場》，畫有排列整齊的住宅、店舖、一所廟宇，以及許多悠閒自得的農民和漁民。[7] 另一幅叫做《香港的竹製導水管》，畫家自己寫道：「此部分山谷僅有一個狹窄的出口可通向海邊，峽口有一巨石，在崗頂的兩邊有一條引水道，由一條橫互於巨石上的竹製導水管連接，把水導引到一塊荒瘠的土地，作灌溉之用。」[8] 從畫面看，凌空飛架的導水管十分引人注目，說明當時香港島的農田灌溉工程已具有較高水準。

6　郭棐：《粵大記》卷三十二，政事類海防卷末，《廣東沿海圖》。

7　James Orange, *The Chater Collection* (London: Thornton Butterworth Limited, 1924), p. 378.

8　同上註，頁 350 – 351、375。

英佔以前，清政府已在香港島設有營汛。同治年間（1862－1874 年）所編《廣東圖説》寫道：香港島「東有紅香爐汛，東南有赤柱汛、兩灣汛」。嘉慶二十四年（1819 年）所編《新安縣志》説：「赤柱山，⋯⋯ 有兵防守。」此書在大鵬營管轄的營汛中，已列有紅香爐汛。道光二年（1822 年）所編《廣東通志》説，紅香爐水汛在大鵬營西，設千總、外委各一人。該汛兵丁撥配米艇巡洋。從上述史料看，至遲在 1819 年，香港島上已設有紅香爐汛，赤柱已有兵防守。

柴灣羅屋羅氏族人保存的乾隆三十三年的田土契約中，有「緝盜安民⋯⋯十家之內，互相稽察」的字樣，羅屋村的羅子長並曾被委任為甲長。**9** 可見至遲在清朝乾隆年間，清政府已在香港島上推行保甲制。

二、其餘地區更非不毛之地

英佔以前的香港島並非「荒島」。眾所周知，我們目前所説的香港，是指香港地區，包括香港島、九龍和新界三部分。如果加上九龍和面積大得多的新界，就更不能説英佔以前的香港僅是一個荒島了。

很古的時候，就有來自內地的移民和香港當地居民一起，共同開發這個地區。有文字可考的最早的移民活動始於東晉。東晉末年，盧循領導的浙東起義軍曾經攻陷廣州城。起義失敗以後，餘部多退至今大嶼山一帶。此後規模較大的移民活動發生在宋朝。據鄧氏族譜，宋朝開寶六年（973 年），江西吉水人、承務郎鄧漢黻宦遊至粵，定居於東莞圭角山下的岑田（今香港新界錦田）。他為鄧族遷粵的始祖。鄧族四世祖鄧符協生於岑田，為熙寧進士，也是宋承務

---

9 余繩武、劉存寬主編：《十九世紀的香港》（香港：麒麟書業公司，1994），頁 11。

郎。[10] 到清初康熙年間，鄧族不僅擁有錦田一帶的富庶土地，在香港島也擁有不少田地，成為首屈一指的望族。此外，北宋末年，進士侯五郎搬至東莞縣，其子侯卓峰遷往今日河上鄉築茶寮，做小生意。其後人目前居住在新界的河上鄉、燕崗、金錢、丙崗等地。宋代以後，廖、文、彭等家族陸續遷入。他們與鄧、侯兩族，合稱新界五大族，為發展當地的農業生產做出了貢獻。

除農業外，英佔前九龍和今新界地區的採珠、製鹽、航海、製香、陶瓷業和商業等行業也比較發達。

五代南漢後主劉鋹於大寶六年（963 年），在合浦的海門鎮和東莞的大步海，使用士兵數千人，專門從事泅水採珠。大步海在今香港境內。

漢武帝推行鹽鐵官營政策，曾在番禺設置鹽官，駐地在與本地區緊相連接的南頭。本地區當時為產鹽之地，似無疑問。宋朝政府曾在本地區九龍灣西北，今九龍城一帶，設立官富場，派遣鹽官，駐紮士兵，管理這一鹽場。1955年，香港一名建築師在北佛堂天后廟後，發現了宋代鹽官嚴益彰的摩崖題記。香港地區最大的島嶼大嶼山曾是產鹽要地。宋寧宗時，廣東提舉鹽茶徐安國派人前往大嶼山緝捕私鹽販子，曾引起島上大規模的鹽民起義。以萬登為首的起義者一度趁漲潮攻到廣州城下。

宋代本地區九龍半島的航海業已比較發達。據九龍蒲崗村《林氏族譜》記載，宋時福建莆田一個名叫林長勝的，舉家遷往今日新九龍黃大仙附近的彭蒲圍，一連幾代靠行船為生，艚船往來於閩、浙、粵等地。

當地在明朝盛產香木。嘉慶二十四年（1819 年）《新安縣志》曾提及香港地區往昔出產香木的景況：「香樹，邑內多植之。東路出於瀝源、沙螺灣等處為佳。」瀝源即今日新界的沙田等地，沙螺灣則在大嶼山西部。

---

10 鄧聖時：《屏山鄧族千年史探索》（香港：鄧廣賢出版，1999），頁 32。

據嘉慶二十四年《新安縣志》記載，在今新界範圍已有圓朗墟、石湖墟、大步墟和長洲墟等四個墟市。其中，圓朗墟係康熙八年（1669 年）由大橋墩遷來，有大街四條，店舖不下百所。大步墟建於康熙十一年（1672 年）。[11]

道光二年（1822 年）立於九龍侯王廟內的《重修侯王古廟碑記》中，詳列出捐贈者的姓名，其中店舖名字至少有 100 個。這說明道光年間九龍半島的商業已相當興盛。[12]

新界各家族在從事農業生產的同時，還創設書院、學舍，傳播中國古代文化知識。其中歷史最久遠的是宋朝鄧符協為聚眾講學，在桂角山下設立的力瀛書院。其創始年代，比廣東省內的著名書院廣州禺山書院、番山書院等，還要早一百多年。該書院遺址清初猶存。清朝時期，比較著名的則有錦田的周王二公書院（建於十七世紀）、元朗屏山的覲廷書室（建於 1870 年）等。據近人統計，清朝時期香港地區建成的書院、學舍達 499 處之多。上述情況說明，香港地區的部分居民很早就具有較高的文化水準。

事實證明，英佔以前的香港地區是一個自給自足的農業社會，社會經濟文化已有了一定程度的發展，並非荒涼的不毛之地。

三、巴麥尊最早提出「荒島」之說

1841 年 4 月 21 日，英國外交大臣巴麥尊（Lord Palmerston）在給駐華商務監督義律（Charles Elliot）的信中，稱當時的香港島為「幾乎沒有人煙的荒島」（a barren island with hardly a house upon it）。[13] 他本人未到過香港島，並不了解實際

---

11 吳倫霓霞：〈歷史的新界〉，載鄭宇碩編著：《變遷中的新界》（香港：大學出版印務，1983），頁 12 – 13。

12 余繩武、劉存寬主編：《十九世紀的香港》，頁 14。

13 H. B. Morse, *The International Relations of the Chinese Empire, The Period of Conflict, 1834-1860* (London: Longmans, Green, 1910), Vol. 1, p. 642, app. 7.

情況。他的這種説法可能與當時英國政府希望佔據舟山而不是香港島有關。早在當年 2 月 3 日給義律的信中,他已明確提出,英國政府想佔據舟山群島。巴麥尊的關於香港島的説法流傳甚久,影響很大。當代一位研究香港歷史的英國學者安德葛(G. B. Endacott)説:「香港歷史的實際開端是在 1841 年英國人到來的時候。」**14**

筆者認為,有些外國人喜歡重複這種説法,實際上是在有意或無意地誇大英國人對香港社會發展所起的作用。一些中國人重複這種説法,多數是因為不了解英佔以前香港社會發展的真相。

本文是 1997 年 12 月在「香港與近代中國國際學術研討會」上發表的論文,收入本書時略有改動。

---

14 G.B. Endacott, *A History of Hong Kong*, Eighth impression (Hong Kong: Oxford University Press, 1985), p. 4.

香港與
近代中國

香港與辛亥革命運動

　　研究孫中山和辛亥革命的歷史，不能不提到香港，因為香港是孫中山革命思想的產生之地，是孫中山及其戰友建立革命組織、籌集革命經費、從事革命宣傳和發動武裝起義的重要基地。孫中山及其戰友在香港的革命活動，是香港乃至整個中國近代史上的絢麗篇章。

一、孫中山革命思想的發源地

　　1883 年 11 月，孫中山十七歲的時候，他到香港拔萃書院讀書。第二年 4 月轉入中央書院。在中央書院就讀期間，曾前往檀香山半年。他於 1886 年秋，離港前往廣州，到博濟醫院附設南華醫科學校學習。1887 年秋，他返港進香港西醫書院就讀，1892 年 7 月畢業。孫中山在香港讀書的時間包括中學兩年、大學五年，合計七年。這七年時間對孫中山革命思想的形成至關重要。

　　1883 年孫中山因在家鄉香山縣毀壞廟內偶像，招惹鄉紳憤怒，被其父送往香港讀書。當年 11 月他進入拔萃書院（Diocesan Boy's Home）。該校由香港首任維多利亞會督司蔑（George Smith）創辦，後來成為香港一所著名的英文學校。孫中山在該校讀書時間不長，僅一個月即輟學。

　　1883 年底或 1884 年初，美國綱紀慎會傳教士喜嘉理牧師（Rev. Hager）在香港為孫中山及其好友陸皓東施行了洗禮。孫中山在教友登記簿上署名「孫日新」，取日日更新之意，出自《大學》湯之盤銘：「苟日新，日日新，又日新。」

後來其師友區鳳墀牧師又為其起名「逸仙」，是「日新」二字的廣東話讀音。

　　1884 年 4 月 15 日，孫中山轉入香港著名的官立中學中央書院（Central School）就讀。他註冊的學號為 2746，姓名為孫帝象，住址為必列者士街（Bridges Street）二號，年齡十八歲。[1] 中央書院創辦於 1862 年 2 月，1889 年改稱維多利亞書院（Victoria College），1894 年改稱皇仁書院（Queen's College），後一校名沿用至今。中國近代史上的知名人物何啟、胡禮垣、謝纘泰、王寵惠、陳錦濤等都曾在這所學校讀書。中央書院的學習內容原來是中英文並重，但到孫中山入學時，在高年級課程中已取消了中文。該校課程中對西方歷史、特別是英國歷史的介紹比較深入。該校 1886 年參加劍橋大學初級和高級考試的試題中，要求學生說明處死查理一世是否正確，詹姆士二世為何喪失王位等問題。[2] 可以判斷，中央書院的教材中包含了對英國資產階級革命情況的介紹。這種教學內容對孫中山資產階級民主思想的形成一定產生過積極影響。

　　孫中山在中央書院讀書期間，正值中法戰爭爆發。當時香港的中文報紙《華字日報》、《循環日報》、《香港中外新報》、《維新日報》等一致譴責法國的侵略行徑，對戰況不斷有詳細的報道。孫中山得知中國軍隊在越南戰場捷報頻傳的情況下，又耳聞目睹香港中國工人拒修法國軍艦、拒卸法國貨物的愛國行動，思想上產生了極大的震動。他後來回憶說：「予自乙酉中法戰敗之年，始決傾覆清廷、創建民國之志。」[3] 說孫中山當時已有創立資產階級共和國的志向，可能有誇張的成分，但說他萌生了推翻清朝腐朽統治的思想是可信的。

　　孫中山在中央書院肄業之後，曾經考慮學習軍事，這可能與中法戰爭的影響有關。但由於國內馬尾船政學堂被毀等原因，他未能如願。孫中山認為「醫

1　羅香林：《國父在香港之歷史遺跡》（香港：珠海書院，1971），頁 14。
2　吳倫霓霞：〈孫中山早期革命運動與香港〉，載中山大學學報編輯部：《孫中山研究論叢》第 3 集。
3　中山大學歷史系孫中山研究室等合編：《孫中山全集》，第六卷（北京：中華書局，1985），頁 229。

亦救人之術」，因而選擇了學醫。經喜嘉理牧師介紹，他於 1886 年進入廣州博濟醫院附設南華醫科學校。孫中山曾回憶說：「予在廣州學醫甫一年，聞香港有英文醫校開設，予以其學課較優，而地較自由，可以鼓吹革命，故投香港學校肄業。」**4** 這所英文醫校即著名的香港西醫書院（The Hong Kong College of Medicine for Chinese），係五年制醫學院，1887 年 10 月 1 日由白文信博士（Dr. Patrick Manson，又譯為孟生）等一批外籍醫生在何啟參與下創辦，目的在於培養華人醫生、護士，在中國傳播醫學。

香港西醫書院的課程設置與英國各醫科學校相似。該校第一學年設植物學、化學、解剖學、生理學、藥物學、物理學及臨床診察等課程。第二學年除繼續學習解剖學、生理學外，增設醫學、婦產科、病理學、外科學等。第三學年實習增多。第四學年增設法醫學、公共衛生、實用初級外科等。第五學年則注重醫學、外科、產科之深造。西醫書院的教學應盡量配合實踐活動。學習植物學時，學生多次前往植物園參觀。學習化學課時，教師通過實驗進行演示，暑期學生還親自到化學實驗室動手操作。西醫書院的教師大部分是在香港的外籍醫生，獲得過博士或碩士學位，有豐富的理論知識與臨床經驗。

孫中山在香港西醫書院的首批學生之列。他天資聰敏，學習勤奮，成績優異。在 1887 年同時入學的十二人之中，到 1892 年能夠畢業的僅剩孫中山、江英華兩人，而孫中山的成績又大大超過了江英華。他在十二門功課中，「H」（Honours，即優良成績）十門，「P」（Pass，即合格成績）兩門，而江英華的成績為「H」六門、「P」六門。孫中山在醫學、產科、衛生與公共健康學等課程的考試中皆名列第一。

孫中山的求知範圍廣泛，除了課本知識，他很早就注意救國利民的其他有用知識。1890 年，他在給鄭藻如的信中曾說：「某留心經濟之學十有餘年矣，

4　同上註。

遠至歐洲時局之變遷，上至歷朝制度之沿革，大則兩間之天道人事，小則泰西之格致語言，多有旁及。」[5] 他在西醫書院的同學關心焉回憶說：「總理〔孫中山〕在院習醫科五年，專心致意於學業，勤懇非常。彼於日間習讀醫學，夜則研究中文，時見其中夜起床燃燈誦讀。但最愛讀之書乃法國革命史（藍皮譯本）及達爾文之進化論，後乃知其思想受此二書之影響為不少也。」[6]

孫中山「知難行易」的進步哲學思想，與其在西醫書院受到的嚴格的科學知識教育不無關係。他在論證其「知難行易」學説時，曾舉十例為證，而在「以飲食為證」時，涉及到生理學、醫藥學、衛生學、物理學、化學等，皆為他在西醫書院認真研討過的學科。[7]

1923 年 2 月 20 日，孫中山曾在香港大學發表演講。在回答他「於何時及如何而得革命思想及新思想」這一問題時，他説：「我之此等思想發源地即為香港，至於如何得之，則我於三十年前在香港讀書，暇時則閒步市街，見其秩序整齊，建築閎美，工作進步不斷，腦海中留有甚深之印象。我每年回故里香山二次，兩地相較，情形迥異，香港整齊而安穩，香山反是。我在里中時竟須自作警察以自衛，時時留意防身之器完好否。我恒默念：香山、香港相距僅五十英里，何以如此不同？外人能在七八十年間在一荒島成此偉績，中國以四千年之文明，乃無一地如香港者，其故安在？」在回答該問題時，他還談及對政治問題的研究。他説：「研究結果，知香港政府官員皆潔己奉公，貪贓納賄之事絕無僅有，此與中國情形正相反，蓋中國官員以貪贓納賄為常事，而潔己奉公為變例也。」[8]

5　廣東省社會科學院歷史研究室等合編：《孫中山全集》，第一卷（北京：中華書局，1981），頁 1。

6　廣東文物展覽會編：《廣東文物》，中冊（香港：中國文化協進會，1941），卷六，頁 431。

7　參看《孫文學説——行易知難（心理建設）》第一章「以飲食為證」，載《孫中山全集》第六卷，頁 159 – 169。

8　中山大學歷史系孫中山研究室等合編：《孫中山全集》，第七卷（北京：中華書局，1985），頁 115 – 116。

外國學者卡梅倫（Nigel Cameron）曾對孫中山的這次演講加以評論說：「他的講話表現出他是一個典型的資產階級革命家。他顯然沒有注意到，香港華人的狀況不是有保障，而是沒有保障。對大多數華人而言，在不同程度上，至今仍然如此。」「孫中山思想的發展，在某種程度上竟來源於他對香港發生的事情莫名其妙的錯誤理解，這是一件很有意思的事情。那時候，香港在很多方面大概與中國本土一樣腐敗，而且表面上的秩序井然實際上是極少數人對沒有發言權的多數人進行的地地道道的殖民控制。」[9] 卡梅倫的評論是有一定道理的。孫中山的演講在某些方面脫離了歷史實際，存在片面的溢美之詞。從香港歷史上看，貪臟納賄是長期困擾香港社會的嚴重問題。以 1897 年 6 月 2 日破獲的私開賄博大案為例，就有英籍幫辦、警官、書記官以及員警、通事一百餘人因受賄被判刑或革職。

但是，我們又不能不看到，孫中山的演講在某些方面又反映了歷史實際。康有為在《康南海自編年譜》中寫道，他在光緒五年（1879 年）二十二歲時「薄遊香港，覽西人宮室之瑰麗，道路之整潔，巡捕之嚴密，乃始知西人治國有法度，不得以古舊之夷狄視之。乃復閱海國圖誌、瀛寰志略等書，購地球圖，漸收西學之書，為講西學之基矣」。[10] 康有為對香港的印象與孫中山的認識非常接近。這說明香港的城市建設和管理在當時已經獲得的成就，使身臨其境的中國人留下了深刻的印象。孫中山把香港的進步與發展與封建統治下中國內地的停滯和落後加以比較，是很自然的事情。從城市建設和管理角度反映出的香港的發展和進步是多種因素造成的。一方面由於英國通過對中國內地的侵略和榨取積累了財富；一方面是由於採取了比較開放的資本主義管理方式。香港的發展

9　Nigel Cameron, *Hong Kong: the Cultured Pearl* (Hong Kong: Oxford University Press, 1978), pp. 136-137.

10　中國史學會主編：《戊戌變法》（中國近代史資料叢刊），第四冊（上海：神州國光社，1953），頁 115。

和進步在一定程度上反映出資本主義制度與封建制度相比的進步性，對中國近代史上仁人志士的思想觸動很大，使他們立志學習西方，改造中國，為中國的繁榮富強奮起鬥爭。這種客觀的歷史作用在孫中山身上表現十分明顯。

二、香港興中會

香港興中會的建立具有較好的思想和組織基礎。該革命團體建立以前，香港即有兩個愛國政治小團體，一個是以「四大寇」為中心的小團體，一個是輔仁文社。

孫中山在西醫書院時，已充滿革命言論。同學關心焉之母黎氏在雅麗氏醫院任英文翻譯，平素善待孫中山，常邀其到家中與兒輩同遊共食。關母見孫中山言論激烈，曾問道：「你志高言大，想做什麼官——廣東制台嗎？」孫中山回答道：「不！」「想做欽差嗎？」又答：「不！」「然則想做皇帝嗎？」孫中山則答道：「皆不然，我只想推翻滿洲政府，還我漢族山河，那事業比做皇帝更高更大了。」[11] 陳少白曾回憶說：「他進校以後，天天談革命。」同學給他起了個綽號，叫他「洪秀全」，「因為孫先生平時，常常談起洪秀全，稱為反清第一英雄，很可惜他沒有成功！」[12]

孫中山與陳少白、尤列（尤少紈）、楊鶴齡等三人當時人稱「四大寇」。孫中山回憶起大學生活時說：「數年之間，每於學課餘暇，皆致力於革命之鼓吹，常往來於香港、澳門之間，大放厥辭，無所忌諱。時聞而附和者，在香港只陳少白、尤少紈、楊鶴齡三人，而上海歸客則陸皓東而已。若其他之交遊，聞吾言者，不以為大逆不道而避之，則以為中風病狂相視也。予與陳、尤、楊三人常住香港，昕夕往還，所談者莫不為革命之言論，所懷者莫不為革命之思

---

11 《廣東文物》，中冊，卷六，頁 432。
12 陳少白：《興中會革命史要》（台北：中央文物供應社，1956），頁 4。

想，所研究者莫不為革命之問題。四人相依甚密，非談革命則無以為歡，數年如一日。故港澳間之戚友交遊，皆呼予等為『四大寇』。」[13] 關於「四大寇」名稱的由來，陳少白解釋説：「初楊鶴齡與尤少紈同學，既至港在楊處，識予，後由予介紹之孫先生，每遇休暇，輒聚楊室暢談革命，慕洪秀全之為人，又以成者為王，敗者為寇，洪秀全未成而敗，清人目之為寇，而四人之志猶洪秀全也。因笑自謂我儕四人，其亦清廷之四大寇乎，其名由是起，蓋有慨乎言之也。時孫先生等尚在香港醫學堂肄業，而時人亦以此稱之……」[14]

陳少白（1869－1934），廣東新會人。本名聞韶，字葵石，後因服膺家鄉先輩、明代著名哲學家陳白沙，易名白，別名少白。他是廣州格致書院（嶺南大學前身）第一期學生。他因事去香港，經區鳳墀介紹，與孫中山結識。兩人一見如故，談時局，談革命，意氣相投。後來孫中山勸陳少白學醫，並介紹他進入香港西醫書院讀書。他倆在校拜盟為兄弟。孫中山對同志稱「吾弟」的，只陳少白一人。

尤列（1864－1936），廣東順德人，別字少紈。出身於書香世家，其祖、其父著述甚豐。尤列早年曾加入洪門會堂。在廣州算學館畢業後，歷任廣東輿圖局測繪生、香港華民政務司署中文秘書等職。一日尤列前往楊耀記商號訪楊鶴齡，遇孫中山等友人在該處。孫中山高談時事，意氣激昂。尤列指着孫中山説：「諸君未見洪秀全。此人之頭腦即與洪秀全同樣矣。」孫中山亦指着他説：「你是游開智。」游開智當時為廣東巡撫，尤、游同音，孫中山故出此謔言。次日孫中山路遇尤列，邀至威靈頓街杏燕樓西菜館小敘。孫中山説：「昨日之言，幸暫守秘密。我前在檀香山教人造反，因民智尚未開通，無從着手，今幸相遇，便是同志，彼此次第斟酌進行可也。」尤列説：「既如此，我只望成事，

---

13 《孫中山全集》，第六卷，頁 229。
14 陳少白：《興中會革命史要》，頁 62。

誰居其功不計也。」[15]

　　楊鶴齡（1867－1934），廣東香山縣翠亨村人，生於澳門，家世豪富，性情豪放不羈，喜戲謔。因與孫中山同村，兩人結識最早。楊家在香港歌賦街八號開有楊耀記商號。楊鶴齡曾在店內獨闢一樓，為友朋聚集談話的場所。孫中山亦曾下榻其間。楊耀記商號實際上成為「四大寇」等革命青年的政治俱樂部。

　　與「四大寇」一起談論國事的還有陸皓東、鄭士良、王孟琴、何隆簡、楊衢安等人。陸皓東（1867－1895），廣東香山縣翠亨村人，孫中山少年時代同學。後在上海任電報翻譯生，但每次由滬返粵途經香港，總要與「四大寇」聚談。鄭士良（1863－1901），廣東歸善（今惠陽）人，字弼臣。少年時代從家鄉父老練習拳技，與綠林豪俠及洪門會黨相往來，漸具反清復漢思想。在廣州博濟醫院附設南華醫科學校與孫中山同窗，兩人談論革命，十分投緣。他曾表示，他曾投入會黨，如他日有事，可為孫中山羅致會黨以聽指揮。孫中山赴香港西醫書院就讀後，兩人來往仍很密切。孫中山曾說：鄭士良「時來加入四大寇之列，及交愈稔，始悉彼為三合會頭目之一。於是賴以得知中國向來秘密結社者之內容，大得為予實行參考之資料。然予由談論時代入於實行時代之動機，則受鄭君所賜者多也」。[16]

　　輔仁文社是一個愛國進步團體，該社的英文名稱為 Chinese Patriotic Mutual Improvement Association（中華愛國互助促進會）。該社 1892 年 3 月 13 日在香港結志街百子里一號二樓設立總部。輔仁文社的綱領共有六條：一、磨礪人格、臻於至善；二、不得沉溺於當世之惡習；三、為未來中國青年作表率；四、以多途增進中外文、武兩種學識；五、精通西學；六、以愛國者自勵，努力掃除吾國出現之乖誤。[17] 該社的座右銘是「盡心愛國」。謝纘泰在《中華民國

15　馮自由：《革命逸史》，第一集（台北：商務印書館，1969），頁 47 - 48。

16　《孫中山全集》，第一卷，頁 584。

17　賀躍夫：〈輔仁文社與興中會關係辨析〉，載《孫中山研究論叢》1984 年第 2 集。

革命秘史》中說：「我在皇仁書院唸書時，我結識了一些校內外的有出息的愛國年青人。這使我開始醒覺到，計劃組織一個中國億萬人的革新運動，一個驅逐滿洲韃靼篡奪者的運動正是時候了。」「在我的十六個朋友中，取得我的信任並且知道我的秘密的主要是楊衢雲、陳芬、周超岳、黃國瑜、羅文玉和劉燕賓。對其餘的都仍保守秘密，因為，當時公開鼓吹革命是太危險了，而且在香港這塊殖民地到處是廣州清政府的諜探人員。」[18]〈輔仁文社序〉稱：「茲我同志七人，以此社名曰輔仁文社，……」[19] 尤列在 1927 年撰寫的〈楊衢雲略史〉中說輔仁文社社員為十六人，社長楊衢雲。[20] 尤列本人與輔仁文社社員交往密切，他的記述也值得注意。從上述史料分析，可能輔仁文社創辦時僅有社員七人，即楊衢雲、謝纘泰、陳芬、周超岳、黃國瑜、羅文玉和劉燕賓，後來逐漸發展為十六人。楊衢雲、謝纘泰是該社的主要人物。

　　楊衢雲（1861－1901），福建澄海（今龍海人），原名兆春，字舍吉，號衢雲。祖父楊福康曾任廣東肇慶府經歷，署理新興縣知縣，因讀《荊駝逸史》，有所覺悟，棄官出國，居檳榔嶼。父親楊清河生於檳榔嶼，十六歲回原籍補習漢語，二十一歲至香港，歷任巡理府及輔政司通事、書院教員等職。楊衢雲自幼隨父讀書，十四歲入鐸也船廠學習機械，不慎出事故，遂轉學英文。二十歲畢業後，先後任聖約瑟書院英文教員、招商局書記長和沙宣洋行（David Sasson, Sons & Co.）副經理。沙宣洋行是英商在香港開辦的一家輪船公司。

　　1892 年秋，羅文玉在上環壽而康酒樓設婚筵，輔仁文社同仁皆至，尤列亦應邀出席。尤列與楊衢雲倚欄交談。楊衢雲談論政治改革，並談及祖父讀史棄官出國之事。尤列說：「得之矣！君所嘗發揮者，政治之改革耳。乃令先祖讀

18　中國人民政治協商會議廣東省委員會文史資料研究委員會編：《孫中山與辛亥革命史料專輯》（廣州：廣東省人民出版社，1981），頁 292。

19　賀躍夫：〈輔仁文社與興中會關係辨析〉。

20　《廣東文物》，中冊，卷六，頁 436。

史棄官之意，君知之乎？」楊問：「何如？」尤列説：「不有種族問題在耶！棄官者，不為滿清奴也。」楊豁然省悟：「我亦得之矣；如夢初覺矣！」待酒闌人散，楊衢雲詢問尤列寓所。尤列答道：「歌賦街楊耀記楊君鶴齡所，與孫君同居。」楊即隨尤列同歸，與孫中山相見甚歡。此次楊尤、楊孫會見是輔仁文社與「四大寇」建立政治聯繫的開端。此後楊衢雲常至楊耀記商號或西醫書院與「四大寇」聚談，至則抵掌而談，達旦不倦。[21]

楊衢雲為人仁厚和藹，但任俠好義，具有強烈的民族主義思想。關心焉在回憶楊衢雲與「四大寇」的交往時，對楊的見義勇為、抱打不平有生動的敍述：「有楊衢雲者，在招商局任英文書記職，每夜亦必來談話。其人善拳術，好打不平，固一糾糾武夫也。當時大馬路上酒巴林立，常有海陸軍人醉酒鬧事，每凌辱毆打中國人。衢雲見之，輒揮拳憤擊醉兵，無不應手而倒。屢被警察執送警署，則又輒自稱『自衛』而得免罪。每遇事一次，被釋後必來醫校詳細報告，慷慨激昂。常云，外人待我不平，同胞必須發奮圖強。其所以致此，皆因滿胡壓逼漢人，不能致中國於強盛，故受外人欺侮也。於是每談必申述《揚州十日記》等慘史。聽者莫不義憤填膺，而他們幾個人的革命情愫愈為緊張了。」[22]

謝纘泰（1872－1937），廣東開平人，字聖安，號康如，生於澳大利亞悉尼市。其父謝日昌在澳洲經商數十年，是泰益進出口商號老闆。其母郭氏是在南半球登陸的第一位中國婦女。謝日昌隸三合會籍，立志反清復明。謝纘泰約十二歲時，其父即向他講述滿族統治者殘暴征服中國的故事，使他立下誓言，長大以後一定要回到祖國，推翻清朝統治。他在澳大利亞接受洗禮，成為基督教徒，並在當地格臘弗頓中學接受教育。他1887年十五歲時隨母親回國，至香

---

21 同上註，頁 437。
22 同上註，頁 431－432。

港定居，入中央書院讀書。1890 年結識楊衢雲，兩人志同道合，以開通民智為號召，發起組織輔仁文社。

　　1893 年冬，在廣州城南廣雅書局南園內之抗風軒，孫中山與其同志秘密聚談，有程耀宸、程奎光、程璧光、魏友琴、陸皓東、鄭士良、尤列等出席。孫中山提議宜先成立團體，以驅逐韃虜、恢復華夏為宗旨，眾人皆表贊成，但未制定會名。次日尤列返港，向楊衢雲談起此事，楊亦表示贊同。[23] 但成立團體之事，當時並未實際進行。

　　1894 年 6 月，孫中山抵達天津，投書李鴻章倡言改革，未獲接見。上書失敗，又在京津目睹清政府之腐敗，使孫中山義無反顧地走上用革命手段推翻清朝統治的道路。

　　1894 年 11 月 24 日，孫中山在檀香創立了中國第一個資產階級革命小團體——興中會。何寬、李昌、鄧蔭南等二十餘名華僑出席了成立會議。孫中山起草的《檀香山興中會章程》痛陳「庸奴誤國」、「列強環列」的危急形勢，呼籲「亟拯斯民於水火，切扶大廈之將傾」，聲明「是會之設，專為振興中華、維持國體起見⋯⋯茲特聯絡中外華人，創興是會，以申民志而扶國宗」。[24]

　　1894 年冬，清軍在中日甲午戰爭中接連失利，日軍攻入遼東腹地，並佔領了大連、旅順。孫中山好友宋耀如認為出現革命良機，函促孫中山迅速歸國。1895 年 1 月下旬孫中山抵達香港後，即召集舊友陸皓東、鄭士良、陳少白、尤列、楊鶴齡等人，籌建香港興中會。孫中山與輔仁文楊衢雲早有交往，素知楊衢雲、謝纘泰等平日宗旨相同，與之商議，他們欣然同意建會。輔仁文社社員入會的還有周昭岳。初期陸續入會的還有黃詠商、區鳳墀、余育之、徐善亨、朱貴全、邱四等數十人。香港興中會會員包括愛國知識份子、愛國商人和會黨

23　馮自由：《革命逸史》，第五集，頁 9。
24　《孫中山全集》，第一卷，頁 19。

份子，他們具有程度不同的資產階級思想和民族主義思想。

　　1895 年 2 月 21 日，香港興中會舉行成立會。《香港興中會章程》規定：「總會設在中國，分會散設各地。」因而，香港興中會被稱為香港興中會總部。該會會所設在香港中環士丹頓街十三號，外懸「乾亨行」商號招牌做掩護。「乾亨」二字係黃詠商所定。黃詠商係廣東香山人，其父黃勝為香港立法局議員，與何啟有戚誼。何啟介紹黃詠商與孫中山結識，黃因而加入興中會。黃好讀《易經》，研究湛深。他認為，物極必反，漢族已有否極泰來之象，清朝皇位覆亡在即。「乾亨行」命名取乾元奉行天命，其道乃亨之義。

　　《香港興中會章程》比《檀香山興中會章程》周詳和深刻。《檀香山興中會章程》強調外患的嚴重：「方今強鄰環列，虎視鷹瞵，久垂涎於中華五金之富、物產之饒。蠶食鯨吞，已效尤於接踵；瓜分豆剖，實堪慮於目前。」[25] 該章程對清政府的揭露卻比較簡單和籠統，僅有「庸奴誤國，塗〔荼〕毒蒼生，一蹶不興，如斯之極」寥寥數語。《香港興中會章程》同樣強調外患的嚴重，但對清政府的揭露卻比較具體和尖銳：「夫以四百兆人民之眾，數萬里土地之饒，本可發奮為雄，無敵於天下，乃以政治不修，綱維敗壞，朝廷則鬻爵賣官，公行賄賂；官府則剝民刮地，暴過虎狼。盜賊橫行，饑饉交集，哀鴻遍野，民不聊生。嗚呼慘哉！」[26]《香港興中會章程》把矛頭鮮明地指向朝廷和官府，實際上是發出了推翻清朝腐朽統治的號召。香港興中會會員入會時，須高舉右手對天宣誓。其誓詞為：「驅逐韃虜，恢復中華，創立合眾政府。倘有貳心，神明

25　同上註。
26　同上註，頁 21。

鑒察。」[27] 他們秘密宣讀的誓詞明確反映出他們推翻清朝封建統治、建立資產階級共和國的政治理想和奮鬥目標，體現出興中會的革命性質。

香港興中會成立時，由黃詠商擔任臨時會長。1895 年廣州起義前選舉正式會長時，孫中山一派與楊衢雲一派發生紛爭。孫中山顧全大局，將會長職務讓給楊衢雲。1899 年冬，孫中山派畢永年、史堅如等赴漢口，邀鄂、湘兩省哥老會各龍頭赴香港開會。鄭士良亦號召廣東三合會首領到會。當年 11 月，興中會、哥老會、三合會代表十二人在香港聚會，成立興漢會，選舉孫中山為總會長，並派宮崎寅藏赴日將總會長印信送給孫中山。楊衢雲聞訊後，為避免革命隊伍分裂，主動辭去興中會會長職務。此後興中會會長一職即由孫中山擔任。

三、興中會時期的武裝起義

香港興中會的成立使孫中山領導的資產階級革命運動由談論革命階段進入實際行動階段。革命黨人以香港為基地，發動過多次推翻清朝封建專制統治的武裝起義。從 1895 年香港興中會建立至 1911 年辛亥革命成功的十六年間，孫中山直接策劃的南方十次武裝起義，就有六次是以香港為基地進行的。此外，興中會會員謝纘泰策劃的洪全福廣州之役也是以香港為基地進行的。興中會時期在香港策劃的武裝起義計有乙未廣州之役、庚子惠州之役和洪全福廣州之役。

27　馮自由：《中國革命運動二十六年組織史》（上海：商務印書館，1948），頁 18。馮自由認為檀香興中會創立時即有此誓詞。美國華人學者薛君度認為，此事還不能從文獻或參與者的著作中得到確證。立誓詞一事可能是逐步發展起來的，在檀香建立興中會時就有此誓詞的説法，是值得懷疑的。中國學者袁鴻林、耿雲志等同意薛君度先生的看法，但認為在香港興中會時可能已有這一誓詞。

（一）乙未廣州之役

香港興中會成立後不久，革命黨人即着手策劃在廣州舉行武裝起義。1895年 3 月 13 日、16 日和 21 日，孫中山、楊衢雲、謝纘泰、黃詠商等多次在「乾亨行」秘密聚會，討論攻佔廣州城的計劃。他們的計劃得到改良主義思想家何啟、《德臣西報》編輯黎德（Thomas H. Reid）和《士蔑西報》編輯鄧肯（Chesney Duncan）等人的支持。8 月 29 日，孫中山、楊衢雲、謝纘泰、黃詠商、陳少白、何啟、黎德等在杏花樓酒家聚會，討論起義成功後臨時政府的政策，決定由何啟擔任發言人。黎德答應爭取英國政府和英國人民的同情與支持。10 月 9 日，黎德和英人高文（T. Cowen）代起義者起草致列強宣言，由何啟和謝纘泰加以修改。

興中會總部決定當年農曆九月初九重陽節（陽曆 10 月 26 日）舉事，利用廣東重陽節掃墓的習俗，使起義人員得到掩護，順利進入廣州城內。起義準備工作分兩頭進行。孫中山、鄭士良、陸皓東、鄧蔭南、陳少白等在廣州建立興中會，設立秘密機關，聯絡綠林、民團、會黨、防營及水師，還設立農學會作為掩護。楊衢雲、黃詠商、謝纘泰等在香港籌措軍餉、製造輿論、購運槍械與招募會黨。孫中山本人則「常往來廣州、香港之間」。陸皓東設計了青天白日旗作為起義軍旗幟。起義戰士每人領紅帶一條、警哨一個作為標記，口號是「除暴安良」。

孫中山特別倚重的是汕頭起義士兵和香港特遣隊。他曾回憶說：「一切都準備好了，完全取決於汕頭士兵能否越野行軍一百五十多哩前來和我們會合，從香港來的一支特遣隊又能否及時趕到。」[28] 倚重汕頭部隊的原因在於，汕頭與廣州相距不遠，但兩地語言不同。萬一其他起義部隊中途潰散，此軍特徵明顯，在廣州難以存身，只能背水一戰。至於香港特遣隊，與中日甲午戰爭爆發

---

28 《孫中山全集》，第一卷，頁 549。

後兩廣總督李瀚章廣招士兵有關。停戰後他遣散四分之三的軍隊，並未妥善安置，許多士兵淪為盜賊。興中會乘機活動，將若干士兵收為己用。散居於新安縣深圳、鹽田、沙頭等地的退伍士兵二百名，全數加入了興中會，由朱貴全帶領在九龍集中，構成了香港特遣隊的骨幹。

10 月 26 日，參加起義的綠林首領、軍隊首領和民團首領紛紛前往廣州農學會總機關領取口號、命令，但孫中山已於 25 日收到汕頭部隊領導人電報：「官軍戒備，不能前進。」他臨時決定改期，並電阻香港特遣隊勿來。此時起義的消息已通過多種途徑洩露出去。清廷駐港密探韋寶珊已將朱貴全在港集合隊伍的消息電告粵吏。此外，興中會會員朱湛之兄、舉人朱湘恐受連累，亦向省河緝捕統帶李家焯告密。兩廣總督譚鍾麟聞之立即調集軍隊回省防衛，並於 27 日派人前往革命黨人設在王家祠、鹹蝦欄等處的機關，捕獲陸皓東等六人。

在香港方面，接到孫中山電報時，槍械已裝入五個水泥桶偽作貨物交省港班輪「保安」輪待運。若將其起回，反易敗露。楊貴全、邱四率香港特遣隊四百人登輪啟程。啟碇後，他們發現船上貨物移易位置，藏匿槍械的水泥桶被許多雜貨箱積壓，一時無法取用。28 日保安輪抵達廣州時，南海縣令李征庸及緝捕統帶李家焯已率兵在碼頭嚴密截緝。起義士兵手無寸鐵，失去抵抗能力。先登岸的四十五人當場被捕，後登岸者毀棄標誌，得以逃遁。

此役殉難者有陸皓東、朱貴全、邱四、程奎光、程耀宸等。他們成為最早為中國資產階級民主革命獻身的烈士。其中陸皓東表現尤為英勇。面對清吏的嚴刑審訊，他仍在供詞中痛陳清朝政府之腐敗專制、官吏之貪污庸懦和外人之陰謀窺伺，慷慨悲壯地宣稱：「一我可殺，而繼我而起者不可盡殺。」

此次舉事失敗後，南海、番禺兩縣聯合發佈告示：「現有匪黨，名曰孫文。結有匪黨，曰楊衢雲。起義謀叛，擾亂省城……」廣東提刑按察使兼管全省驛傳事務衙門懸賞緝拿孫中山、楊衢雲、陳少白等十六名革命黨人，其中孫中山

的賞格達花紅銀 1,000 元。[29] 孫中山、陳少白、鄭士良等被迫經香港逃往日本，楊衢雲則逃往南非。香港英國當局也於 1896 年 3 月 4 日向孫中山發出「解票」（即驅逐令），宣稱：「孫逸仙危及本殖民地的和平與良好秩序」，「自給票日起計，以五年為期，不准在本港及所屬地方駐留。」[30]

乙未廣州之役雖然失敗了，但它標誌着資產階級革命黨人作為中國新興的政治力量登上了歷史舞台，擴大了他們的政治影響。當時日本報紙上出現了「中國革命黨首領孫逸仙」等字樣，孫中山逐漸成為國內外的知名人物。

(二) 庚子惠州之役

惠州距香港不遠，且地處東江交通要衝。得惠州以取廣州，有高屋建瓴之勢。興中會將其作為第二次起事的地點。1899 年末和 1900 年初，鄭士良、陳少白、楊衢雲等在香港聯絡綠林、會黨首領，籌集惠州起義，工作頗有成效。1900 年 4 月 26 日，楊衢雲東渡日本，與孫中山商議大舉。

1900 年 6 月，義和團運動在京津地區如火如荼，八國聯軍侵入北京。孫中山認為「時機不可失」，遂與楊衢雲、鄭士良、宮崎寅藏、內田良平等乘法輪「印度」號（Indus）離開日本，於 6 月 17 日抵達香港。因港英當局未取消驅逐令，孫中山不能上岸。當日他只得在船旁一小舟召開軍事會議。出席會議的有楊衢雲、陳少白、謝纘泰、鄭士良、史堅如、鄧蔭南、宮崎寅藏、平山周等人。會議決定鄭士良率黃福、黃耀庭、黃江喜等赴惠州準備發動。史堅如、鄧蔭南赴廣州，組織起事及暗殺機關，以資策應。楊衢雲、陳少白、李紀堂在港擔任接濟餉械事務。日本諸同志則留港協助楊、陳、李等辦事。會後孫中山乘原船赴越南西貢活動。

29　鄒魯：《中國國民黨史稿》，第三冊「革命（甲）」（北京：中華書局，1960），頁 660 − 661。

30　英國殖民地部檔案 C.O.129 / 283，頁 138 − 139。

1900 年 7 月 17 日，孫中山乘日輪「佐渡丸」抵達香港。孫中山原擬偕日本志士潛入內地，親率鄭士良等發動起義。因香港水警監視嚴密，無法登陸，未能成行。次日夜，孫中山在船上召開軍事會議，決定此次起事由鄭士良任總指揮，原禎、楊衢雲為參謀，福本誠為民政總裁，平山周、玉水常次、野田兵太郎為副總裁。[31] 7 月 20 日孫中山離港赴日。

惠州起義的根據地為惠州府歸善縣三洲田，戰略地位十分重要。兩廣總督德壽後來在奏摺中曾寫道：「查三洲田地方，山深林密，路徑迂回，南抵新安，緊逼九龍租界。西北與東莞縣接壤；北通府縣二城，均可竄出東江，直達省會。東南與海豐毗連，亦係會黨出沒之處，非派營勇面面顧到，難期迅速撲滅。」[32] 鄭士良是歸善當地客家人，又是會黨中人，在當地發動群眾如魚得水。他很快在三洲田聚集了六百名起義壯士，但槍械僅得三百枝，子彈每人僅三十發。7 月孫中山抵港時，命令固守三洲田山寨以待後命。

鄭士良、黃福靜候數月，軍糧漸缺，只得將部屬分散到附近鄉村，僅留八十人守山寨。為防止走漏風聲，附近村民誤入山寨砍柴放牧者，皆予以拘留。一時謠言四起。兩廣總督德壽據各方警報，命水師提督何長清抽撥新舊靖勇及虎門防軍四千人於 10 月 3 日進深圳，陸路提督鄧萬林率惠州防軍駐紮鎮隆，堵塞三洲田出路。鄭士良以戰機日迫，致電孫中山請求接濟。孫中山覆電：籌備未完，令暫解散。覆電尚未到達山寨，何長清已調前隊二百人進駐新安縣沙灣，哨騎已達黃岡，將進犯三洲田。起義軍決定先發制人，振己軍氣，破敵之膽。1900 年 10 月 6 日，黃福率寨內八十壯士夜襲沙灣，斬敵四十人，奪槍四十枝、彈藥數箱，擒敵三十人。其餘清軍驚駭潰逃。

惠州之役打響後不久，起義軍即以歸善縣會黨名義，致函香港英文報刊，

31　宮崎龍介、小野川秀美編：《宮崎滔天全集》，第五卷（東京：平凡社，1976），頁 672。

32　中國史學會主編：《辛亥革命》（中國近代史資料叢刊），第一冊（上海：上海人民出版社，1957），頁 242。

宣佈他們的政治目標是「驅除滿洲政府，獨立民權政體」，呼籲英美日三國「守中立之義，且或資助之」，不要重蹈當年英國支持戈登助清政府鎮壓太平軍之覆轍。[33]

　　起義軍原準備 10 月 7 日乘勝追擊，與新安、虎門同志黃江喜等集合的數千人會合，共同攻打新安城。此時鄭士良從香港帶回孫中山電報：「若能突出，可直越廈門，至此即有接濟。」[34] 當時孫中山正在台灣活動。台灣總督、日本人兒玉源太郎有佔領廈門、控制福建的侵略計劃，陰謀利用孫中山的力量。兒玉指派台灣民政長官後藤新平與孫中山談判，答應起事以後，給予援助，其中包括默許起義軍搶奪台灣銀行廈門分行數百萬元鉅款，慫恿革命黨人攻佔廈門。孫中山亟需經費接濟起義軍，因而採納兒玉和後藤的建議，改變了原來的行動計劃。

　　起義軍在鄭士良指揮下，改向廈門方向挺進，先後轉戰鎮隆、水湖、崩崗墟、三多祝等地，連戰連捷，所向披靡。歸善縣丞兼管帶杜鳳梧被擒，陸路提督鄧萬林中槍墮馬狼狽逃竄。起義隊伍由最初的數百人發展到一萬餘人。當年 10 月 23 日，孫中山在致菅原傳的信中極其興奮地寫道：「舉旗至今十餘日，連克大敵，數破堅城，軍威大振，人心附從，從來舉事成功之速，未有及此也。」[35] 兩廣總督德壽在奏摺中也不得不承認：起義軍「橫厲無比」，各路會黨「雲集響應」。[36]

　　起義軍隊伍迅速擴大，戰鬥不斷進行，急需補充大批槍枝彈藥。孫中山致電宮崎寅藏，請其將菲律賓獨立軍借給的軍械，由日本運往惠州沿海。豈知由於日本政客木村彌六貪污混騙，購買的這批軍械全係廢品，根本無法使用。此

33　《士蔑西報》1900 年 10 月 10 日，同上註，頁 241 － 242。
34　《辛亥革命》，第一冊，頁 128。
35　《孫中山全集》，第一卷，頁 201。
36　《辛亥革命》，第一冊，頁 244。

時又逢日本內閣發生更迭，新任首相伊藤博文奉行保全清政府的對華政策，嚴格禁止日人與中國革命黨來往，並取締武器秘密運送。

在外援無望的情況下，孫中山致書鄭士良稱：政情忽變，外援難期，即至廈門，亦無所得，軍中之事，請司令自決進止。[37] 日本志士山田良政及同志數人攜帶此信，乘船到香港，經海豐抵達三多祝前線。鄭士良接信後忍痛解散起義軍隊伍，與黃福、何祥等起義軍首領於當年 11 月初退往香港。另有四五百起義士兵也陸續退往香港，得到香港興中會的妥善安置。[38]

興中會的第二次武裝起義惠州之役失敗了，但革命黨人的英勇行動逐漸喚醒了愈來愈多的群眾。孫中山曾頗有感觸地説：「經此失敗而後，回顧中國人之心，已覺與前有別矣。當初次之失敗也，舉國輿論莫不目予輩為亂臣賊子、大逆不道，咒詛謾罵之聲，不絕於耳；吾人足跡所到，凡認識者，幾視為毒蛇猛獸，而莫敢與吾人交遊也。惟庚子失敗之後，是鮮聞一般人之惡聲相加，而有識之士且多為吾人扼腕嘆惜，恨其事之不成矣。前後相較，差若天淵。吾人睹此情形，心中快慰，不可言狀，知國人之迷夢已有漸醒之兆。」[39]

（三）洪全福廣州之役

謝纘泰因不滿孫中山取代楊衢雲擔任興中會會長，早在 1900 年 2 月即有單獨行動、奪取廣州的想法。庚子惠州之役失敗後，特別是 1901 年 1 月 10 日楊衢雲在香港被清吏派人暗殺之後，謝纘泰滿懷對清吏的仇恨，着手單獨組織奪取廣州的戰役，即洪全福廣州之役。

此役重要人物洪全福，號春魁，字其元，係洪秀全三弟。參加太平軍後，轉戰湘鄂皖浙間，晉封左天將、瑛王，人呼三千歲。太平天國運動失敗後，洪

37　同上註，頁 241。
38　《江亞二供詞》，英國殖民地部檔案 C.O.129 / 301，頁 522。
39　《孫中山全集》，第六卷，頁 235。

全福避走香港，充外輪廚師。航行近四十年，始隱居香港懸壺行醫。他與謝纘泰之父謝日昌志同道合，時相過從。謝纘泰聞洪全福說太平軍舊事，知其有豐富軍事經驗，並在會黨中有潛勢力，遂與父親商量，動員他參與奪取廣州。

此役另一重要人物李紀堂，原名李柏，香港富商李陞之第三子，1900 年 4 月 22 日加入興中會。當年 6 月孫中山乘船赴港，任命他為駐港會計主任。他曾為庚子惠州之役和維持中國日報社，提供大量經費。謝纘泰策劃洪全福廣州之役時，李紀堂剛接受父親百餘萬元遺產，慷慨允應承擔此役全額軍餉五十萬元。

1901 年 10 月 30 日，謝纘泰、洪全福、李紀堂舉行會晤，討論奪取廣州並建立臨時政府的計劃。會後他們立即分頭進行準備。

謝纘泰負責對外聯絡和輿論宣傳。他先後得到《泰晤士報》記者莫里遜（C. E. Morrison）、倫敦《香港日報》肯寧漢（A. Cunningham）、史密斯（D. W. Smith）、《德臣西報》編輯黎德（T. H. Reid）、傳教士李提摩太（Timothy Richard）等人程度不同的支持保證。肯寧漢協助謝纘泰起草獨立宣言和致列強呼籲書，並幫助秘密印刷。謝纘泰希望容閎在起義成功後擔任臨時政府總統，並通過李紀堂與他取得了聯繫。1902 年 9 月 21 日，容閎從美國來信，表示支持他們起義：「一方面我將自己作好準備，另方面，我將盡我的能力滿足你們的需要。請盡早將暗號和密碼寄來。」**40**

洪全福負責軍事行動。1902 年夏，他在香港中環德己立街二十號設立革命機關，名曰「和記棧」。他又委任興中會會員梁慕光、李植生在廣州設革命機關二十餘處，委任宋居仁、蘇焯南等聯絡各地會黨。廣東官府慣例，每年舊曆除夕天未明時，廣州城中文武大小官員相率齊集於城南萬壽宮行禮。洪全福決定利用這一時機，於 1903 年 1 月 28 日晚（舊曆除夕）起事，縱火為號，炸毀

---

40 《孫中山與辛亥革命史料專輯》，頁 315。

萬壽宮。同時佔據軍械局、焚燒火藥庫,分頭佔據各衙署。此外,又派人組織惠州同志舉義回應,牽制陸路提督之兵;運動綠林好漢劉大孀(男性)控制廣州北路。1902 年 12 月 27 日,洪全福和謝纘泰之弟謝子修前往廣州召開領導人秘密會議。次年 1 月 25 日,洪全福、謝子修經澳門再次前往廣州,領導實施起義計劃。

起義所用槍械,由李紀堂向沙面陶德洋行定購,已交定金十幾萬元。該洋行屆期不能交貨,企圖吞沒槍款,便向捷字營管帶楊植生告密。因此,1 月 25 日洪全福等離港後不久,廣東官府密探周某即帶領香港員警搜查和記棧,拘捕留守人員。周某將搜出的文件抄送兩廣總督德壽。

在事機洩露的危急關頭,洪全福仍千方百計設法補救。他請澳門同志用舢板兩艘,滿載槍枝以煤炭覆蓋運往廣州。梁慕光又向沙面洋行秘密購買快槍二百枝,用小艇運出。可惜上述行動皆未成功。清軍在廣州各起義機關和港澳輪碼頭大肆搜捕,抓獲起義志士二十餘人,搜獲大批軍械、旗幟、食品。梁慕信、陳學靈等十餘人就義。洪全福改名為浮萍,剃掉鬍子,化裝逃走。謝日昌因憂慮患病,不久即去世。

為了動員會黨群眾參加,洪全福廣州之役是以大明順天國的名義發動的。但此役和清初會黨反清起義有明顯的不同之處。洪全福等在起義告示中明確宣佈他們的宗旨是:「專為新造世界,與往日之敗壞世界迥乎不同,而脫我漢人於網羅之中,行歐洲君民共主之政體。天下平後,即立定年限,由民人公舉賢能為總統,以理國事。」[41] 這說明洪全福廣州之役和興中會發動的其他武裝起義一樣,屬於資產階級革命運動的一部分,目標在於推翻清朝封建統治,建立資產階級共和國。

洪全福廣州之役不是興中會總會發動的,但此役重要領導成員謝纘泰、李

41 《辛亥革命》,第一冊,頁 324。

紀堂、梁慕光、李植生均為興中會會員。此外，李紀堂曾託陳少白將此役準備情況轉告正在河內的孫中山，並稱一切宗旨與興中會相同，可勿過慮。待奪得省城時，即迎中山先生返粵。[42]

四、香港同盟會

庚子惠州之役失敗後，孫中山暫時停止國內軍事行動，集中精力聯絡海外留學生和華僑，為資產階級革命運動開拓更廣泛和堅實的基礎。1905 年 8 月 20 日，中國資產階級革命政黨——中國同盟會在日本東京宣告成立，孫中山被推選為同盟會總理。《中國同盟會總章》規定該會宗旨是：「驅除韃虜，恢復中華，創立民國，平均地權。」同盟會總部設在東京，計劃在國內設五個支部，國外設四個支部。國內的南部支部設在香港，負責雲南、廣東、廣西、福建四省革命事務。但實際上最初在香港建立的同盟會組織不叫南部支部，而叫香港分會。

孫中山十分了解香港作為革命策源地的重要地位。中國同盟會成立後僅兩個多星期，1905 年 9 月 8 日孫中山即委託會員馮自由、李自重前往香港、廣州、澳門等地聯絡同志，「凡有志入盟者，可由二君主盟接收」。[43]

當年 9 月馮自由抵達香港後，即與李自重、陳少白、鄭貫公等籌備組織同盟會香港分會。工作進行過程中，孫中山乘法國郵船由上海經香港前往越南西貢。10 月 16 日船過香港時，馮自由與陳少白、李自重、鄭貫公、李紀堂、容星橋、黃世仲、陳樹人等登輪謁見孫中山。孫中山當即親自主持同盟會宣誓儀式，陳少白等一一舉手加盟，雖是興中會會員仍須填寫誓約。為了隆重起見，數日之後，又在《中國日報》社四樓舉行了正式的加盟儀式。會員們選舉

---

42 馮自由：《革命逸史》，第四集，頁 107 − 108。
43 《孫中山全集》，第一卷，頁 286。

陳少白為香港分會會長，鄭貫公為庶務，馮自由為書記。除馮自由、李自重是在東京加盟的以外，計第一次在香港加盟的有陳少白、李紀堂、鄧三伯、鄭貫公、黃世仲、盧信、容星橋、潘達微、陳元英、陳樹人、伍漢特、史古愚、李自平、鄧警亞、李孟哲、李伯濤、王斧、楊肖歐、溫少雄、廖平子、李景芬、梁擴凡、黃大漢、黃耀庭、王光華、崔通約、陳典方、孫眉公、張樹清、李煜堂、黃魯逸、陳春生、洪孝允、林直勉等，約有百人之眾。[44] 香港分會是中國同盟會在日本以外建立的第一個分會，會所設在《中國日報》社長室。

　　1906 年秋，馮自由接替陳少白，任香港分會長。此後會務工作進展較快。1907 年在香港及廣州入會者有數百人，目前有姓名可考者六十七人。[45] 按同盟會規例，只會長一人有權接收會員，派往各地擴張會務的皆稱代理主盟人。1907 年香港同盟會派往廣東、廣西、福建和澳門的代理主盟人及軍事聯絡員有四十餘人。派出人員中，以許雪秋、鄧子瑜運動惠潮會黨及張谷山、姚雨平運動廣州軍學兩界成績最為顯著。[46]

　　1909 年以前，香港同盟會忙於軍事活動。為了保守秘密，不便大張旗鼓吸收會員。1908 年 4、5 月河口之役失敗後，同盟會元氣大傷，軍事行動停頓一年有餘，遂得專心黨務，採取開放主義，廣收會員。1909 年春，香港分會闢新會所於德輔道先施公司對門某樓，對外稱其為「民生書報社」，會員開會亦不如以前秘密。當年港粵兩地加入同盟會的有二千餘人，其中大多數是倪映典在新軍士兵中發展的。因會所過於狹窄，當年冬季「民生書報社」遷往中環德輔道捷發號四樓，並易名為「少年書報社」。1910 年春馮自由前往加拿大《大漢日報》社任職，香港分會會長由謝英伯接任。謝於 1911 年夏赴檀香山後，由陳

44　馮自由：《革命逸史》，第三集，頁 229；譚永年主編，甄冠南編述：《辛亥革命回憶錄》，上冊（香港，榮僑書店，1958），頁 265 － 266。

45　馮自由：《革命逸史》，第三集，頁 233。

46　同上註，頁 233 － 235。

逸川代理會長。

隨着各地革命形勢的發展，香港分會的任務愈來愈繁重，香港同盟會會員因而建議成立南方支部。1909 年，同盟會南方支部宣告成立，胡漢民任支部長，汪精衛任書記，林直勉任會計，會所設於黃泥涌道。最初開辦經費由林直勉捐助。香港分會向例兼理西南各省黨務軍務，以及南洋、美洲各地交通事務。南方支部成立後，香港分會僅負責港澳方面會務，西南各省工作則移交南方支部。

軍事活動是香港同盟會的一項重要工作。香港分會直接策劃了 1907 年 5 月的潮州黃岡之役和同年 6 月的惠州七女湖之役。1907 年的防城之役和 1908 年的欽州馬篤山之役是孫中山在越南河內親自指揮的，但香港分會承擔了軍用品供應工作。1910 年 2 月的廣州新軍之役和 1911 年 4 月的廣州「三‧二九」之役，則是由南方支部在香港策劃的。

同盟會香港分會建立後，香港充當革命運動後方基地的作用更為明顯，把香港作為聯絡地點、退守基地和中轉站的革命黨人與日俱增。各方同志來往港、粵、滬、桂、日本、南洋、歐美各地，常把中國日報社作為暫駐之地。分會還先後在寶慶坊、堅道、蘭桂坊、灣仔進教圍、摩禮臣山道、皇后大道馬伯良藥店四樓等處設立招待所。此外，革命黨人在結志街二十五號開辦的實踐女校、灣仔東傍海街七十六號馮自由住宅、李紀堂、鄧蔭南分別在新界青山開辦的農場等，也常被用作招待所。每年各方來港同志絡繹不絕。以 1907 年為例，各方同志過港者，就有黃興、胡漢民、汪精衛、孫眉、朱執信等。[47] 1909 年秋，革命團體共進會負責人孫武因事赴港，曾前往中國日報社拜訪馮自由，通報湖北省有共進會組織，如粵有事，鄂必回應。馮動員他辦理宣誓手續，加入了同盟會。

---

47 同上註，頁 235。

馮自由曾經做出這樣的評價：「香港同盟會實為清季西南各省革命軍之大本營」，其主持的黨務、軍務、報務，「與中華民國之肇造，關係絕巨」。[48]

五、同盟會時期的武裝起義

（一）潮州黃岡之役

黃岡城是廣東東部重鎮，屬潮州府隆平縣，商務繁盛，為閩粵交通孔道。清季在此駐有協鎮都司守備、左右城守、同知巡檢等文武官員。

黃岡之役主要領導人許雪秋（1875－1912）係華僑富商，廣東潮安人。1904 年，他曾與同志數人連袂歸國，在故鄉聯絡會黨頭目余既成、余通、陳湧波等，準備舉行反清武裝起義。1906 年，他在新加坡加入同盟會，被孫中山委任為中華國民軍東江都督，負責在廣東東江各地相機發難。當年冬季，他到香港會見馮自由，介紹同行的余既成、陳湧波加入同盟會，並要求電告孫中山，起義條件漸臻成熟，請派人回國相助。孫中山接電後，曾先後派廖仲愷、喬義生、方漢成、方瑞麟、李思唐、張煊、方次石及日人萱野長知、池亨吉等赴港協助。

許雪秋決定丁未正月初七（1907 年 2 月 19 日）分頭大舉，進攻潮州府城。屆時因「風雨大作」，影響隊伍集合，未能成功。許雪秋親往香港，向馮自由報告起事中途變化情況。孫中山接馮自由請示後，覆電指示今後舉事應與惠州及欽廉義師約定同舉，以便牽制清軍，令雪秋萬勿孟浪從事，致傷元氣。許雪秋因此留駐香港蘭桂坊，聯絡惠州、欽廉各地同志，並靜候指令，而由方漢成、方次石等繼續駐在黃岡籌備一切。

5 月初余既成、陳湧波前往香港報告，黃岡同志被清吏捕去兩人，各同志

48　同上註，頁 257。

擬克日舉事，以便營救。許雪秋亦躍躍欲動。馮自由、胡漢民再三勸阻，令余、陳二人回黃岡制止。同月 21 日，潮州總兵黃金福派守備蔡何宗帶兵四十名進駐黃岡。當晚商民演戲，防兵恃勢在台前調戲婦女，群眾起而干涉。蔡何宗不僅不約束防兵，反而藉故拘捕張善、兵保等兩名革命黨人。清軍並擬搜查設在泰興雜貨店的起義總機關。黃岡同志群情激憤。此時恰逢余既成、陳湧波由香港經汕頭攜款歸來。他們主張立即舉事，遲則為人所制。陳湧波並說：事發三日內，香港方面，軍械財政，自有接濟，各屬必能會師潮汕。[49]

5 月 22 日，余既成等聚眾七百餘人在黃岡城外連厝墳側誓師，隨後主攻協署，並分兵攻打城內其他衙署。酣戰之中，天忽降大雨。起義軍槍械多為舊式鳥槍，彈藥受潮，掃射無效。陳湧波縱火焚毀協署左側昭忠祠，在熊熊火光中，手持青天白日旗，衝鋒陷陣。經過一夜激戰，起義軍佔領了黃岡城，都司隆啟、守備蔡何宗被迫投降。起義軍在舊都司署成立軍政府，推選陳湧波、余既成為正副司令。

5 月 24 日，許雪秋在香港得知起事確訊，次日即趕赴汕頭。因清軍在汕頭附近佈防嚴密，他無法趕到戰地督戰。起義軍主帥乏人，對下一步進行計劃發生意見分歧，貽誤了戰機。清軍援師四集，義軍械劣彈乏，不堪再戰，只得於 5 月 27 日宣佈解散。余既成等由海道逃往香港。

（二）惠州七女湖之役

孫中山原計劃潮州、惠州同時舉義，以分散清軍兵力，因而指派許雪秋、鄧子瑜分途發動。鄧子瑜係惠州歸善人，與家鄉會黨關係密切，深得眾心。他參加過庚子惠州之役，後逃往新加坡，在牛車水開設旅館。1905 年，孫中山至新加坡設立同盟會分會，鄧子瑜與尤列等率先加盟。

---

49 《辛亥革命》，第二冊，頁 534。

　　鄧子瑜在香港獲悉潮州黃岡之役開始後，即向馮自由領款 1,200 元，令會黨首領陳純、林旺、孫穩赴歸善、博羅、龍門三處分路舉事。他信心十足地宣稱，每路只需經費 400 元，隨處有清軍防營槍械可取而利用。陳純等潛入惠州後，因博羅、龍門兩處會黨不易會合，便在歸善七女湖集中了百數十人。1907 年 6 月 2 日，他們在這距惠州府城僅二十里的著名墟場起事。當地扒船營勇抗拒，被擊斃八人，盡繳其槍械。義軍進攻泰尾、楊村、柏塘等地，所向披靡。各鄉會黨起而回應，聲威大振。清吏膽戰心驚，歸善、博羅兩縣城門緊閉。6 月 12 日，東路巡防營管帶洪兆麟帶兵至八子爺地方，林旺率義軍敢死壯士五十人，從山後邀擊。洪中槍墮馬，所部死傷甚眾。清軍其他各路亦連吃敗仗。兩廣總督急電水師提督李准，將進攻潮州黃岡之師，從汕頭調往惠州。鄧子瑜在港購置彈約，原擬親自押送，從間道入惠接濟。此時聞知黃岡義軍已敗，遂令部屬相機解散。義軍將槍械埋葬地下，然後解散。此役鄧子瑜事前僅領軍費 1,200 元，事後僅領善後費用 800 元。僅用區區 2,000 元，即獲得十分可觀的戰果，實屬難能可貴。

　　此役主將陳純等事後避居香港。馮自由因廣東密探環伺左右，便將他們安置在新界青山李紀堂農場藏匿，後又出資將其送往南洋謀生。鄧子瑜被港督勒令出境，重返新加坡從事革命活動。

（三）廣州新軍之役

　　革命黨人最初若干次武裝起義主要依靠會黨群眾。經過多次失敗，他們逐漸認識到：「革命起義，不可專恃會黨，今宜採取入虎穴得虎子之法，取得新軍，始可成事。」[50] 新軍是清政府為挽救其搖搖欲墜的統治而編練的近代化陸軍。廣東新軍始建於 1903 年，1905 年左右已建立一個混成協（混成旅）。新軍

50　鄒魯：《中國國民黨史稿》，第四編，頁 1325。

下級軍官多為廣東陸軍速成學堂、將弁學堂和學兵營畢業生，其中不少人傾向革命。1908 年起，香港同盟會逐漸把運動新軍作為工作重點之一。倪映典、朱執信、姚雨平、張醁村等在新軍官兵中做了大量發動工作。

倪映典（1885－1910），字炳章，安徽合肥人，畢業於安徽武備學堂。1908 年在安徽任炮兵管帶時，曾與熊成基共謀舉行武裝起義。後因躲避端方緝捕，易名南下。他到香港中國日報社訪問馮自由，正式加入同盟會。此後他返回廣州，經趙聲介紹入新軍，任炮兵見習排長。

1909 年夏，倪映典、朱執信等在白雲山能仁寺召集革命黨骨幹會議，推舉幹事員，決定分工。倪映典在天官里寄園巷五號設立機關，負責聯絡新軍。他擬定了《運動軍事章程十條》，還從香港中國日報社領取《革命先鋒》、《外交問題》、《立憲問題》等小冊子萬數千冊，在軍隊中廣為散發。新軍士兵大都識字，感化最易，收效甚大。每逢假日，則與同志一起在白雲山濂泉寺演說革命，新軍士兵趨之若鶩，掌聲如雷。他又由香港中國日報社取得同盟會小盟單萬張，與同志們一起，吸收士兵宣誓加盟，組織發展空前迅速。

1910 年 1 月，倪映典前往香港向南方支部報告工作，商定農曆正月十五元宵節發難。他隨即返回廣州。南方支部電請孫中山籌款 2 萬元應急，並電邀黃興、譚人鳳來港共策進行。黃、譚先後來港，孫中山共匯款 8,000 元，不敷發難之用。同盟會員李海雲毅然將所營合股商店存款 2 萬餘元全部獻出，解決了經費問題。革命黨人士氣高漲。他們有的在廣州增設機關加緊活動；有的租賃房屋，預備起事時縱火接應；有的在馮自由住宅趕製青天白日旗，藏於臥具密運廣東；有的準備密運炸藥、子彈；有的協助民軍首領，準備起事時與新軍相呼應。

農曆除夕（2 月 9 日），新軍二標士兵因定製名戳、名片細故，與店主發生爭執。巡警上前干涉，與新軍發生毆鬥。巡警拘捕新軍八人。倪映典聞訊急往香港報告，並且說：「余料新軍運動已成熟，經此事故，勿論如何，殆難抑

制，應提前改期，勿待元宵。」[51] 黃興、趙聲、胡漢民等反覆磋商，決定提前至初六起義，屆時他們將親赴廣州指揮。

2月10日（初一），二標士兵數百人持械入城，搗毀警局多處，傷警吏多人。清吏惶恐不安。協統張哲培等密收士兵子彈，並下令取銷士兵年假。駐防八旗兵運炮登城防禦。2月11日（初二）晨，一標士兵對取銷年假不滿，又傳言警兵派大隊攻營，紛紛闖進炮、工、輜各營搜尋槍械、子彈。下午，守城旗兵在東門射傷出面調解的陸軍小學監督黃士龍，新軍士兵愈加激憤。

農曆初一，港輪不開。倪映典乘初二夜班輪由香港返回廣州，發現局勢發展已十分嚴重，決定立即起事。他對軍中同志說：「此時兵士糾合，此等機會，雖有錢亦買不來」，「只管放心放手做事，香港即時就有接濟。」[52] 12日（初三晨），倪映典進入炮、工、輜營，新軍士兵歡呼雀躍。八時，炮營管帶齊汝漢發表演說，煽動士兵「盡忠報國」，為清廷賣命。倪映典連開三槍，將其擊斃。倪映典被大家推為司令，率領新軍起義士兵向省城進發。

當日晨，水師提督李准、統領吳宗禹率防營士兵二千餘人趕至牛王廟設防。新軍駐地在燕塘。牛王廟為燕塘至省城之要隘。倪映典身穿藍袍，手持青天白日滿地紅旗，馳馬督師前進。吳宗禹部管帶李景濂（同盟會員）為邀功請賞，設計誘殺倪映典。他假意請倪到該部動員士兵反正，待倪退出該部，即用亂槍將其射死。[53] 防營與新軍激戰約一小時，新軍陣亡百餘人。新軍起義士兵每人僅分得子彈七粒，並無法得到補充，紛紛向燕塘潰退。次日，新軍起義士兵退守白雲山、石牌、東圃一帶，清軍四出搜剿。新軍起義士兵先後被捕百數十人，逃往香港百數十人。廣州新軍之役至此宣告失敗。

---

51 《胡漢民自傳》，見《革命文獻》，第三輯，頁32。

52 《砭群叢報》第六冊（1910），《新軍叛變本法》，供詞二。

53 陳景呂：〈庚戌之役倪映典遇害真相〉，《辛亥革命回憶錄》，第二冊，頁300。

（四）廣州「三・二九」之役

從 1905 年至 1910 年，革命黨人在各地發動了數十次武裝起義，都被清政府殘酷地鎮壓下去了。從血的教訓中，他們逐漸意識到：「這種彼起此伏、各不相謀的軍事行動，力量分散，不能給敵人以沉重的打擊，反而犧牲了不少的優秀同志，消耗了革命的實力，實非善策。」他們因而主張：「集中全黨力量，發動一次大規模的武裝革命，一舉而顛覆清朝政府。」[54]

獲悉廣州新軍起義失敗後，孫中山由三藩市，取道檀香山、東京，至南洋的檳榔嶼（庇能）。1910 年 11 月 13 日，他在那裏召開秘密會議「重謀大舉」，黃興、趙聲、胡漢民等同盟會骨幹及檳榔嶼、怡保、芙蓉等地同盟會代表出席。孫中山鼓勵大家「為破斧沉舟之謀」，「舉全力以經營」。[55] 會議決定動員全黨人力、財力，全力以赴，以「教育義捐」名目籌款十萬元，挑選同志五百人任「選鋒」，任發難之責，領導軍隊及民軍起義。奪取廣州後，兵分兩路，一路出湖南、趨湖北，一路出江西、趨南京。

庇能會議後，趙聲、黃興、胡漢民等先後返回香港進行準備。此次戰役規模宏大，起義人員來自各省，戰略目標為廣東及長江流域數省，有必要建立一個統籌全局的機構協調行動。1911 年 1 月底，統籌部成立於香港跑馬地三十五號，黃興任部長，趙聲為副。下設七個課：

調度課：掌運動新舊軍人事，課長姚雨平。

交通課：掌江、浙、皖、鄂、湘、桂、閩、滇各路交通事，課長趙聲。

儲備課：掌購運器械事，課長胡毅生。

編制課：掌草定規則事，課長陳炯明。

秘書課：掌一切文件事，課長胡漢民。

54　熊克武：〈廣州起義親歷記〉，《辛亥革命回憶錄》，第一冊，頁 130。

55　《孫中山全集》，第一卷，頁 494。

調查課：掌調查敵情事，課長羅熾揚。

總務課：掌其他一切雜務，課長洪承點。

當年 2 月初，各地愛國華僑捐款陸續匯往香港。有了經費，統籌部即着手在香港、日本、越南等地購買軍火。由國外購買的軍火，皆先運往香港，然後轉運廣州。因為炸彈殺傷力大，造價也低，革命黨人將其當作一種主要武器。他們在香港擺花街設立實行部，專門製造炸彈，由李應生、李沛基、徐宗漢等負責。喻培倫、方聲洞曾在日本研製炸彈，亦前來香港參加製造，並在九龍海邊荒灘進行試驗。參戰選鋒初定五百人，後以不敷分配，增為八百餘人。其中來自閩、蘇、皖、蜀各省及南洋、越南等地的，陸續前往香港集中。革命黨人還分頭進入廣州，陸續設置起義機關四十餘處，用以辦事、聯絡、住人、藏軍械和製炸藥。在新軍、防營、警察、海軍和民軍中的準備工作亦在進行。

各項準備工作大體就緒之後，統籌部於 4 月 8 日在香港總機關召開發難會議，議決分十路在廣州發起進攻，趙聲為總司令，黃興為副。此外，增設放火委員，入旗界租賃房屋，以備臨時放火，擾亂清軍軍心。

發難計劃確定後，由香港向廣州運送軍火的工作更加緊張地進行起來。革命黨人在香港鵝頸橋開設一家頭髮公司，在廣州設兩家分號，用小包飾為頭髮運送子彈。西貢到港槍械，藏在鐵床妝台及花盆運往廣州。楊光漢偽裝巨賈，多次攜帶槍械闖關。王鶴鳴、杜鳳書等人還發明用顏料罐報關運械的辦法。

發難日期原訂為 1911 年 4 月 13 日。但是，美洲捐款尚未到齊，荷屬東印度捐款尚未匯到，從日本、越南購買的槍械多數尚未到港。加上 4 月 8 日發生溫生才槍殺副都統孚琦事件，軍警加緊搜巡。在廣州革命黨人決定將發難日期改為 4 月 26 日。

4 月 23 日，黃興離港前往廣州，住小東營五號起義總指揮部。聽取各部門工作匯報後，他決定再延緩一日，定於 4 月 27 日發難。25 日，兩廣總督張鳴岐、水師提督李准調巡防兩營回廣州，以其中三哨助守龍王廟高地。胡毅生、

陳炯明、宋玉琳等懷疑有奸細混跡黨內，敵人已有準備，建議改期。黃興勉從眾議，並命外省同志居多的趙聲部先行回港。前後退離廣州的選鋒達三百餘人。當時曾有喻培倫、林時爽找到黃興，痛陳利害：「花了海外華僑這麼多的錢，南洋、日本、內地同志不遠千里而來，於今中途緩期，萬一不能再舉，豈不成了個大騙局，堵塞了今後革命的道路？巡警就要搜查戶口，人槍怎麼辦？難道束手待擒？革命總是要冒險的，何況還有成功的希望。即使失敗，也可以我們的犧牲作宣傳，振奮人心。現在形勢緊急，有進無退，萬無緩期之理！」[56]在喻、林的激勵下，黃興決定集中三四十人攻打督署，殺張鳴岐以謝國人。26日，陳炯明、姚雨平報告說，李准由順德調來巡防營三營，泊天字碼頭，內多同志，欲趁機起事。其哨官十人，內有同志八人。黃興認為起義可望成功，決計按原訂日期發難。

當晚，胡漢民在港接黃興來電：「母病稍痊，須購通草來。」這是要求同志赴粵參戰的隱語。當時在港選鋒三百餘人，多數無辦。省港早輪只有一艘，晚輪則有數艘。乘早輪赴省城，恐不便登岸。因而趙聲、胡漢民決定，次日宋教仁等少數同志乘早輪，他們與多數同志乘晚輪赴省城，並發電報要求展期一日。

黃興將原訂的十路進攻改為四路進攻，分別由他本人、陳炯明、胡毅生、姚雨平指揮。豈知發難時，陳、胡猶豫畏縮，姚領械受阻，三路皆未出動，黃興一路陷入孤軍作戰的境地。1911年4月27日下午5時半，螺號聲聲，黃興率選鋒130人，向督署發起猛烈進攻。經過激烈槍戰，擊斃督署衛隊管帶金振邦，攻入署內。黃興等找不到張鳴岐，放火離署，遇李准親兵大隊迎頭衝來。突圍中，林時爽等六人中彈犧牲，黃興右手受傷斷兩指。黃興將所部分為三路：一路出小北門，擬與新軍接應；一路攻督練公所；他本人帶一路出大南

56　熊克武：〈廣州起義親歷記〉，《辛亥革命回憶錄》，第一冊，頁131。

門，擬與防營接應。黃興一路行至雙門底，路遇同志溫帶雄所率計劃進攻水師行台的防營士兵。因對方未纏白巾做記號，發生誤會。方聲洞將溫擊斃，對方亦將方打死。混亂中黃興所部被衝散。其他兩路同志在街巷中奮勇作戰多時，終因眾寡懸殊，未獲成功。次日晨，趙聲、胡漢民率留港選鋒二百餘人到達廣州，起事已經失敗。因城門緊閉，胡漢民與眾同志不得不分別折回。黃興欲與清吏拼命，在趙聲等同志勸阻下，化裝返回香港。

起事失敗後，香港同志派人赴省城處理善後：撫恤烈士遺屬，延醫給費治療受傷志士，設法保存未被發現的軍械，遷易舊時機關等。到港起義志士亦酌發川資分散。

此次廣州起義又發生在農曆三月二十九日，因而被稱為廣州「三・二九」之役。此役被捕後就義者 29 人，戰死者一時無法知其確數。事後收斂烈士遺骸 72 具，由同盟會員潘達微安葬在廣州紅花崗。其地潘為之易名黃花崗，因此有黃花崗 72 烈士之稱。後經調查，又陸續發現烈士 14 人。故此役犧牲烈士至少有 86 人。

廣州「三・二九」之役可以說是武昌起義的前奏。此役在清朝統治者中間引起了強烈的震動。兩廣總督張鳴岐在審訊被捕革命黨人時，被他們慷慨陳詞、視死如歸的英雄氣概所鎮懾。他在奏報朝廷的電文中哀歎道：「人心如此，天意可知。」[57] 孫中山給予此役極高的評價。他寫道：「是役也，集各省革命黨之精英，與彼虜為最後之一搏。事雖不成，而黃花崗七十二烈士轟轟烈烈之概已震動全球，而國內革命之時勢實已造成。」[58]

57　陳其尤：〈黃花崗起義與炸斃鳳山親歷記〉，《辛亥革命回憶錄》，第一冊，頁 315。
58　《孫中山全集》，第六卷，頁 242。

六、革命宣傳重地

香港曾是資產階級革命運動的宣傳重地，革命黨人創辦的第一家報紙《中國日報》即誕生在這裏。乙未廣州之役失敗後，孫中山、陳少白等流亡國外。後來，陳少白認為他們兩人皆留在日本活動，似無必要。他要求回香港開辦一家報館，一方面可以「用文字鼓吹革命」，同時還可用做「革命總機關」。[59] 1899 年秋，陳少白回到香港，通過何啟、區鳳墀等了解到，對孫中山的驅逐令尚未滿期，他則可不受拘束。他於是租定中環士丹利街二十四號為報館發行所，取「中國者中國人之中國」之義，定報名為《中國日報》，英文報名為 China。印刷機器、鉛字由孫中山在橫濱購辦運往香港。1900 年 1 月 25 日（己亥十二月二十五日），《中國日報》正式出版。該報社先後成為興中會、同盟會和國民黨初期的宣傳機構。辛亥革命後報社遷往廣州，1913 年軍閥龍濟光攻佔廣州後，該報被其封禁停版。《中國日報》創辦初期陳少白任總編輯。先後參與過該報工作的有陳春生、鄭貫公、馮自由、黃世仲、謝英伯、朱執信等人。

《中國日報》創辦之初未敢公開宣傳革命反清。半年之後，由於義和團運動使港英當局對反清王朝的活動採取比較寬容的態度，該報言論才逐漸激烈起來，引起中外人士注意。《中國日報》創辦之初乏宣傳資產階級新學的人才。1901 年春，孫中山介紹鄭貫公任《中國日報》記者。鄭由日本歸來後，在該報撰文介紹歐美自由平等、天賦人權等學說，闡發新思想、新名詞，持論新穎，大受讀者歡迎。

《中國日報》刊載過不少文章正面闡述革命黨人的政治主張。該報曾譯載孫中山 1904 年撰寫的《中國問題之真解決》，歷數清政府的十大罪狀，斷言「滿洲政府之推倒，不過時日之問題而已」，明確提出「改良滿洲往日專制政體，

---

59 陳少白：《興中會革命史要》，頁 36。

變為中國共和之政體」。[60] 該報 1907 年 9 月 28 日刊載的中華國民軍南軍都督文告宣稱：「民族主義雖足以復國，未足以強國，必兼樹國民主義，以自由平等博愛為根本，掃專制不平之政治，建民主立憲之政體，行土地國有之制度，使四萬萬人無一不得其所。」該報同年 9 月 30 日刊載的欽州革命軍致海內外同胞佈告，公開號召同胞投身革命：「革命則國家之根本大計也。我同胞即為祖國興利，則當務其大者。利之至大，孰有過於革命者乎？」

《中國日報》多次投入論戰，批駁反對革命的種種謬論。例如，1903 年 1 月洪全福廣州之役失敗後，廣州《嶺海報》主筆胡衍鶚大放厥詞，詆毀革命排滿為大逆不道。《中國日報》陳詩仲、黃世仲等嚴詞批駁。雙方筆戰逾月，廣州志士紛紛投稿聲援《中國日報》。因此次論戰，革命書報在廣東銷路大增。又如，康有為門生彙編的《南海先生最近政見書》竭力非難革命，在海內外造成極大思想混亂。1903 年《中國日報》率先發表黃世仲撰寫的《辯康有為政見書》，力斥其非，其時間早於章太炎發表的《駁康有為書》。又如，1904 年康有為命徐勤在香港創辦《商報》，提倡扶滿保皇，《中國日報》曾痛加還擊。廣州「三‧二九」之役失敗後，《商報》乘機排斥革命，鼓吹君主立憲。《中國日報》根據法理事實嚴加駁斥，文章多出自朱執信手筆。

《中國日報》對革命黨人的多次武裝起義都有詳細報道，有時還印發號外，廣為宣傳。《中國日報》建立了戰地記者制度，在萍鄉之役、安慶之役和鎮南關之役等多次武裝起義中，該報都派有特約從軍訪員，用電報拍發戰地實況至報館，消息迅速，遠駕其他各報之上。[61]

《中國日報》上揭露清廷腐敗的短新聞俯拾皆是。例如，該報 1907 年 2 月 27 日的「本報特電」專欄中，就載有「清國警兵行劫」、「清官又妄斃民命」等

60　馮自由：《革命逸史》，第五集，頁 1－7。

61　陳三井：〈香港《中國日報》的革命宣傳〉，《珠海學報》第 13 期。

新聞。《中國日報》還通過一些生動活潑的形式鼓吹革命思想。1909 年該報曾舉辦過一次徵聯活動，海內外應徵者極為踴躍，初評入選者即有二千名左右，最後取錄二百名。入選各聯多具有較強的思想性和革命性。其中冠軍聯為「將到毛長又剪清」，亞軍聯為「橫掃膻腥獨立旗」，殿軍聯為「一洗辮污大革新」。此外，還有「飽載腰纏尚剝民」、「擅棄膏腴日媚夷」、「厚斂脂肥假振華」等聯。[62]

中國日報社還出版過十日刊一種，定名《中國旬報》。《中國旬報》與《中國日報》是同時創辦的。旬報是以日報為基礎彙編而成的，但議論方面較日報為優。旬報附有「鼓吹錄」，專以遊戲文章歌謠雜俎譏刺時政，這是中國報紙設置諧文歌謠之嚆矢。庚子惠州之役失敗後不久，《中國旬報》即告停刊，其「鼓吹錄」移往《中國日報》繼續刊出。

1907 年 7 月，中國日報社經銷東京《民報》特刊《天討》。該特刊有清帝破頭插圖。香港華民政務司認為該刊有煽動暗殺的嫌疑，後經馮自由依法抗辯，卒以沒收所存《天討》了事。當年 10 月，港英當局頒佈 1907 年第 15 號法例《禁止煽動性出版物條例》，宣稱：凡在本港發行之報紙、書籍、文字、圖畫，流入中國內地而能使全國發生叛亂的，本港政府為顧全邦交起見，得加以取締，判處罰款不過五百元，監禁不過兩年，或罰款與監禁並施，在監禁期間是否服勞役，須待高等法院裁定。這顯然是針對《中國日報》等革命報刊採取的限制措施。但中國日報社的革命黨人並未屈服。他們利用英國人只禁談「革命排滿」的情況，易以「民族主義」、「光復」等名詞，繼續宣傳革命。

《中國日報》在社會上產生過極大的政治影響，享有很高的聲譽。《民報》的一則廣告推薦說：「香港《中國日報》為中國革命的機關報之元祖，自己亥年創始以來，其間經歷幾次大風潮，屹然不少變動，其名譽其價值久為一般社

62　馮自由：《革命逸史》，第一集，頁 273 – 274。

會所稱道不值，無俟贅述矣。本年該報更大改良，言論之精闢，資料之密豐，均臻絕頂。其尤著者為〈民生主義與中國政治革命之前途〉一篇，洋洋萬餘言，受社會最大之歡迎，等於洛陽紙貴，誠空前之傑作也。其他如對拒約及粵漢鐵路各問題，均能實事求是，摘伏懲奸。」[63]

《中國日報》影響到社會各階層，甚至在清吏中也擁有其讀者。1902 年冬，廣東兩名知府莊蘊寬、姚紹書出國參觀博覽會，經人介紹在河內與陳少白相會。莊、姚二人得知陳為《中國日報》主筆，驚喜不已，坦言他們日讀《中國日報》，「未嘗間斷」。莊還當場背誦該報社論一兩篇。他們與陳縱談革命，並稱他們以官為食，欲罷不能，他日革命軍到羊城，他兩人當先引領受戮，必無悔也。[64] 1911 年 11 月上海、蘇州先後光復。莊蘊寬以參加義舉，在程德全辭職後，曾被舉為江蘇都督。他能參加義舉，與早年《中國日報》對其影響不無關係。

《中國日報》對海外其他革命報紙亦有極大影響。1904 年新加坡出版的《圖南日報》、1907 年檀香出版的《自由新報》、1910 年加拿大溫哥華出版的《大漢日報》等，均有香港《中國日報》派出人員充任編輯。《中國日報》還經常與海外其他革命報刊互通聲氣。例如，東京《民報》第四號與三藩市《大同日報》即轉載過《中國日報》所載馮自由長篇論文〈民生主義與中國政治革命之前途〉。[65]

辛亥革命前在香港出版的革命報紙還有《世界公益報》、《廣東日報》和《有所謂報》等。這些報紙是鄭貫公陸續創辦的，但存在時間不長，其影響無法與《中國日報》相比。

63　廣告：〈代理中國日報〉，《民報》第 5 號，1906 年 6 月。

64　陳少白：《興中會革命史要》，頁 61。

65　馮自由：《革命逸史》，第一集，頁 104。

七、革命經費籌集和轉匯之地

香港曾經是革命經費籌集和轉匯之地，在財政方面對資產階級革命運動的貢獻亦不可低估。香港一些愛國商人曾經傾家蕩產，支持革命黨人發動的武裝起義。有的甚至因此家道中落，生活陷入困境。此外，正是由於香港一些愛國商人慷慨資助，革命機關報《中國日報》才得以渡過多次經濟危機，頑強生存十餘年，為革命宣傳作出重大貢獻。

孫中山曾說：乙未廣州之役「所得助者，香港一二人出資數千，檀香山人出資數千，合共不過萬餘耳」。[66] 這裏所說「香港一二人」，是指黃詠商、余育之二人，但實際資助數目更大些。黃詠商售其蘇杭街洋樓一所，得款八千元，充作軍費。日昌銀號東主余育之亦曾捐助軍餉萬數千元，密約楊衢雲、黃詠商至紅毛墳場交款。[67] 余育之捐款事係秘密進行，在革命同志中也鮮為人知。

孫中山在談到惠州之役經費時說：「庚子惠州起兵及他方經費接濟，所費不下十餘萬元，所助者只香港李君出二萬餘元，及一日本義俠出五千元，其餘則我一人之籌獲而來也。」[68] 這裏的「李君」即李紀堂。李紀堂自己回憶說：「迨至惠州失敗，交我之二萬元不夠，我墊去十八九萬元，辦理善後。因其時先父方去世，我分得遺產不少，所以有款可墊。」[69] 陳少白則說，1900 年李紀堂在香港輪船上與孫中山見面時，「捐出三萬元，親交孫先生，為革命的補助費」。[70] 以上幾種說法皆是當事人多年後的回憶，未必完全準確。孫中山所說的「十餘萬元」與李紀堂墊出的「十八九萬元」是否同一回事，亦不清楚。但綜合上述資料分析，李紀堂 1900 年捐助的革命經費很可能不止二萬餘元。

---

66 《孫中山全集》，第一卷，頁 420。

67 馮自由：《革命逸史》，第一集，頁 10、68。

68 《孫中山全集》，第一卷，頁 420。

69 《訪問李紀堂先生筆錄》，載《中華民國開國五十年文獻》，第一編第九冊，頁 680。

70 陳少白：《興中會革命史要》，頁 46。

李紀堂捐資最多的一次是洪全福廣州之役，他承擔了全部軍餉五十萬元。在籌備此役時，他曾饋贈旅費一萬元，請陳少白帶給遠在河內的孫中山，待事成後即請孫中山回粵。經過此役之後，李紀堂家道逐漸中落，日形拮据之象。

馮自由在〈革命富人李紀堂〉一文中寫道：庚子至丙午年（1900－1906年），「此七年間香港革命機關之黨務報務，均由陳少白負責主持，而其經費則皆仰給於紀堂。而紀堂對於少白所請，有求必應，毫無吝色。故紀堂對於革命事業之貢獻，亦以此七年間為最偉大，可以謂之庚子至丙午時代興中會之中流砥柱。」[71]

李紀堂在家道中落之後，仍為籌集革命經費絞盡腦汁。馮自由寫道：「丁未戊申二年，為香港同盟會軍務最活動時期，而餉糈奇絀，實為屢次蹉跌之原因。紀堂目擊進行困難，無以為助，忽發奇想，向朱執信、胡毅生及余等獻策，謂其親族某，為富不仁，其父柩厝於廣州北門白雲山腳某寺多年，為迷信風水，久不埋葬。若使會黨中人密遷柩於近地，然後向其家勒索，可得巨款，倘此策不成，則其家於每歲清明，必遣其獨子掃墓，屆時亦可於途中綁票。各同志多贊成之，遂如言進行。卒以無人負責，事皆不諧。是可見紀堂籌餉之盡力無微不至矣。」[72]

廣州新軍之役需款二萬元。待新軍運動大體就緒，殆有一觸即發之勢時，孫中山僅從美國獲得八千元。香港同盟會機關諸人焦慮萬分。此時李海雲在港任遠同源號經理，經營港、美兩地匯兌業。他獲知同盟會籌款緩不濟急，毅然下極大決心，盡提遠同源號現款二萬餘元，獻給同盟會機關，以充軍用。遠同源號本為海雲父佑譜、陳元英父赴賢與同族某等之合股公司，李海雲諉為金銀業失敗虧空公款，轉求父執李煜堂、同志陳元英代向股東説項。股東察知李海

71　馮自由：《革命逸史》，第三集，頁 162。

72　同上註，頁 165。

雲毀家赴義真相後，皆表諒解，答應不向法院訴追。[73]

　　香港《中國日報》開辦之初，資本概由孫中山撥付。庚子惠州之役失敗後，孫中山無力顧及宣傳機關經費。1900－1906 年七年間，維持《中國日報》之經費大都取自李紀堂一人。1905 年初，中國日報社與香港印刷業著名企業文裕堂合併，定名文裕堂股份有限公司。1906 年秋，文裕堂以營業不佳宣告破產。幸虧事前一個月，港商李煜堂應陳少白、馮自由之請，慨然斥資五千元，從文裕堂承購《中國日報》，使該報避免被拍賣之厄運，此革命喉舌得以保全。這五千元中，原有三千元為文裕堂對李紀堂所負之債。李紀堂自願將此債權轉為《中國日報》新股，以支持報社工作。購回產權後，中國日報社長改由馮自由擔任。馮接辦後，前後所集資本僅得商股九千餘元。當時有同盟會新會員林直勉，係富家之子，與其叔父爭產興訟得直，獲資二萬餘元。他隨即認購《中國日報》新股三千元，使該報得以渡過經濟難關。同盟會南方支部開辦經費，亦是林直勉所捐助。

　　香港作為革命經費轉匯之地的作用，在同盟會時期尤為明顯。海內外籌集的革命經費源源匯往中國日報社代為處理。以馮自由保存的《丁戊二年之革命收支帳目》為例，1907、1908 兩年，他在中國日報社先後收到孫中山多次匯款 36,000 餘元，以及新加坡、上海、檀香山、暹羅、美國巴士傑埠等地同志匯款，合計 48,000 餘元。他將這些匯款分別用於潮州黃岡之役、惠州七女湖之役、接運軍械及其他革命活動。[74] 1910 年廣州新軍之役失敗後，同盟會將李煜堂經營數十年之金利源藥材行改為交通機關。廣州「三‧二九」之役以迄南京臨時政府成立，所有海外匯輸的革命經費，皆匯往南方支部指定的香港文咸東街金利源藥材行轉李海雲收。李海雲即南方支部會計主任。孫中山當選中華民

73　馮自由：《革命逸史》，第一集，頁 307 － 308。
74　馮自由：《革命逸史》，第三集，頁 240 － 241。

國臨時大總統後，李海雲曾遵命將南方支部收存之款三十萬元匯往上海，作為大總統就職日賞犒軍士之用。

原載中國人民政治協商會議全國委員會文史資料委員會編：《辛亥革命在各地：
　　　紀念辛亥革命八十周年》一書，北京：中國文史出版社，1991 年。

十九路軍與香港

1932 年 1 月 28 日深夜，「一‧二八」事變爆發，日本海軍陸戰隊出兵進犯上海閘北。中國駐軍十九路軍在總指揮蔣光鼐、軍長蔡廷鍇的指揮下奮起抵抗，以三萬之師，頑強抵抗武器精良的十萬日軍，激戰三十三天，經歷大小一百多次戰鬥，擊斃、擊傷日軍萬餘人，迫使日軍三易主帥，粉碎了日軍「四小時佔領上海」的狂言，但十九路軍自身傷亡也很慘重。

一、香港醫學界與十九路軍

當時上海醫護人員不敷使用，上海中華醫學會會長牛惠生博士呼籲香港中華醫學會支援上海抗戰。香港中華醫學會積極響應，號召會員志願參加派往上海的一個醫療護理隊。據施正信教授回憶，這支醫護隊有三名醫師。除施正信醫生外，有馮慶友醫生，是一位愛國華僑，來自美洲英屬圭亞那。還有一位醫生姓曾，是港大畢業的本地人。其餘隊員都是護士，大部分來自香港慈善機關東華三院。全隊男女各半，共二十餘人。他們全部自掏路費，乘船前往上海。香港醫療救護隊抵達上海時，已是 2 月下旬，戰鬥將近一個月了。不料 3 月初戰事就告結束。原因一是南京國民政府實行不抵抗政策，不肯全力支持十九路軍抗戰；二是日軍從側面包抄，十九路軍後方得不到支持，只得撤退。香港醫療救護隊一到上海，立即被分配到設在公共租界的收容傷兵醫院，工作一個多

月，隨後才返回香港。[1]

響應中華醫學會號召從香港到上海救傷的還有李崧醫生。他對閘北抗戰的十九路軍將士十分敬佩，感到應該為國家獻出自己一份力量。他連夜買了船票，一個人帶了兩箱藥物奔赴上海，找到何香凝女士。何香凝介紹他認識牛惠生醫生。牛醫生帶他在上海跑了永安、先施、大新等三大公司募捐。有的公司認捐兩百張鐵床，有的公司認捐床墊，有的捐被鋪、床頭櫃，把戰地醫院建立起來。李崧在戰地醫院廢寢忘食地工作了一個月。有時晚上停電，但前線仍有傷員送到，需要立即動手術。他就教護士用手電筒照明，堅持給傷員做手術鉗子彈。

1937 年 8 月 13 日，日軍又大舉進攻上海。李崧再次趕到上海，還是找何香凝女士和牛惠生醫生，又幹了一個月左右的救傷工作。[2]

1941 年 12 月日軍攻佔香港後，因為曾去上海救傷，李崧被列入黑名單。有人帶日本兵搜查他的寫字樓。他連夜化裝成病人，搭船逃到澳門去。

二、蔡廷鍇與香港

1933 年，蔡廷鍇和陳銘樞、蔣光鼐等帶領十九路軍發動福建事變，反蔣抗日。福建事變失敗以後，蔡廷鍇及其部分十九路軍部下來到香港，繼續反蔣抗日活動，從此與香港結下了不解之緣。

1934 年 2 月，蔡廷鍇由汕頭來到香港，然後由香港出國考察。1935 年 4 月，蔡廷鍇考察歸來，在香港受到故舊陳銘樞、沈光漢、鄧世增、翁桂清、黃海入、鄧瑞人、葉少泉、陳蘭初等數十人歡迎。他在接受記者訪問時說：「本

1　施正信：〈施正信教授自傳〉，載劉蜀永主編：《一枝一葉總關情》（香港：香港大學出版社，1993），頁 97。

2　香港工會聯合會工人醫療所編、杜漸等錄：《李崧醫生回憶錄》（香港：香港商報，1987），頁 118 － 121。

人曾到各地，均蒙各地華僑歡迎，本人更堅決昔日救國之心，更以一貫精神，獻身為國為同胞。今聞中日親善，驚詫異常，正不知中國政府作何解釋！」[3]

此次蔡廷鍇從國外歸來，在香港逗留了一年多時間。這段時間，他與李濟深等人繼續為反蔣聯共抗日做準備，組織了民族革命大同盟，目的在於「推倒漢奸政府，樹立人民政權，聯合各黨各派，一致團結實行抗日」。其餘時間多數都會去種田、打獵或游泳。蔡廷鍇夫人彭惠芳在青山公路近新墟的地方買下一片土地，由蔡廷鍇自己設計，在 1936 年興建了一座中西合璧的別墅，並將其命名為芳園，以表達對妻子的敬重。

1938 年日軍轟炸廣州以後，廣東國民大學大部分學生搬到開平樓崗墟上課。同年下半年，大約 240 名學生到香港青山，租用蔡廷鍇的別墅作為分校，繼續讀書。[4]

抗戰勝利以後，蔡廷鍇再次來到香港。他與李濟深、何香凝等民主人士一起，籌備中國國民黨民主派聯合代表大會，並在 1948 年 1 月 1 日成立了中國國民黨革命委員會。他們與中國共產黨合作，為中華人民共和國的建立做出了貢獻。

1946 年 10 月，中共和左翼民主人士創辦了香港第二所大學 —— 達德學院。這是在中國教育史和香港教育史上有特別意義的一所大學。這所大學就是借用蔡廷鍇別墅開辦的。2004 年香港特區政府將蔡廷鍇別墅（後稱馬理遜樓）列為法定古蹟。

原載《今日中國》（香港出版）2015 年 9 月號

3　香港《工商日報》，1935 年 4 月 20 日。

4　蔡廷鍇：《蔡廷鍇自傳》（香港：自由旬刊社，1946），頁 541 − 543；劉智鵬：《香港達德學院 —— 中國知識分子的追求與命運》（香港：中華書局，2011），頁 22 − 23。

香港中國孤軍

2013 年暑期回北京休假，我到新華社總社搜集香港歷史圖片。該社攝影部的朋友說他們近期搜集到一些歷史照片，但文字説明只有「香港孤軍」幾個字，問我能否提供更多的資料。關於「香港孤軍」，在互聯網上很難找到相關資訊；在香港史研究隊伍的小圈子裏，我們中間有幾位對此事略有所聞，但尚未有人對此進行過認真的研究。回港後在助手姜耀麟的協助下，我開始搜集香港孤軍的資料，進行初步的研究，結果發現香港中國孤軍是一批被人們遺忘的抗戰勇士。他們的傳奇經歷感人至深。

一、沙頭角孤軍奮戰

民國時期，深圳和沙頭角皆屬廣東省寶安縣管轄。1938 年 10 月，日軍大舉進犯廣九鐵路，並動用飛機、大炮猛烈進攻寶安縣縣城，致使該城於 26 日陷落。縣城失陷後，國民政府失散的隊伍中央炮兵連、一五一師九零四連和虎門衛士隊等單位一千餘人，退守沙頭角，統一改編成若干營，由劉儒團長任總指揮，繼續抵抗。劉儒是湖南宜章人，當時年僅二十四歲。沙頭角孤軍在四面受敵的情況下，仍堅決表示要抗戰到底。一個十五歲的上士對官長表示：決將死在沙頭角，不回家鄉！沙頭角附近的橫崗鎮是深圳通往惠州、梅州、汕頭、福建等地區的交通要道。1938 年 11 月 27 日夜，沙頭角孤軍襲擊駐守橫崗的日軍，頗有斬獲，但在激烈的戰鬥中孤軍中也有四十七人光榮負傷。沙頭角孤軍

英勇奮戰的精神感動了香港許多團體，他們紛紛攜備大量物品前往慰勞。[1]

二、孤軍喪失自由

由於與大部隊失去聯絡，寡不敵眾，從 1938 年 11 月底開始，九百多名沙頭角孤軍陸續退入港界沙頭角。港英當局將他們解除武裝，用「利航」輪運到九龍馬頭涌難民營軟禁。此後，他們被稱為「香港中國孤軍」，或「香港孤軍」。

馬頭涌難民營周圍圍着尖銳的鐵絲網，四邊角落豎立着四座碉樓，由荷槍實彈的印度警察虎視耽耽地把守着。被囚孤軍每天除了吃飯、睡覺，便只有玩牌。他們的精神和肉體都感到十分苦悶，因而多次發生冒險外逃的事件。曾發生孤軍企圖外逃，被守營印度警察發覺開槍，結果槍殺兩人，傷數人的事件。後又發生孤軍八人從難民營旁水閘出逃事件。結果兩人失蹤，六人被捕並被判入苦工監二月。[2]

馬頭涌難民營設施簡陋、環境不佳，1939 年 8 月港英當局與中國政府商洽，決定斥資十二萬港元，在九龍亞皆老街與梨雲街交界處，興建一所新集中營，用以收容香港中國孤軍。中國政府承擔費用八萬港元，其餘四萬港元由港英當局承擔。[3]

1940 年，香港中國孤軍入住亞皆老街集中營，即亞皆老街孤軍營。該營共有同一樣式的木建平屋十二座，四周有較多空地，以鐵絲網兩重嚴密戒衛。員兵營房共九間，各列雙疊木床兩排，鋪上軍毡。醫療院、青年學校、自治法庭及工場，均另以鐵絲網間隔。各室內除懸「軍人訓條」、「黨員信條」等外，並貼各種警語，如「臥薪嘗膽，倚戈待命」等。營中還飾有「中英合作，民主國

1　香港《大公報》，1938 年 11 月 29 日、30 日。
2　香港《大公報》，1939 年 1 月 17 日。
3　香港《工商日報》，1939 年 8 月 14 日。

家最後勝利」等標語。[4]

對孤軍的管理，最初毫無組織。孤軍內隊伍來源複雜，看守的印度警察又雜處其中，因語言隔閡，時起爭執。港英當局後來認為過去處理不夠適當，特委派華人李子農為管理主任，並允許從 1940 年 2 月 1 日起，在營內實行自治，並命令印度警察退至營外。

實行自治後，孤軍營在組織方面有下列變化：

（1）成立自治法庭，憑公判斷是非曲直，以釋爭論。

（2）成立青年學校，因為孤軍中知識水準參差不齊，很容易發生不一致的意見。同時，言語複雜，也造成了彼此的隔膜。所以除學科外，並分設國語班、粵語班、湘語班、潮語班、英文班。

（3）成立圖書館，供各人瀏覽，增長知識。

（4）設立工廠，訓練手工業，增加生產。

（5）成立救護隊，由聖約翰救傷支隊長徐仁慶經常擔任訓練，使各人能具備救護技術，以備不時之需。

（6）成立劇社，調劑生活，養成高尚的娛樂。

（7）組織籃球隊及擴充各種運動節目，以鍛練身體。

（8）開墾荒地，種植雜糧及蔬菜。

孤軍營中的孤軍每天上午五時起床，五時半全體舉行徒手操，七時學生開始上課，救護隊操練救護術，做手工藝的開始做工，九時半早膳。十二時至下午四時，學生則繼續上課，做工的繼續工作。其他有些孤軍閱書報、種菜、運動以及作適當的娛樂。四時半晚膳，七時教授英文，十時休息。此外，每逢星期二、六兩晚，表演戲劇，並在每隔三兩星期約外界球隊蒞營作友誼比賽。[5]

4　香港《大公報》，1941 年 2 月 7 日。

5　香港《大公報》，1940 年 12 月 14 日。

三、孤軍重返戰場

香港中國孤軍長期被軟禁在孤軍營，引起香港中外人士關注。1941 年 9 月，曾有讀者陳漢明致函《南華早報》，主張在中英兩國共同為打擊侵略者而奮鬥之際，應釋放此數百士兵，使其能夠效命祖國或擔任香港防衛工作。不久，牧師屈頓伯致函該報，贊同陳漢明的主張，認為被囚禁已有三年的中國士兵應予釋放，並贊成他們參加保衛香港的隊伍，成為一個「華人特別組」。[6]

1941 年 10 月 10 日，亞皆老街孤軍營主任李子農對香港新聞界慰問團説，孤軍時刻懷抱將來再為國家出力之壯志，故能利用目前之環境，從事修養及鍛練體魄，孤軍已組織若干昇牀隊（擔架隊），並已表示願為地方服務，縱或不能返國殺敵，但將來如香港遭受敵軍進攻時，願意參加救護工作。[7]

當時陳策將軍出任中國駐港軍事代表。1941 年 12 月 8 日日軍進攻香港的戰爭爆發後，陳策即發動港九同胞協助英軍抗戰，還向港英當局提出迅速武裝「孤軍營」的中國士兵的建議。這批具有實戰經驗的中國孤軍，本應是香港抗擊日軍的生力軍，但港英當局對陳策的建議，不置可否地拖延。直到九龍失守前夕，「孤軍營」中所剩五百多名中國士兵才獲發還槍械，出營參加戰鬥。

這支中國孤軍隊伍可以説是香港戰爭中最初的援軍。由於他們英勇作戰，使英軍逐步後撤的防線穩定了短暫的時間。日軍突然見到一支打着青天白日旗的中國軍隊出現，一時還以為香港早有不明數量的中國部隊預先埋伏，因情況不明，只有慌忙後退。五百多名孤軍乘勝追擊，推進二十哩，卻不見有英軍的後援部隊。眼看情勢不妙，他們便殺開一條血路，從鯊魚涌返回惠州。到達國

6　香港《大公報》，1941 年 9 月 27 日。
7　香港《大公報》，1941 年 10 月 12 日。

民政府獨立九旅的駐地，他們派代表向該旅旅長報到。隨即接到上級命令，他

們以原來番號重新整編，繼續參加抗戰。[8]

原載《今日中國》（香港出版）2015 年 9 月號

8　謝永光：《香港淪陷：日軍攻港十八日戰爭紀實》（香港：商務印書館，1995），頁 62、65。

從英國陸軍部檔案看日軍在港戰爭罪行

一、香港軍事法庭的建立

1941 年 12 月 8 日，日軍開始攻擊香港。經過十八天的戰爭，英軍於 25 日無條件投降。香港經歷了三年零八個月暗無天日的淪陷時期，日軍在香港犯下了無數嚴重的戰爭罪行。

第二次世界大戰結束後，同盟國決定在遠東設立國際軍事法庭審判甲級戰爭罪犯，乙級和丙級戰犯則交各國軍事法庭自行審判。日本戰犯分為兩大類別，第一類甲級戰犯屬於策劃和指揮侵略戰爭的人，第二類乙、丙級戰犯屬於違反公認戰爭法規的人，此類戰犯佔戰犯中的大多數。

1946 年 1 月 19 日，遠東國際軍事法庭於東京設立，專門審判日本甲級戰犯。與東京審判同步進行的還有在各受害國（中國、菲律賓、新加坡、緬甸、越南、蘇聯等）組成的軍事法庭，對乙、丙級日本戰犯進行審判。

1946 年 7 月，在約一萬名抗戰勝利後被拘留在港的日本人當中，239 人被列為戰爭罪行疑犯，部分因證據不足而被遣返歸國，也有部分人被轉移到亞洲其他地方的軍事法庭。

英國駐港陸軍司令根據王室授權，在香港設立了四個審理戰爭罪行的軍事法庭，審理香港島、九龍、新界，以至發生在台灣、上海、惠州、日本和公海的案件。

第一次審判涉及大嶼山銀礦灣慘案，開始於 1946 年 3 月 28 日。最後一次

審判時間是 1948 年 12 月 20 日，涉及日軍在上海的大拘捕。香港軍事法庭對日本戰犯的審判延續了兩年零八個多月。

香港軍事法庭審理的 46 宗案件當中，30 宗案件在香港發生，案發地點橫跨港九、新界等地。在受審的 122 名嫌犯中，21 人被判死刑，2 人被判終身監禁，85 人被判半年至 20 年徒刑，14 人被判無罪。

2008 年至 2010 年間，香港大學法律系外國學者林頓（Suzannah Linton）從英國國家檔案館的英國陸軍部檔案 W.O. 235 中，整理出 1946 年至 1948 年間香港軍事法庭的法庭紀錄。香港大學圖書館將這一批檔案電子化，建立「香港戰爭罪行審判」電子資料庫（Hong Kong's War Crimes Trials Collection），以便公眾查閱。

香港地方志辦公室看到有關資訊後，決定利用這批檔案資料對香港淪陷期間日軍的戰爭罪行進行深入的研究。研究計劃得到香港夢周文教基金會資助，用兩年時間得以完成。

二、日軍在香港的戰爭罪行

（一）香港日本憲兵隊架構

1941 年 12 月 25 日，香港總督楊慕琦（Mark Aitchison Young）宣佈投降，次日，日軍第 23 軍司令官酒井隆中將即授命野間賢之助，以 150 名憲兵組成香港憲兵隊。[1]

1942 年 2 月 20 日，香港佔領地總督部成立，香港憲兵隊改由香港總督指揮。[2] 野間賢之助部下除了 150 名憲兵之外，還包括 250 名輔助憲兵、2,500 名華

1　英國陸軍部檔案 WO235/999，頁 336。
2　英國陸軍部檔案 WO235/999，頁 336－337。

人憲查、500 名印籍憲查和 60 至 70 名密偵。[3] 香港憲兵隊的大本營位於戰前的香港最高法院（日治時期稱為香港憲兵隊本部），設有「庶務課」和「警務課」。庶務課下設「經理班」和「衛生班」，管理一般的行政事務。「警務課」則負責管理軍警、民警和各個地區憲兵隊「特高班」。[4]

香港憲兵隊轄下有五個地區憲兵隊，分別為香港島東地區憲兵隊、香港島西地區憲兵隊、九龍地區憲兵隊、新界地區憲兵隊和水上憲兵隊。各地區憲兵隊的架構與憲兵本部大致相同，設有「庶務班」、「警務班」及「特高班」等組織。在地區憲兵隊之下，還有派駐不同地點的憲兵派遣隊和分駐所，管理香港不同地區。各地區憲兵隊均由一名隊長統領，他們都需要根據野間的指令執行職務，並要就管轄範圍內發生的事情定期向野間彙報。[5]

新界地區憲兵隊在日軍佔領香港後隨即成立，總部設於粉嶺安樂村，負責管轄新界的多個憲兵派遣隊。1942 年 8 月，香港憲兵隊第一次改組，新界地區憲兵隊被裁撤，原有的管轄範圍交由九龍地區憲兵隊接收。同月，日軍成立上水憲兵派遣隊，當時僅為一個細小的組織，部址設於上水圍一名為「西江園」的民宅。由於部址不敷應用，憲兵隊後來同時徵用一街之隔的舊上水警署。1945 年 2 月，香港憲兵隊推行了第二次改組，上水憲兵派遣隊升格為上水地區憲兵隊，成為新界北各個憲兵派遣隊的總部。[6] 上水地區憲兵隊下設沙頭角憲兵派遣隊和元朗憲兵派遣隊，以及大埔憲兵分駐所和青山憲兵分駐所。稍後成立於深圳南頭的寶安憲兵派遣隊同樣由上水地區憲兵隊管轄，可見該隊的管轄範圍已延伸至香港邊界以外的一部分地區。

3　英國陸軍部檔案 WO235/999，頁 339－340、519。

4　英國陸軍部檔案 WO235/999，頁 339。特高班為憲兵隊特務機關，主要負責破壞抗日組織和共產黨等，以及搜集軍事、政治、經濟的情報。

5　英國陸軍部檔案 WO235/999，頁 339、344、519；WO235/1093，頁 500。

6　英國陸軍部檔案 WO235/1073，頁 100－101、353。

日本的憲兵分為兩類，在國內的稱為「敕令憲兵」，主要責任是維護軍紀，同時也有對平民進行思想控制的責任。在國外各作戰區的稱為「軍令憲兵」，直屬派遣軍總司令官。其職責是保障軍隊安全，防止反戰宣傳，對付游擊作戰，檢舉可疑份子，亦從事潛入敵方收集情報、暗殺或從事恐怖活動。[7]「軍令憲兵」的職權顯然要大得多。香港憲兵隊即屬於「軍令憲兵」。淪陷期間，日軍對香港實施的是軍事管制，主要靠憲兵隊進行。憲兵隊可以說是權傾一切。日軍在香港的戰爭罪行，大部分與憲兵有關。

（二）日軍濫殺戰俘

1941 年 12 月，日軍在進攻香港的過程中，在西灣山高射炮站、筲箕灣慈幼會修院、黃泥涌峽、淺水灣等地，使用殘酷的手段攻擊、殺害失去戰鬥能力的被捕戰俘和醫護人員，犯下嚴重的戰爭罪行。

1941 年 12 月 25 日早上 6 時左右，日軍闖進當時英軍用作戰地醫院的聖士提反書院，隨即展開殘酷的大屠殺。[8] 聖士提反戰地醫院由軍醫伯南克上校（Col. Black）主理，他與另一名軍醫雲妮上尉（Capt. Whitney）以及七名護士，一同照顧被送到醫院的傷兵。在慘案發生前，超過二百名傷兵被集中在書院的大禮堂接受治療。在臨時病床上的傷兵，大多都傷得臥床不起。他們手無寸鐵，有的只是綁在頭上的繃帶和用以固定斷骨的夾板。[9] 縱使學校的塔樓上高懸着鮮明的紅色十字旗，外牆又漆上龐大的紅色十字標誌，依然無法阻止日軍大開殺戒。[10]

日軍闖進禮堂後，二話不說，每看見一張病床，都用刺刀狠狠地捅下去，

7　徐平主編：《侵華日軍便覽 1931 – 1945》（香港：三聯書店，2014），頁 133 – 135。

8　英國陸軍部檔案 WO235/1107，頁 140、294。

9　英國陸軍部檔案 WO235/1107，頁 75、296。

10　英國陸軍部檔案 WO235/1107，頁 90、91、140。

大量躺臥在病床上的傷兵就這樣被刺死。伯南克上校和雲妮上尉嘗試跟日軍說明情況，指出聖士提反書院是一間戰地醫院，要求日軍停止屠殺，但兩人都被日軍冷血地殺害。[11]

可以走動的傷兵和醫院職員被搜身之後，最初都被一同送到儲物室。伊莉沙伯‧費度（Elizabeth A. Fidoe）是戰地醫院的一名護士長，與兩名護士和數名傷兵被帶到獨立的房間。不幸的事情在入夜時候發生，兩名日兵進入房間，命令她們站立起來，從上到下看着她們半個小時，隨即帶走其中一名護士。不久之後，日軍回來把她們帶到一間小書房。這一間書房內有五名華人婦女，地上有床鋪，書房外還有一間小浴室。日兵就這樣來來回回，逐一將書房內的女性帶到浴室強姦。後來，一名日兵藉口要替傷兵包紮，要帶走其中一名護士。護士們都知道此行凶多吉少，於是堅持要跟她走在一起。數人被帶到另一個房間之後，日軍隨即強姦她們。守在門外配有刺刀的日兵不斷呼喚其他士兵進來發洩獸欲。幾位護士後來被帶回書房，但日軍的獸行在這一個晚上重複發生。[12]

其他被俘虜的傷兵也遭遇頗為淒慘的下場。被困期間，他們再次被日軍搜身。日軍的目標顯然不是搜出武器或危險品，而是這些傷兵身上的財物——手錶、戒指和金錢等都被日軍搶走。每隔半個小時左右，都會有傷兵被抓到走廊處決。加拿大兵軒達臣（E. J. Henderson）和麥凱（Mackay）先後被日兵強行拉走，大家聽到他們發出的淒厲叫聲，但就沒有看見他們回來。[13]

史超域‧伯格（Stewart D. Begg）是香港義勇防衛軍的士官長，伯格太太在聖士提反書院戰地醫院擔任護士。12月26日早上，他前來尋找妻子，看到的卻是伯格太太與另外兩位護士史密夫太太（Mrs. Smith）和畢斯頓太太（Mrs.

---

11 英國陸軍部檔案 WO235/1107，頁 90、91。
12 英國陸軍部檔案 WO235/1107，頁 74、77 － 79。
13 英國陸軍部檔案 WO235/1107，頁 91、295、312。

Buxton) 的屍體被擺放在一起，三人的屍體都是赤裸的，只以一張毛毯覆蓋。[14]

巴萊特上尉 (Captain James Barnett) 是加拿大軍的隨軍牧師，他在 12 月 26 日早上獲准察看戰地醫院劫難過後的慘況。原本充滿傷兵的大禮堂共有約七十人被刺死在床上，向日軍抗議的伯南克上校和雲妮上尉的屍體殘缺不全、肢離破碎。橫屍於走廊和樓梯的麥凱和軒達臣，雙眼、耳朵和舌頭均被切走，手法極為兇殘。[15] 這就是駭人聽聞的聖士提反慘案。

(三) 日軍的大規模掃蕩和拘捕行動

香港淪陷時期，中共領導的港九獨立大隊為對抗日軍入侵，在新界展開了游擊戰。亦有英軍在游擊隊和香港居民協助下，從日軍的集中營逃亡。為了清剿游擊隊，日軍經常在新界進行大規模的掃蕩，拘捕大批村民，施用酷刑迫使他們供出有關游擊隊的情報。許多村民寧願遭受皮肉之苦，也絕不出賣游擊隊，更有不少村民因此喪失了寶貴的生命。

1944 年 9 月，九龍地區憲兵隊台籍翻譯林台宜在西貢被游擊隊俘虜。日本憲兵因此對西貢的黃毛應、大藍湖、界咸、蠔涌、大洞及南圍等村莊進行大規模的抓捕。憲兵認為西貢界咸村是游擊隊的據點，因此 9 月 26 日該村有不少村民被捕。村民李業、尹新奇、劉牛、劉寧、謝佑芳等五人被憲兵虐打致死。[16] 村長謝恩亦被日軍抓捕。審問期間，他被打至口吐鮮血及白泡，左臂骨被打斷，斷骨更插穿皮膚，突出皮外。他難抵受傷帶來的痛楚，最終在兩小時後死亡。[17]

黃毛應村是港九獨立大隊的一個活動據點。1944 年 11 月 7 日，黃毛應村

---

14 英國陸軍部檔案 WO235/1107，頁 80 － 81、88 － 93。

15 英國陸軍部檔案 WO235/1107，頁 295 － 296。

16 英國陸軍部檔案 WO235/1112，頁 85 － 87、89 － 92、101 － 102、104 － 105、109。

17 英國陸軍部檔案 WO235/1112，頁 116 － 119、121 － 123。

民鄧戊奎、鄧福、鄧寅發、鄧安、鄧新奎、鄧三秀、鄧石水等被日軍逮捕，並被帶到村口的教堂進行審問。鄧戊奎回答黃毛應村附近沒有游擊隊，隨即被日軍連番掌嘴，並用竹杆打至跌倒地上。日軍踩着鄧戊奎的四肢和腹部，又用竹杆猛插他的口裏。之後他再被日軍懸掛在教堂的樑柱「吊飛機」。日本人還拿來一堆雜草，在鄧戊奎下方放火焚燒。他全力掙扎，令縛着他的繩子斷掉，人從高處跌落下來，之後，日軍再毆打他，並重新將他吊起來放火焚燒。前後重複五次，歷時半個小時。鄧戊奎的雙腿被燒傷，一度無法走動。[18] 與他一同被捕的村民同樣遭到憲兵縱火焚燒和施以酷刑。經歷一輪折磨後，鄧福的脊骨嚴重受傷。鄧安被嚴重燒傷，其後更因而死亡。[19]

1944 年 3 月，大埔憲兵派遣隊的兩名印籍憲查被游擊隊抓走。5 月屬於該隊的元州哨站受到游擊隊襲擊，而且被放火燒為灰燼。10 月左右，該隊的一名傳譯員亦被人捉走。[20] 日軍因而在大埔周圍展開圍捕。

1944 年 12 月 28 日，大埔南華莆村民鄭保、鄭貴、林華、林僑惠、林寵錫、林瑞祺、林僑章等被拘捕到大埔憲兵部審問，受到嚴刑拷問。鄭保是南華莆村村長。審問期間，他除了被施以灌水刑外，還被日軍用磚頭擊傷腿部，使他的雙腳傷口流血。日軍還用電線綁住他的腳拇趾，拖拉移動，百般折磨。返回囚室後，他告訴被捕的村民不能承認是游擊隊員，否則整條村都會被日軍殺滅。翌日，鄭保再被審訊折磨，並於十數天後去世，被日軍將遺體丟棄在林村河旁。[21]

1945 年 6 月 16 日，九龍地區憲兵隊在元朗八鄉附近採取行動，拘捕游擊隊隊員。日軍先拘捕了上村的村長杜月強，再到村民范國良家中，搜查他的住

18　英國陸軍部檔案 W.O.235/1098，頁 95 － 98。

19　英國陸軍部檔案 W.O.235/1098，頁 98、104。

20　英國陸軍部檔案 WO235/1112，頁 289。

21　英國陸軍部檔案 WO235/1112，頁 167 － 169。

所，再把二人帶到蓮花地村。日軍指控范國良收藏槍枝，並懷疑他窩藏共產黨軍人，而杜月強被指是游擊隊隊員。日軍向杜月強灌水，並用秤砣錘擊他的雙手，強迫他認罪。日軍把他的雙手綁起，帶到屋外庭院準備處決。

此時范國良也被命令走到屋外，日軍用槍柄擊打他的背部，並放軍犬咬他的頸及手臂，連衣服也被撕破。此時，一名日軍用刀指向他的喉嚨，另外兩名日軍分別用槍對準他，並用力踩他的腹部，迫使他認罪。他否認控罪，三人再次跳到他的身上，踩踏他的身體。他最終暈倒。[22]

之後為了殺一儆百，日軍勒令在場村民排列成一行，觀看杜月強被斬首的過程。一名日軍用一把長刀，把杜月強的頭砍下，並向其屍體連開六、七槍，鮮血不斷流淌出來。達約兩小時後，范國良才恢復意識。當時日軍已經離去。他已被折磨得無法站立，只見杜月強的屍體在其附近。[23]

（四）日軍濫施酷刑

在香港淪陷期間，日本憲兵隊經常濫施酷刑對付香港市民，包括灌水、火燙、電刑、夾棍、「吊飛機」、跪刑、鞭打、斬首等等，許多無辜的市民因而慘死。

1943 年 10 月 9 日，沙頭角派遣隊前往蓮麻坑，將村內近七十名村民拘捕，帶回沙頭角憲兵部拘留。三天後，把當時的村長葉吉偉帶到審問室拷問，指控蓮麻坑村村民匿藏游擊隊員，另外又指村民協助九龍游擊隊的活動，以及參與轟炸粉嶺發電站。葉吉偉否認這些控罪，日軍便指令憲查把葉吉偉縛在梯子上，使他無法彈動，又將一條水管放進他的鼻子裏，將水注入他的腹中，歷時約五分鐘之久。當葉吉偉被灌滿水後，日軍隨即踩在他的肚子上，讓他把水

---

22 英國陸軍部檔案 WO235/1073，頁 263 － 265。
23 英國陸軍部檔案 WO235/1073，頁 266、278 － 279、322 － 323。

吐出來。日軍再次迫葉吉偉認罪，葉吉偉再次否認，結果又遭受第二輪水刑。葉吉偉離開審訊室時，已經無法正常走路。[24]

　　1944 年 9 月，日軍曾對蓮麻坑村進行第二次大拘捕。日軍指控村民聯同游擊隊盜取蓮麻坑礦山的炸藥。葉吉宏是一名六十一歲的老人，亦是當時蓮麻坑村的村長。他否認這些指控，日軍隨即用一根粗棍對他猛擊，期間不停威逼他認罪。葉吉宏被打五六次後，中島命令他跪在地上，並以一條鐵棍放在他雙膝拐彎處，命二人在左右兩端往下壓，持續了約十分鐘。葉吉宏極度痛苦，整個人趴在地上不能動彈。[25]

　　火燙也是一種很普遍的刑罰。一般是用香頭、煙頭燒灼受刑者的皮膚，有時也會使用點着的蠟燭、燒紅的鐵條、點着的汽油等用刑。被燒之處往往是身體上最敏感的一些地方，如鼻孔、耳垂、肚臍、肛門、生殖器。女性則往往是乳頭部分。1944 年 6 月 1 日，荔枝窩村村民曾務昌被押解往沙頭角憲兵部接受刑訊，憲兵指他屋內藏有游擊隊隊員。他否認有關的指控，先被日軍施以水刑，再被鐵錘錘打其頭部，以致失去知覺。清醒後，日軍對他施以更殘酷的虐待，把他身上的衣服脫掉，並要求他躺在鋪設了報紙的地上，然後再在其身上覆蓋幾張報紙。接着，點火燃點起報紙，以焚燒他的身體，他因此被燒傷，留下疤痕。[26]

　　1943 年 8 月 15 日，一名憲查在沙頭角中英街二十一號的店舖購買蛋糕，但拒絕付款，店內的夥計胡勇與他爭執，未想到竟招來殺身之禍。胡勇被日軍拘捕，將胡勇雙手反縛於屋外的一條鐵柱上，然後命人取出一具電池。他將鋼線分別捆繞在胡勇的頸上、下身近小腹處及雙腳上，再將鋼線與連接電池的電線接駁，隨即通電，胡勇立即被電流刺激而大聲呼叫。胡勇被電擊時，身體發

24　英國陸軍部檔案 WO235/1106，頁 98－99、108。

25　英國陸軍部檔案 WO235/1106，頁 123、127、129。

26　英國陸軍部檔案 WO235/1106，頁 145、152－154。

抖，面色蒼白。憲查隨後將水潑向胡勇，並用棍戳刺他的身體，發現他已氣絕身亡，便把其屍體棄置一角。[27]

跪刑則是令受刑者在各種尖銳的硬物上跪上數小時之久，不准動一動。稍動用鞭子毒打。1944 年 6 月 8 日，市民吳勤被日軍拘捕到西區憲兵部，囚禁了四十多日。他不僅被鞭打及灌水，更被命令跪在鋪滿螺絲釘的地上，更將一重物置於他的大腿上，施加壓力，之後更逼他在螺絲釘上行走，使他受盡痛楚。[28]

拔指甲等也是日本憲兵常常使用的刑罰。南華莆村村民林瑞祺不但被憲兵懷疑是游擊隊員，而且由於他是大學生，加上香港本來是英國的殖民地，故此日軍認為他必定與英軍成員有聯繫，指控他不協助日軍，因而在審問期間被施以更為殘暴的酷刑。憲兵用鋤頭擊打他的背部，導致背部被割傷流血及發炎，傷口更深可見骨。至於他的十隻手指則被人用刀尖從指甲底中插入，右腿亦有受傷。他未有因此而承認有關控罪，日軍遂對他施以毒打及灌水刑，更把他吊在一條鐵柱上，再在下方點燃報紙，焚燒他的雙腳。他被扣留二十八日後終獲釋放，但當時已無法自行走路，需由家人抬返村內，最終回家後兩個多月後死亡。[29]

「吊飛機」又稱「放飛機」，是一種將受刑者懸空吊起的酷刑。將受刑者雙手和雙足分南北兩邊方向用繩子綁着，懸空吊起，拷問時南北兩方各站立着一名日軍，手上拿着一條大木棍，將受刑者在半空中推來推去，受刑者手足被縛在凌空蕩來蕩去，有如放飛機一樣，因此稱為「吊飛機」。

徐貴是水上憲兵隊的一名低級憲查。1944 年年中，他和妻子被逮捕至九龍城憲兵部，因日本人懷疑他們與深水埗集中營英軍戰俘有秘密聯繫。徐貴被逮捕的那一天，三名憲兵對他拳打腳踢，並使用高爾夫球棍和警棍向他猛打，

---

27 英國陸軍部檔案 WO235/1106，頁 38 － 42。
28 英國陸軍部檔案 WO235-1041，頁 183 － 184。
29 英國陸軍部檔案 WO235/1112，頁 193 － 197。

他被連續毆打了至少四十五分鐘。徐貴的頭顱被警棍猛敲，之後再被猛力撞到牆上，經過一番折磨，徐貴在審問過後已經站也站不穩。接下來的數天，徐貴幾乎天天都被帶去審問，每一次都要被日本人痛打，還被多次「吊飛機」和灌水。他本來是一個健康的年輕人，在被使用酷刑之後變得十分虛弱，在囚一週之後他已經失去自理能力。[30]

在 1943 年 9 月 8 日至 1945 年 8 月 15 日期間，九龍地區憲兵隊曾多次濫用酷刑，在未經審訊的情況下將被捕平民帶到京士柏公園斬首。1944 年 6 月 8 日，市民陳勝被日軍逮捕，被拘留在九龍地區憲兵部近三個月時間。被捕一個多月後的一天，他曾看見日軍服腰懸佩劍，攜帶十字鎬和泥鏟，從囚室中帶走七名被捕平民。日軍將他們的雙手反綁背後，押上貨車。這些被捕者的共同點是全部十分瘦弱，臉部浮腫。其他被捕者詢問憲兵將他們帶到哪裏，憲兵直接回答他們將被帶去斬首。在一至兩個小時後，憲兵返回九龍地區憲兵部，陳勝看見他們的衣服、十字鎬和泥鏟都帶有泥土，但就再沒有看到那七名被捕者。據說日軍指控這七名被捕者在大埔派發反日傳單。他們否認指控，而且沒有經過正式審訊，憲兵還是決定將他們斬首。不久之後，日軍又將九龍地區憲兵部內一名經常因疼痛而發出叫聲，可能患病的被捕者帶往斬首，手法與上次一模一樣。[31]

（五）強迫歸鄉的人間慘劇

日軍攻佔香港後，首先要面對的問題是糧食不足。香港生產的糧食有限，雖然戰前香港政府貯存了足夠的糧食，但陸續被日軍調往前線用作軍糧，剩餘的糧食不足以維持香港 180 萬人口的生計。為解決糧荒，日本人便打算將大量

---

30 英國陸軍部檔案 W.O.235/1098，頁 47 － 48、51、54。

31 英國陸軍部檔案 W.O.235/1098，頁 214 － 215、222 － 223、225。

人口遷離香港，強迫他們回鄉，務求使香港人口減至 50 萬，[32] 以減輕對糧食及其他物資的消耗。

歸鄉政策實施初期，日軍只是勸諭市民自願撤離，但未能達至預期成效。憲兵早於 1942 年年中開始在街上抓捕平民，再用船隻將他們運返廣東各地。到了 1944 年底至 1945 年初，拘捕更嚴厲地執行，憲兵在街上用繩進行圍捕，被捕者無論是否有職業或衣着是否光鮮，都一概囚於難民營，等候遣返。[33]

歸鄉政策的原意是疏散無以為生的居民，以舒緩糧食不足的壓力，但執行起來卻變成任意拘捕並押解出境的暴行。許多香港市民於歸鄉途中遭遇家人離散、飢餓、疾病、被搶劫等厄運，最後難逃一死。發展到後來，有些更倒楣的市民被遺棄於荒島或海上等死。日軍甚至在途中將老弱病殘的居民斬殺，或者推落海中淹死。歸鄉之路變成了死亡之路。

1942 年農曆四月初四中午，歐蓮、曾茂庭夫婦二人正在吃午餐，突然一批憲兵及印籍憲查進入其家中，將二人拘捕，次日運往西環登船。當時被運往西環者共有近萬人。啟程時十九艘船由一火船拖領。開行不久，即遇上風暴。當時憲兵在火船上，由於火船抵擋不住強大風浪，憲兵於是斬纜自逃。剩下的十九艘船唯有在海面飄流，其中多艘沉沒。歐蓮二人所乘之船則船頭破裂，大量海水湧入船身，致多人死亡。[34] 船隻飄流四日四夜後，始遇一火船「金星」到場施救。當時海上只餘下三艘船，船上有不少屍體。火船把船隻拖行至一山邊，再由漁船把難民接駁上岸。據船夫指上岸地點名為「半天雲」。[35] 上岸後各人沿路而行，有些人因過於飢餓已經無法走動，只有留落在沙灘上等死。早前

---

32 關禮雄：《日佔時期的香港》（香港：三聯書店，1993），頁 96。

33 英國陸軍部檔案 WO235/999，頁 316、318、325。

34 英國陸軍部檔案 WO235/999，頁 303－304。

35 「半天雲」位於深圳龍崗區南澳範圍。

已有另一批難民流落至此地，因此岸上遍佈屍體，臭氣熏天。[36]

　　1944 年 12 月某日下午三時，市民莊娣在山邊撿拾柴枝，突然有數名憲兵及憲查將她拘捕，並用刺刀刺傷她的背部。同時被捕者還有三名老婦人，均被控執拾樹枝。四人後被帶至北角難民營。兩星期後，被囚人數已有近四百人，憲兵於是強迫眾人登上一船。船隻啟動，船上難民均不知所去何處。[37] 二十四小時後，船隻停航。所有難民被帶到船面。日本憲兵從眾人中挑選出身體健壯者，並將殘弱及患病之人留下，留下的人被逐一用刀斬殺推落大海，共有七十人之多。餘下人士被命令登上一艘帆船，帶至岸邊，上岸後始知該地名為「平海」。[38] 莊娣徒步走到惠州，淪為乞丐。[39]

　　螺洲島是一個無人居住的荒涼海島，位於香港島東南部鶴咀半島和蒲台島之間。1944 年 7 月，憲兵用兩艘船將數百名難民送往此島，遺棄於島上後隨即離去。雖然螺洲島與對岸的島嶼，僅一水之隔，但流水湍急，即使擅長泳術者亦難以渡過，有部分難民為求生存，唯有冒險一試，可惜他們多已飢餓無力，最終多人溺斃。[40] 留在孤島上的人，由於缺乏糧食，只好將死者身上的肉切下來進食，免於餓死。在島上，求救慘叫之聲不絕於耳，以至聲音隨風送至對岸的鶴咀村，但村內漁民不敢前往拯救。因為當時鶴咀村及赤柱均設有日本憲兵部，若漁民把難民救回村內，必為憲兵知悉，會對施救者處以斬首之刑。難民最終都相繼死去，屍體遍佈於岸邊的石頭之間，有的被大浪沖走，有的被人吃掉。1945 年 4 月，有漁民登上螺洲島，發現在海濱暴露着很多人骨殘骸。[41]

36　英國陸軍部檔案 WO235/999，頁 304 － 306。

37　英國陸軍部檔案 WO235/999，頁 606。

38　「平海」位於廣東省惠東縣最南端，西倚大亞灣。

39　英國陸軍部檔案 WO235/999，頁 606 － 607。

40　英國陸軍部檔案 WO235/999，頁 310 － 311、314。

41　英國陸軍部檔案 WO235/999，頁 310 － 311、314 － 315。

（六）銀礦灣慘案

1945 年 8 月 19 日至 26 日，在日本已宣佈無條件投降之後，大嶼山銀礦灣地區發生了一系列慘絕人寰的事件。日軍藉口搜索游擊隊，將約三百名鄉民逮捕，當地的商舖、民居被洗劫。十一名村民慘遭殺害，傷者不計其數，多間房屋被縱火焚毀。[42]

抗日戰爭後期，隨着日本在戰場上節節敗退，日軍被迫採取守勢，加緊構築防禦工事。自 1945 年 2 月 21 日起，大約八十名日軍被派駐大嶼山，目的是在銀礦灣至汲水門之間，大嶼山東北部的山嶽地帶，挖掘地道和防空洞，以抵禦盟軍可能的海空攻擊。

日軍的行動引起港九大隊大嶼山中隊注意。1945 年 5 月 7 日，抗日游擊隊在牛牯塱附近的山嶺成功伏擊日軍，殺死一名軍官和四名士兵。8 月 19 日下午 2 時 40 分，日軍在涌口灘軍營與抗日游擊隊交火，雙方激戰接近一小時。日軍將游擊隊擊退，並展開進一步的報復行動。

日軍在涌口村、白銀鄉、大地塘、鹿地塘、田寮等地搜捕游擊隊。日軍行動時，白銀鄉村民樊福被迫逃往深山。日軍收隊離去後，樊福趕回家，發現臥床養病的妻子橫屍在離門約十英尺處，腹部有一個大黑痕，相信是被日軍重擊打死。[43]

日軍前往白銀鄉途中，闖入米業殷商楊瑞生大宅「奕園」。大宅內一位名叫任有的女傭過度受驚，打算逃回自己的房間躲起來，日軍對她開槍射擊，使她頓時斃命。日軍還擊傷了楊瑞生只有五歲的女兒。女童右額慘遭槍傷，左胸亦受到傷害。[44]

當時整個銀礦灣地區僅有五百多名居民，但當時被日軍逮捕的有近三百

---

42 英國陸軍部檔案 W.O. 235/993，頁 4、624 － 625。
43 英國陸軍部檔案 W.O. 235/993，頁 175 － 177。
44 英國陸軍部檔案 W.O. 235/993，頁 207 － 208。

人。日軍隊長岸保夫指揮日軍對鄉民用刑。岸保夫以柴枝重擊當地長老曾壽、林福的頭顱和背部，但他們始終沒有供出游擊隊的下落。岸保夫命令士兵在沙灘上接近橫塘河處挖掘一個小坑，再將曾、林二人押至坑邊，將他們捆綁起來，蒙上雙眼。晚上 7 時左右，岸保夫手執軍刀，親自對曾壽和林福行刑。他們二人身首異處，屍首被草草推入坑中掩埋了事。[45] 曾壽和林福在眾目睽睽之下被斬首後，日軍開始審問銀礦灣鄉民，將所有被捕的男性村民全都縛起來，施用槌柄敲打、灌海水等刑法，迫使他們承認自己是游擊隊的一份子。

8 月 20 日，被拘留了一整個晚上的銀礦灣鄉民開始被陸續釋放，當中以長者、婦女和小孩為主。沒有被日軍釋放的人，主要是在事發時途經涌口村的外來鄉民，或居住於靠近山嶺地帶的鄉民。日軍認為他們特別可疑，覺得他們與游擊隊有關，不但沒有將他們釋放，還把他們綁在涌口灘游泳棚的柱子上，懸起來在烈日下曝曬。

8 月 21 日晚上，日軍突然指控十數名鄉民中的蘇保華是游擊隊員，曾參與 8 月 19 日的戰鬥；又以梁東昌的茶樓「招待陌生人」為由，認定他與游擊隊有關連。結果，松本長三郎親自下令，由內田軍曹將蘇保華和梁東昌二人斬首。[46]

8 月 22 日，岸保夫率領二十多名日軍前往牛牯塱村，尋找失蹤的兩名日本兵，並企圖抓捕該村村長和全數村民。村民紛紛跑上山躲避。日軍抵達牛牯塱村後，隨即抓到未能逃脫的村民林贊，將他拖到村中的空地毆打。毆打之後，士兵用槍瞄準林贊的右胸，一擊使他斃命。[47] 村民林令嬌的父親林權失去蹤影，生死未卜。兩天之後，牛牯塱村民接到其他銀礦灣鄉民通知，才知道林權已經伏屍於涌口灘上。日軍一口咬定林權是游擊隊成員，岸保夫在游泳棚前將

45　英國陸軍部檔案 W.O. 235/993，頁 51。
46　英國陸軍部檔案 W.O. 235/993，頁 382－383。
47　英國陸軍部檔案 W.O. 235/993，頁 125－126、129、131。

其斬首。[48]

8月23日，岸保夫率領日軍第二次掃蕩牛牯塱村。由於日軍來勢洶洶，牛牯塱村民再一次避走山嶺，村內只剩下年邁老弱的村民。日軍進村後一無所獲，縱火焚毀村內二十間房屋。[49] 8月26日，駐大嶼山日軍從梅窩撤退，餘下的被捕村民才重獲自由，銀礦灣慘案才告一段落。

本文披露的只是英國陸軍部檔案中香港日軍戰爭罪行的一部分。香港地方志辦公室利用英國檔案資料進行深入研究，並編寫《日軍在港戰爭罪行 ——戰犯審判記錄及其研究》一書，並非為了加深中日兩國和兩國民眾的仇恨和對立，而是為了將歷史真相公諸於眾，讓大家了解戰爭帶來的深重災難。希望有關各國人民以史為鑒，制止日本重新走上軍國主義道路，為遠東和世界的持久和平做出貢獻。

本文為 2015 年 9 月在重慶出席「中俄紀念抗日戰爭與世界反法西斯戰爭勝利 70 周年國際學術研討會」發表的論文

---

48 英國陸軍部檔案 W.O. 235/993，頁 127、418 － 420、423 － 425、615。
49 英國陸軍部檔案 W.O. 235/993，頁 615。

永遠銘記抗戰歲月的香港英烈

——列入國家級紀念名錄的香港抗戰英烈和紀念設施

　　繼 2015 年 8 月 13 日，國務院公佈將烏蛟騰抗日英烈紀念碑，列入第二批國家級抗戰紀念設施、遺址名錄，以及 2015 年 8 月 24 日，國家民政部公佈將港九大隊彭泰農，列入第二批 600 名著名抗日英烈和英雄群體名錄之後，2020 年 9 月 1 日，在紀念中國人民抗日戰爭暨世界反法西斯戰爭勝利 75 周年之際，國務院公佈將斬竹灣抗日英烈紀念碑，列入第三批國家級抗戰紀念設施、遺址名錄；9 月 2 日，國家退役軍人事務部公佈將港九大隊曾福、曾佛新、馮芝和劉春祥等十二名龍鼓洲戰鬥犧牲的英烈，列入第三批 185 名著名抗日英烈、英雄群體名錄。這次香港方面入選的數量比第二批更多，充分體現國家對香港抗戰的重視和關注，有利於在香港弘揚抗戰愛國精神，有利於對香港市民進行歷史教育、國民教育。

一、港九大隊是香港唯一自始至終、
成建制堅持抗戰的武裝力量

　　香港入選這兩批紀念名錄的抗日英烈和紀念設施都與港九大隊有關。港九大隊與香港抗戰究竟有什麼關係？

　　1941 年 12 月香港戰役爆發後，中國共產黨領導的廣東人民抗日游擊隊第三大隊和第五大隊即派出數支武工隊進入新界地區肅清土匪，開展抗日宣傳，

號召村民保衛家鄉。1942 年 1 月下旬，廣東人民抗日游擊隊改編為廣東人民抗日游擊總隊，並將派進香港開展游擊戰爭的幾支武工隊統一組成港九大隊。2 月 3 日，港九大隊在新界西貢黃毛應村成立，蔡國樑任大隊長，陳達明任政委，黃高陽任政訓室主任，負責統一指揮長槍連隊、短槍武工隊、海上武裝隊、城區地下武工隊和情報系統，以及後來陸續成立的六個中隊和各地區民兵常備隊、自衛隊，開展敵佔城市和近郊游擊戰爭，配合反法西斯同盟軍作戰。1941 年日軍進攻香港，以英軍戰敗投降告終。在日軍佔領香港的三年零八個月苦難歲月，東江縱隊港九獨立大隊作為港九大隊前身的數支武工隊及港九大隊參與過營救抗日文化人的秘密大營救。在三年零八個月的游擊戰爭中，港九大隊各個中隊以游擊戰方式四處出擊，打擊和牽制日軍。據不完全統計，港九大隊斃傷日軍 100 餘名，斃傷漢奸、偽警及間諜等 70 餘名，俘虜、受降日偽軍 600 餘名，繳獲敵船 30 多艘，擊沉 4 艘，炸毀日軍飛機 1 架；繳獲長短槍支 550 餘支，機槍 60 餘挺（包括收集英軍潰逃遺下的），炮 6 門，以及大批彈藥、物資。港九大隊還參與過營救盟軍飛行員，並在協助盟軍獲取日軍情報方面取得顯著成績。

二、抗戰英烈為國捐軀永垂不朽

日佔期間，港九大隊至少有 115 名烈士為保衛香港獻出了生命。彭泰農、曾福、曾佛新、馮芝和劉春祥等十二名龍鼓洲戰鬥犧牲英烈是他們的傑出代表。

彭泰農、曾福兩位烈士的犧牲與「三三事件」有關。1943 年 3 月 3 日，日軍出動百多人到沙頭角突擊掃蕩，包圍港九大隊政訓室於老龍田宴台山的據點。當時政訓室的武裝人員已挑東西轉移到橫山腳，據點內只有黃高陽等十一位非武裝人員。由於事出突然，負責站崗的隊員沒注意到日軍來犯，加上其他

隊員又在用膳，疏於防範，游擊隊處於十分被動的地位。儘管敵我勢力懸殊，隊員仍奮力與日軍搏鬥。曾福立即拿起手提機槍掃射日軍；炊事員鄭生拿起一支英式步槍迎擊日軍；年僅十三歲的交通員溫觀友勇奪日軍的步槍，身受重傷；黃高陽與日軍搏鬥、衝出重圍期間從山上滾下，沿着山坑向南涌方向突圍。事件中，多位戰士壯烈犧牲。曾福、邱國璋、符志光三人在激戰之中以身殉國；彭泰農、陳冠時、陳坤賢等受傷後被俘，後均被殘忍殺害，英勇就義。

彭泰農（1915－1943），又名彭泰，曾用名振東，廣東惠陽人。1937 年初加入共產黨。同年 7 月抗日戰爭爆發後，他在《惠州日報》發表〈告東江父老兄弟姐妹同胞書〉，號召群眾團結抗日。及後，他在坪山組織抗敵後援會，發展中共組織，成立中共坪山區委，統一領導當地抗日鬥爭。1938 年 8 月，中共惠（州）博（羅）中心縣委成立，他任縣委書記。1943 年 2 月，他被調到港九獨立大隊政訓室工作。「三三事件」中，彭泰農組織突圍，並留在最後撤退，後負傷被捕，受盡嚴刑拷打，卻始終沒有洩露半點機密，最終於 3 月 31 日被日軍殺害，年僅二十八歲。2015 年，他被國家民政部列入第二批 600 名著名抗日英烈和英雄群體名錄。

曾福（1921－1943），香港新界沙頭角三椏村人。1942 年 1 月，他參加中共領導的三椏村常備隊，並成為骨幹成員，協助維持社會治安，輸送物資、情報，積極配合游擊隊行動。1942 年 2 月，曾福加入港九大隊，被派進日軍駐沙頭角的憲查隊。他借憲查一職暗中調查，搜集情報，並掩護游擊隊員通過日軍崗哨。同年秋，他奉命撤離敵偽機關，返回港九大隊，被分派到沙頭角任港九大隊政訓室事務長。1943 年 3 月 3 日下午，日軍包圍老龍田宴台山政訓室駐地時，他挑選幾個戰士，利用山腰大岩石的有利地形阻擊日軍，掩護其他隊員突圍。他拿起手提機槍向敵人掃射，當場擊斃兩名日軍。最後自己身中數彈，壯烈犧牲，年僅二十二歲。2020 年，他被國家退役軍人部列入第三批 185 名著名抗日英烈和英雄群體名錄。

另一位列入第三批抗日英烈名錄的曾佛新（1921－1944），屬於港九大隊海上中隊。他是香港牛頭角鄉雞寮村人。1942年9月間，他與弟弟曾佛粦一同參加港九大隊。曾佛新作戰勇敢，表現出色。1944年6至7月間，在葵涌一役，本來負責爆破任務的隊員臨場生怯，曾佛新自動請纓，請求負責爆破，結果順利完成任務。入隊半年後，曾佛新便被提拔為副班長，後再升任班長，並獲「模範班長」稱號。

1944年11月30日，曾佛新隨海上中隊在深圳黑岩角圍攻日軍的電扒船。接近敵船後，他奮不顧身一躍而起，抓住敵船的欄杆和繩索跳上船，不幸中彈，英勇犧牲，年僅二十三歲。他的弟弟曾佛粦目睹哥哥當場犧牲，萬分悲痛，勇猛地跳上敵船，用槍掃射敵人，迫使日軍全部投降。中隊成功俘虜七名日軍，並繳獲一艘電扒及大批物資。曾佛新遺體被葬於寶安縣大鵬半島的南澳村和水頭沙村之間。該處立有一塊紀念石碑，碑上刻印了「抗日烈士曾班長佛新之墓」幾個大字及其英雄事跡：「模範班長事跡：烈士新界人，於民國三十三年十一月三十日於三門海面戰鬥英勇突擊，壯烈殉國，是役繳獲電扒一艘，生擒日兵七名，物資大批。民國卅三年十二月一日立」。曾佛新生命雖然短暫，但卻勇敢地實現了自己的諾言：「不甘平生有負恩，青峯遙望自沉吟；此身只合戎馬志，報答港民養育心」。

馮芝（1883－1944），廣東順德人，也是列入第三批紀念名錄的抗日英烈。她是港九大隊市區中隊中隊長方蘭的母親，很支持方蘭參加抗戰工作，並主動給游擊隊充當義務交通員。1944年3月17日上午，女交通員袁益奉命將一批宣傳品送往隊員伍慧珍的家，準備由伍慧珍分發給市區各個游擊小隊去散發或張貼。馮芝眼見袁益年紀尚輕、經驗不足，便主動請纓，陪同她執行任務。送交情報後，伍家讓她們幫忙帶回一些情報。馮芝遂偽裝成水客，替人帶新衣，將重要情報縫在自己的衣服裏，其他情報則藏於籃子、衣袋，帶同袁益一起渡海。二人下午途經亞公岩哨所時不幸被捕，被押到筲箕灣憲兵隊的囚室。日軍

從馮芝的衣服裏搜出暗藏的情報，其中有替日本海軍修船、造船的日立造船廠銅鑼灣分廠（即原敬記船廠）的情報，從字跡和內容查到潛伏在該處工作的女游擊隊員張詠賢，隨即將其逮捕。幾天後，袁益和馮芝二人亦被送到日本憲兵總部。游擊隊員曾制定行動方案，準備以武力強行營救，但為免造成更大的犧牲，方蘭強忍悲痛，制止了營救行動。馮芝在獄中多番遭酷刑折磨，卻始終守口如瓶。同年 6 月 22 日，馮芝和張詠賢在香港加路連山就義，馮芝犧牲時六十一歲。

方蘭在回憶母親的文章曾寫道：「母親被關在獄中的日日夜夜，我是十分悲痛的，那時候工作任務繁重，精神很緊張，只有在夜深人靜的時候，想着母親可能病倒或在受刑，心如刀割，又想到年老體弱的父親，如何面對失去朝夕相對的老伴的沉重打擊。唯一能寬慰自己的，是母親的愛國行為，完全出於自願，我要用行動報答母親的愛，眼淚往肚裏流，集中精神部署明天的戰鬥，狠狠地打擊敵人為母親報仇。」

在國家退役軍人事務部公佈的第三批六個抗日英雄群體中，有香港的劉春祥等十二名龍鼓洲戰鬥犧牲英烈。那是 1943 年 5 月的一天夜晚，港九大隊大嶼山中隊中隊長劉春祥帶領六名班排骨幹，乘坐帆船準備到大嶼山對岸的踏石角、龍鼓灘和深圳灣的流浮山一帶開展工作，打通同寶安游擊區的聯繫。在沙洲、龍鼓洲一帶海域突然遭遇兩艘日軍炮艇伏擊。劉春祥等乘坐的帆船不論火力、航速皆處於劣勢。經過激烈的戰鬥，船被擊沉，劉春祥、曾可送、林容、汪送、譚金火、溫發、劉佳等七位指戰員，船家梁克及妻子、二女一子一家五口壯烈犧牲。

原大嶼山中隊指導員王江濤在《江濤詩文集》中寫道：

戰略要地大嶼山，隊長抗倭海島間。

為毀日軍海運線，率隊開闢對海灘。

黑夜揚帆遭敵艦，殺敵激戰沉沒船。

壯士英勇全犧牲，為國捐軀萬古傳。

為了解出事情況，當時中隊派出小隊長何國良化裝成漁民前往偵察，但未找到任何戰士的遺體，還不幸碰上日軍檢查。日軍在審問過程中找不出任何端倪，何國良被驅趕到寶安南頭，扣押一星期後獲釋。1943 年 5 月下旬一天，大嶼山中隊在東涌的曬穀場上舉辦了一場追悼會，由副中隊長蘇光主持，悼念為抗日而犧牲的烈士。陳亮明、邱求等發表講話，矢志為犧牲的戰友報仇，進一步激發隊員堅持抗戰的決心。指導員陳亮明講話，強調必須提高革命警惕性，加強敵情觀念，堅持抗戰，為死難烈士報仇。戰士代表邱求發言，他同烈士曾可送一起參隊，他說：「曾可送勤奮好學，生活艱苦，具有革命樂觀主義精神。平時苦練殺敵本領，戰場上勇敢拼搏，在艱苦的生活中，吃不飽，行軍時仍然搶扛機關槍。」邱求表示誓為戰友們報仇。追悼會激發起全體指戰員克服困難，堅持抗戰的決心和信心。

1998 年重陽節，香港特區政府行政長官董建華親自將 115 位港九大隊陣亡戰士名冊，安放在政府紀念花園的紀念龕中。龍鼓洲戰鬥的十二名烈士中，劉春祥、曾可送、林容、汪送、譚金火、溫發、劉佳和船工梁克共八位列入名冊。

三、紀念設施承載香港抗戰歷史記憶

目前香港境內兩座大型抗戰紀念設施——烏蛟騰抗日英烈紀念碑和斬竹灣抗日英烈紀念碑——先後列入國家級紀念名錄。這兩座紀念設施的選址都是當年港九大隊活躍的地區，承載着香港抗戰的歷史記憶。

沙頭角烏蛟騰村是港九大隊的重要據點之一。在港九大隊的影響下，烏蛟騰村村民均積極參與抗日救亡工作。當時全村共有五百多人，約百分之九十的

村民都參與了抗日群眾組織。他們不單肩負起宣傳發動群眾抗日、增加生產、維持治安等任務，更不顧個人安危，為部隊提供情報、送信及運輸。村內有三十九位青年更直接投身於游擊隊，英勇殺敵；而留守村內的健壯青年亦組成民兵自衛隊，維護地區治安，緊密配合游擊隊的工作。

香港淪陷期間，日本曾對烏蛟騰及鄰近的村莊發動十餘次掃蕩，不少村民為保障游擊隊的安全，遭受嚴刑，甚至犧牲寶貴的性命。1942 年 9 月 25 日（農曆八月十六日），日軍包圍烏蛟騰村，強迫村民交出自衛武器及供出游擊隊員。村長李世藩、李源培二人挺身而出，在日軍的威迫利誘、嚴刑拷打下都不為所動，最終李世藩壯烈犧牲，李源培被拷問至休克。村內犧牲的還有李天生、李志宏、李官盛、李偉文、王官保、王志英及李憲新等。1943 年春，日軍再次包圍烏蛟騰，村長李憲新被拘禁在大埔憲兵部，從此下落不明。

為紀念這些抗日志士，烏蛟騰村村民於 1951 年 10 月，在村外一處山坡下，出資建造一座小型的烈士紀念碑，每年農曆八月十六日舉行謁碑儀式，紀念抗戰犧牲的烈士。紀念碑曾於 1985 年 9 月重修。2009 年特區政府出資於新娘潭路與烏蛟騰交匯處重建一座大型的紀念碑，距離烏蛟騰村村口只有幾分鐘步程。2015 年 8 月，國務院將該紀念碑列入第二批 100 處國家級抗日紀念設施遺址名錄。

整個設施名為「烏蛟騰烈士紀念園」。入口處有一座牌坊，刻有對聯「紀昔賢滿腔熱血，念先烈瀰世功勞」。紀念園內有紀念碑立於高台之上，基座刻有「浩然正氣」四字，碑上有原東江縱隊司令員曾生題字：「抗日英烈紀念碑」。紀念碑旁另有中英文石碑各一塊，記述烏蛟騰村長李世藩及多位村民為抗日英勇犧牲的事跡，以及紀念碑修建及重修概況。

西貢是港九大隊的重要活動地區。大隊成立於西貢的黃毛應村。大隊部曾設在西貢的赤徑、嶂上等村莊。大隊軍需處曾設在西貢的昂窩、北潭村。西貢中隊也曾轉戰在這裏。

　　抗戰結束後，為紀念犧牲於西貢的抗戰烈士，港九大隊老戰士劉錦文在 1983 年的一次聚會上提出建碑建議，到會者均表贊同。1984 年 9 月 3 日，港九大隊老戰士梁超、鄧振南、張興、劉錦文、張婉華等人聯合發出建碑倡議書，各界反應熱烈。1984 年 9 月中旬，前東江縱隊司令員曾生前往西貢訪問期間，獲悉西貢籌建紀念碑，亦表示大力支持，並為紀念碑題寫碑名。同年 12 月 30 日，抗日英烈紀念碑籌建委員會成立，並籌得 110 萬港元作為經費。

　　抗日英烈紀念碑選址於西貢斬竹灣西北岸一山崗上，毗鄰大網仔路，面向大海。建碑工程由 1988 年 3 月 29 日開始動工，至 1989 年 1 月 23 日正式落成，紀念建築還有牌樓、英烈紀念亭、石碑等。紀念碑高約二十公尺，主體形似一支步槍，以象徵抗日武裝力量。該紀念碑被一排弧形石欄環繞，石欄由十三塊用火炬圖案構成的石雕欄杆組合而成，欄上有形態各異的小石獅十四隻，氣勢雄渾。紀念碑的正立面鑲有一塊用青石雕刻的碑文，碑文由港九大隊老戰士張子變起草，記載了三年零八個月期間港九大隊抗擊日軍侵略的英勇事跡：「三年八閱月之艱辛歲月中，游擊隊戰士活躍在崇山峻嶺、海港河灣，出沒於田疇村舍，郊野叢林，與人民群眾血肉相連，如魚得水，肅匪鋤奸，克敵制勝，營救文化精英，支援盟軍作戰，豐功偉績，舉世稱頌⋯⋯」。香港各界愛國團體每年都會舉行謁碑典禮，以紀念當年為抗日捐軀的游擊隊烈士。

　　眾多香港抗日英烈和紀念設施入選國家級紀念名錄，充分體現國家對香港抗戰的重視和關注，有利於在香港弘揚抗戰愛國精神，有利於對香港市民進行歷史教育、國民教育。為了將國家對香港抗戰的重視和關注轉化為香港社會推動歷史教育和國民教育的動力，我們提出如下幾點建議：

　　（1）建議特區政府民政局和新界鄉議局在與紀念名錄有關的幾個地方立碑：

　　1. 在烏蛟騰和斬竹灣抗日英烈紀念碑立碑，說明是國家級抗戰紀念設施。

　　2. 在「三三事件」發生地沙頭角老龍田立碑，介紹事件經過，以及彭泰

農、曾福等抗日英烈的事跡。

3. 在劉春祥等十二名英烈犧牲地點附近的龍鼓灘和龍鼓洲立碑。

（2）近年，東江縱隊歷史研究會、原東江縱隊港九獨立大隊老游擊戰士聯誼會、新界鄉議局、香港廣州社團總會和嶺南大學香港與華南歷史研究部等社會團體合作，籌建香港沙頭角抗戰紀念館，策劃沙頭角、西貢和大嶼山三條抗戰文物徑，做了大量的準備工作。希望特區政府給予一些實際的支持，盡快落實這些計劃，讓更多香港市民了解這段可歌可泣的抗戰歷史。

原載《紫荊》雜誌 2020 年 10 月號，與劉智鵬合寫。

收入本書時，略有修改。

香港與中國共產黨

提起香港與中國共產黨的關係，人們首先會想到中共對香港的政策，想到「一國兩制」方針的制定與實踐。這些無疑是值得重彩濃墨、大書特書的事情。但是，不少人並不知道，香港與中國共產黨的關係其實源遠流長，中國共產黨百年發展的每個階段都和香港有關聯。本文側重從歷史角度，簡略回顧香港與中國共產黨的關係。

一、香港最早的中共黨組織

1919 年五四運動以後，馬克思主義的書報、雜誌已較多被翻譯介紹到中國來。1920－1921 年，三位香港年輕人林昌熾（林君蔚）、張仁道、李義寶集資出版了一份不定期刊物《真善美》，介紹馬克思主義基本原理。其中林昌熾是香港政府視學官，張仁道是皇仁書院畢業生，李義寶是蒙養小學教師。

1920 年 12 月，陳獨秀由上海坐船南下廣州途經香港，停泊在香港碼頭。林昌熾三人特意攜帶《真善美》刊物上船與陳獨秀會面。陳獨秀閱後，對他們倍加讚賞，鼓勵他們成立馬克思主義研究小組。後來，他們在跑馬地黃泥涌蒙養小學李義寶家中成立了馬克思主義研究小組。

1923 年，李義寶到廣州，通過新學生社找到共產主義青年團。回港後，就在香港建立共產主義青年團組織，李義寶被選為支部書記。不久，林昌熾接替，李義寶專門搞工人運動。之後，香港中共黨小組成立，有李義寶、張仁

道、林昌熾三人，其中林昌熾是候補黨員。這是香港最早的黨組織。不過當時黨團不分，都在李義寶家中開會。黨小組只是在討論工運問題或共產黨時出現。討論學生運動問題時，又是以團的名義出現。

二、香港工人運動培養的中共黨員骨幹

二十世紀初，在香港發生了兩次大規模的工人運動。一次是 1922 年的香港海員大罷工，一次是 1925－1926 年的省港大罷工。此後，工人運動在香港仍繼續發展。香港的工人運動為中國共產黨鍛煉和培養了一批黨員骨幹，林偉民、蘇兆徵、陳郁、曾生是他們的傑出代表。

林偉民和蘇兆徵曾帶頭發起香港海員大罷工。海員大罷工以後，林偉民和蘇兆徵先後加入中國共產黨。1925 年，林偉民當選為中華全國總工會執行委員會委員長，蘇兆徵在省港大罷工時被推選為罷工委員會委員長兼財政委員會委員長。他們是早期中國工人運動的傑出領導者。

陳郁先後參加過香港海員大罷工和省港大罷工，省港大罷工時加入中國共產黨。1927 年初，他擔任中華全國海員工會主席，1928 年任中共香港市委書記。中華人民共和國成立後，他歷任燃料工業部部長、煤炭工業部部長、中共廣東省委書記、廣東省省長、中南局第三書記。

曾生也是中共黨史上一位有影響的人物。二十世紀三十年代，他曾在香港從事工人運動，擔任過中共香港海員工委書記。抗戰時期，他是華南地區規模最大的抗日游擊隊東江縱隊的司令員。新中國成立後，他擔任過交通部部長。

三、廣東省委在港活動

1927 年 4 月 15 日，廣州發生四一五政變。蔣介石在廣州展開「清黨」行動，大肆搜捕共產黨員，知名共產黨人蕭楚女等被殺害。作為中共廣東省領導

機關的中共廣東區委立即遷往香港。同年八七會議後，根據中共中央臨時政治局決定，第一屆中共廣東省委正式在香港成立，張太雷出任省委書記兼中央南方局書記。在整個土地革命戰爭時期，中共廣東省委的名稱幾經變更，但領導機關一直設在香港。香港也就成為土地革命戰爭時期廣東甚至華南地區革命鬥爭的指揮中心。

廣東省委曾在香港召開多次重要會議。1927 年 10 月 15 日，中共廣東省委和中共中央南方局聯席會議在香港召開。張太雷就八一南昌起義的經過、失敗原因及其出路做報告，會議通過了《最近工作綱領》和組織問題、宣傳問題、工人運動、農民運動等多項決議案。1928 年 1 月 1 日至 5 日，廣東省委在香港召開全體會議。這次會議的主要內容是總結廣州起義失敗的經驗教訓，確定廣東黨組織今後的任務和鬥爭策略。

廣東省委一直以香港、廣州、汕頭作為開展工人運動的重心。在香港成立了由省委領導的中華全國總工會南方辦事處和香港海員工委等專門領導工運的機構。1930 年 8 月，在中共領導的香港工人代表會的組織發動下，香港建築業工人舉行同盟罷工，要求加薪、改善待遇和工作條件。

1930 年秋冬，在南方局和廣東省委的支持下，中共中央開闢了一條由上海—香港—汕頭—大埔—青溪—永定進入中央蘇區的秘密交通線。廣東省委選派了一批得力幹部負責交通工作，成功地護送二百多位重要領導幹部通過這條交通線進入中央蘇區，其中有周恩來、劉少奇、鄧小平、葉劍英、陳雲、博古、任弼時等中國共產黨和紅軍的領導人。這條交通線一直堅持到 1934 年中央紅軍開始長征。

1931 年九一八事變後，全國掀起了抗日救亡運動的高潮。1932 年一二八淞滬抗戰爆發後，在中共香港市委指導下，香港成立了「香港民眾抗日會」。1937 年，中共領導的香港海員工人組織「餘閒樂社」開展的抗日救亡運動搞得轟轟烈烈，人數發展到 1.7 萬餘人。

1937 年全面抗戰爆發後，中共中央派遣廖承志在香港開設八路軍駐香港辦事處，並參與宋慶齡領導的保衛中國同盟開展工作。辦事處成立後，接收了大量捐贈物資。1938 年冬，辦事處收到藥品和醫療器械 130 箱，運至桂林八路軍辦事處，再轉運到延安。1939 年 10 月，辦事處收到南美華僑捐贈的西藥及東南亞華僑捐贈的卡車和轎車。辦事處還印刷《華僑通訊》，向海外華僑報道國內抗戰的消息。不少華僑青年通過辦事處安排，回國加入八路軍或新四軍。辦事處亦曾組織汽車司機和醫務人員回國參加抗戰。1939 年 1 月，「東江華僑回鄉服務團」在辦事處的幫助和指導下成立，半年內建立許多分團和工作隊，共有成員五百多人。

四、中共與香港抗日游擊隊

抗日戰爭時期，中國共產黨是香港抗戰的中流砥柱。日軍進攻香港，英軍抵抗十八天就投降了。中國共產黨領導的抗日游擊隊港九大隊成為香港淪陷期間唯一一支成建制、由始至終堅持抗戰的武裝力量。

港九大隊以游擊戰方式四處打擊和牽制日軍，共計斃傷日軍 100 餘名，斃傷漢奸、偽警及敵方間諜等 70 餘名，俘虜、受降日偽軍 600 餘名；擊沉日軍船隻 4 艘，炸毀日軍飛機 1 架；繳獲長短槍支 550 餘支，機槍 60 餘挺，炮 6 門，車船 40 餘輛，以及大批彈藥。港九大隊參與營救盟軍飛行員，並且多次協助盟軍獲取日軍情報。日佔期間，港九大隊有 115 名戰士為保衛香港而犧牲。

港九大隊的抗戰歷史中，有許多生動的事例體現中國共產黨與港人魚水交融的關係。1943 年 5 月某夜，大嶼山中隊隊長劉春祥帶領六名班排骨幹及船工等一行十二人，從大嶼山東涌駕駛帆船向龍鼓灘進發，準備開闢新的工作地區。船行至龍鼓洲、沙洲海域，突然遭遇兩艘日軍武裝巡邏艇襲擊，雙方激戰數小時，帆船終被擊沉，劉春祥等七名指戰員殉難，船家梁克夫婦和二女一子

也壯烈犧牲。梁克全家捨棄身家性命支持港九大隊抗戰的事跡感天動地。

五、戰後中共在港活動

二戰後，英國殖民統治者重回香港。由於抗戰時期中共與英國曾經有良好的合作關係，戰後初期英國允許中共在香港保持某種程度的「合法存在」。在這種情況下，中共中央決定以香港為中心開展城市工作，香港迅即成為中共和民主黨派在南方最重要的活動基地。國民黨發動全面內戰後，中共更加重視利用香港開展工作，建立香港分局管轄南方多個省份及港澳的工作。對中共來說，這時期的香港有多重功能，包括「反內戰、反獨裁」的文化宣傳陣地；民主黨派及其領袖的避難場所和東山再起之地，以及解放戰爭的後勤保障基地之一。到了解放戰爭後期，香港成為新政協運動的中心；各民主黨派在香港召集會議，響應中共中央「五一口號」的號召，推動新政協的召開。同時，在中共的護送之下，大批留港的著名民主人士分批秘密北上參與新政協籌備工作，為新中國的建立作出了貢獻。

興辦學校也是戰後中共在香港的文化工作之一。1946 年 10 月 10 日中共和民主人士在香港合作創辦的大學達德學院宣告成立，抗日將領蔡廷鍇將軍借出自己在屯門新墟的別墅作為校址。達德學院創辦者的教育理想是以自由研究的精神，融合世界文化潮流，闡揚民族歷史光輝，創辦一所新型民主大學。達德學院規模細小，卻聚集了許多高素質的學者。該校先後培育了千餘名學生。他們為新中國的建立和後來國家的改革開放作出了特別的貢獻。

1949 年 10 月 1 日，中華人民共和國宣告成立。由於新的國家政權的吸引力、感召力，加上中共地下黨組織做工作，原國民政府駐港機構紛紛宣佈起義，歸附新中國。1949 年至 1950 年上半年，先後參加起義的有中航、央航、招商局、九龍關、中植油廠、資委會、原交通部港九材料購運處、粵漢鐵路香港辦事處、中國銀行香港分行、交通銀行香港分行、中國保險公司、中信總

局、中央信託局香港分局、中國農民銀行香港分行、郵政儲金匯業局香港分局、廣東省銀行香港分行、廣西銀行香港分行、福建省銀行香港分行、中國石油公司香港分公司、中國紡織公司香港辦事處、廣西航業公司桂海輪、香港中國電信局、台灣糖業公司、大成公司等二十多家單位。這些機構起義以後，大量飛機、輪船、其他資產和人才返回內地，促進了新中國的經濟建設。

六、中共與新中國對港政策

中華人民共和國成立後，中國共產黨領導的中國政府對香港問題的一貫立場是：香港是中國的領土，中國不承認帝國主義強加的三個不平等條約，主張在適當時機通過談判解決這一問題，未解決前暫時維持現狀。

中國共產黨和中國政府對香港的方針政策有其歷史淵源。早在土地革命時期，中共主要領導人就曾到過香港，利用香港開展革命工作，對香港的特殊作用就已經有所認識。1927 年 10 月，周恩來曾在九龍油麻地廣東道養病，並參加當時在港的中共廣東省委召開的研究廣州起義的會議。1928 年 3 月中旬至 4 月中旬，周恩來前往香港，主持召開廣東省委擴大會議，糾正李立三對廣州起義所作的錯誤結論和懲辦做法。1929 年和 1930 年，鄧小平曾兩次到過香港，並與黨內同志開會討論工作。

中華人民共和國成立後，中國共產黨是香港經濟起飛、繁榮穩定的一個極其重要的因素。中國共產黨領導的中國政府對香港採取「長期打算，充分利用」的特殊政策，從實際出發，尊重歷史，維持現狀，政治上維持香港的穩定，經濟上給予大力支持。

1949 年 10 月解放軍抵達廣東之後，中國政府為避免糾紛，毛澤東、周恩來下令野戰軍不得越過羅湖以北四十公里的樟木頭一線，另派保安部隊維持邊界治安。

東江水供港、三趟快車是中國政府從經濟上支持香港發展的典型事例。

為解決香港淡水資源嚴重短缺的問題，應香港愛國社團和英國政府的請求，1963 年周恩來總理下令修築東江－深圳供水工程，並在國家遭受自然災害、經濟尚未復興的情況下，撥款 3,800 萬元人民幣，確保首期工程順利進行。香港大部分淡水一直依靠內地供應。以 1997 年為例，內地輸往香港的水量為 7.5 億立方米，佔當年香港耗水量（9.13 億立方米）的 82%。

為了解決供應港澳鮮活商品運輸中的困難，從 1962 年開始，鐵道部和外經貿部安排了 751、753、755 三趟「供應港澳冷凍商品快運貨物列車」，開往深圳，再將貨物運往香港。除農曆正月初一以外，一年 364 天，天天按時運送。內地物美價廉食品穩定均衡的供應，加上香港政府的公共房屋政策等措施，使得香港的通貨膨脹率和勞動力成本低於西方工業發達國家，提升了香港在國際市場的競爭力。

七、中共與「一國兩制」方針的制定

隨着 1997 年日益臨近，解決香港前途的問題被提上了日程。從 1979 年開始，中國領導人先後在不同場合表示要對香港恢復行使主權，保持香港的穩定和繁榮，並提出了「一國兩制」首先在香港實施的設想。

1982 年，中國共產黨根據「一國兩制」的原則，擬定了解決香港問題的「十二條」方針政策，後來體現在《香港特別行政區基本法》中。

中國共產黨制定的「一國兩制」方針，是世界歷史上的偉大創舉，是保障香港順利回歸和回歸後繼續繁榮發展的關鍵。

原文刊於《紫荊》雜誌 2021 年 5 月號

中英角力下的
香港政治

1949 年以前中國政府收復香港的嘗試

　　香港問題是在兩次鴉片戰爭和列強瓜分勢力範圍的背景下形成的。1841 年
1 月 25 日，英軍強行在香港島登陸。1842 年 8 月 29 日，英國強迫清政府簽訂
中英《南京條約》，正式割佔香港島。1860 年 3 月，英國政府派軍隊在九龍半
島岬角尖沙咀登陸，並強迫兩廣總督勞崇光將九龍租借給英國。同年 10 月英
法聯軍攻入北京，英國又強迫清政府簽訂中英《北京條約》，割佔九龍。1898
年 6 月 9 日，英國強迫清政府簽訂《展拓香港界址專條》，並通過次年的定界
談判，租借了深圳河以南、九龍半島今界限街以北的大片中國領土，及其附近
235 個島嶼，即後來所謂的「新界」，從而侵佔了整個香港地區。

　　從 1841 年英國侵佔香港島起，150 多年來，中國人民一直渴望收復香港地
區。舊中國歷屆政府也都做過收復香港的嘗試，但皆未能取得成功。本文依次
着重介紹清政府、北洋政府和國民政府收復香港的嘗試，以及列強（特別是英
國政府）的反應，並對收復香港的嘗試未能取得成功的原因，提出一些見解。

一、清政府收復香港的願望

　　早在鴉片戰爭時期，英軍強佔香港島之後，中國的愛國群眾和官員就強烈
主張收復香港。

　　英軍侵佔香港島以後，英國駐華全權代表義律（Charles Elliot）和遠東艦隊
支隊司令伯麥（G. Bremer）於 1841 年 2 月 1 日聯名發出佈告，謊稱已與清朝欽

差大臣琦善「成立協定，將香港全島地方讓給英國統治」。香港居民看到佈告後，立即表示反對英軍的侵略行徑。據記載：「香港紳民以不願為夷，聯名控諸撫院。」[1] 內地愛國官員、鄉紳也行動起來。當時林則徐被革職尚留在廣東，他對英軍侵佔香港島「聞而髮指，勸怡良（廣東巡撫）實奏」。在林則徐的鼓勵下，2 月 11 日，怡良向道光皇帝報告了英國強佔香港島並出偽示的情況。21 日，東莞籍士紳鄧淳在郡學召集會議，擬定呈文說：「偽示橫悖已甚，宜加痛剿。」他們結隊前往督府請願。琦善竟恐嚇說：「款夷出自上意，而諸君未識情形，爭執如是，早晚禍及……。」請願紳士未被壓服，駐防進士朱朝玠等與琦善一直辯論到太陽偏西。[2] 鄧淳等還聯名上書怡良，指出丟失香港的嚴重後患：「倘或聚徒蟻穴，窺近虎門，將水陸大費張羅，斯省會豈能安枕。」他們表達了「白叟黃童，群思敵愾，耕氓販豎，共切同仇」的心情，要求怡良「為國宣猷，為民除害」，「順輿情以撻伐」。怡良等見到呈文後表示「願與該紳士同聽凱歌」。[3] 這場鬥爭造成了反對割讓香港、要求收復香港的強大輿論，是琦善始終不敢與英方簽署割讓香港島的條約的重要原因。

鴉片戰爭期間，中國社會各階層都有收復香港的呼聲。愛國官員裕謙主張招募廣東水勇「攻剿香港」。廣西巡撫梁章鉅也主張，「認真團練鄉勇，以收復香港為首務」。雙目失明的愛國知識份子張杓在〈陳善後事宜〉的呈文中說：「又聞有鄉人願先收復香港，功成後補給口糧者。特無人號召之，匿不肯出。」[4] 1841 年秋冬，英軍北上進犯閩浙期間，參加三元里抗英鬥爭的水勇頭人林福祥上書兩廣總督祁墳，義正詞嚴地宣稱：「夷不可信，和不足恃，香港不可不

1　《平夷錄》，載《鴉片戰爭》（中國近代史資料叢刊），第三冊（上海：上海人民出版社，1962），頁 388。
2　梁廷枏：《夷氛聞記》，載《鴉片戰爭》，第六冊，頁 33。
3　廣東省文史研究館編：《三元里人民抗英鬥爭史料》（北京：中華書局，1978 年修訂本），頁 80 － 81。
4　陳澧：《東塾集》，卷五，頁 6。

復。」他主張趁英軍北上「由香港後路，潛師襲取」，並自告奮勇説：「祥願自率本隊，以當前鋒，少有畏縮，即正軍法，亦無悔焉。」**5** 為了維護自己的利益，清朝政府還是主張收復香港的。可以説當時是舉國上下，同仇敵愾。

1840 年 8 月，英軍打到天津白河口，道光皇帝派琦善到廣東議和，並將林則徐革職。12 月 19 日，琦善奏報英國強索香港島。他指出：「香港亦寬至七八十里，環處眾山之中，可避風濤，如或給予，必致屯兵聚糧，建台設炮，久之必覬覦廣東，流弊不可勝言。」他建議准許英國在廈門、福州通商。道光皇帝批示説：「憤恨之外，無可再諭。」**6**

為了迫使琦善就範，1841 年 1 月 6 日，英軍突然發動進攻。7 日，奪取了大角、沙角炮台。義律趁勢提出五項條件，要求三天之內答覆。條件之一是將沙角割讓，「給為貿易寄寓之所」。沙角在虎門口外，是廣州的第一重門戶，琦善不敢輕易允許，但表示可將義律來文中予給外洋寄居一所的要求，「代為奏懇」。義律接着提出「以尖沙咀洋面所濱之尖沙咀、紅坎即香港等處，代換沙角予給」。15 日，琦善在照會中指出：「尖沙咀與香港，係屬兩處」，要求英方「止擇一處地方寄寓泊船」。次日，義律覆照提出只割佔香港，但照會中將「香港一處」寫為「香港一島」。面對強敵咄咄逼人的壓力，琦善對英方的説法不敢加以駁斥，也不敢馬上應允。20 日，他上奏道光皇帝説，英方願將定海繳還，沙角獻出，他欲代英方懇求，「仿照西洋夷人在澳門寄居之例，准其就粵東外洋之香港地方泊舟寄居」。**7**

英方一面向清政府進行外交勒索，一面派兵於 1 月 26 日正式佔領了香港

---

5 《上祁宮保乞即收復香港書》，載，《鴉片戰爭》，第四冊，頁 602。

6 《琦善奏英人強索香港擬准在廈門福州通商摺》，《籌辦夷務始末》（道光朝），第二冊（北京：中華書局，1964），頁 627 – 630。

7 《琦善奏英人願將定海繳還沙角獻出懇就香港寄居泊舟摺》，《籌辦夷務始末》（道光朝），第二冊，頁 755。

島，30 日，伯麥照會清軍大鵬協副將賴恩爵，橫蠻地宣稱：「照得本國公使大臣義，與欽差大臣爵閣部堂琦，説定諸事，議將香港等處全島地方，讓給英國主掌，已有文據在案。是該島現已歸屬大英國主治下地方，應請貴官速將該島各處所有貴國官兵撤回，四向洋面，不准兵役稍行阻止難為往來商漁人民。」[8]
2 月 1 日，義律和伯麥聯名在香港發佈告示説：「照得本公使大臣奉命為英國善定事宜，現經與欽差大臣爵閣部堂琦議定諸事，將香港等處全島地方，讓給英國寄居主掌，已有文據在案，是爾香港等處居民，現係歸屬大英國主之子民，故自應恭順樂服國主派來之官 …… 倘嗣後有應示事，即有派來官憲，隨時曉諭，責成鄉里長老，轉轄小民，使其從順。毋違。特示。」[9]「有文據在案」即簽訂過條約的意思，但實際上當時並未簽署過任何條約。

琦善未敢將英軍侵佔香港島一事向道光皇帝如實奏報。2 月 1 日，他在奏摺中十分悲觀地列舉「地勢無要可扼」、「軍械無利可恃」、「兵力不固」、「民情不堅」等看法，得出「交鋒實無把握」的結論，並把義律要求進駐香港島和開港貿易的照會作為附件送上。[10] 15 日，道光皇帝在收到耆英的一個奏摺時已明確指出：「香港地方，豈容給與逆夷泊舟寄住，務當極力驅逐，毋為所據。」[11] 次日，他收到琦善的奏摺，十分憤怒，稱琦善的做法為「遺臭萬年之舉」，並革去琦善大學士銜，拔去頂戴花翎，交部嚴加議處。[12]

2 月 11 日，廣東巡撫怡良奏報英國強佔香港島並出偽示，「指稱欽差大臣琦善與之説定讓給」。26 日，道光皇帝聞訊極為憤慨，他發佈上諭説：「朕君臨

8　《鴉片戰爭》，第四冊，頁 239。

9　同上註，頁 239 - 240。

10　《琦善奏義律繳還炮台船隻並力陳不堪作戰情形摺》，《籌辦夷務始末》（道光朝），第二冊，頁774 - 778。

11　《廷寄》，《籌辦夷務始末》（道光朝），第二冊，頁 773 - 774。

12　《琦善奏義律繳還炮台船隻並力陳不堪作戰情形摺》、《上諭》，《籌辦夷務始末》（道光朝），第二冊，頁 779。

天下，尺土一民，莫非國家所有。琦善擅與香港，擅准通商，膽敢乞朕恩施格外，是直代逆乞恩，且伊被人恐嚇，奏報粵省情形，妄稱地利無要可扼，軍械無利可恃，兵力不固，民情不堅：摘舉數端，危言要挾，更不知是何肺腑？如此辜恩誤國，實屬喪盡天良。」他下令將琦善革職鎖拿，押解來京，所有琦善家產，查抄入官。[13]

在英軍佔據大角和沙角炮台以後，道光皇帝任命奕山為靖逆將軍到廣州與英軍作戰。3月6日，他命令奕山等確切查明香港情況，並說：「即使香港並非險要，亦必須設法趕緊收回，斷不准給予該夷，致滋後患。」[14] 此後道光又多次命令攻克香港。奕山在廣州不相信當地的百姓和士兵。他冒險發動夜襲失敗，英軍趁機佔據城郊據點，並炮轟城內。5月27日，奕山被迫與英方訂立《廣州和約》，將軍隊撤至離廣州城六十英里以外的地方，並向英方繳納「贖城費」六百萬元。在這種情況下，收復香港之事自然無法實現。但道光皇帝並未放棄他的想法。直到1842年5月25日，他還命令欽差大臣耆英說：「香港地方，豈容逆夷久據」，如已準備妥當，應該「乘機進取，明攻暗襲，收復香港，以伸國威」。[15]

1842年6月，從印度派來的英國增援船隻百餘艘、陸軍士兵萬餘人陸續抵達中國。英國駐華全權代表砵甸乍再次北上，指揮英軍進犯長江，企圖攻佔南京，控制長江、運河兩大水道，切斷漕運，逼迫清朝當局投降。英軍攻佔上海後，「採用了極端殘酷的手段」攻下長江、運河交匯處的重要城市鎮江，接着長驅西進，於8月4日兵臨南京城下。10日，八十餘艘英國軍艦齊集南京江面。

由於清軍多數將領腐敗、武器裝備落後，無法抵禦英軍的進攻，軍事上節

13《上諭》，《籌辦夷務始末》（道光朝），第二冊，頁805。
14《廷寄》，《籌辦夷務始末》（道光朝），第二冊，頁834。
15《廷寄》，《籌辦夷務始末》（道光朝），第四冊，頁1806－1807。

節失利，道光皇帝決定妥協求和。當雙方還在長江沿岸交戰時，他就密令欽差
大臣耆英、伊里布，按照砵甸乍提出的要求，與英方討論議和問題。英國軍艦
抵達南京長江江面後，耆英、伊里布等於 8 月 14 日奏報：形勢「萬分緊急」，
已答應英方提出的賠款、通商、索要香港作為碼頭等要求。道光皇帝閱後「不
勝憤恨」，但他已別無選擇。18 日他諭令認可了耆英、伊里布等的做法，特別
提到「香港准其賞借」。[16] 說是「賞借」，實際是同意割讓。29 日，中英《南京
條約》簽訂，香港島被割讓給英國。道光皇帝收復香港島的願望終成泡影。

咸豐皇帝就位時，清朝政治更加腐敗，內外交困。不久南方爆發了太平天
國起義。接著，英法聯軍發動了第二次鴉片戰爭。1858 年 3 月 7 日，咸豐皇帝
曾密令欽差大臣黃宗漢借助民力，趁英法聯軍赴廣州之機，「搗其香港巢穴」。[17]
但清政府在戰爭中節節失利。同年 5 月，大沽炮台失守。6 月，清政府被迫與
俄、美、英、法簽訂《天津條約》。1860 年，英法聯軍攻佔大沽炮台，進攻北
京，咸豐皇帝逃往熱河，命令恭親王奕訢議和，與英國簽訂中英《北京條約》，
將九龍割讓給英國。

二、辛亥革命後到太平洋戰爭前的嘗試

辛亥革命以後，中國人民和中國政府並未放棄收回香港的要求，並為此做
了不懈的努力。

早在 1919 年的巴黎和會上，中國代表曾根據北京政府的訓令，向和會提
出〈希望條件說帖〉，在歸還租借地的要求中，明確地提到了新界。[18] 聽說中國

---

16 《廷寄》，《籌辦夷務始末》（道光朝），第五冊，頁 2263。

17 《軍機大臣寄欽差大臣黃宗漢著速馳粵密籌攻城並借民力搗襲香港上諭》，見《第二次鴉片戰爭》
（中國近代史資料叢刊），第三冊（上海：上海人民出版社，1978），頁 180。

18 天津市歷史博物館編：《秘笈錄存》（北京：中國社會科學出版社，1984），頁 171－172（文中
稱新界為「九龍拓界及香港附近之地面、海面」）。

要求收回租借地，英國官員頓時緊張起來。駐華公使朱爾典（J. N. Jordan）在
北京草擬了使租借地「中立化」或「國際化」的計劃，以此作為對策。英國殖
民地部和外交部聯合反對讓出新界。不過他們只是虛驚一場，和會被英、法兩
個第一次世界大戰的主要戰勝國把持，它們根本不願放棄在中國的既得利益
（包括租借地）。5 月 14 日，和會主席、法國總理克利孟梭（Georges Benjamin
Clemenceau）代表和會最高會議，藉口這項提案「不在和會許可權範圍之內」，
建議今後「由國際聯盟理事會去加以考慮」，[19] 輕易地否決了中國這一正當要求。

　　1921－1922 年，列強為重建戰後遠東和太平洋地區的均勢，舉行了限制海
軍軍備、解決遠東和太平洋問題的華盛頓會議。中國代表於 1921 年 12 月 3 日
在會議上重新提出了廢止各國在華租借地的議案。顧維鈞在議案中歷數了列強
在華租借地破壞中國領土及行政完整、危及中國國防、將中國牽入列強利益衝
突漩渦、被列強利用來建立自己的勢力範圍等事實，要求「將此前租借地取消
或從速廢止之」。[20] 當時正值戰後世界民族解放運動高漲時期。五四運動以後，
中國民眾反帝愛國、「外爭國權」的鬥爭方興未艾。這股強大的世界潮流猛烈地
衝擊着華盛頓會議，迫使與會列強不得不考慮放棄某些在華特權。另一方面，
美、英、法、日等國在遠東太平洋地區存在着尖銳的利益衝突，尤其是美國力
圖阻遏日本咄咄逼人的擴張勢頭，以擴大它在這一地區的勢力和影響。以上兩
個因素使得中國在華盛頓會議上的處境較之在巴黎和會上略有好轉。但在討論
廢除列強在華租借地時，卻遭到日本和英國的頑固抵制。當時英法兩國在歐洲
矛盾尖銳，為了對付英國，法國代表率先表示「法國準備附和各國在華租借地
之共同歸還」，迫使英、日兩國不得不放棄威海衛和膠州灣租借地。關於「九

19　See Minute by Ronald Macleay on the Chinese Memorandum of April 1919, F.O. 608/209, pp.
　　321-322; Robert T. Pollard, *China's Foreign Relations, 1917-1931* (New York: Macmillan, 1933),
　　pp.73-75；錢亦石：《中國外交史》（上海：生活書店，1947），頁 156。

20　周守一：《華盛頓會議小史》（上海：中華書局，1934），頁 274。

龍租借地」（香港新界），早在會議以前，英國外交大臣寇松（George Nathaniel Curzon）和殖民地大臣邱吉爾（Winston Churchill）均力主拒絕歸還中國。[21] 在 12 月 3 日的會議上，英國代表、老牌殖民主義者、綽號「血腥人物」的貝爾福（Arthur Balfour）編造出種種「理由」，拒絕放棄新界。他說道：「沒有這個租借地，香港將完全不能自衛」，「租得九龍拓展地除了使香港港口安全外，別無其他任何原因。」「如果發生任何可能動搖使用該開放性大港的國家對該港的信心的事情，那將是巨大的不幸。」[22] 7 日，顧維鈞在會議的遠東委員會上，據理駁斥了貝爾福的上述發言，但貝爾福對此置若罔聞，日本代表緘口不言，美國代表也持完全旁觀的態度。此後，華盛頓會議沒有再討論新界問題。中國政府收回新界租借地的努力終因英國的頑拒和當時國內軍閥混戰、政局不穩和缺乏實力作為外交的後盾而遭到嚴重的挫折。

華盛頓會議以後，中國人民繼續為廢除不平等條約、收回租界和租借地而奮鬥。1924 年 1 月，孫中山在中國共產黨的支持和幫助下主持召開了中國國民黨第一次全國代表大會。23 日，大會通過宣言，明確闡述了廢除帝國主義強加給中國的一切不平等條約的主張。宣言寫道：「一切不平等條約，如外人租借地、領事裁判權、外人管理關稅權以及外人在中國境內行使一切政治權力分割中國主權者，皆當取消，重訂雙方平等互尊主權之條約。」[23]

以蔣介石為首的南京國民政府成立後，雖然對帝國主義，尤其是英、美有很大的依賴性，但是為了鞏固自身的地位，也不得不考慮廣大民眾爭取民族獨立和自由平等的願望。遵循孫中山先生遺願，南京國民政府提出了「修改不平

21 英國殖民地部檔案 C.O.537/747；英國外交部檔案 F.O.371/6645。

22 R. Butler & J.P.T. Bury ed., *Documents on British Foreign Policy, 1919-1939*, first series, Vol. XIV (London: H.M.S.O., 1966), pp. 330-331；英國內閣檔案 Cab.30/14，頁 108 − 110；並參見周守一前引書，頁 275 − 276。

23 《中國國民黨歷次代表大會及中央全會資料》，上冊（北京：光明日報出版社，1986），頁 11。

等條約」的外交方針，並不止一次向列強提出廢除租界、租借地等要求。但這一修約活動，除了在關稅自主上取得一些成功、收回了幾處租界和根據英國在華盛頓會議上的許諾收回了威海衛租借地外，其餘收效甚微。

關於收回新界，直到太平洋戰爭爆發以前，國民政府沒有再向英國正式提出過。英國政府對此事則採取了故意迴避、密求對策的方針。

從 1925 年到 1930 年，香港總督金文泰（Cecil Clementi）曾多次建議盡快兼併新界租借地，辦法是或以之作為事實上交還威海衛的交換物，或是故意挑起與中國的爭端來製造兼併的機會。但是英國駐華公使藍普森（Miles Lampson）卻認為金文泰的建議「只能增強說我們是帝國主義的指控，而這種指控卻是我當做沒有根據，在竭力加以壓制的」。[24] 英國外交部同意他的意見，主張對新界租借地問題採取完全沉默和迴避的方針。[25]

繼金文泰為港督的貝璐（William Peel）以及第二十任港督羅富國（Geoffry Northcote）也認為，保留新界租借地對香港十分必要。前者以貿易、居住地、供水、政府建築計劃、軍事等需要為理由，來論證他的主張；後者甚至乘人之危，於 1938 年提出，中國在抗戰中急需外國貸款來支持它的貨幣，不妨利用這個機會，用貸款來換取它割讓新界或延長它的租期。[26] 但是，這個一廂情願的希望由於日本佔領廣州而化為泡影。如所周知，英國由於一些年來執行綏靖、討好、縱容日本的政策而引狼入室，導致了太平洋戰爭和日本對整個香港地區的佔領。正如史維理（Peter Wesley–Smith）所說：「在這個時期，幾乎可以說，對香港……的較大威脅與其說是來自中國人，毋寧說是來自英國外交部。」[27]

24　英國外交部檔案 F.O.371/12399, p. 134。

25　Peter Wesley-Smith, *Unequal Treaty, China, Great Britain and Hong Kong's New Territories* (Hong Kong: Oxford University Press, 1980), pp. 156-157.

26　同上註，頁 159 － 160。

27　同上註。

三、1942 年中英關於歸還新界的談判

1941 年底，太平洋戰爭爆發，日本侵略軍進攻香港。是時英國忙於歐洲戰事及保衛本土，在香港抵抗不力，十八日即棄甲曳兵而走。同年聖誕日，港督楊慕琦（Mark Young）豎起白旗，向日軍統帥簽字投降，英國對香港的百年統治由日本取而代之。香港淪陷後，英國在遠東和東南亞的殖民體系迅速土崩瓦解。到 1942 年 6 月初，英軍已先後退出馬來亞、新加坡、緬甸等地，日軍陳兵印緬邊境，形成直叩印度大門之勢。英國在香港和東南亞的大潰退，標誌着第一次世界大戰後列強通過華盛頓會議建立起來的遠東國際均勢已徹底破壞，並使中、美、英成為共同反對日本侵略的盟邦。這一形勢迫使英國不得不考慮廢除某些對華不平等條約的問題。

與此同時，中國由於堅持抗戰，在反法西斯戰爭中做出了巨大貢獻，國際地位有所提高，於 1942 年 1 月參與簽訂華盛頓二十六國反侵略共同宣言，開始列為「四強」之一。在這個時期，廣大民眾關於廢除不平等條約的呼聲日益高漲，並得到國際輿論的有力支持。以羅斯福（Franklin Delano Roosevelt）為首的美國政府，面臨在歐、亞兩線作戰的局面，深知中國戰場對牽制日本有很大作用，為了能使中國更好地對日作戰，同時為了填補戰後英國在遠東可能留下的真空，也開始攻擊英國在中國保留殖民體制、不取消治外法權、不將香港歸還中國等做法。

1942 年初夏，英國外交部遠東司司長克拉克（Ashley Clarke，一譯格善理）訪美同美國國務院討論遠東問題。在此次討論中，美國明確主張戰後對殖民地應做重新安排。克拉克在給外交大臣艾登（Anthony Eden）的報告中寫道：「如果同盟國勝利以後，結果僅僅是恢復香港、馬來亞、緬甸、印度和荷屬東印度群島的原狀」，美國就會覺得自己「上當受騙」，如果中國要求歸還香港，美

國「肯定會給予支持」。[28] 美國的態度對英國無疑是一個強大的壓力,對中國國民政府是一個巨大的鼓舞,並促使後者及時採取行動。

中國當局的政策是先與美國達成共識,向英國施加壓力,迫使其在香港等問題上讓步。早在 1941 年 4 月,中國駐英大使郭泰祺調任外交部長時,國民政府即指示他於取道美國回國途中,與美國政府交涉廢除不平等條約另訂平等新約的問題。美國國務卿赫爾(Cordell Hull)在會談中表示「甚為贊同」「中方建議」,稱美國「極願中國完全恢復主權」。[29] 6 月 11 日,英國外交部不得已而發表聲明稱:英國打算戰後放棄在華治外法權等利權。8 月底美國向英國提出共同發表一項闡明兩國對其太平洋領地之間相互關係的聯合聲明,進一步對英國施加壓力,[30] 在此情況下,國民政府遂正式要求美國立即與中國舉行廢除不平等條約的談判,希望美國在此問題上能起帶頭作用。英國外交部聞知此事後,慌了手足,於 9 月 15 日指示其新任駐華大使薛穆(Horace Seymour)在廢除治外法權問題上「爭取主動」,[31] 以免被美國拋在後面。10 月 9 日,美國國務院正式通知中國外交部長宋子文及駐美大使魏道明,表示美國願立即與中國談判廢除不平等條約的辦法。次日,美、英政府分別發表聲明,準備與中國政府談判「立即放棄在華治外法權及解決有關問題之草約」。[32] 中美、中英關於放棄在華治外法權、訂立新約的談判隨即開始。國民政府正是在與英國談判取消治外法權等不平等權利之際,乘勢提出歸還新界的要求。這本是順理成章的事。

在敘述中英關於香港問題的交涉過程之前,有必要就戰時英國對香港的政

---

28 英國外交部檔案 F.O. 371/31884。

29 秦孝儀主編:《中華民國重要史料初編——對日抗戰時期》,第三編《戰時外交》,第三冊(台北:中國國民黨中央委員會黨史委員會,1981),頁 708。

30 英國外交部檔案 F.O. 371/31526。

31 Llewellyn Woodward, *British Foreign Policy in the Second World War*, vol. 4 (London: H.M.S.O., 1975), p. 510.

32 《中華民國重要史料初編——對日抗戰時期》,第三編《戰時外交》,第三冊,頁 712–713、751。

策略加分析。

顧維鈞在他的《回憶錄》中寫道，作為駐英大使，他於中英談判前即受命「研究並試探英國對香港問題的態度」，向英方指出「香港是中國政府渴望盡快解決的問題之一」。為此他會見了英國首相邱吉爾和外交大臣艾登，得出了英國「打算把香港全部還給中國」的結論：「我跟邱吉爾長談過幾次，他說他不反對歸還香港，不過目前時機還不成熟，要等到戰後再說；他說英國希望有條不紊地交還。」[33]

邱吉爾果真同意戰後歸還香港嗎？這是直接關係到 1942 年中英談判的過程和結局的重要問題，有必要弄清歷史真相。

筆者為此在倫敦英國公共檔案局查閱了英國外交部（F.O.）、殖民地部（C.O.）、內閣（Cab.）、首相府（Prem.）的有關案卷，絲毫找不到顧氏上述說法的依據。毋寧說，我們得出的結論恰恰相反。請看英國首相府檔案中一份題為《英國首相與中國大使談話紀要》（1942 年 6 月 3 日）的文件，其中一個字也沒有涉及香港，值得引述的有下面一段話：「現在中國在日本的壓力下首當其衝。但是隨着日本的戰敗，所有日本佔領的中國領土均將歸還中國，正如歐洲所有受德國蹂躪的地方均將交還其本國人民一樣。」[34] 人們不禁要問，既云會談香港問題，何以在《談話紀要》中對香港隻字不提？這恰恰說明邱吉爾拒絕就戰後歸還香港一事作出承諾，而訴諸上述伊索寓言式的泛泛之詞。

顧維鈞身為外交元老，閱歷十分豐富，他的《回憶錄》無疑具有重大價值。其中有關戰時英國對香港政策的記載，雖然查無實據，恐亦事出有因，導致他的記憶失真。如上所述，1942 年是英國繼香港淪陷後在東南亞大潰退的一年。當時英國政界一些人面對中、美兩國和世界輿論的壓力，曾對戰後英國能

33 《顧維鈞回憶錄》，第五分冊（北京：中華書局，1987），頁 15 − 17。

34 英國首相府檔案 PREM. 45/4。

否保持住香港發生過懷疑。所謂戰後「有條件地」歸還香港的主張因而出籠。英國外交部遠東司官員布雷南（John Brenan）認為，要在香港保持英國的戰前地位是很難的，比較明智的辦法是使「美國在感情上能夠接受」，即在香港實行一種「聯合託管制度」，由美國保證英國在該地獲得原料並參與其貿易和發展。為此，英國可以「犧牲一些主權」。[35] 遠東司司長克拉克、北美司官員巴特勒（N. Butler）、經濟重建司官員吉布（G. Jebb），以及長期駐華擔任領事的蒲納德（John Pratt）等人均支持他的主張。[36] 1942 年 8 月 18 日，英國殖民地部大臣克蘭伯恩（Cranborne）在研究香港的未來「設計」後，代表該部將一份備忘錄送與外交大臣艾登，主張英國承認中國為與其平等的大國，戰後「準備和中國政府一起考慮香港的前途問題」；英國「並不認為保留英國在該殖民地的主權是在討論範圍之外」，它承認「香港在地理上屬於中國不可分割的一部分」，同時說道：「其他盟國」（暗指美國）也應對香港「做出同樣的貢獻」。[37]

以上事實說明，當時英國政界確有不少人主張戰後「有條件地歸還香港」。顧維鈞在《回憶錄》中說他會見過英國政府的一些官員，他很可能將類似的議論誤記為英國政府的意見了。其實，「有條件地歸還香港」之類的主張僅僅是當時英國政界關於香港未來地位的一種設想，從未形成過政府決定。而邱吉爾、艾登等決策人物則是一貫堅決反對歸還香港的，這可以在隨後的談判過程中明顯地看出來。

自 1942 年 10 月 10 日英、美兩國分別發表聲明，準備與中國政府立即談判放棄在華治外法權及解決有關問題的條約後，10 月 24 日，美國政府向中國駐美大使魏道明提出中美關係條約的美方草案。接着，英國駐華大使薛穆將英方草案送交中國政府。中美、中英之間的談判旋即開始。中英談判在重慶舉行，

---

35 英國外交部檔案 F.O. 371/31801。
36 英國外交部檔案 F.O. 371/31777。
37 英國外交部檔案 F.O. 371/31777。

由宋子文、薛穆分別代表兩國政府。英方草案的主要內容是：廢除在華治外法權；終止 1901 年辛丑和約；將上海、廈門的國際租界交還中國管理；將廣州、天津的英租界交還中國；保護英國現有在華不動產產權；給與英人以貿易國民待遇等等。這些因不屬於本文討論範圍，茲不具述。值得注意的是，英方明知中國至為關心收回香港（至少是新界）的問題，卻在其草案中隻字不提，這說明它根本就不打算歸還香港。早在中英談判正式開始以前，英國議會外務次官 R. K. 勞（R. K. Lau）在回答議員關於正在考慮的對華條約「是否包括將香港交還中國」的質詢時說，此約「僅僅和放棄治外法權有關」，並明確表示：「香港是英國領土」。[38] 談判開始以後，首相邱吉爾更於 11 月 10 日親自出馬，針對香港問題發表演說稱：「我當國王的首席大臣並不是為了主持清算大英帝國」，[39] 語氣極為強硬。

11 月 13 日，中國政府就英方草案提出一份《修訂草案》，其中加上了廢止 1898 年 6 月 9 日在北京簽訂的中英《展拓香港界址專條》的內容：「英方在九龍租借地之行政與管理權，連同其官有資產與官有債務，應移交中華民國政府」。[40] 應該說，這裏僅提出歸還新界，未提出歸還整個香港地區，是相當克制的。是時重慶輿論激昂，反對任何外國繼續佔有中國領土。美國公眾意見也對此寄予同情，認為「中國是西方帝國主義的無辜犧牲品」。[41] 形勢顯然對中國有利。

當英國外交部收到中方的《修訂草案》後，遠東司司長克拉克首先提出三個可供選擇的方案：一、接受要求；二、斷然拒絕；三、盡量拖延。他認為

38　英國外交部檔案 F.O. 371/31659。

39　英國外交部檔案 F.O. 371/31663。

40　《中華民國重要史料初編——對日抗戰時期》，第三編《戰時外交》，第三冊，頁 758、761、765；英國外交部檔案 F.O. 371/31662。

41　Llewellyn Woodward, *British Foreign Policy in the Second World War*, vol. 4, p. 512.

第一個方案不可行，因為新界在經濟和戰略上對香港均至為重要；第二個方案也不可行，這會引起美國的非議，更何況美國正在同中國進行類似的交涉。因此，他認為應該選擇第三個方案、不妨考慮同年 8 月 18 日殖民地部備忘錄所提出的戰後「有條件地歸還香港」的設想，該項備忘錄並沒有作出戰後一定歸還香港的保證，可以用來盡量拖延新界問題的解決。[42] 對於這位司長的主張，外交大臣艾登認為既不堅決又不明朗，會留下麻煩，夜長夢多，竭力表示反對。他傾向於採用第二個方案，即提出新界不屬於本條約討論範圍，斷然拒絕歸還。[43] 11 月 30 日，艾登在英國戰時內閣會議上正式建議「拒絕放棄我們在九龍（指新界）的地位」。會議在邱吉爾主持下作出的正式決定（「戰時內閣 162（42）號決議」）稱：「戰時內閣贊同（艾登）所建議的方針」。[44] 英國對新界的政策因此確定。

12 月 5 日，宋子文向薛穆重申中國堅決要求歸還新界的立場，薛穆以「尚未奉到政府訓令」支吾其詞。[45] 同日，他從艾登處接到 11 月 30 日英國內閣會議決議的電文，遂於不久後通知宋：英國不準備同中國討論新界問題；宋子文爭辯道，既然中英新約預定取消在華租界，而租借地與租界本屬同一範疇，新界問題理應在談判之列。此項條約如不解決新界問題，將難以消除中英間之誤解。蔣介石此時亦堅決表示，中英新約如果不包括收回新界，他就不同意簽字。[46]

12 月 14 日，宋子文囑一向親英的國民黨要員杭立武將蔣介石的態度轉告薛穆。英方再次拒絕考慮中方的正當要求。[47] 談判陷於僵局。

42　英國外交部檔案 F.O. 371/31662。
43　英國外交部檔案 F.O. 371/31662。
44　英國內閣檔案 CAB. 65/28。
45　《中華民國重要史料初編——對日抗戰時期》，第三編《戰時外交》，第三冊，頁 770。
46　《顧維鈞回憶錄》，第五分冊，頁 16。
47　英國外交部檔案 F.O. 371/31664 。

恰在此時，駐英大使顧維鈞為協助政府接待英國議會訪華團返回重慶。宋子文是時見關於新界的交涉毫無進展，已經準備放棄原則，對英國讓步，但又不敢對蔣介石直言。於是他將談判情況告訴顧維鈞，託他從側面說服蔣介石，不要再堅持把歸還新界的內容寫進條約。顧維鈞受託前往，對蔣說，中英新約是英國出於「友好」，「首先採取行動同我們磋商的」；他「明白委員長的意思，該送來的禮物應當一次送來，可是英國願意分兩次送」，「依我看還是先收下這第一份禮為宜，可以在收禮的同時暗示我們在等待着第二份禮的到來，這樣可以不致引起什麼誤解」；而且，戰時盟國間的「團結一致」「極為重要」。[48] 顧維鈞的勸說對蔣介石起了一定的作用。杭立武則根據宋子文的意見，建議中國政府向英國提出一項聲明，承認新界問題與治外法權談判無關，但中國希望今後在適當時機再提出此項問題。[49]

這時中美條約的談判已經基本談妥，美方力促中國政府安排在 1943 年元旦簽字。中方將此事通報薛穆，希望中英條約於同一天簽字。英國深怕讓美國人捷足先登，12 月 21 日，邱吉爾再次主持召開戰時內閣會議。會議聲稱，新界「租借地不屬於本條約的範圍」，「為了不致拖延條約的簽字……我們應該聲明我們準備於取得戰爭勝利後討論該租借地的前途問題」。等到戰後再討論的理由是：一、英國把一些軍事基地租給了美國，新界為「保衛香港所必需」，二者情形相似；二、新界對英國的價值不僅限於防務方面，還有供水、機場等方面，而且市區及船塢已由港島擴展至大陸；三、邱吉爾認為現時不能考慮領土調整問題，此等事應在今後的和平會議上再考慮，這個原則同樣適用於新界，這是英國一貫堅持的路線。在會議上，飛機生產大臣建議應將戰爭勝利後「討論新界租借地的前途問題」改為可以「重新考慮」新界的「租期」問題。

48 《顧維鈞回憶錄》，第五分冊，頁 16－18。
49 英國外交部檔案 F.O. 371/31664。

會議最後通過戰時內閣 171〔42〕號決議：按照飛機生產大臣提出的方針答覆中國政府。[50] 即是說，英國政府堅持強硬方針，連戰後「討論新界的前途問題」也不作出明確保證，只答應戰後「重新考慮」這塊租借地的「租期」問題。到底如何「重新考慮」呢？「租期」到底需要「重新考慮」多久？並無下文。這幾乎等於沒有對中國作出任何承諾。

12 月 24 日，薛穆將英方戰時內閣第 171〔42〕號決議的立場通知中國政府。英國這種堅持殖民主義的僵硬態度已將中方逼到懸崖邊緣，無可再退，就連主張妥協退讓的宋子文對此也十分不滿。他和顧維鈞曾先後兩次要求英方發表一項表示今後歸還新界意向的聲明，為此中方在戰爭結束以前決不催促英國歸還新界，同時着重宣佈：英方如果連這樣的意向也不表示，中國將不在條約上簽字。[51]

說來事情也湊巧，就在英國戰時內閣作出只同意戰後重新考慮新界租期問題決議的當天（12 月 21 日），日本御前會議通過了《為完成大東亞戰爭而決定處理中國問題的根本方針》，表示日本將「設法盡速撤銷」在華租界及治外法權等，「以示中日親善」。日本此舉意在趁中美、中英談判訂立新約之時搶先一步，以挑撥盟國間的關係，攪亂人心。一個正肆意踐踏中國領土、血腥屠殺中國人民的侵略者，竟然搖身一變而侈談「中日親善」。這個「親善」是什麼東西，價值幾何，不言自明。然而日本企圖搶先與汪偽政府訂約，卻使英國處於十分尷尬被動的境地。12 月 28 日，英國戰時內閣再一次召開會議研究這個問題，態度略有鬆動。這次會議通過的 173〔42〕號決議，同意艾登的意見，一方面堅持英國對中國「已經作出的答覆」，同時將原答覆中戰後「重新考慮新界的租期問題」這句話中的「租期」二字刪去。[52]

50　英國內閣檔案 CAB. 65/28。

51　英國外交部檔案 F.O. 371/31665。

52　英國內閣檔案 CAB. 65/28。

12 月 30 日，薛穆根據兩天前英國戰時內閣的決議照會宋子文稱：英國堅持既定方針，但可將 12 月 24 日答覆中的「租期」二字刪去。英國作此「讓步」以後，決不再讓，否則就「拒絕簽訂新約」。[53] 蔣介石在英國要麼接受、要麼談判完全破裂的威脅下，終於被迫讓步。他在 1942 年 12 月 31 日的日記及「本月反省錄」中流露出一種無可奈何的心情，說「對英外交，頗費心神」，「九龍（新界）交還問題英堅不願在新約內同時解決」，他只得「暫忍之」，同意在中英新約上簽字。他還寫道，「待我簽字以後，另由書面對彼說明，交還九龍（新界）問題暫作保留，以待將來繼續談判，為日後交涉之根據」。[54] 同一天，國民政府正式表示不將新界問題與取消治外法權合併提出，[55] 從而對英國作了根本性的讓步。

1943 年 1 月 11 日，《關於取消英國在華治外法權及其有關特權條約》在重慶簽字，其中沒有涉及新界的任何內容。同一天，中國外交部長宋子文照會英國駐華大使薛穆，嚴正聲明中國政府對新界租借地「保留日後提出討論之權」。[56] 戰時中英關於新界租借地問題的交涉，至此以中國的失敗而告終。

1942 年是中國廢除列強在華特權和不平等條約的大好時機。不能否認，以蔣介石為首的國民政府，雖有依賴美、英的一面，但畢竟沒有放棄孫中山的「民族主義」與「廢除不平等條約」的主張，當時確想乘機收回盡可能多的有損中國主權的外人在華利權。通過 1943 年 1 月 11 日簽訂的中英新約，中國廢除了英國在華治外法權及 1901 年的辛丑和約，收回了北平使館界及上海、廈門公共租界，取消了英國在華沿海貿易特權及內河航行權等等。這件事發生在英國用炮艦打開中國大門，逼簽中英《南京條約》，中國開始淪為半殖民地一百

---

53 《蔣總統秘錄》，第十五冊（台北：中央日報社，1977），頁 42。

54 同上註。

55 英國外交部檔案 F.O. 371/31665。

56 《中華民國重要史料初編——對日抗戰時期》，第三編《戰時外交》，第三冊，頁 781。

周年之際，不能不說是歷史的巧合。這是中華民族廢除不平等條約鬥爭史上的一件大事。這個成就的取得，首先應當歸功於正與日寇浴血奮戰的中國人民，當然，同國際輿論的支持和國民政府的努力也是分不開的。

　　然而應該指出，此次交涉中未能達到收回新界租借地的目標，確是一大缺陷。國民政府在中美、中英新約簽訂後第二天發表的文告中，宣佈中國自此已獲得與各國「齊驅並進」的「完全獨立平等自由之地位」[57] 未免言過其實。此次中國未能收回新界租借地，當然和英國堅持殖民主義立場有重大關係。英國當時同意在中英新約中放棄一些在華特權，與其說是出於尊重中國盟友的民族平等，毋寧說是更加考慮美國對此事的態度。與此同時，民族解放的國際浪潮以及英國在遠東的被動處境，也驅使它不得不對中國做出某些姿態；另一方面，未能收回新界也和國民政府爭取不力，態度軟弱有直接的關係。如上所述，當時收回新界，得天時地利，又有絕好的國際環境，如能堅持原則，據理力爭，即使英國頑固不讓，也不妨拒簽新約，以待來日。即使如此，英國亦無法責難中國不重視盟國團結。相反，英國作為中國盟國，抓住在華租借地這種特權不放，倒是有害於盟國團結的。故條約不成，失理仍在英方。觀乎世界潮流、即使新約暫時不訂，英國在反法西斯戰爭勝利後，豈能長期保持其在華特權？宋子文作為中方代表，不能洞察世界大勢，目光短淺，心理軟弱，當英方拒絕將新界問題納入中英新約時，他就準備妥協，甚至動員顧維鈞去勸說蔣介石讓步。其結果是，中國愈退，英國愈進，終於造成中方有理而受挫，英方無理而致勝的局面。對此，宋子文難辭其咎。

　　至於蔣介石，他恐怕是堅持將新界問題納入中英新約的最後一人。直到1942 年 12 月 29 日，他還在「本周反省錄」中寫道，英國不願放棄在新界和

57　國民政府令，1943 年 1 月 12 日，《中華民國國民政府公報》，第 175 冊。

西藏的特權,「然余決促其同時撤銷也」。⁵⁸ 可是剛過兩天,他就向英國作了讓步。他在 12 月 31 日的月記中記載了在新界問題上對英國讓步的事實,但又自我寬解道,如果英國堅持不歸還新界,「一俟戰後,用軍事力量由日軍手中取回,則彼雖狡猾,亦必無可如何」。⁵⁹ 這說明蔣介石本人也沒有堅持到底,最終還是對英國委曲求全。如所周知,1945 年 8 月日本無條件投降後,蔣介石並沒有履行他對自己立下的誓言「用軍事力量由日軍手中取回」新界,甚至連收回新界的問題也沒有向英國提出,更不用說收回整個香港地區。相反,包括新界在內的整個香港地區倒是被英國重新佔領了。不僅如此,蔣介石作為同盟國中國戰區的最高統帥,本有權接受香港日軍的投降(香港屬於中國戰區)。可是,最後連這個受降權事實上也被英國人奪去。⁶⁰ 這是對中國作為名義上的「四強」之一的大國地位的莫大諷刺,也是舊中國的歷史悲哀。直到數十年後的 1984 年,中英簽訂《關於香港問題的聯合聲明》,這個問題才算得到最終解決。

原載《歷史研究》1997 年第 3 期,與劉存寬老師合撰。

---

58 《蔣總統秘錄》,第十三冊,頁 41。

59 同上註,頁 42。

60 參看劉存寬:〈英國重佔香港與中英受降之爭〉,《抗日戰爭研究》,1992 年第 2 期。

英國對香港的政策與中國的態度
（1948－1952）

　　1949 年 10 月 1 日中華人民共和國的建立，使英國政府在香港問題上面臨着一個空前強大的中國政府，它當時對中國收復香港地區的擔憂超過以往任何時候。本文依據歷史檔案，着重考察中華人民共和國成立前後數年間英國政府制訂並實施其對港政策的情況，分析當時英國政府在香港問題上的策略和故做強硬姿態的原因，並對當時香港社會為何能夠保持相對的平靜和穩定提出自己的看法。

一、英國政府對香港地位的憂慮

　　香港地區是英國在十九世紀通過三個不平等條約逐步侵佔的中國領土。英國在香港擁有巨大的商業利益。據英國殖民地大臣鍾斯（A. C. Jones）1949 年 5 月估計，英國在香港的投資總額大約為 1.56 億英鎊。[1] 1949 年 7 月，香港總督葛量洪（A. Grantham）在一本小冊子中寫道：「1947 年單這個城市的海外貿易總額就達 1.75 億英鎊，超過中國、日本和新西蘭的海外貿易總額，超過馬來亞與菲律賓海外貿易總額的一半。在 1948 年又上升為 2.28 億英鎊。」「香港是世界上最大的轉口貿易中心之一，其 40% 的貿易額是同中國進行的，它是我們的商

1　《殖民地大臣關於香港的備忘錄》，1949 年 5 月 23 日，英國內閣檔案 CAB129/35，C.P.(49)120。

品運往中國內地巨大的潛在市場的主要通道。」「香港成為英國商品在東方華麗的櫥窗。美國和蘇聯都不可能有這種離開本土數千英里的櫥窗。英國可以充分利用這種獨一無二的優勢增加其商品出口。」[2] 此外，香港還是英國在遠東的一個政治中心和軍事基地。

　　進入二十世紀，特別是第二次世界大戰以後，隨着世界反殖民主義鬥爭日益高漲，如何繼續維持英國在香港的殖民統治，遂漸成為使英國政府大傷腦筋的難題。1948 年年末，中國共產黨領導的人民革命在全國範圍取得最後勝利的趨勢已十分明朗，英國政府對香港未來地位的擔憂也就日甚一日。

　　1948 年 12 月 9 日，英國外交大臣貝文（Ernest Bevin）向內閣提交備忘錄，對中國國內局勢提出了自己的判斷和對策，並談到與此相關的香港前途問題。貝文指出：「目前共產黨人實際上已控制了中國北部，他們統治中國只是個時間問題。」「美國是唯一能夠提供財力、物力和兵力在華對中共採取反擊行動的強國。看來它未必會採取行動；即使採取了，也未必奏效。」貝文認為中共將會採取正統的共產主義政策，但對同中共領導的新政權進行貿易活動仍抱很大希望。他在備忘錄的附件中說：「在共產黨統治之下，英鎊區與中國的貿易不會停止。」「在提供對我們有價值的產品用以購買英國出口商品方面，一個穩定的共產黨行政機構可能會比現政權做更多的事情。」貝文在附件中還提出了對香港前途的預測。一方面，他認為：利用香港這個貨物集散地的有利條件，維持或創造有形貿易的平衡，是中國新政府一個極其重要的支柱。在一定時期內，不會出現對香港經濟繁榮的破壞。「如果共產黨人統治了全中國，出於他們自己的原因，他們可能願意暫時使香港繼續成為英國操心的對象。」另一方面，他又憂心忡忡地說：「香港殖民地可能繼續存在下去，但是可能會生活在火山口上。」「如果共產黨人要求將香港歸還中國，他們會採用除戰爭以

2　葛量洪：《保衛香港是為了什麼？——香港政府給英國援軍的信》，頁 28 – 30。

外的各種方法挖香港的牆腳。」「如果共產黨人選擇在經濟戰線對香港進行冷戰，他們可能能夠通過煽動罷工，在某種程度上使香港殖民地的經濟暫時癱瘓。」他的結論是：「如果整個中國都由共產黨人統治，香港能否繼續作為英國的殖民地，取決於共產黨人是否感到一個組織和運作良好的英國港口有利於他們與外部世界的貿易。」[3] 貝文的看法反映出英國高級官員無法把握香港前途的矛盾心態：一方面認為中國新政府出於自己的原因，有可能維持香港現狀不變；一方面又特別擔心中國會使用戰爭以外的手段收復香港。這種心態在很長的時間內影響着英國對港政策的制訂。

中國國內形勢的急劇變化使英國朝野對英國在香港的地位感到擔憂。1948年 12 月 10 日，外交部副大臣梅休（Mayhew）在下議院回答保守黨領袖邱吉爾（W. S. Churchill）的質詢時，發表聲明説：「我只想説明英國政府有意保持它在香港的地位。」「在這令人煩惱的局勢下，香港作為一個穩定的中心，其價值和重要性將超過以往任何時候。」[4] 但他沒有具體談及如何保持英國在香港的地位。

1948 年 12 月 13 日，英國內閣對中國國內形勢的發展進行戰後首次討論，表示贊同貝文提出的在中國「保留立足點」（Keep a foot in the door）的政策，並且指出：「中國形勢的發展會使香港和馬來亞殖民政府承受的壓力愈來愈大，應該採取一切必要的步驟增強和支持當地的行政機構。」[5] 此後，英國內閣曾多次開會討論香港問題。

3　《外交大臣關於目前中國內戰形勢的發展的備忘錄》，1948 年 12 月 9 日，英國內閣檔案 CAB129/31, C.P.(48) 299。

4　《殖民地大臣致香港總督函》，1949 年 1 月 1 日，英國外交部檔案 F.O.371/75839。

5　英國內閣檔案 CAB128/13, C.M.80(48)，1948 年 12 月 13 日。

二、虛張聲勢的防衛安排

為了保持英國在香港的統治地位，英國政府多次修訂香港防衛計劃，從有限的兵力中抽出三個旅增援香港駐軍，企圖起到所謂「阻嚇」作用。

1949 年 1 月，英國外交大臣、殖民地大臣和國防大臣根據內閣的決定，聯合擬定了絕密文件《香港緊急防衛計劃》。根據英軍遠東總司令的估計，他們提出：為了應付可能出現的緊急狀況，香港需要四個步兵營、一個皇家炮兵野戰團、一個海岸與防空兩用重炮團和一個在需要時能立即增援的後備旅。他們還強調需要建立一支輔助警察部隊，「雖然警察中的華人受過充分的軍事訓練，但在預想的緊急狀態下，不能認為他們是完全可靠的」，「除少數歐洲人和歐亞混血人士外，輔助警察部隊只能從不可靠的來源——華人中招收」。大概是因為對華人的不信任，他們建議緊急考慮擴建馬來團，再組建數營馬來人軍隊。[6]

1949 年 3 月 5 日，殖民地大臣鍾斯向內閣提交了關於馬來亞和香港局勢的備忘錄。他説：英軍遠東司令和香港總督等磋商後認為，短期內香港可能面臨的威脅有以下三個方面：一、左派工會可能在香港內部製造騷亂；二、難民大量由陸地或海上湧入；三、共產黨組織的游擊隊可能從外部入侵。他們認為，中共有組織地進攻香港或在俄國專家支持下發動全面進攻，只是在遙遠的將來才有可能，目前不必加以考慮。但為了應付 1949 年底可能同時出現的對香港的三種威脅，需要增加一個旅的兵力。[7]

1949 年 4 月 20 日、21 日，正當中國人民解放軍在長江北岸待命渡江之際，英艦「紫石英」號（Amethyst）無視中國的領土主權，不顧解放軍鳴炮警

---

6 《殖民地部致外交部函》，1949 年 1 月 5 日，英國外交部檔案 F.O.371/75871。

7 《殖民地大臣關於馬來亞和香港局勢的備忘錄》，1949 年 3 月 5 日，英國內閣檔案 CAB129/32, C.P.(49)39。

告，強行溯江駛過解放軍炮位，解放軍向其開火，「紫石英」號也開炮還擊。後來又有三艘英艦前往增援受損的「紫石英」號。雙方展開猛烈的炮戰，互有重大傷亡。[8] 這一事件發生後，英國政府重新考慮了在香港的防衛計劃，並決定立即向香港派遣援軍。

「紫石英」號事件使英國在遠東的官員惶恐不安。1949 年 4 月 30 日，香港總督葛量洪在給殖民地大臣鍾斯的絕密電報中說：英國駐東南亞專員麥克唐納（M. MacDonald）和他認為：「紫石英」號事件在香港的影響很壞。當地華人將此事視為英國在抵抗中共方面軟弱無力的標誌，並且認為共產黨人願意奪取香港的話，英國將無力保衛它……最重要和緊急的是設法解決在香港已存在的喪失信心的問題。招募防衛軍令人失望的情況就是對英國意圖缺乏信心的跡象。他們建議表明保持香港英屬的決心，並公佈香港防衛力量的來源，強調在馬來亞的英國陸軍和空軍，包括為遠東地區儲備的力量，很容易派往香港。[9]

5 月 23 日，殖民地大臣鍾斯在關於香港的備忘錄中，轉述了葛量洪對香港居民能否協助英國「保衛」香港的疑慮。葛量洪說：顯而易見的事實是，只要在華人的頭腦中對英國保持香港地位的決心有任何懷疑，或換句話說，只要他們擔心英國最終會放棄香港，他們就不會全心全意地協助英國保衛香港。在全香港近二百萬人口中，願意全心全意支持香港政府維持內部秩序並提供最低限度必要的服務的，包括警察部隊和政府永久人員在內，不會超過一萬人。[10]

葛量洪 4 月 30 日的絕密電報尚未送達倫敦，英國政府已在考慮增援香港駐軍的問題。4 月 26 日，防務委員會建議立即將一個步兵營和一個旅部派往香港，該旅其餘部分應隨後盡快派出。4 月 28 日，英國內閣討論香港防務問題。

8　康矛召：〈英艦「紫石英」號事件〉，載外交部外交史編輯室編：《新中國外交風雲》（北京：世界知識出版社，1990），頁 33 - 35。

9　《香港總督致殖民地大臣絕密電報》，1949 年 4 月 30 日，英國外交部檔案 F.O.371/75839。

10　《殖民地大臣關於香港的備忘錄》，1949 年 5 月 23 日，英國內閣檔案 CAB129/35, C.P.(49) l20。

一些大臣對派遣這些援軍能否對付嚴重局勢表示懷疑，並且指出：沒有理由認為共產黨軍隊會進攻香港。共產黨在中國的政策迄今為止仍是保持同非共產黨世界現有的聯繫。另一些大臣則認為：不應該假設中共沒有能力從大陸向香港發動全面進攻。但他們又說：當共軍尚未擁有頭等強國的軍事裝備時，他們可能通過其他方式對香港施加壓力。例如，大規模遷移難民，可能像發起重要的直接進攻一樣，被用以有效地對付香港。[11] 可見大臣們都不認為解放軍會立即進攻香港，但英國內閣還是批准了防務委員會的建議。

5 月 9 日，英國內閣再次討論香港防務問題。大臣們提出：英國政策的首要目標是「阻嚇」中共軍隊不要進攻香港，同時使世界輿論確信維持英國在香港的地位是有利的。[12]

5 月 26 日，英國內閣討論國防大臣提出的進一步向香港增派援軍的問題。首相艾德禮（C. R. Attlee）說：5 月 5 日已授權緊急派遣援軍保衛香港，以應付內部騷亂和游擊隊發動的零星進攻。鑒於華南共產黨軍隊大步推進，現在的問題是進一步增派援軍保衛香港，應付共產黨軍隊從中國大陸發起直接進攻的危險。一些大臣認為：用實際行動證明英國保衛香港的決心，會產生重大的效果。首先，這可能有效地阻止共軍對香港發動直接進攻。其次，這可能使當地居民中的動搖份子聚集到英國一邊，極大地減輕對香港內部安全的威脅。再者，這會增強東南亞的反共陣線。維護英國在香港的貿易地位無疑是重要的，但目前更重要的是一個政治問題，即英國在各地是否應該採取反對共產主義蠶食遠東的立場。

5 月 26 日的內閣會議最後批准向香港增派援軍，但決定在一段時間內暫不就有關香港的問題做出新的決定，並暫不就增派援軍發表公開的政策聲明。[13]

11　英國內閣檔案 CAB128/15, C.M.30(49)，1949 年 4 月 28 日。

12　英國內閣檔案 CAB 128/15, C.M.33(49)，1949 年 5 月 9 日。

13　英國內閣檔案 CAB 128/15, C.M.38(49)，1949 年 5 月 26 日。

7 月 7 日，英國外交部東南亞司在起草的一份文件中稱：放棄香港「會煽起中國人對整個東南亞的要求和野心」，「我們在香港地位的任何削弱，都會使東南亞那些並非同情共產黨的華人相信這是我們從亞洲退卻的開端，並存在他們轉向支持中共政權的集團的危險」。[14] 説中國人對東南亞存有野心，是一種混水摸魚的手法，但這份文件卻透露了英國向香港增派援軍，故做強硬姿態的又一個原因，即他們亦不信任東南亞的華人，也不願從英國在東南亞的其他殖民地撤退。

9 月，當援軍陸續到達之後，英軍在香港的兵力達到四個旅。他們在邊界地區部署兩個旅、一個坦克團和大部分炮兵，在九龍和新界其他地區部署一個旅，隨時準備增援前線守軍，另外一個旅則派去協助警察部隊維持治安。

1949 年夏季英國匆匆忙忙向香港派遣援軍，完全是虛張聲勢的做法。所謂解放軍向香港發動大規模進攻，純屬子虛烏有。「紫石英」號事件發生以後，直至 4 月 28 日的內閣會議，大臣們還是比較一致地認為解放軍不會立即進攻香港。此後並沒有發生特別的事件，足以使他們做出新的判斷。前引的檔案文件説明，英國向香港派遣援軍的主要原因，是出於對英國在香港及東南亞的統治地位嚴重的不穩定感，以及對香港及東南亞華人嚴重的不信任感。我們有理由認為，他們派遣援軍藉以「阻嚇」的，主要還是香港及東南亞的華人。

三、加強內部控制的措施

英國政府最擔心的是，中共可能在香港製造動亂，以達到收復香港的目的。因而，1949 年 3 月 8 日英國內閣討論鍾斯等大臣 3 月 5 日的備忘錄時，注意的重點是中共在香港的活動。許多大臣提出疑問：對共產黨在香港的活動繼

---

14 外交部致殖民地部信函附件《我們放棄香港對東南亞產生的總的政治影響（英國外交部東南亞司文件草稿）》，1949 年 7 月 7 日，英國外交部檔案 F.O.371/75877。

續視而不見是否恰當。他們說：當香港聽任共產主義氾濫而輕易成為內部煽動或外部鼓動的騷亂的犧牲品時，短時間安定的代價是最終嚴重的騷亂。但在對付香港內部的共產黨威脅時，不能使用軍隊，而只能採取政治的手段，在工會和整個社會中增強反共份子的勢力。有人不同意上述意見，認為當時不能對中共在香港的活動採取任何行動，因為這可能妨礙英國同中共政權建立友好關係。此次內閣會議最後還是決定授權殖民地大臣進一步考慮，採取什麼行動削弱和反對共產黨在香港的活動。[15]

3 月 8 日內閣會議以前，香港政府已注意對香港社會內部的控制。內閣會議以後，港督葛量洪向殖民地大臣提出了一系列新的建議，並採取實際行動不斷強化對社會內部的控制。

早在 1948 年 10 月，香港政府即制訂了《公安條例》，強迫被懷疑曾「煽動不安」的人士做出保證，不再「煽動不安」。1948 年年末，香港政府又制訂了《教育（第二號）修正條例》，並據此條例，以「利用學校以達政治活動之目的」為由，於 1949 年 2 月關閉了中共與民主黨派在香港合辦的達德學院。

1949 年 1 月，香港政府制訂《人民入境統制條例》，於同年 4 月 1 日施行。該條例「管制非本港土生人士來港、離港以及在港內的活動」，包括禁止「有鼓動叛亂或擾亂公共安寧的嫌疑者」入境，有權將其拘留並遣送原籍。是年 4 月，香港政府還先後制訂了《簡易程序治罪修正條例》和《違法罷工與罷僱條例》，5 月 28 日，又制訂了《社團條例》，規定在香港活動的一切社團都必須登記註冊。

8 月 17 日，香港立法局三讀通過新的《人口登記條例》，即發給入境者及本土居民「香港身份證」的有關規定。在執行該條例時，香港當局可隨時搜查居民的身體、住宅及所有物，並得扣留或逮捕。同日，立法局還通過《驅逐不

---

15 英國內閣檔案 CAB128/15, C.M.18(49)，1949 年 3 月 8 日。

良份子出境條例》，規定有關機構可通過簡易的審訊方式，判定某人為「不良份子」，下令將其驅逐出境，但當事人能證明他是英籍人士或在港居住十年以上者例外。判定某人為「不良份子」共有十四種情況，其中包括「有煽動本港內亂和危害本港治安嫌疑的人」。同日，立法局還通過《修訂 1922 年緊急狀態法例》。香港律政司當時在立法局會議上公開表明修訂的目的是：一、使違犯緊急法例的人，可以被判處死刑；二、使港督會同行政局依據緊急法例所頒佈的各種法令在與其他法律抵觸時，可凌駕其他法律之上。

11 月 25 日，香港警務處註冊官分別致函中國科學工作者協會港九分會、港九華僑教師福利會、香港學生讀者俱樂部、虹虹歌詠團、僑港中山青年聯誼會、港九婦女聯誼會等三十八個香港愛國社團，拒絕這些社團註冊。

12 月 30 日，香港政府公佈《緊急（主要）條例》，賦予港府特別權力：無需宣佈香港進入緊急時期，便可通過港督會同行政局，宣佈某些緊急條例有效。1950 年 5 月 3 日和 8 月 18 日，香港政府宣佈實施 1949 年《緊急（主要）條例》的有關部分，其中包括：「任何人企圖破壞軍政機關、公用事業及商店、工廠等，將以觸犯本法論處」，「任何人非法持有槍械、軍火及爆破品，將被判終身監禁」，「得宣佈某一團體為煽動內亂、鼓動罷工、擾亂治安的團體」等等。這些條例的實施使香港警務處長在他認為必要時有權限制任何人的行動；副幫辦以上警官有權不受二十四小時拘禁限制，延長被捕人的拘留時間；印刷、出版業也因此受到嚴格管制。

1951 年 5 月 25 日，香港政府宣佈在邊界地區實行宵禁。6 月 15 日，香港政府又頒佈《邊界封鎖區命令》，宣佈自 6 月 15 日起，在新界北部邊界地區實施封鎖，進入或逗留在封鎖區內者，必須持有港府發給的「派司」（通行證）。

香港政府依據自己制訂的緊急法令，不時出動軍警，對一些工會、工廠和學校進行突然搜查。例如，1951 年 1 月 28 日凌晨，香港政府派出大批武裝警察和警探，會同部分英軍分批出動，對香島中學正校和分校、紅磡勞工子弟學

校、船塢碼頭做木工會、香港火柴廠等處進行搜查,並將一些校長、教職員和工人帶往警署訊問。又如,1952 年 5 月 5 日晨,香港政府派出便衣警察,對政軍醫職工會、港九摩托車業職工總會、摩托車九龍分會、港九樹膠塑膠業總會等處進行搜查,逮捕工人五名,並將他們遞解出境。[16]

香港政府採取「槍打出頭鳥」的辦法,陸續將一些工會領袖和愛國的教育工作者、文藝工作者等遞解出境。據陳丕士大律師 1952 年 4 月統計,新中國成立後幾年中,被香港政府遞解出境的香港居民在六十人以上。[17]

三‧一事件和《大公報》案是香港政府加緊對內控制和鎮壓的典型事例。

1951 年 11 月 21 日,九龍東頭村發生大火,災民 1.4 萬餘人流離失所。廣東省各界對此事十分關心,決定組織「廣東省廣州市各人民團體慰問九龍城東頭村受災同胞代表團」,於 1952 年 3 月 1 日前往香港慰問、救濟。香港政府聞訊格外緊張,於當天加派軍警,佈防於羅湖、上水至尖沙咀一帶,並宣佈拒絕慰問團入境。粵穗慰問團為慎重起見並進一步調查事情真相,臨時決定展期出發,並以長途電話通知華商總會轉告歡迎群眾。但此時,歡迎粵穗慰問團籌備委員會代表二百多人已出發前往羅湖,他們乘坐的火車在粉嶺被香港當局截停。此外,還有大批歡迎群眾聚集在尖沙咀火車站。歡迎群眾對香港當局可能拒絕慰問團入境思想準備不足,對其做法極為不滿,群情激憤。當歡迎群眾解散歸家途經九龍彌敦道與佐敦道附近時,發生警民衝突。香港當局派軍警嚴厲鎮壓,開槍射擊並投擲催淚彈。在這次事件中,紡織工人陳達儀被打死,多人中彈受傷,一百多名群眾被拘捕,其中十八人被判有罪,十二人被遞解出境。1952 年 3 月 4 日,北京《人民日報》針對三‧一事件發表短評:〈抗議英帝國主義捕殺香港的我國居民〉。香港《大公報》、《文匯報》和《新晚報》轉載了

16 香港《大公報》,1951 年 1 月 29 日;香港《文匯報》,1952 年 5 月 6 日。
17 香港《文匯報》,1952 年 4 月 22 日。

這篇短評。香港政府早就對所謂「共產黨控制的香港報紙」懷恨在心，曾建議將其封閉，但英國政府顧忌與中國政府的關係，未批准此建議。此次香港政府認為時機已到，決定懲治一下這些報紙。他們以「刊載煽動性文字」為由，逮捕了三家報紙的負責人費彝民、梅文鼎、李宗誠、李子誦等十人。在對《大公報》案半個月的審訊過程中，陳丕士大律師為被告做了出色的辯護。但是，香港法庭仍於 5 月 5 日判決勒令《大公報》停刊六個月，並對該報負責人費彝民、李宗誠處以罰金或徒刑。5 月 10 日中國政府外交部就三‧一事件和《大公報》案，向英國政府提出嚴重抗議。香港法庭遂於 6 月 30 日宣佈中止執行《大公報》停刊令，並撤銷對《文匯報》和《新晚報》的起訴。

四、英國對香港長遠政策的考慮

英國政府對依靠自己的力量保持其在香港的統治地位信心不足。1949 年 5 月 26 日的內閣會議要求聯邦事務大臣和外交大臣就香港局勢的發展和增派援軍的決定，通知美國政府和英聯邦其他國家政府，並弄清這些政府「是否願意支持保衛香港、防止共軍從大陸發動侵略的政策，並在需要時在適當時期發表公開聲明支持這一政策」。[18] 儘管英國政府打着「防止共產主義侵略」的旗號，尋求夥伴國家對其香港防衛政策的支持，但多數國家都明白這是英國維持殖民統治的努力，在第二次世界大戰後民族解放運動高漲的形勢下，它們更不願為了英國的利益加重自己的負擔，因而對英國政府的詢問，大都採取敷衍態度，有的甚至反對英國的做法。

在孤立無援的情況下，英國政府以相當圓滑的態度對待香港問題，表面上氣勢洶洶，不斷派遣援軍，並強化對香港社會內部的控制，擺出毫不妥協的強

18　英國內閣檔案 CAB128/15, C.M.38(49)，1949 年 5 月 26 日。

硬姿勢；暗地裏卻在準備第二步、第三步棋，考慮與中共談判甚至國際共管的可能性。

　　1949 年 6 月 18 日，鍾斯在給內閣的備忘錄中，闡述了他對香港前途問題的考慮。他說：戰後英國曾計劃以保留對新界公用事業（供水、機場）的控制權為條件，將新界的大部分歸還中國。從那以後情況發生了變化。現在，可能出現的穩定的中國政府看來肯定是一個共產主義的或共產主義控制的政府，一個對蘇俄而不是對英國有好感的政府。在這種形勢下，考慮將新界與香港其餘部分分離不再是可行的。按照上面提到的那樣的基礎同共產黨政府做出任何安排，不可避免會使香港殖民地處於愈來愈不穩定的地位。他又說：英國可能面臨中共政府就香港問題舉行談判的要求。這是件需要仔細考慮的事情。由於新界的租借再過四十九年就期滿了，而香港的生活，即食水供應和機場設備有賴於新界不小的部分，英國更需要對香港前途的政策重新評價。他特別強調說：當英國正努力通過迅速派遣援軍和其他方式增強和維持士氣以支持抵抗共產黨侵略的時候，現在公開提出未來可能舉行談判的任何做法，或者洩露出正在考慮這種可能性的任何暗示，都會對香港的士氣產生最具毀滅性的影響。[19] 6 月 23 日的內閣會議上，鍾斯和貝文建議徹底重新審查有關香港的長遠政策。內閣會議同意他們的意見，並授權他們制訂一份有關香港長遠政策的建議。[20] 貝文和鍾斯於 8 月中旬制訂了關於香港前途的聯合備忘錄。他們指出，不管中共施加壓力還是動用武力，英國都不可以在香港問題上向中共做出讓步。在戰略上，共產黨在中國境內的勝利已震撼了遠東和東南亞，一旦英國在香港再對它做出讓步，英國將不可能繼續保持其在東南亞的地位和影響力，更不消說阻止共產黨奪取這塊一向為英國和西方國家提供重要的外匯、食糧和其他戰略物資的富

---

19 《殖民地大臣關於美國政府對香港的看法的備忘錄》，(1946 － 1950), Box 57。

20 英國內閣檔案 CAB128/15, C.M.42(49),1949 年 6 月 23 日。

饒之地。他們相信在香港和亞洲，除非英國在香港表現出決心和實力，否則大部分本地人都會私下與共產黨人妥協。

關於應否與中共談判香港前途，貝文和鍾斯強調，英國不應該與一個「不友好」的政府進行談判，因為英國政府不應該在威嚇下談判。英國亦應反對與一個「不民主」的政府談判，事關英國不應該把香港人的命運交給一個共產黨政權處理。英國更不應該把香港交還一個未統一中國的政府，以免香港在他日成為國共雙方在內戰中的犧牲品。最後，在中國出現一個穩定的政府之前，英國也不應該放棄香港，因為一個不穩定的中國政府將沒有能力保證香港繼續成為一個安定的自由港，為世界貿易提供便利。他們的結論是，英國政府只應該與一個「友好的」、「民主的」、「統一的」和「穩定的」中國政府談判香港的前途。在這樣的一個政府在中國出現之前，英國必須維持香港地位不變。[21]

8月29日，內閣會議討論外交大臣和殖民地大臣關於香港前途的聯合備忘錄。大臣們認為，如果提出中國政府應該是「民主的」這個條件，其結果是排除在任何時候同中共政府討論香港問題的可能性。內閣最後的意見是，聯合備忘錄關於同中國政府談判香港前途的條件的建議，可以作為一個短期的政策加以接受，但應刪除「民主的」一詞。[22] 討論中大臣們提出的問題不無道理。因為資本主義國家和社會主義國家、西方和東方對「民主」的理解，存在很大差異。如果以中國實現西方式的「民主」作為談判香港前途的先決條件之一，實際上是永遠關閉談判大門。內閣最後的意見表明，英國政府基本上採納了外交大臣和殖民地大臣在聯合備忘錄中的建議，準備以種種先決條件為藉口，推遲同中國政府談判香港前途問題的時間，但它不準備永遠關閉談判大門。它可能意識到，如果中國政府正式提出談判香港前途問題，拒絕談判不是一種明智的

---

21 曾銳生：〈戰後初期英國對港政策史話〉，載《香港掌故》，第十一集（香港：廣角鏡出版社，1987）。

22 英國內閣檔案 CAB128/16, C.M.54(49)，1949 年 8 月 29 日。

選擇。

8 月 29 日的內閣會議上，有些大臣還提出了對香港實行國際共管的建議。早在 1947 年，英國外交部便研究過國際共管香港的可行性。他們以中國政府不會接受這個方案和不可能阻止蘇聯參與其事為理由，否決了將其作為解決香港前途的方案之一。[23] 1949 年 5 月 9 日的內閣會議上，有的大臣提出，香港不可能長遠地作為英國的殖民地，應該嚴肅地考慮根據意大利的里雅斯利港的情況，給予香港國際港地位的可能性。但多數內閣成員認為，當時尚不是使政策發生根本改變的時機，因此這一建議被擱置。[24] 後來，由於美國和英聯邦許多國家對支持英國保衛香港政策的要求採取敷衍態度，國際共管的主張在內閣中一度佔了上風。

8 月 29 日的內閣會議經過爭論後認為，應該進一步考慮在不久的將來對香港實行某種形式的國際共管的可能性。如果外交大臣經過進一步考慮認為此事可以着手進行，他可以在同美國國務卿私下探索性的談話中，弄清美國政府是否可能支持這種政策。[25] 英國內閣的這個決定表明，它不甘心將香港歸還中國，但對依靠自己力量維護其在港地位的信心實際上發生了動搖，寄希望於美國政府的支持，企圖在某種形式的「國際共管」的旗號下，盡可能多地保留英國在香港的特權。

從 1948 年 12 月至 1949 年 8 月英國政府制訂對港政策的過程看，儘管也有大臣在備忘錄中或內閣會議中提到「抵抗共產黨侵略」、「反對共產主義蠶食遠東」或「阻止共產主義蠶食東南亞」等等，但他們制訂對港政策的出發點首先是維護英國的殖民統治，而不是反對共產主義。他們對中共領導的新政權並非深惡痛絕，反而認為它比國民黨政府「更有紀律，更少腐敗現象」，對與其

23 曾銳生：〈戰後初期英國對港政策史話〉。

24 英國內閣檔案 CAB128/15, C.M.33(49)，1949 年 5 月 9 日。

25 英國內閣檔案 CAB128/16, C.M.54(49)，1949 年 8 月 29 日。

打交道抱有希望。他們還認為:「對西方國家將香港當作亞洲反共力量據點的任何建議,大臣們應持保留態度。」[26] 可見,意識形態並不是他們優先考慮的問題。

五、中國政府處理香港問題的態度

中華人民共和國成立後,中國政府對香港問題的一貫立場是:香港是中國的領土,中國不承認帝國主義強加的三個不平等條約,主張在適當時機通過談判解決這一問題,未解決前暫時維持現狀。[27]中國政府還確定了對香港採取「長期打算,充分利用」的特殊政策。[28]

早在 1949 年春,針對英國政府和香港當局對香港前途和香港「安全」的憂慮和有關言行,香港的兩家進步報刊《文匯報》和《大公報》曾先後發表社論,闡述自己的觀點。1949 年 2 月 9 日,香港《文匯報》在題為〈新中國與香港〉的社論中說:「從英國政府和香港當局的態度看來,他們似乎對香港的安全問題更表關切。本月二日和三日,英國防大臣亞歷山大、殖民部大臣鍾斯、海軍大臣賀爾都有關於如何防衛香港的顯明表示。彷彿他們遠處倫敦者所聞到的中國火藥氣味,遠比我們置身香港者更為敏感。但我們終不能了解此種『敏感』的現實價值到底有多大?中國正在進行轟轟烈烈的新民主主義革命。這一革命迄目前為止,從沒有一言一動牽涉到香港,或在理論上將『香港』如四大家族一樣,列為清算對象。可見假想中的安全威脅決不至來自中國人民的勝利。中國人民對國內反動政權,不得已而用戰爭解決。至於對外關係,除積極支持國民黨反動政權且始終不放手者而外,決不至無端與其引起嚴重的糾紛。即使有應

---

26 英國內閣檔案 CAB 128/15, C.M.33(49),1949 年 5 月 9 日。
27 《鄧小平文選》,第三卷(北京:人民出版社,1993),頁 387。
28 楊奇:《香港概論》,下卷(香港:三聯書店,1993),頁 491。

行修改調整之處，也會先就外交途徑求其解決。」[29] 2 月 17 日，香港《大公報》又以〈樂觀香港前途〉為題發表社論説：「事實上，香港的地位並無什麼危險，它的前途絕不如一些人所想像那樣悲觀。第一，中英關係一向不錯。中英間雖然還有些懸案如九龍城問題等未解決，只要彼此諒解，以友好態度處理，並不足以阻礙雙方的邦交。英國對於中國的舊政權並沒有像美國那樣有所企圖，予以支持，在中國人民的腦子裏沒有大不快的印象。第二，中國的新政權並無盲目排外的徵象。凡以平等友善與中國相交的國家，只有受到歡迎。無論什麼國家總不會關上大門不與外國往還的。將來中國和平安定，加速建設，在商務上必須與外國成立關係。中國許多物產要向外輸出，外國許多建設器材要向中國輸入⋯⋯展望未來，香港應該與中國大陸成立良好的聯繫，盡量發揮其貨物集散交通銜接的作用，使香港得到真正合理的繁榮。」[30]

1949 年 6 月 22 日，新華通訊社在一則關於 6 月 13 日香港當局無理搜查著名中國共產黨人方方住宅的報道中説：「香港的中國共產黨人和其他在香港的中國民主人士一樣，從來沒打算在香港製造什麼『暴行』，⋯⋯」[31]

新中國建立前後的一段時間內，中國共產黨未就香港的前途發表過正式聲明，但從後來事態的發展看，上述香港《文匯報》和《大公報》的社論及新華通訊社的報道，似乎是一種信號，在一定程度上透露了中共領導的新政權暫時維持香港現狀和保持香港穩定的意圖。

新中國建立初期，中國政府保持粵港邊界平靜的做法，更以實際行動反映出它的這種意圖。1949 年 10 月 17 日，中國人民解放軍正規部隊抵達深圳粵港邊界。他們並沒有一鼓作氣向香港發起攻擊。10 月 19 日，殖民地大臣鍾斯在下議院回答質詢時表示：中港邊界是平靜的。沒有向我報告發生了什麼事件。

---

29 香港《文匯報》，1949 年 2 月 9 日。
30 香港《大公報》，1949 年 2 月 17 日。
31 《人民日報》，1949 年 6 月 23 日。

香港的形勢仍然是令人滿意的。關於共產黨在香港的活動，鍾斯回答說：他們現在沒有做任何不合法律和破壞秩序的事情。[32]

早在解放軍抵達深圳之前，香港政府已在粵港邊界佈署重兵。解放軍抵達深圳之後，中國政府為避免糾紛，嚴禁野戰軍駐防邊境線上，而另派保安部隊一面維持邊界治安，一面監視英方行動。嗣後，英方見中方如此鎮靜穩重，亦將軍隊後撤，只留少數警察維持秩序。

新中國建立初期，在粵港邊界也發生過一些糾紛。據廣州市軍管會統計，從 1949 年 10 月至 1951 年 6 月，共發生英機越境 232 次，英艦越境 30 次，英軍越境 8 次，香港警察在出入通道上毆辱中國旅客近 100 次，其中開槍射擊 14 次。當時也發生過中方人員（主要是民兵）越境追捕人犯、緝私的個別事件。

當時華南和廣東軍政機關對粵港邊界問題採取的方針是：「保持邊界平靜」；「避免邊界糾紛」；「不挑釁，不示弱」；「後發制人，人不犯我，我不犯人，人若犯我，我必犯人，有理有利有節」，謹慎處理邊界事件。

1950 年 8 月 24 日，廣東省人民政府主席兼廣東軍區司令員葉劍英曾就香港英軍一再非法越境發表鄭重聲明，要求香港英方當局負完全責任。但中方對越境的英軍，也只是將其遣送回港。例如，1950 年 7 月 27 日，英軍班長龐德（W. Pound）率士兵四人越境闖入古樓塘村。中國部隊扣留了他們，旋於 29 日釋放，他們隨身攜帶的槍械、望遠鏡、指南針和地圖也被交還給香港警察。[33]

中國有關部門十分重視對粵港邊界上的邊防部隊和民兵進行政策教育。1951 年 12 月 13 日，沙深寶邊委會在其工作報告中，要求不製造或擴大邊界上的任何外事糾紛，務使邊界保持平靜。1952 年 9 月 10 日，廣州市軍管會在給沙深寶邊委會的公文中，要求根據外交部指示，注意對邊防部隊和民兵進行外

---

32 《下議院文件摘錄》，1949 年 10 月 19 日，英國外交部檔案 F.O.371/75839。

33 香港《文匯報》，1949 年 7 月 30 日。

事教育，「不得越界捕人」，「不得擅行開槍射擊」。

由於中國有關部門對粵港邊界問題採取「保持邊界平靜」的方針，新中國建立初期，深圳河一帶粵港邊界總的說來是平靜的，沒有發生過嚴重的邊界衝突。香港政府在 1949 年的年度報告中說：「10 月 16 日，中共正規部隊到達中港邊界的沙頭角，幾天以後控制了整個邊界的中國一側。沒有發生什麼事件。英國與中國當局在邊界的關係是正常的，符合一般準則。」[34] 它在 1952 年的年度報告中又說：「這一年發生了一些小的邊界衝突，幸而沒有一件事足以造成嚴重的國際後果。現在已有在邊界建立更好的關係的跡象。」[35]

中國政府對於發生在香港而涉及香港與內地關係的種種事件的處理，也是有理有利有節的。例如，中國政府對於香港政府解散香港愛國社團、逮捕和驅逐香港工會領袖、教育工作者、文藝工作者和迫害香港新聞工作者等針對中國共產黨和新中國的行動，其反應只限於提出嚴正抗議，在報刊上「口誅筆伐」，並未採取進一步的行動。又如，中國政府對於兩航事件，一方面發表聲明指出，只有中央人民政府和受其委託的人員才有權處置兩航在港資產，如果這批資產被非法侵犯、移動或損害，香港政府必須負完全責任；另一方面則延聘陳丕士等著名律師出庭辯護，希望在香港通過法律途徑取回這批資產。為取回中國資產而延聘律師在香港法院打官司的事情本身，亦表明中國政府暫時維持香港現狀的意圖。當英國政府屈從美國壓力，最終將兩航七十一架飛機和其他資產判歸美國人，使中國方面蒙受巨大經濟損失之後，中國政府的反應應該說也是極其克制的。它除了通過新聞媒體提出嚴重抗議外，也只是下令徵用了英國在上海的資產英聯船廠及馬勒機器製造廠，並沒有像英國政府擔心的那樣，對香港實行經濟封鎖或在香港製造騷亂。

---

34 《香港政府年度報告（1949 年）》，頁 1。
35 《香港政府年度報告（1952 年）》，頁 5。

　　新中國建立初期，在處理香港問題上，中國政府沉着穩重的態度與英國政府驚慌失措的舉動，形成鮮明對照，顯得更主動、更理智。英國政府許多要員做了錯誤的估計。中國方面既沒有利用游擊隊在中港邊界製造麻煩，更沒有在香港內部煽動騷亂。正是由於中國政府當時對香港採取了特殊的政策和策略，謹慎處理有關香港的各種問題，在國際關係和中國政局發生急劇變化引起香港人心浮動的情況下，香港才未發生劇烈的社會動盪，才能保持相對的平靜和穩定。而沒有當時香港社會這種相對的平靜和穩定，後來香港經濟的騰飛是無法想像的。

　　新中國建立初期，中國政府之所以對香港採取特殊的方針，與當時國際關係的格局有很大關係。第二次世界大戰以後，以美國為首的一些西方國家，為了遏制社會主義國家的發展，發起「冷戰」。它們對新中國實行政治孤立、經濟封鎖和軍事包圍，企圖將其扼殺在搖籃之中。中國政府將原則性與靈活性結合起來，暫時維持香港現狀，保持香港穩定，就可以將香港作為中國與西方國家保持聯繫的一個通道，粉碎美國為首的一些西方國家孤立、封鎖和包圍中國的企圖。同時，利用香港轉口港的地位，發展進出口貿易，保持中國的外匯平衡，亦是中國恢復和發展國民經濟的特別需要。由於英國在中國大陸和香港擁有巨大的經濟利益，當時英國政府採取了有別於美國政府的對華政策，決定在中國「留步觀望」，並表示願意承認中華人民共和國政府。這就使中國政府對香港實施「長期打算，充分利用」的特殊政策，具有了現實可能性。

原載《中國社會科學》1995 年第 2 期

中英街的歷史價值與未來發展初探

一、中英街的歷史回顧

中英街作為粵港之間一個非常特別的地區，是歷史遺留的問題，也是一份豐富的歷史文化遺產。雖然中英街只是一條 250 米長的街道，但在中國歷史發展的許多重要時期，例如十九世紀末列強瓜分中國、抗日戰爭、「文化大革命」和改革開放等歷史時期，皆有許多重要的事件發生在這裏，值得加以記載和研究。

十九世紀末，列強在中國劃分勢力範圍，掀起瓜分狂潮。英國利用這一時機，強行租借了今界限街以北、深圳河以南的大片中國領土及其附近島嶼，即後來所謂的「新界」，從而完成了對整個香港地區的佔領。

1898 年 6 月 9 日，中英《展拓香港界址專條》在北京簽字。該條約於 7 月 1 日「開辦施行」。通過《專條》的簽訂，英國強租了沙頭角海至深圳灣最短距離直線以南、界限街以北廣大地區、附近大小島嶼 235 個以及大鵬灣、深圳灣水域，為期九十九年。

1899 年 3 月 11 日，新界北部陸界定界談判在香港舉行。3 月 19 日，英方定界委員、香港政府輔政司駱克（S. Lockhart）和中方定界委員、廣東省補用道王存善簽訂了《香港英新租界合同》。該合同全文如下：

北界始於大鵬灣英國東經線一百一十四度三十分潮漲能到處，由陸地

沿岸直至所立木樁，接近沙頭角（即土名桐蕪墟）之西，再入內地不遠，至一窄道。左界潮水平線，右界田地，東立一木樁。此道全歸英界，任兩國人民往來。

由此道至桐蕪墟斜角處，又立一木樁，直至目下涸干之寬河，以河底之中線為界線，河左岸上地方歸中國界，河右岸上地方歸英界。

沿河底之線至逕口村大道，又立一木樁於該河與大道接壤處，此道全歸英界，任兩國人民往來。此道上至一崎嶇山徑，橫跨該河，復重跨該河，折返該河，水面不拘歸英歸華，兩國人民均可享用。此道經過山峽約較海平線高五百英呎，為沙頭角、深圳村分界之線，此處復立一木樁，此道由山峽起，即為英界之界線，歸英國管轄，仍准兩國人民往來。此道下至山峽右邊，道左有一水路，達至逕肚村，在山峽之麓，此道跨一水線，較前略大，水由梧桐山流出，約距百碼，復跨該水路，右經逕肚村抵深圳河，約距逕肚村一英里之四分之一，及至此處，此道歸入英界，仍准兩國人民往來。

由梧桐山流出水路之水，兩國農人均可享用。復立木樁於此道盡處，作為界線。沿深圳河北岸下至深圳灣界線之南，河地均歸英界。其東西南三面界線，均如專約所載。大嶼山島全歸界內。大鵬、深圳兩灣之水，亦歸租界之內。[1]

從該合同看，沙頭角（土名桐蕪墟）當時是劃在華界，而英界的沙頭角墟是後來形成的，兩個沙頭角墟之間的中英街也是逐漸形成的。中英街是由英國租借新界派生出來的。另外，從該合同看，當時邊界兩邊的居民是可以自由往來的。

1　余繩武、劉存寬主編：《十九世紀的香港》（香港：麒麟書業有限公司，1994），頁 127 – 128。

抗日戰爭時期，港九獨立大隊於 1943 年成立沙頭角中隊，下設沙頭角游擊小組在中英街開展情報工作。領導者是中共地下黨員、東和義學教導主任李吉芳老師。

游擊小組通過中英街具有愛國思想的佑生堂藥店掌櫃李玉先，在藥店二樓開設俱樂部，引誘日軍警備隊隊長、軍曹、憲兵隊伍長、翻譯官等上層人物前去消遣。游擊小組通過打麻將時故意讓他們「吃糊」，讓他們贏錢等手法，麻痺他們，以方便刺探情報。有一次李吉芳老師和日軍軍官打麻將時，敵兵來找他們的軍官。這些軍官立即退場返回軍營。李老師看出敵人有緊急情況，馬上報告上級，提醒部隊加強警戒。

李老師還將學生何集慶、何集蘭兄弟及幾個社會青年吸收到游擊小組。他們在李老師領導下單線聯繫，獨立工作。何氏兄弟兩人利用自己是學生和茂生堂藥店小老板的雙重身份，以他們在沙頭角橋頭旁的茂生堂藥店為據點，專門監視沙頭角鎮內外日軍和日偽密探來往的動態。沙頭角橋頭的日軍哨所每隔幾天就換防一次。何氏兄弟為了搞清情況，經常到哨所與日軍聊天，通過學唱日本歌，學講日本話，幫日軍做點力所能及的雜務，就和日軍混熟了，方便收集情報。沙頭角橋頭的日軍哨所沒收路人或客商的物品，換防時要運回隊部，但不敢找成年人搬運，生怕他們出鬼招，故找學生、少年運。何氏兄弟為了搞清日軍的情況，主動去幫日軍的忙，乘機深入到日軍營地，從中了解了日軍人數、武器裝備、哨位、火力配置、關押犯人的地方等重要情報。

抗戰後期，日軍為防範盟軍反攻，加緊在沙頭角周邊山頭修築碉堡和野外工事。游擊小組利用日軍強派民工之機，參加修築工事，從中收集日軍工事結構、質量、位置等情報，及時報給港九獨立大隊，並由其上級單位東江縱隊提供給盟軍。[2]

2　中英街博物館編：《東縱在鹽田》（深圳：美意世界出版社，2004），頁 46－49。

中華人民共和國成立初期，由於意識形態的關係，粵港兩地的官方關係實際處於冷戰狀態。1950 年，英國首先在港設立宵禁地區，沙頭角一帶首當其衝，宵禁時間從晚上 10 點開始到第二天 6 點結束。而中國內地方面，自 1950 年出台出入境辦法後，包括沙頭角中英街在內的邊防也都演變為「軍事邊防」和「政治邊防」。解放軍著名的「紅色前哨連」於 1952 年進駐沙頭角。從 1952 至 1979 年的二十七年間，中英街成了嚴格的邊防禁區。[3]

禁區的設置實際很難阻止邊界兩邊居民的來往。因為分界的中英街有許多橫小街道，且無鐵線網之類封阻。除中英街之外，還有一些依山靠水的羊腸小道可供往來。二十世紀五十年代，中方在距離中英街華界不遠的東和學校內開設一間露天戲院，每晚均有電影放映。由於英界沙頭角鄉內並無娛樂場所，吸引許多鄉民冒險過界找尋消遣。平常每場電影，單是英界居民就有二三百人觀看，每人入場收港幣兩角半，放映一些適合大眾觀看的電影（如《梁祝恨史》、《天仙配》等）時，觀眾中的英界居民可達千人。新界沙頭角鄉菜園角、鹽寮下、崗下、山咀、擔水坑、木棉頭、蕉坑、新村、塘肚、新樓街、新樓後街等接近邊界的村落，村民不時過界觀劇，甚至有楓坑、谷埔、南涌、鹿頸等鄉區村民由水路划艇過界觀劇。[4]

內地解放後，土地改革、鎮壓反革命、「三反五反」轟轟烈烈，天天開會、鬥爭，在中英街做生意的基本上都被嚇跑了，沒跑的，只剩下少數幾家。建國十周年前，香港有人到中英街拍錄像片，拿到香港放映，題目是：《所謂社會主義沙頭角一個市場》，副題是：「破破爛爛，冷冷清清」。這個情況反映到廣東省委和中央，周恩來總理很關注這件事。省委第一書記陶鑄叫管財貿的副省長立即撥款三十萬元給寶安縣，專項使用，把中英街這邊的建設弄好。

3　南方都市報編著：《深港關係四百年》（深圳：海天出版社，2007），頁 248。
4　香港《工商日報》，1959 年 8 月 24 日。

　　寶安縣派了一名商業局副局長親自抓這件事。當時沙頭角有些人跑了，有些房子閒着，沒人住。從廣州請來的裝修工人就利用這些空房子住下來，把整條中英街全面整理，該維修的維修，該重新裝修的重新裝修，面目一新，並在中英街開辦了一間綜合商店。

　　綜合商店開張後，供應是不錯的。陶鑄親自指示，商品供應一定要跟上，各方面要配合好，貨從省商業廳華僑商品供應公司調來，還同省外貿局定了商品供應（包括特種商品供應）方案，確定內貿有貨由內貿供應，內貿無貨由外貿供應。綜合商店後來改名為綜合商品供應公司，辦特區後，改名沙頭角進出口貿易公司。[5]

　　當時香港傳媒也注意到這間綜合商店的設立。1959 年 8 月 24 日的香港《工商日報》報道說：中共「最近又進行在中英街開辦一間頗具規模之百貨土產公司，準備以廉價推銷產品」，「這間百貨土產公司，中共係收用華界中英街之十七間民房修建者，現已將屆裝修完成，該十七間民房，原分三列，計一列為四間木樓，一列為八間石屎樓，另一列為五間石屎樓，將三列溝通成一列者，面向英界中英街。兩邊居民，平時多可過界飲茶或購物，中共即利用此特殊情形，開設這間公司，聽說不日即可開始營業。」

　　1966 年「文化大革命」爆發後，華界中英街改名「反帝街」，附近沙欄下村改名「紅星村」，沙頭角改名「紅衛鎮」。中英街華界商店顧客以英界居民為多，但紅衛兵運動搞到地覆天翻，英界居民對踏進華界具有高度戒心，為了避免「行差踏錯」半步惹來麻煩，對華界裹足不前，造成華界商戶事實上已無業可營。[6] 1966 年「文化大革命」初起時，寶安縣沙頭角鎮的民兵向沙頭角街英方居民發動宣傳和開辦「學習班」，曾經引起過沙頭角街英方的干預。1967 年

5　陳向蘭：《黃金街尋夢——「中英街時空跨越」》（深圳：海天出版社，1993），頁 84 – 85。

6　《華僑日報》，1966 年 9 月 4 日。

6月9日，沙頭鎮民兵、農民和當地駐軍示威遊行，湧入沙頭角街，向英方居民散發大量傳單和慰問信，被英警阻攔。

隨着內地「文化大革命」的推進和香港左派群眾「反英抗暴」活動的開展，中英街一帶的邊界衝突愈演愈烈。據《南方日報》報道，1967年6月24日，沙頭角英方居民數百人開會追悼香港反英烈士，警察和防暴隊出動鎮壓，對空鳴槍並施放催淚彈。防暴隊「向我境內施放了大量催淚彈，致使我方群眾三十多人受傷」。7月8日，華界沙頭角民兵連民兵護送港界沙頭角聯鄉會左派群眾，經菜園角方向返回港界。他們一行數百人到港界沙頭角村警崗遞交抗議信。此時華界有人拿石塊砸向警崗，後又有人拿漁炮打過來，因而引發雙方武裝衝突。衝突中，部分華界民兵在港界崗下村稻田，被香港的啹喀兵火力封鎖，處境艱難。為了掩護民兵撤退，邊防部隊「紅色前哨連」連長鄒金鳳奉上級命令，在華界指揮戰士，用機槍向警察防暴隊所在聯鄉會大樓，以及正在向民兵開火的英軍猛烈射擊，打得對方失去還手之力。這場邊界衝突，中方稱之為「崗下之戰」，港方稱為「沙頭角事件」。衝突中，中方死一人（民兵張天生），傷八人；香港警察和英軍死十四人，傷四十九人。事後因中英雙方政府無意擴大事態，邊境局勢得以逐步緩和。[7]

二十世紀六七十年代開始，隨着香港的經濟起飛，而擁有大量勞動力的內地方面發展境況不佳，連續爆發了二次規模比較大的鄉民逃港。1962年以後從深圳跑出去而被港英政府抓住並遣返的寶安人就有12,144人。至七十年代末，深圳及內地大約有60萬人到了香港，僅現在的中英街社區就有2,600多人。1974年即擔任沙頭角鎮書記的張潤添回憶中英街給他留下的第一個印象是「一片荒涼」。從社會背景上看，內地此前一直不以經濟建設為中心，導致深港兩

7　深圳市史志辦公室、香港地方志辦公室編纂：《中英街與沙頭角禁區》（簡體字版）（香港：和平圖書有限公司，2012），頁64－65。

地經濟貧富懸殊實在太大。七十年代末期，沙頭角居民人均年收入僅 100 元人民幣，而對面香港居民的人均年收入已經達到 7 萬元港幣。[8]

　　內地實行改革開放政策以後，中英街面貌煥然一新，深港關係也發生了巨大的變化。1982 年的深港關係，開始出現合則兩利、共存共榮的特徵。當年雙方簽署的一份協議中，第一條內容就是增開沙頭角陸路口岸，建設沙頭角沙河公路橋作為深圳特區與香港間的專用口岸。中英街兩邊官員的來往也密切起來。八十年代，每逢春節和十月一日國慶節，沙頭角中方管理區的區委幹部和沙頭角港方的鄉首腦、警務處長、移民局長等官員，常假座碧海賓館，舉杯共賀，同渡佳節。他們亦在一起交流磋商，共同商討沙頭角的安定繁榮之道。[9]

　　中英街上的商業氣氛愈來愈濃厚。至 1983 年深港雙方攜手合作，共同投資將破舊的街道修補一新。八十年代中期，中英街出現盛世景象。深圳市沙頭角商業外貿公司商場部經理張冠南說：「全國各地的人來中英街購物就像買菜一樣，身上的錢就只留下路費。」「人山人海，日進斗金，用什麼詞兒來形容當時的中英街都不為過。」

　　中英街客流最高峰出現在八十年代末至九十年代初，由於邊防出入的限制，當時只能在上午 10 點半到下午 3 點內地遊客才能進入，即使這樣，中英街也創下了日接待遊客近十萬人的記錄。

　　特殊的歷史背景賦予中英街的人文內容是吸引來自全國各地遊客的因素之一。更重要的，是國內開始推行市場經濟之時物資緊缺的實際情況，以及免稅和顯著的格價優勢引發了中英街的購物狂潮。始於八十年代末的中英街黃金狂潮印證了這一點。當時內地實行黃金管制，價格也偏高，而中英街的金舖從香港進貨，隨便買而且款式時尚，實行兩種貨幣交易，兌換相對也簡單。大批來

8　南方都市報編著：《深港關係四百年》，頁 249。

9　南方都市報編著：《深港關係四百年》，頁 250；〈沙頭角一鎮兩制〉，《華僑日報》，1987 年 2 月 10 日。

自內地的遊客在中英街狂購金器。最多時，中英街二百餘間店舖中經營金器的就有四十七家。1988 年，「黃金熱」達到高潮時，創紀錄的一天有三家金舖同時開張。1996 年，中英街上的謝瑞麟金舖月銷售額達到 1,300 萬元。[10]

中英街的歷史文化內涵極其豐富。它見證了中國從落後挨打到獨立自強的歷史，從閉關自守到改革開放的歷史，也見證了粵港關係從敵對、冷戰到合作、融洽的歷史。

二、界碑和博物館是中英街的亮點

中英街最引人注目的和最有文物價值的，就是矗立在街道上刻有「光緒二十四年中英地界」字樣的界碑。有關英國佔領香港地區的實物見證，除了分別保存在倫敦和台灣的三個不平等條約原件、保留在愛丁堡的英國接收新界時用過的英國國旗外，就是這些界碑了。

從歷史照片看，1899 年 3 月，新界北部陸界勘界時，在邊界上豎立的是寫有「大清國新安縣界」字樣的臨時性木質界椿。1905 年，英方在沙頭角一帶豎立了永久性的石頭界碑。香港政府工務局局長查塔姆（W. Chatham）在《工務局長 1905 年報告書》中說：「曾經認為需要在沙頭角和蓮麻坑之間確立英中邊界，此事現已完成，大量永久性界碑現已豎立和測量完畢。」[11] 也就是說，目前中英街上的界碑已經歷過 103 年的風雨滄桑。日本佔領廣東和香港期間，日軍將中英街的三號至七號界碑丟棄。1942 年，在中英新約談判的過程中，國民政府在新約草案中，列入了要求終止 1898 年《展拓香港界址專條》的條款，並提出「英方在九龍租借地（即新界）之行政與管理權，連同其官有資產與官有

---

10 南方都市報編著：《深港關係四百年》，頁 250－251；〈黃金市場——沙頭角中英街〉，《華僑日報》，1989 年 7 月 12 日。

11 *Report of the Director of Public Works for the Year 1905.*

債務，應移交中華民國政府」。雖然國民政府只提出收回新界的問題，仍然遭到英方拒絕。戰後，中英雙方於 1948 年將被日軍丟棄的界碑重新豎立起來。中英街上的界碑是英國租借新界的見證，也是國民政府收復新界未果的見證。

1995 年，內地在沙頭角建立了中英街歷史紀念館。1998 年，鹽田新區成立後又撥款 1,000 多萬元，建立名為中英街歷史博物館的新館。2006 年，該館成為深圳市愛國主義教育基地。近年，市、區兩級政府部門投資 320 萬元，在該館重新調整佈置了《百年中英街》展覽，形象生動地展示中英街從遠古到改革開放的歷史變遷。這是一座小巧別致但內容豐富的博物館。

界碑和中英街歷史博物館是中英街的亮點，是最能體現中英街歷史文化價值的建築物，是粵港兩地獨一無二的歷史人文景觀。它們不僅是深圳市民的愛國主義教育基地，也可以成為香港市民的一個國民教育基地。建議通過粵港兩地的媒體大力推介中英街的界碑和博物館，吸引兩地更多的市民前來參觀遊覽。

三、深港合作與中英街的未來

二十世紀八十年代至九十年代初，中英街曾經空前地繁榮。但是，九十年代中期以後，中英街逐漸變得冷清。原因是造成當年空前繁榮的外部條件發生了變化。一是隨着改革開放的進展，內地商品經濟逐步發達，商品種類愈來愈豐富。二是 2003 年逐步開放內地居民港澳自由行以後，到香港旅遊購物不再是難事。就像一些廣州市民所說「到香港掃貨就像逛天河城」。外部條件的變化，使得中英街的吸引力大不如前。

如何在新形勢下振興中英街，廣東學者已有許多好的建議。在 2006 年初的鹽田區兩會上，中英街歷史博物館館長、區政協委員孫霄提出提案，建議確立沙頭角無障礙旅遊區的發展方向，由政府方面積極協調邊防管理部門和香

港，擴大沙頭角旅遊區域和範圍，開通新界環島遊和新界過境遊，讓沙頭角和新界融合，把中英街文化旅遊這塊蛋糕做大。廣東省旅遊發展研究中心陳南江博士則建議設立「粵港旅遊特區」，由「一街兩制」擴大到「一區兩制」，深港共同開發中英街區，形成一個統一的旅遊區：遊客自由往來，區內不設限制，雙方按界管轄，並設立常在的協調機構，及時協商處理相關問題；雙方口岸都可辦證，實行公開辦證、隨時辦證、寬鬆辦證政策，將中英街升級為正式的出入境口岸；此外簡化檢查制度，可試行深圳方查物不查人，港方查人不查物。[12]

我們認為，中英街未來的發展可以與香港沙頭角禁區的發展統籌加以考慮。

近年在香港社會內部不斷傳出開放沙頭角禁區的呼聲。2002 年 2 月，民建聯倡議特區政府局部開放沙頭角禁區，利用吉澳、印洲塘一帶的天然生態資源，發展生態旅遊。民建聯認為，此舉不但可為香港市民提供一個新的旅遊景點，還可提高本港對內地及海內外旅客的吸引力，更可望創造超過一千個就業職位。[13] 為了爭取發展的權益，港方沙頭角區內三十多個商舖於 2005 年組成了沙頭角商會。商會主席曾玉安說，沙頭角最旺盛時期有三萬人居住，但因禁區「與世隔絕」，居民「有出無入」，現在只餘下近七千人口。區內約有近百間商舖，但當中八成生意淡薄。2005 年 9 月，沙頭角商會去信特區政府政務司司長許仕仁，建議在沙頭角大力發展生態旅遊，分兩階段開放沙頭角禁區。商會建議，上世紀二十年代興建的新樓街民初建築群應保留，該街道是通往碼頭的必經之路，稍加改善可變身成「步行街」；而開放沙頭角禁區，可為遊客提供多一條更方便快捷的途徑前往荔枝窩。曾玉安稱，商會希望生態旅遊能吸引更多

---

12 南方都市報編著：《深港關係四百年》，頁 322。

13 〈局部開放沙頭角 推動新界東北生態遊〉，民建聯網站，2003 年 6 月 8 日。

人流到沙頭角，改善區內營商環境，並期望第二期階段會開放中英街，讓沙頭角發展成西貢或赤柱形式的旅遊點。[14] 2005 年 12 月，立法會議員李國英在《香港商報》發表文章說：「一直以來，在眾多邊境開發的建議中，開放沙頭角禁區，都是社會討論的焦點所在。皆因沙頭角區擁有得天獨厚的旅遊資源，例如有特殊歷史意義的中英街、風景優美的小島漁港，還有百年歷史的客家村落等等。更重要的是，由於沙頭角區長期不對外開放，特別給人一種神秘的感覺，成為吸引遊客的最有力噱頭。」[15]

我們支持開放沙頭角禁區的要求。這不僅有利於港方禁區的發展，香港居民到中英街旅遊、購物，不再需要申請禁區紙，將較大地提升中英街的人流和人氣，也有利於中英街的發展。而中英街本身，隨着香港與內地關係的進一步密切，隨着內地自由行範圍的不斷擴大，中英街的商業價值必然不斷下降。應該突出中英街的亮點和特色，進一步挖掘中英街的歷史文化內涵，將中英街變成博物館一條街，擴大現有中英街歷史博物館的規模，將其變為介紹整個深港邊界歷史變遷的一座特色博物館。

基於保安方面的考慮，香港特區政府於 2008 年 1 月 11 日宣佈保留沙頭角禁區。但我們相信，在深港雙方統籌規劃、協商互利的情況下，有關問題最終能夠得到圓滿的解決。目前深港邊境的開發和利用問題已經提上兩地政府的議事日程，中英街未來的發展實有賴於深港雙方有效的合作。

此為 2008 年 3 月 18 日在深圳舉行的「中英街與改革開放三十周年」研討會上發表的論文，與劉智鵬、丁新豹合撰。收入增訂版時，略有改動。

---

14 〈商會函許仕仁 盼生態遊救沙頭角〉，《明報》，2005 年 10 月 13 日。

15 李國英：〈擴大開發沙頭角範圍〉，《香港商報》，2005 年 12 月 9 日。

香港經濟
與文化

戰後香港與內地的經濟關係
（1946－1997）

一、貿易關係

中國內地是香港經濟發展的腹地。香港與中國內地貿易的興衰是影響香港貿易興衰十分重要的一個因素。戰前香港之所以成為遠東重要的轉口港，就是因為有中國內地這個資源豐富、市場廣闊的腹地。以戰前的 1939 年為例，全年香港的總輸入約為 5.94 億港元。其中，由華北輸入約 1.66 億港元，佔第一位。由華南輸入約 0.43 億港元，佔第三位。全年香港的輸出總額約 5.33 億港元。其中，華北佔第四位，為 0.45 億港元；華南佔第七位，約 0.23 億港元；華中佔第九位，約 0.22 億港元。[1]

戰後香港與內地的貿易關係大致可分為三個階段，即戰後恢復階段（1946－1951 年）、緩慢發展階段（1952－1977 年）和迅速發展階段（1978－1997 年）。

（一）戰後恢復階段（1946－1951 年）

戰後初期，中國內地在香港的對外貿易中仍佔有重要的地位。1946 年，香港外貿的總輸入為 9.335 億港元，由中國內地輸入為 3.272 億港元，約佔 35%。

1　華僑日報：《香港年鑒（1948）》，第四編，頁 15。

總輸出為 7.656 億港元，輸往中國內地為 3.014 億港元，約佔 39%。在有關國家和地區中，中國內地皆佔第一位。[2]

但是，從 1947 年起，中國內地在香港對外貿易中的地位相對下降。當年，中國內地在香港的輸入總額和輸出總額中所佔比率分別下降為 24.2% 和 21.7%。1948 年，這兩個數字分別進一步下降為 21.5% 和 18.7%。這與當時中國國民政府實行的貿易政策有關。從出口看，當時中國國民政府實行出口結匯制度。官方匯價和黑市匯價經常相差三分之一到二分之一。中國出口商以官價結匯，出口商全要虧本。此外，中國主要的出口貨陸續被官僚資本壟斷。例如，植物油、大豆、豬鬃被中信局和中植油廠壟斷，茶葉被中信局和中茶壟斷，紗布被中紡及花紗布管委會壟斷，一切礦產被資源委員會壟斷。普通出口商已無法出口。從入口看，從 1946 年 11 月起，對香港輸往內地的貨物，中國國民政府在各個地區陸續實施限額輸入的法令，所規定的入口額數往往不及以往需要的十分之一，嚴重地影響了香港對內地的貿易。[3]

儘管如此，中國內地在香港的對外貿易中仍然佔據領先地位。1948 年，香港輸入的貨物中，來自中國內地的為 4.3 億港元，佔第一位；來自美國的為 3.87 億港元，居第二位；來自英國的為 3 億港元，居第三位。香港輸出的貨物中，輸往中國內地的為 2.8 億港元，佔第一位；輸往馬來亞的為 2.04 億港元，居第二位；輸往美國的為 1.52 億港元，居第三位。[4]

1949 年 10 月 1 日中華人民共和國成立以後，因恢復國民經濟需要大批物資。英國從其在華利益考慮，在西方國家中率先承認新中國，因而香港與內地的商貿活動能夠大量進行。1950 年香港的對外貿易額超過 75 億港元，1951 年達到 93 億港元。1951 年香港對中國內地的輸出額為 16.03 億港元，佔香港出口

2　《香港年報（1946）》（Hong Kong Annual Report 1946），頁 24 － 25。
3　華僑日報：《香港年鑑（1948）》，第四編，頁 15。
4　《香港年報（1948）》（Hong Kong Annual Report 1948），頁 37。

總額的 36.2%，使中國內地在香港的貿易伙伴中表現特別突出。當時居第二位的是馬來亞，香港對其輸出額為 7.4 億港元，佔香港出口總額的 16.7%。[5]

（二）緩慢發展階段（1952－1977 年）

1950 年 6 月 25 日朝鮮戰爭爆發以後，英國政府屈從於美國的壓力，實行對華禁運。香港政府在 1950 年 7 月 1 日、1951 年 4 月 27 日、5 月 25 日、1952 年 2 月 19 日先後頒佈管制法令，不斷擴大禁運範圍。禁運把香港和它的經濟腹地中國內地割離開來，使之難以發揮轉口港的作用，使戰後出現轉機的香港經濟受到沉重打擊。轉口貿易衰退，商業蕭條，企業大量倒閉，失業人數劇增。1951 年香港已出現貿易凋零的現象，1952 年情況更為嚴重。

1952 年香港進出口貿易總值為 66.7 億港元，與 1951 年相比減少了 28.2%。造成 1952 年香港貿易總值大幅度下降的主要原因，在於香港對中國內地貿易的萎縮。1951 年，中國內地是香港轉口最重要的市場。該年對中國內地的輸出總額為 16 億元，佔出口總額的 36%。1952 年香港對內地進出口總額為 13.5 億元，較 1951 年減少 45.1%。其中香港對內地出口貿易總額 1952 年為 5.2 億港元，較 1951 年減少 10.8 億港元，即 67.1%。約 10 年後，對內地的出口額更降至不足 1 億港元。1952 年內地對港出口總額為 8.3 億港元，較 1951 年僅減少 0.32 億港元，即不足 4%。進出相比，內地已由 1951 年對香港入超 7.4 億港元，一變為對港出超 3 億港元。[6]

除了禁運以外，1950 年代內地的「大躍進」和 1966 年開始的「文化大革命」也對兩地貿易產生過不利的影響。但這一時期，兩地貿易仍緩慢地向前發展。1952 年兩地貿易總額為 13.5 億港元，1977 年為 81.23 億港元，25 年間增長了 5

5　《香港年報（1952）》（*Hong Kong Annual Report 1952*），頁 57。

6　經貿部特派員辦公處研究室：《1952 年香港對外貿易情況》，頁 35。

倍，遞增率為 7.45%。這一時期兩地貿易結構，以內地向香港出口為主。香港向內地出口（包括轉口）所佔比重很小。1952 年，香港由內地進口的貨值為 8.3 億港元，1977 年增加到 80.82 億港元。但同一時期，香港向內地的出口貨值，則由 5.2 億港元減少到 0.31 億港元。[7]

出現這種情況的原因是內地對香港的出口貿易一直沒有中斷，且在逐步增長。內地出口的主要是食品、原料和半成品，食品約佔一半以上。但是，由於政治原因，香港對內地的出口卻受到嚴重影響。香港在工業化的過程中，其主要的出口市場轉向了美國和歐洲。這一時期內地對香港的貿易一直保持順差，再加上僑匯、旅遊和在港投資收入等，使香港成為內地主要的外匯來源地之一。

（三）迅速發展階段（1978－1997 年）

中共十一屆三中全會以後，中國實行改革開放政策，國民經濟迅速發展。國內生產總值（按當年價格計算）從 1980 年的 4,517.8 億元，增加到 1995 年的 58,260.5 億元。在內地經濟迅速發展的影響下，香港與內地的雙邊貿易發展迅速，貿易規模急驟擴大，貿易構成多元化，商品結構優化。

從貿易規模看，香港與內地的雙邊貿易額從 1979 年的 170.48 億港元，增加到 1995 年的 9,870.78 億港元，增長 34.81 倍，每年平均增長 28.87%，遠遠超過香港整體貿易的增長速度。雙邊貿易佔香港對外貿易總額的比重，1979 年為 10.54%，1989 年為 30.30%，1995 年為 34.81%，呈直線上升趨勢。

1979 年，香港與內地的雙邊貿易居香港對外貿易的第三位，內地是香港居第二位的進口來源地，是居第十三位的港產品出口市場，和居第六位的轉口市

7　華潤貿易諮詢有限公司：《香港經濟貿易統計彙編（1947－1987）》（香港：華潤貿易諮詢有限公司，1988），頁 30、32、35。

場。1985 年,在事隔二十五年之後,內地取代美國,重新成為香港最大的貿易
伙伴。1982 年起,在相隔十四年以後,內地取代日本,恢復了香港第一進口來
源地的地位。1980 年起,內地成為香港居首位的轉口市場。1984 年起,內地
成為居第二位的港產品出口市場,1993 年和 1995 年又成為港產品出口的最大
市場。[8]

從貿易構成看,改變了長期以來以內地向香港出口為主的局面,變為進
口、出口和轉口貿易全面蓬勃發展。以 1997 年為例,香港從內地進口產品
6,083.72 億港元,佔香港總進口的 37.7%;港產品出口到內地 638.61 億港元,佔
港產品總出口的 30.2%;轉口到內地的產品 4,438.78 億港元,佔香港轉口總額
的 35.7%。無論進口、出口或轉口,中國內地在與香港有關的國家和地區中皆
佔第一位。[9]

自 1950 年末開始,由於製造業的崛起,港產品出口值超過了轉口值,導
致傳統的轉口貿易有所削弱。改革開放以來,香港與內地雙邊貿易的蓬勃發展
改變了香港的貿易構成。1988 年,香港出口總額為 32.78 億港元,其中,轉口
佔 55.86%,港產品出口佔 44.14%。從這一年起,香港重新恢復了轉口港的地
位。1995 年,香港轉口值佔出口總值的 82.76%,成為世界上最大的轉口貿易港
之一。由於中國內地與世界各地的貿易大多經香港轉口,這不僅提升了其轉口
港地位,也使香港外貿受惠增加。據統計,1994 年來自中國內地的轉口貨值達
8,687 億港元,佔香港轉口總值的 91%。按當年平均 18% 的轉口毛利率計算,
香港僅此項獲得的毛利就達 1,563 億港元。[10]

8 周維平:〈香港與中國內地經貿合作的回顧與前瞻〉,載迎接香港回歸徵文編委會編:《明珠璀璨:
迎接香港回歸徵文集》(北京:台海出版社,1997)。

9 政府新聞處出版:《香港——邁進新紀元》,頁 368。

10 周維平:〈香港與中國內地經貿合作的回顧與前瞻〉;劉雪琴:〈香港成為國際貿易中心的內地因
素〉,載《明珠璀璨:迎接香港回歸徵文集》。

從商品結構看，內地對香港出口的商品，已從以食品、原料和半成品為主，變為工業製成品佔絕大多數。香港向內地出口和轉口的產品，電訊器材、電子零件、機械及運輸設備、電視廣播器材、辦公室自動化設備等科技含量高的產品也大量增加。

由於中國經濟發展周期與世界經濟發展周期並不同步。所以，我們可以看到這種現象，當世界經濟發展不景氣，貿易增長緩慢時，香港貿易卻仍在快速發展。例如，1991 年世界 GDP 的增長只有 1.3%，貿易增長只有 2.9%，可同期香港貿易的增長卻高達 20.5%。主要的原因是，當年香港與中國內地的貿易增長達到 21.2%，內地貿易佔到香港貿易總額的 32.4%。當年內地經香港轉口海外的貿易值比上年增長 38.2%，海外經香港轉入內地的貿易值增長 31.3%。香港與內地貿易的快速增長彌補了世界經濟不景氣給香港貿易帶來的損失。[11]

1990 年代，香港的離岸貿易發展迅速，在香港經濟中的地位日趨重要。離岸貿易包括商貿活動和商品服務。離岸貿易的收益來自商貿活動的毛利和商品服務的佣金、代理費等，在計算香港當地 GDP 和國際收支平衡時，劃記在經常帳戶的服務輸出項下。1999 年，香港的服務輸出收益總值達到 2,936.51 億元，佔當年香港 GDP 的 36.29%，高於 1998 年的 35.76% 和 1997 年的 35.96%。2000 年，香港的服務輸出收益總值為 3,340 億港元，佔當年香港 GDP 的 37.37%。服務輸出總值中，「與貿易有關的服務」所佔比重，從 1991 年的 20%，上升至 1998 年的 30% 和 1999 年的 33.3%。在「與貿易有關的服務」中，八成以上的貢獻來自離岸貿易的毛利和佣金、代理費等。

香港的離岸貿易的迅速發展，與港商在內地離岸貿易的迅速發展密切相關。據香港貿易發展局調查，1997 年港商出口產品來源於內地的佔 62.8%。其中，採用經港轉口方式的佔 72%，採用直接付運和經港轉運方式的分別佔 16%

---

11 華曉紅：〈內地──香港最大的貿易伙伴〉，載《明珠璀璨：迎接香港回歸徵文集》。

和 12%，即港商離岸貿易合計佔 28%，高於三年前的 25%。

港商在內地離岸貿易的增長，主要原因有以下幾點：

一是內地沿海各地港口設施逐步改善，貨運處理能力增加，可處理一部分遠洋貿易。特別是珠江三角洲地區港口群建設迅速，港口容量不斷擴大。1996 年珠江三角洲一批沿海和內河港口可處理廣東省國際貨櫃進出口量的近 30%（約 200 萬標準箱）。1997 年深圳貨櫃處理量超過 100 萬標準箱，1998 年增加到 195.2 萬標準箱。

二是內地加工製造和包裝水準不斷提高，許多港商投資生產的產品已不需要運回香港作最後加工處理再轉口，而是以經港轉運或直接付運的方式出口。

三是內地貨運業不斷對外商開放，香港往內地服務業的投資也在增加，一些貿易和運輸服務環節可以在內地進行。同時港商積極投資於內地的碼頭建設，為兩地貨運業提供更多服務。

四是內地出口貨物中適宜直接裝箱的貨物逐步增長，珠江三角洲港口的碼頭處理和裝卸費用較低，可節省貨櫃拖運到港的費用。這也使直接付運貨物增長。[12]

二、港商在內地的投資

1960 年代和 1970 年代，香港經濟高速發展，積累了大量資本。但香港本地市場狹小，國際市場競爭又日趨激烈，香港的投資者急於為手中的資本尋求新的出路。中國實行改革開放政策以後，提供種種優惠條件鼓勵外商投資，投資環境不斷改善，吸引着愈來愈多的港商到內地投資，促進了香港與內地的共同繁榮。

---

12 對外貿易經濟合作部台港澳司：《迅速發展的香港服務貿易及離岸貿易》（1998 年 7 月 24 日）。

據統計，1979－1996 年，中國內地實際使用外來直接投資 1,748.87 億美元。其中，來自香港的投資為 992.97 億美元，佔 56.8%，居第一位。來自台灣的投資為 157.34 億美元，佔 9%，居第二位。來自日本的投資為 138.84 億美元，佔 7.9%，居第三位。來自美國的投資為 131.53 億美元，佔 7.5%，居第四位。港商成為內地最主要的海外投資者，他們的投資額遙遙領先。

1997 年底，香港在內地的已實現的直接投資累計價值估計達到 1,210 億美元，約佔總投資額的 55%。香港在廣東的已實現的直接投資累計價值估計為 480 億美元，佔廣東省直接外來投資總額近五分之四。[13]

港商在內地投資初期，投資主要集中在加工工業，以及賓館、酒店、旅遊設施和計程車等服務行業。地區以廣東、福建為主。一般是投資規模較小、技術層次較低、回報期短、收益較高的項目。

製造業大規模內遷是港商加強對內地投資的一種體現。早期香港製造業內遷主要是採取「三來一補」的加工貿易方式，即通過來料加工、來樣加工、來件裝配和補償貿易，由內地企業承擔勞動密集型工序的加工生產，港商的投資也主要採取商品信貸方式。據香港貿易發展局的統計，1979－1989 年，廣東省與外商簽訂的「三來一補」合同 83,500 宗，涉及金額 23.2 億美元，其中屬於港商的佔九成以上。港商支付給廣東的工繳費達 30.4 億美元。從 1980 年代中期開始，「三來一補」繼續發展，但港商的直接投資急劇增多，開始由加工工序內遷轉為生產線內遷，由「三來一補」為主轉為「三資企業」為主，由商品信貸性投資為主轉為以直接投資為主。1984－1991 年，港商在內地實際的直接投資約 125 億美元，其中在廣東的直接投資為 83 億美元，佔 66.4%。港商在廣東的直接投資絕大部分為工業投資，並且主要是 1980 年代後期以來投入的。[14]

---

13 政府新聞處出版：《香港——邁進新紀元》，頁 40－41。
14 龔唯平：〈香港製造業內遷與粵港工業合作〉，載《明珠璀璨：迎接香港回歸徵文集》。

1995 年底，全國註冊登記的外商投資企業為 233,564 戶，其中約三分之二是港
商投資企業。據廣東統計，全省已開業投產的三萬多家「三資」企業和二萬多
家「三來一補」企業，分別有八成和九成多由香港廠商創辦。香港製造業七成
以上的工序已遷入廣東。[15]

　　香港製造業大規模內遷，逐漸形成了「前店後廠」的格局。香港承接海外
訂單、供應原材料、元器件，控制產品品質，從事樣品製造和開發新產品、新工
藝，進行市場推廣和對外銷售，扮演「店」的角色。內地進行產品的加工、裝配
和製造，扮演「廠」的角色。香港所具有的資金、技術、管理、資訊和市場優
勢，和內地所具有的豐富、低廉的土地、資源、勞動力優勢以及對外資實行的優
惠政策結合在一起，形成跨地域分工模式，成為優勢互補的一種特定形式。[16]

　　據調查，1990 年，廣州、深圳、東莞的製造業月工資、廠房每平方米月租
金和廠房每平方米售價的平均值與香港相比，前者僅分別為後者的 16%、21%
和 15%。（參看附表）

香港及內地工資、租金成本的比較（1990）

地區	製造業工資（每月港元）	多層工廠	
		租金（每平方米每月港元）	售價（每平方米港元）
廣州經濟及科技開發區	1,000 – 1,200	27	1,852 – 2,145
深圳特區	800	15 – 29	1,475
東莞	740	10	--
香港	5,520	93*	12,000*

（＊指市區數值。參看廖柏偉、王于漸：《中小企業及香港的經濟發展（研究報告）》，
頁 38。）

15　周維平：〈香港與中國內地經貿合作的回顧與前瞻〉。
16　周維平：〈香港與中國內地經貿合作的回顧與前瞻〉。

香港製造業內遷是比較成本規律作用的結果。它緩解了香港工業化過程中勞動力緊張、地租房價高昂的沉重壓力，大大降低了港產品的製造成本，使其在激烈的國際競爭中保持了比較優勢。以廣東省為例，1997 年超過 500 萬工人經常受僱於港資機構。據估計，僅工資支出一項，港商每年便可節省約 2,000 億港元。

香港製造業內遷突破了香港製造業規模過小，產量過低的局限。由於低廉勞力與土地的使用，通過規模經濟之作用，大幅度地降低了生產成本，增加了產品的國際競爭力。據 1995 年 4 月公佈的香港工業總會的一份調查顯示，在內地港商的平均投資金額為 3,030 萬港元，平均僱用人數為 865 人，大大高於香港本地廠商平均僱用人數 13 人的水準。[17]

香港製造業內遷給內地帶來了比較先進的技術和管理經驗，增加了就業機會，培養了技術和管理人才，促進了改革，加快了有關地區工業化、城市化和現代化的進程。

1992 年，在鄧小平視察南方重要講話和中共十四大精神的鼓舞下，我國的改革開放進入了新的階段。海外投資者極大地增強了對內地投資的信心。港商的投資出現了金額大、期限長、範圍廣、進展快的特點。香港與內地的經貿合作進入了全面深入發展的新階段。從 1992 年開始，特別是在 1993－1995 年的三年中，港商對內地的投資出現了以下變化：（1）投資地區由近到遠，不但廣東、福建等東南沿海省份吸引了大量港資，上海、長江三角洲、環渤海地區、華中、華北等地也成為投資的熱點。（2）投資主體從中小企業發展到大公司、大財團。長江實業、九倉、新世界、新鴻基地產、和記黃埔等著名財團紛紛對各地大量投資。（3）投資領域從加工生產為主，擴大到基礎建設、基礎工業和第三產業。交通、通訊、能源、旅遊、金融、商貿、零售商業，特別是房地產

---

17 封小雲：〈香港製造業發展走勢與動向研究──製造業企業的個案調查與分析〉。

業，成為熱門的領域。(4) 投資項目從小到大。項目平均投資額顯著上升，幾千萬美元以至逾億美元的大項目比比皆是。兩地經貿關係已經形成多領域、多管道、多形式、多層次的合作格局。[18]

三、中資在香港

中資是指來自中國內地的國家資本。1949 年中華人民共和國成立前，中銀、華潤、招商、中旅等四家老中資企業已開始在香港經營。1949 年以後的頭三十年，香港的中資企業發展緩慢，新機構開設極少，而且業務一直局限在銀行以及同內地有關的貿易、航運、旅遊方面。

1979－1991 年，隨着內地改革開放政策的實施，人們看好香港，將香港作為建立對外經濟聯繫的重要基地，中央各部、各省市、經濟特區和開放城市先後在香港建立了大批新的公司。老的中資機構業務也迅速擴展。到 1989 年，在香港註冊的中資企業已超過 2,500 家，十年間增長了二十多倍。在中資機構迅猛發展的過程中，也暴露出成分複雜、經營管理不善、個別人員營私舞弊等問題。1989－1991 年間，內地成立清理整頓小組，對駐港中資機構進行清理，保留了具備在港經營條件的約 1,500 家企業，使香港中資企業進入正常的發展軌道。1992 年以後，隨着內地改革開放力度的加大，香港中資企業的經營管理水準也出現了質的飛躍，形成一批大型企業集團，逐漸進入香港一些重要的經濟領域，在香港市場站穩了腳跟。到 1999 年底，香港的中資企業達到 1,960 家。其中，實力強大的有：

18　周維平：〈香港與中國內地經貿合作的回顧與前瞻〉。

（一）中銀集團

中國銀行香港分行 1917 年正式成立，1950 年歸新的中國銀行總管理處領導。1983 年正式建立了中銀集團，統一領導港澳地區的 14 家中資銀行。中銀集團是香港第二大銀行集團，從事多元化業務。從 1994 年 5 月開始，中國銀行正式參與港元發鈔。1996 年，中國銀行首度出任銀行公會主席，以後將與滙豐和渣打兩家英資銀行輪流擔任銀行公會正副主席。到 1996 年底，該集團在港分支機構已有 400 多間，總資產達到 9,700 億港元。

（二）華潤集團

1948 年，華潤公司在香港成立。內地實行改革開放政策前，華潤是香港市場各種國貨的最大供應商，也是中國內地部分生產資料的主要進口商。1983 年 7 月，該公司在香港註冊為華潤（集團）有限公司。它是中國對外經濟貿易部所屬各專業外貿總公司在香港的總代理，也是內地在香港的最大貿易機構。華潤集團建立後，加快拓展貿易服務業，並投資海外興建一批工業企業。近年來，該集團業務多元化，並嘗試利用香港資本市場。1997 年，該集團年營業額已逾 620 億港元，總資產達 460 億港元。

（三）招商局集團

招商局創辦於清同治十一年（1872 年），最初的名字是輪船招商公局。其後多次改組，但一直保持「招商」的名稱，意思是以「招天下商，通五洲航」為宗旨，與海內外各界人士合作，發展中國的航運事業。經過近幾十年的發展，該集團已有獨資、合資企業 530 多家，固定資產達到近 300 億港元。該集團在內地組織開發的蛇口工業區，是中國內地開辦經濟特區的第一步。到 1996 年，該集團已分別有四家和六家控股及合營公司在香港和內地上市。1997 年 6 月底，招商局國際的市值約達 360 億港元。

（四）中旅集團

香港中國旅行社成立於 1928 年。當時經辦上海總社交付的各項業務，是國人出國、華僑回國的一個重要中轉站。1954 年改組，擴建為香港中國旅行社有限公司，負責海外旅客到內地、內地貨物經香港運輸等業務。1985 年 10 月，成立香港中旅集團，發展成為一個多元化、國際化的集團企業機構。該集團控股的香港中旅國際有限公司 1992 年上市，1997 年淨資產達 60 億港元，市值約 130 億港元。

（五）中保集團

香港中國保險（集團）有限公司是由中國人民保險（集團）公司、中國保險有限公司、太平保險有限公司和人民人壽保險公司合資於 1992 年 10 月 20 日在香港註冊成立的控股集團，擁有以上各個投資主體在香港註冊經營的十三家保險及相關公司，是港澳地區最大的中資保險機構。1996 年底，該集團總資產已達百億港元以上。

（六）光大集團

光大集團有限公司於 1983 年 8 月 18 日在港成立，是一個由國務院直接領導，獨立經營的綜合性企業集團。經過十四年的成長和發展，已擁有總資產人民幣 800 多億元，投資和業務遍及海內外。該集團屬下有光大國際、光大科技、光大明輝三家上市公司，1997 年 5 月初的總市值達 120 億港元。

（七）中信集團

中信（香港集團）有限公司 1987 年初在港成立，是中國國際信託投資公司的全資附屬公司。該集團是多元化投資企業，經營範圍包括金融、電訊、航空、房地產、能源、工業製造、貿易及公路、橋樑等其他基礎設施。1990 年它

收購香港上市公司泰富公司，更名為中信泰富，並於 1992 年被列為恒指成分股。1997 年，中信泰富公司市值約千億港元。

（八）中遠（香港）集團

中遠（香港）集團有限公司 1994 年 8 月在香港註冊成立，是中國遠洋運輸（集團）總公司統一管理港澳和菲律賓 240 餘家各類公司的海外集團，1997 年資產總值 400 億港元。主要從事航運、集裝箱租賃、碼頭、房地產、工業、船貨代理及其他業務。集團擁有 110 艘遠洋貨輪，500 多萬載重噸，在香港航運界名列前茅。該集團控股的上市公司中遠太平洋總市值達 220 億港元；控股的順成集團從事建築等業務，總市值近 50 億港元。

（九）中國海外集團

中國海外集團有限公司 1979 年 6 月在香港註冊成立，是中國大型建築聯合企業——中國建築工程公司的全資子公司。主要業務包括工程承包、房地產、實業投資、貿易、倉儲及金融證券等。該集團有形資產超過 180 億港元，其控股的香港上市公司——中國海外發展有限公司的市值超過 220 億港元。

（十）航太科技國際集團

1993 年，航太工業總公司收購在香港註冊的康力電子有限公司，更名為航太科技國際有限公司。該公司是集工業、金融、物業、貿易為一體的大型高科技跨國集團公司，主要從事衛星產品、通訊產品、電腦應用與軟體工程、多媒體等高科技產品的開發、生產和推廣應用。該公司擁有 500 多萬平方英尺房地產和 60 多億港元總資產。

除上述中資集團外，重要的中資集團還有粵海集團、上海實業集團、華閩

集團、深業集團、越秀集團和聯合出版集團等。[19]

　　據香港政府統計處統計，1996 年底，中國內地在香港的投資存量為 148 億美元。內地成為香港第二大外來投資者，佔投資總額的 18.7%，僅次於英國（27.7%），但位居美國（18.2%）和日本（15.5%）之前。[20]

　　香港中資企業在香港許多經濟領域都佔有重要地位。金融業是香港中資企業影響力極大的一個方面。到 1996 年底，僅中銀集團的資產總額已達 9,700 億港元，約佔香港銀行資產總值的 10%，僅次於日資銀行和滙豐集團而列第三位。存款總額為 6,300 億港元，佔香港銀行存款總額的 25%；貸款總額約為 3,500 億港元，約佔香港銀行貸款總額的 9%。香港學者宋恩榮指出，1996 年，雖然日本的銀行佔銀行資產總額的 44%，但只佔港元存款的 3.5%。因為日本在香港的銀行主要在國際金融市場而非在香港本地市場經營。滙豐集團和中銀集團則在香港本地市場中佔主導地位。中保集團香港保費收入的市場佔有率約為 20%，僅次於美國亞洲保險公司的 34% 和澳大利亞國際保險公司的 25% 而居第三位。據估計，1990 年代中期，中資企業每年經營的進出口貿易額，約佔香港對外貿易總額的 22%。在與內地有關的轉口貿易中，中資經營的部分更佔到 55%。中資經營的內地供港鮮活商品佔香港市場總供應量的 92%。中資在香港的航運、倉儲業也佔有重要地位。招商局集團擁有各種商船約 400 萬載重噸，承運了香港海運量的 7%。招商局還擁有香港最大的駁船隊、30 多個碼頭泊位，以及全港最大的船廠與浮塢。據估計，中資經營的海運量約佔香港海運量的 25%。在旅遊業方面，香港 20 家實力最雄厚的旅行社中，中資佔了 9 家。據估計，以營業額計算，中資在香港旅遊業所佔的市場份額約為 25%。在建築業方面，1996 年底，香港的中資建築公司已有 50 餘家，其中擁有香港 C

19　楊奇主編：《香港概論》（北京：中國社會科學出版社，1992），頁 135—138；烏蘭木倫主編：《邁向二十一世紀的香港經濟》（香港：三聯書店，1997），頁 588—592。

20　宋恩榮：《香港與華南的經濟協作》（香港：商務印書館，1998），頁 115。

級高級牌照的有 8 家。1996 年底，中資企業參與填海造地 2,000 萬平方米，約是香港島面積的四分之一。建造的各種建築物總面積 500 萬平方米，其中僅住宅就可供 25 萬人居住。中資企業鋪設的輸水管線輸送了香港城市淡水用量的 60%。1980 年代以來，一些大型中資企業還相繼對香港的隧道、碼頭、公路、機場、航空、電訊等大型基礎設施和公用事業進行投資。[21]

中資機構是連接內地和香港及世界其他地區的紐帶和橋樑。內地通過這些機構引進了資金、技術、管理經驗，培養了熟悉市場經濟運作的人才，及時掌握世界經濟資訊，並賺到了可觀的外匯。

中資和香港其他各類資本一樣，也為香港經濟的穩定與繁榮做出了貢獻。中資銀行在香港金融出現較大動盪時，如 1985 年發生銀行風潮和 1987 年出現大股災時，1991 年渣打銀行受到謠言攻擊而出現擠提時，曾配合香港有關方面採取補救措施，穩定了市場。

中資不僅立足香港、服務於香港，也積極為內地的經濟建設服務。截至 1995 年，中資企業在內地投資建設的項目近 2,000 個，長期投資年末餘額達 291 億港元，形成的固定資產達 189 億港元。[22] 中資對港商和外商在內地投資也發揮了穿針引線的作用。

隨着香港與內地貿易和投資的迅速增長，以及兩地居民的頻繁往來，香港與內地的金融聯繫也日益密切。1997 年 11 月底，香港認可機構對內地機構的對外負債約達 3,000 億港元，而對內地機構的對外債權更高達約 4,120 億港元。

香港是向內地提供資金的一個主要中心。除直接提供資金外，它也是外資順利流入內地的管道。長期以來，內地是採取銀團貸款的形式在香港籌集資金。不過，在 1990 年代，愈來愈多的內地銀行和企業採用發行可轉讓存款證、債券及

21　烏蘭木倫主編：《邁向二十一世紀的香港經濟》，頁 598–604；宋恩榮：《香港與華南的經濟協作》，頁 119。

22　烏蘭木倫主編：《邁向二十一世紀的香港經濟》，頁 611。

股票等方式籌集資金。自 1993 年中起，大型國營企業開始在香港發行 H 股。到 1997 年底，共有 39 家國營企業在香港聯合交易所上市，籌集資金 590 億港元。[23]

四、內地對香港的支持

新中國成立以後，中國政府對香港採取了「長期打算，充分利用」的政策，從實際出發，尊重歷史，維持現狀，從政治上實現香港的穩定，從經濟上給予大力支持。內地對香港的支持是香港經濟得到迅速發展的因素之一。

香港長期得到祖國內地各方面的照顧。內地一直以優惠價格向香港提供大量的主食、副食、日用消費品、工業原料、燃料和食水。

香港淡水資源缺乏，歷史上多次發生水荒。隨着人口的急劇增長和工商業的發展，矛盾更加突出。1963 年香港出現六十年來最嚴重的水荒，全港水塘存水僅夠四十三天食用。6 月 13 日，香港政府宣佈限制用水，每隔四天供水一次，每次四小時。

中國內地十分關心香港的淡水供應問題。1960 年 11 月 15 日，廣東省寶安縣人民委員會代表與香港當局代表簽訂協議，每年由深圳水庫向香港供水 50 億加侖，水費為每 1,000 加侖人民幣 1 角。但這仍然不能滿足香港的需求。後來，周恩來總理下令修築東江－深圳供水工程。1964 年 4 月 22 日，廣東省人民委員會代表與香港當局代表簽訂了《關於從東江取水供給香港、九龍的協議》，規定廣東省人民委員會舉辦東江－深圳供水工程，於 1965 年 3 月 1 日開始，由深圳文錦渡附近供水站供給香港、九龍淡水。每年供水量定為 6,820 萬立方米。水費標準為每一立方米人民幣 1 角。1964 年工程建設初期，在我國遭受自然災害、經濟尚未復興的情況下，中國政府從援外資金中撥款 3,800 萬

---

23 《香港──邁進新紀元》，頁 41。

元,確保了工程的順利進行。首期工程於 1965 年 2 月 26 日竣工,並在當年就向香港供水 6,000 萬立方米,佔當時香港全年用水量的三分之一。為了滿足香港不斷增長的用水需求,1970 年代、1980 年代和 1990 年代,東江－深圳供水工程三次進行擴建,累計耗資逾 20 億元。1994 年底,第三期擴建工程完工後,對香港的供水能力增至 11 億立方米。[24]

「東深」工程始終堅持把有限的淡水資源優先供給香港同胞。1983 年廣東大旱,當地居民用水緊張,有的工廠被迫停產,但香港依然二十四小時無限制供水。據香港水務署統計,1960 年 12 月至 1996 年 6 月底,內地向香港供水總量達 91.59 億立方米。目前香港很大部分淡水依靠內地供應。例如,中國內地輸往香港的水量 1995 年為 6.9 億立方米,佔當年香港耗水量(9.19 億立方米)的 75%;1996 年為 7.2 億立方米,佔當年香港耗水量(9.28 億立方米)的 78%;1997 年為 7.5 億立方米,佔當年香港耗水量(9.13 億立方米)的 82%。[25]

1974 年,在世界發生能源危機,內地也急需石油的情況下,還是以優惠價格向香港供應石油 30 萬噸。

港人喜歡食用新鮮食品。通過下列數字不難看出內地糧油食品,特別是鮮活商品在港人日常生活中舉足輕重的作用:1995 年內地供應香港食品的數量及市場佔有率為活豬 239.42 萬頭,佔 94%;活牛 10.77 萬頭,佔 100%;活羊 9,100 頭,佔 100%;活雞 3,410 萬隻,佔 75%;凍肉禽 5.1552 萬噸,約佔 30%;塘魚 3.6173 萬噸,約佔 90%;被視為珍品的大閘蟹全部來自內地。此外,還有 2.4 萬多噸水果,24.6762 萬噸新鮮蔬菜,及相當數量的蛋品、油料、食品。[26]

24　英國殖民地部檔案 C.O.1030/1280,頁 38;英國殖民地部檔案 C.O.1030/1657,頁 149—150; 李健:《香港飲水靠天靠地靠內地》。

25　陳多、蔡赤萌:《香港的經濟(一)》(北京:新華出版社,1996),頁 82;《香港 1996》,頁 182;《香港 1997》,頁 182;《香港——邁進新紀元》,頁 179。

26　李健:《內地是香港 600 萬市民的後勤基地》。

　　早年向港澳運輸鮮活商品，是按普通貨物運輸，運輸時間長，作業環節多，線路不固定，設施不配套，到貨不均勻，貨物途中損失十分嚴重，活牛、活豬死亡率 10%，活家禽死亡率近 20%，活魚死亡率更高達 50%。為了解決供應港澳鮮活商品運輸中的困難，在周恩來總理的親切關懷下，在李先念副總理的直接過問下，從 1962 年開始，鐵道部和外經貿部安排了 751、753、755 等三趟「供應港澳冷凍商品快運貨物列車」，每天分別由上海、鄭州、武漢（或長沙）開往深圳，再將貨物運往香港。除農曆正月初一以外，一年 364 天，天天按時運送。三趟快車是在我國剛剛經歷三年自然災害，元氣尚未恢復的情況下開行的，以後又經受過文革動亂、華南水災、隧道塌方、橋樑斷裂、春運民工潮等嚴峻考驗，但風雨無阻，從未間斷。1962－1995 年，三趟快車共向港澳運送活豬近 8,000 多萬頭、活牛 500 多萬頭、活家禽 8.1 億餘隻、冷凍食品 135 萬噸，以及大量其他商品。

　　「定期、定班、定點」的三趟快車解決了供應港澳鮮活商品在長途運輸過程中「易殘死、易腐爛、易變質」的問題，滿足了港澳同胞喜食「鮮、活、生、猛」的習慣，保障了「優質、適量、均衡、應時」八字方針的執行，體現了中國政府對香港供應的重視。[27]

　　內地供應香港的產品不僅數量大，而且價格一般低於外國同類產品。內地產品的穩定均衡的供應，使得香港的通貨膨脹率和勞動成本低於西方工業發達國家，使香港產品在國際市場上能不斷擴大銷路。

原載《廣東省社會科學院歷史與孫中山研究所建所五十週年紀念文集》，
香港：銀河出版社，2008 年。

27　金旭：《三趟快車──供應港澳的生命線》；李健：《內地是香港 600 萬市民的後勤基地》。

十九世紀香港西式學校歷史評價

　　怎樣評價近代外國在華興辦教育一事，是近代中外關係史研究的一個重要課題。筆者以十九世紀香港西式學校作為典型事例，試圖對這個問題作些初步探索。

一

　　英國佔領香港初期，港英政府關心的只是設置統治機構，修築辦公房舍，建立殖民統治秩序，對興辦學校並不熱心。香港較早的西式學校都是教會人士開辦的。

　　最早出現在香港的西式學校是馬禮遜教育會開辦的馬禮遜學校。該校 1842 年 11 月 1 日由澳門遷往香港，校長勃朗（S. R. Brown）係美國公理會傳教士。[1] 1843 年末，倫敦傳道會傳教士理雅各（James Legge）將馬六甲的英華書院遷往香港。1843 年 12 月 22 日英國聖公會殖民地隨軍牧師史丹頓（V. J. Stanton）抵達香港以後，創辦了聖保羅書院。1859 年香港首任維多利亞會督司蔑（G. Smith）創辦了一所寄宿學校——拔萃書院。

1　馬禮遜（Robert Morrison）（1782 － 1834）是基督教（新教）派往中國的第一個傳教士。馬禮遜教育會和馬禮遜學校都是為紀念他而命名的。馬禮遜教育會 1836 年 9 月 28 日成立於廣州，英國鴉片商顛地任會長，查頓任司庫，美國傳教士裨治文任秘書。他們宣稱，該會宗旨「以辦學或其他方法促進或改善中國之教育」。馬禮遜學校 1839 年 11 月開辦於澳門。

談到中國居民開辦的學校，至遲在英國侵佔香港島一百年以前，島上的黃泥涌、赤柱、小香港、香港仔等村落已經有一些私塾。1848 年 2 月，港英政府在該島的維多利亞城、赤柱及香港仔各選擇一所私塾，置於該政府的管轄之下，他們任命了這三所學校的教師，給予每所學校每月 10 元補助。這標誌着香港一種新的教育制度開始實施。這些接受補助的學校被稱為官立學校（Government School，當時譯為「皇家書館」）。港英政府的中英文通告聲稱，他們負責為這些官立中文學校提供教室和教員薪金，學生不必交納學費，但每個學生每月要給教師銅錢 25 文「以作茶資之用」。[2] 官立學校是另一種類型的西式學校。

早年外國傳教士在香港辦學的主要動機是培養本地傳教士。史丹頓牧師認為：「改變中國人信仰的工作，與其用外國傳教士，不如用中國傳道士去做。」聖保羅書院的辦學章程確定該校辦學目標為：「按照英國聖公會的原則，為在華傳播福音，培養一批本地牧師和信奉基督教的教師。」當時的英國坎特伯雷大主教對此深表贊許。[3]

早年港英政府用少量經費補貼部分華人學校，將這些學校變為西式學校，是出於鞏固殖民統治秩序的需要，是一種征服人心的手段。香港總督德庇時（John F. Davis）1847 年 3 月 13 日給殖民地部的信中，說過這樣一段話：「如果這些學校最終歸屬新教傳教士培養的本地基督教徒教員掌管，將使港島本地居民皈依基督教一事，出現最合乎情理的前景。」[4] 港英政府指派的教育委員會在 1850 年 3 月 8 日的報告中說得更為明顯：「政府方面表現出推進教育事業和

---

2 *Hong Kong Government Gazette*, Vol. 4, No. 184, 27 Nov 1858, p. 104; Vol. 4, No. 155, 4 Dec 1858, p. 108.

3 E. J. Eitel, "Materials for a history of education in Hong Kong", *China Review*, Vol. 19, No. 5, p. 317.

4 E. J. Eitel, *Europe in China: the History of Hong Kong from the Beginning to the year 1882*, (London: Luzac & Co., 1895), p. 247.

開辦學校的願望，這是一種手段，意在安撫當地居民，使我們的政府得到人心。」[5]

我們對早年香港教會學校的教學內容了解甚少。筆者僅從《香港教育史資料》中找到一條極為簡單的記載：1849 年聖保羅書院的中國學生「除接受基督教教育外，還要學習英文和中文」。[6] 但羅存德（W. Lobsoheid）1859 年所著《香港華人教育與官立學校筆記》使我們對十九世紀五十年代香港官立學校的課程設置有較多的了解。現將該書附錄中的一個表格完整地照譯如下：[7]

官立學校課本

1. 本地課本	2. 外國課本	3. 英文課本
幼學	新約	日課（板書）
三字經	慕維廉地理	馬禮遜漢英語法
千字文	慕維廉英國史	常識（理雅各講授）
四書	《聖經》中記載的歷史	地理（地圖）等
五經	基督教工字經	
古文	十誡等	

這實際是一份課程設置表。它表明早期香港官立學校雖然開設中國私塾的傳統課程，但同時也介紹世界地理、歷史和自然科學常識，因而，這些學校的中國學生眼界比中國內地的同齡學生開闊。但官立學校也和教會學校一樣，均處於教會勢力的影響之下。1852 年 3 月，香港總督任命維多利亞會督司蔑為教育委員會常務主席。1857 年 5 月，德國禮賢會教士羅存德被任命為香港首任

5　同註 3，頁 318。

6　同註 3。

7　參看該書附錄 "Chronological and Statistical Table of the Government school on the Island of Hong Kong"。表中的「外國課本」指外國人編寫的中文課本。日課（series of Lessons）指早晚祈禱時的《聖經》選讀。

官立學校視學官。在香港政府支持下，他們竭力推行宗教教育。從前面的表格
看，有關基督教的通俗讀物、歷史和典籍都列為教學內容。基督教和其他宗教
一樣，引導人們追求幻想中的幸福，忘卻現實生活中的苦難。當英國採用鎮壓
手段確立其在香港的殖民統治時，宗教教育對中國學生的消極影響不言而喻。
不過，基督教與西方文化的關係密不可分，基督教本身也是西方文化的一部
分。基督教典籍反映出歐洲人的政治、哲學、法律、道德觀念，《聖經》向來
被認為是西方精神文明的主要支柱。基督教強調信仰，其教義中仍包含許多理
性主義的東西。對早期香港西式學校的宗教教育不宜採取全盤否定的態度。

　　1860 年 7 月 3 日，在教育諮詢委員會的會議上，理雅各提出了他的教育計
劃，後來又以書面形式刊登在《香港政府憲報》上。其主要內容包括：1. 在維
多利亞城修建校舍一座，將分散在太平山等地的幾所學校集中在該處（該校後
稱中央書院）。2. 由一名歐籍教師組織和管理英語班。3. 由該歐籍教師負責管
理香港仔及全島其他農村學校。理雅各指出，這樣政府就會擁有一名積極參與
教育工作的官員。同時，許多在中國受過良好教育，與香港殖民地華人商行和
華人家庭有聯繫的青年就會進入歐籍教師的英語班。[8]

　　理雅各計劃得到香港總督羅便臣（Hercules Robinson）支持。該計劃説明，
港英政府興辦教育的着眼點有所變化，已不像早年僅僅注意香港本地。1861 年
4 月 10 日理雅各給幾位英國大學校長寫信，在談到挑選中央書院校長一事時，
他説：「如果有恰當的人選，這所學校將不僅有利於本殖民地的華人，而且將
對毗鄰的大陸的啟蒙與進步產生重大影響。」[9] 港英政府興辦教育着眼點的變
化，與當年中英關係的發展變化緊密相關。理雅各的計劃提出之前，中英《天
津條約》已經簽訂。理雅各計劃提出後不久，又簽訂了中英《北京條約》。這

8　*Hong Kong Government Gazette*, Vol. 7, No. 14, 6 April 1861, p. 106.
9　同註 3，頁 344。

些不平等條約的簽署為英國擴大在華侵略活動提供了諸多方便，中英兩國之間的交往也必將更加頻繁。在這種形勢下，英國當局自然願意通過香港教育對中國社會施加影響，為英國在華攫取更大的侵略利益。

由四所學校合併而成的中央書院（Central School）於 1862 年 2 月開學。[10] 該校創辦時只招收中國學生，1867 年起開始招收外國學生，但中國學生仍佔大多數。孫中山、何啟、胡禮垣等中國近代史上的知名人物都曾經是中央書院的學生。

中央書院建立以後，未併入該校的官立學校成為純粹的中文小學，為中央書院提供學生來源。中央書院起初分為中文部及英語部。中文部學生要學習《中庸》、《論語》、《孟子》。只有通過對這些書籍的口試，他們才能進入英語部。英語部學生除了學習英文課程外，還要學習五經、古文、文章和《史記》。這種教學安排使學生能夠受到中英兩國語言良好的基礎訓練。中央書院的課程還有算術、歷史、地理等。關心自然科學的香港總督麥當奴（Richard Graves MacDonnell）曾建議在中央書院講授科學常識，如化學、電學等。在他的推動下，該校於 1869 年開設了化學及幾何課。同年，該校實驗室也正式啟用。

1887 年 10 月 1 日，香港有了第一所大專學校——香港西醫書院（The Hong Kong College of Medicine for Chinese）。該校是為了培養華人醫生、護士，在中國傳播西方醫學，由白文信（P. Manson，又譯為孟生）、康德黎（J. Cantlie）等一批外籍醫生，在香港華人領袖何啟參與下創辦的。這是一所私人創辦的學校，但得到港英政府一定程度的支持。

香港西醫書院的課程設置與英國各醫科學校相似，第一學年設植物學、化學、解剖學、生理學、藥物學、物理學及臨床診察等課程。第二學年除繼續學

---

10 中央書院 1889 年更名為維多利亞書院（Victoria College），1894 年起改稱皇仁書院（Queen's College），後一校名一直沿用至今。

習解剖學、生理學外，增設醫學、婦產科、病理學、外科學等。第三學年實習增多。第四學年增設法醫學、公共衛生、實用初級外科等。第五學年則注重醫學、外科、產科之深造。西醫書院的教學盡量配合實踐活動。學習植物學時，學生多次前往植物園參觀。學習化學課時，教師通過實驗進行演示，暑期學生還親自到化學實驗室動手操作。西醫書院的教師大部分是在香港的外籍醫生，獲得過博士或碩士學位，有豐富的理論知識與臨床經驗。他們向中國學生傳授科學知識而不領取報酬。何啟亦在該校兼課，講授生理學與法醫學。西醫書院成立之前，中國內地已有兩所傳授西方醫學知識的學校，一為 1866 年美國人開辦的廣州博濟醫院附設南華醫校，一為 1881 年李鴻章等在天津開辦的醫學館。但就師資力量和教學水平而言，香港西醫書院大大超過了上述兩所學校。

1892 年 7 月，康德黎在香港西醫書院首屆畢業典禮上發表演講時說：「我們教育他們（指學生），不受金錢報酬或其他補助，只不過自願奉獻於科學尚不發達的中華帝國而已。」他還鼓勵學生「心目中牢記一個偉大的原則──為把科學和醫術輸入中國而奮鬥」。[11] 康德黎這些熱情洋溢的話語，他及其志同道合的同事熱心培育中國學生的實際行動，說明他們是中國人民真誠的朋友。

由於中西兩種文化的熏陶，由於教師的嚴格要求與潛移默化的影響，西醫書院的學生不僅學到了西方先進的自然科學知識，同時養成了良好的醫德。1894 年香港瘟疫流行，西醫書院許多學生的親友也染疫而死或奄奄一息，居民紛紛從疫區逃走。但學生們仍然自告奮勇到雅麗氏醫院管轄下的瘟疫醫院值班，充當辦事員、敷裹員或護士。康德黎博士事後稱讚他們說：「我們目睹瘟疫流行時期從事工作的中國學生，甘願給予他們更多的讚譽，比從前威名震撼亞歐大陸的成吉思汗戰士得到的還勝一籌的讚譽。」[12]

11　*China Mail*, No. 9196, 23, July.1892.

12　J. Cantlie and C.S. Jones, *Sun Yat-sen and the Awakening of China* (London: Jarrold & Sons, 1912), p. 45.

　　十九世紀中葉英國佔據香港島以後將近六十年的時間內，香港教育事業不
斷有所發展。1848 年香港僅有三所官立學校和為數不多的幾所教會學校。1873
年發展為三十所官立學校，六所接受政府補助的學校，合計三十六所。1900 年
則有十三所官立學校，九十七所接受政府補助的學校，合計一百一十所。但
是，由於英國強佔、強租的地區不斷擴大，香港經濟不斷發展，人口迅猛增
加，港英政府不願相應迅速增加更多的教育投資，造成大批青少年被排斥在學
校大門之外。例如，1867 年香港 6－16 歲的青少年 12,400 人中，有 10,800 人未
能入學，佔學齡青少年的 87%。[13] 1900 年香港 5－15 歲的青少年 33,868 人中，
24,368 人未能入學，佔學齡青少年的 72%。[14] 這些失學青少年絕大多數是華人
子弟。

　　儘管如此，我們並不能説港英當局對教育毫不關心。十九世紀六十年代，
他們從教會手中收回了對公共教育的管理權，任命了視學官。港英政府主辦的
《香港政府憲報》逐年刊登香港教育年度報告。許多香港總督或召集會議，或
簽署法令，或視察學校，或發表演講，對香港學校的辦學方針、教學內容、教
學方法提出改進措施。他們通過 1873 年的政府補助計劃（Grant-in-Aid Scheme）
和 1893 年對該計劃的修訂，鼓勵在香港多辦學校。他們不顧英國統治階層內部
某些人士的反對，堅持辦好示範性的學校——中央書院，亦不反對該校中國學
生到中國內地任職。

　　十九世紀香港英國當局對在香港辦學培養中國學生是費過一番心思的，
但他們並非出於幫助中國獨立富強的高尚動機。歐德理（E. J. Eitel）在其 1895
年撰寫的著作中談到十九世紀香港教育史時，毫不掩飾地説：「在這個時期幾

13　*Hong Kong Government Gazette*, Vol. 14, No. 7, 15 Feb 1868, p. 42.

14　Board of Education, "Educational Systems of the Chief Crown Colonies Not Possessing
　　Responsible Government", p. 70.

乎沒有這種想法,即振興中國人的社會,使之達到歐洲人的水平。」[15] 歐德理 1878－1897 年任香港視學官將近二十年,熟諳香港英國統治階層內情。就英國官方的辦學動機而言,他的說法是可信的。

香港教育委員會 1902 年的報告中有這樣幾段話:「從大英帝國的利益着眼,值得向所有願意學習英語和西方知識的中國青年提供這方面的教育。如果所用經費不多,即令他們不是本殖民地居民,也值得這樣做。」「皇仁書院九百名孩子大部分屬於這一類型:在內地他們自己的學校學習中文以後,他們被學習英語的便利條件吸引到本殖民地來。他們與香港華人子弟沒有區別,建議不要廢止這一政策。本殖民地的額外支出微不足道,而英語的傳播,對我們大英帝國友好感情的傳播,使英國在華得到的收益將會遠遠超過這筆費用。」[16] 這些話反映出十九世紀英國在香港辦學培養中國學生的利己動機。史料表明,他們把香港學校的中國學生當作「親英的傳教士」,甚至認為某些學生將會成為「未來〔中國〕官僚階級的一部分」。[17] 顯然,他們指望香港學校的部分中國畢業生成為中國政府中的親英勢力。用有限的教育投資,在維護英國在華勢力方面,得到盡可能多的實惠,這種打算真可謂老謀深算。

二

香港西式學校的發展歷史告訴我們,十九世紀英國官方在香港辦學培養中國學生,是出於鞏固香港殖民地統治秩序和擴大英國在華侵略勢力的雙重目的。從這個角度看,把他們的辦學活動稱之為文化侵略是有道理的。過去國內的史學論著把近代外國在華興辦教育概括為一種文化侵略,主要依據即是對辦

15　同註 4,頁 575。

16　*Report of the Committee on Education, 1902,* p. 8.

17　同註 14,頁 80 － 81;同上註,頁 39。

學動機的分析，但對辦學的實際社會效果缺乏認真和全面的考察。用這種方式對歷史事物進行整體評價具有明顯的缺陷，因為歷史發展的因果關係是複雜的，在複雜的歷史運動中，動機和效果並非永遠保持一致。

讓我們考察一下，十九世紀外國在香港開辦西式學校培養出什麼樣的人才，產生過什麼社會效果，其主觀動機和客觀社會效果是否完全一致？

十九世紀在香港接受西方教育的中國學生畢業後，有的在港英政府擔任職員或翻譯，有的在香港或中國其他通商口岸任洋行買辦，有的到中國某些官方機構（例如英國人控制下的中國海關）任職，另有少數人到國外升學或謀生。[18] 1867 年香港總督麥當勞曾經宣稱：在造就可靠的職員和買辦方面，已經有所進展。[19] 在英國對華進行政治經濟侵略的歷史過程中，香港學校的中國畢業生中間，確有一些人不同程度地、自覺或不自覺地為英國服務，幫英國的忙。從這個角度看，英國當局在香港興辦教育的種種企圖並未完全落空。但這僅僅是事情的一個方面。

應該看到，在香港接受西方教育的中國畢業生中也不乏滿懷愛國熱忱的志士仁人，在近代中國的不同歷史時期從不同方面為中國社會的進步作出過貢獻。

近代中國學習西方的先驅容閎曾在馬禮遜學校讀書達六年之久。1846 年冬，他隨該校校長勃朗離港赴美留學，1854 年畢業於耶魯大學。在香港和美國接受西方教育之後，他萌發了「教育救國」的思想。他說：「在大學最後一年結束前，我已為自己今後的事業作出規劃。我確信，中國成長中的一代應當享受我所受過的教育的好處；中國可以通過接受西方教育得以維新，文明強大起

18　參看 Carl T. Smith, *Chinese Christians: Elites, Middlemen and the Church in Hong Kong* (Hong Kong: Oxford University Press, 1985), pp. 139-171.

19　Anonymous, *Dates and Events connected with the History of Education in Hong Kong*, p. 21.

來。」[20] 為了實現自己的抱負，回國以後他四處奔波，呼籲派遣留學生。1868
年容閎通過江蘇巡撫丁日昌向清廷上了一個條陳，提出由清政府派遣 120 名學
生出國留學的計劃，但毫無結果。1870 年他又多次鼓動丁日昌說服曾國藩同
意派遣留學生。當年冬季此事終獲清政府批准。在容閎的精心安排和組織下，
1872－1875 年，120 名中國幼童分四批遠涉重洋前往美國留學。此事成為中國
大規模直接向西方學習的肇端，在中外文化交流史上佔有重要地位。

原中央書院學生何啟、胡禮垣合著的《新政真詮》在中國近代思想史上佔
有重要地位。1887 年 2 月 8 日，香港英文報紙《德臣西報》（China Mail）轉載
了卸任清朝駐英、俄使臣曾紀澤發表在《亞洲評論季刊》（Asiatic Quarterly Review）
的論文〈中國先睡後醒論〉（China, the Sleep and the Awakening）。曾紀澤說，中
國經過兩次戰敗，「始知己之境地實在至危至險，而不當復存自恃鞏固之心」，
必須「改弦易轍」，「捨舊謀新」。但他僅根據清廷全力整頓海防，就認為中國
「全備穩固可蹺足以待」。同年 2 月 16 日的《德臣西報》上，何啟採用筆名「華
士」（Sinensis），在致該報編輯的長信中，用大量事實揭露清朝政治腐敗，官吏
如虎，官民對立的社會現實，批評曾紀澤對形勢所作的樂觀估計，並提出實行
「公平之政令」的社會改革主張。胡禮垣將該信譯為中文，並加以增補潤色，
發表於同年 5 月 11 日的《華字日報》，該文即〈曾論書後〉。此後，他們又合
作撰寫了一系列政論著作，包括〈新政論議〉（1894 年冬）、〈新政始基〉、〈康
說書後〉（1898 年春）、〈新政安行〉（1898 年末）、〈勸學篇書後〉（1899 年春）、
〈新政變通〉（1900 年冬）等。這些著作寫就之後，當時即登諸日報，或排印成
冊，後又匯編為《新政真詮》出版。何啟、胡禮垣在《新政真詮》中，滿懷愛
國激情，從政治、思想、經濟、文化等方面，提出了一系列資產階級改良主義
的主張。何、胡二人諸多改良主義主張中，特別引人注目的是〈新政論議〉中

---

20 Yung Wing, *My Life in China and America* (New York: H. Holt, 1909), p. 41.

提出的「行選舉以同好惡，設議院以佈公平」。他們明確主張用資產階級的代議制度取代封建專制制度，並首次提出了在中國實行議會政治的具體方案。他們還大力鼓吹滲透着資產階級天賦權利和社會契約論思想的民權理論，其思想高度遠遠超過了同時代其他改良主義思想家。何啟、胡禮垣的政論著作對中國愛國知識份子產生過積極的思想啟蒙作用，客觀上配合了國內的維新運動。英斂之在 1901 年所撰〈重刊新政真詮敘〉中寫道：「兩先生議論宏深，識見遠到，如〈曾論書後〉、〈新政論議〉、〈新政始基〉等書，久為海內名公傾折。」

在推翻清朝封建統治的資產階級革命運動中，香港學校的中國畢業生所起作用格外引人注意。楊衢雲、謝纘泰等 1892 年在香港組織的愛國進步團體輔仁文社，多數成員是中央書院畢業生。孫中山曾先後在中央書院和香港西醫書院讀書。1895 年初，孫中山與楊衢雲等攜手合作，吸收輔仁文社部分成員，建立了香港興中會。該會許多會員都在香港接受過西方教育。他們以香港為革命基地，在廣東發動過多次推翻清朝封建統治的武裝起義。孫中山是傑出的資產階級革命家和思想家。就整體而言，他的思想水平、奮鬥精神、組織能力和政治影響都超過了同時代其他中國革命家和思想家。他在辛亥革命中所處的首要歷史地位，是其他任何人無法取代的。在孫中山建立中華民國和維護辛亥革命成果的戰爭中，也有一些香港學校的畢業生充當他的重要助手。在孫中山任臨時大總統的南京臨時政府中，就有三位總長在香港接受過西方教育。他們是司法總長伍廷芳、財政總長陳錦濤和外交總長王寵惠。1921 年國會召開非常會議，決定組織中華民國正式政府，孫中山在廣州擔任了非常大總統。他手下有四個重要職務均由香港學校的畢業生擔任。他們是外交部長伍廷芳、財政總長陳錦濤、海關總監梁瀾勳和外交部長陸敬科。上述人員中的伍廷芳是聖保羅書院畢業生，從香港返回祖國內地後，曾在清政府擔任要職。辛亥革命以後，他站到了以孫中山為首的資產階級革命派一邊。在孫中山遭受封建軍閥排擠的艱難歲月裏，他仍然追隨孫中山為「樹立真正之共和」而奮鬥。

　　十九世紀香港西式學校的一些中國學生通過各種途徑成為具有資產階級民主主義思想的新人。這是在中國封建社會中從未出現過的新興力量。這些精神面貌煥然一新的知識份子人數雖不算多，但他們的活動能量和對中國社會革命的巨大影響不可低估。以孫中山及其戰友為例，他們滿腔熱忱宣傳資產階級民主思想，奮不顧身從事實際革命鬥爭，最終領導人民群眾推翻了清朝封建統治，結束了延續數千年之久的中國封建專制制度，使中國社會發展產生了一次質的飛躍。他們在中國人民中間引起的思想震動是何等強烈，對中國社會發展的影響又是何等深遠！從對中國社會影響的深度和廣度而言，十九世紀香港西式學校客觀上對中國社會發展所起的積極作用不可忽視。

　　在香港西式學校的中國畢業生中間，不少人投身近代中國的改良主義運動和資產階級革命運動，為改變祖國的落後面貌嘔心瀝血、英勇奮鬥，有的成為中國近代史上頗有影響的進步人物。應該認為，這與他們在香港接受西方教育有一定的關係。從總體上看，十九世紀香港西式學校的教學內容、教學方法和學習環境都優於中國內地的私塾。十九世紀末，香港西式學校開設的中學課程已有拉丁文、閱讀、作文、聽寫、翻譯、莎士比亞、算術、代數、歐幾里得幾何、三角、測量、常識、歷史、地理等。這些課程使在那些學校讀書的中國學生初步了解到當時西方比較先進的社會政治思想和自然科學知識。從 1896 年香港皇仁書院年終考試的部分內容，可以窺見香港西式學校教學方法之一斑。例如，作文考試以「對外貿易的好處」命題。歷史試題要求學生考慮處死查理一世是否正確，並充分說明自己的理由。此外，還包括詹姆士二世為何喪失王位等問題。地理試題要求比較俄法兩國政體的差異。[21] 上述考試內容說明，與中國內地私塾死記硬背的教學方法有所不同，香港西式學校已經運用了啟發式的教學方法。這無疑有助於開發學生的智力，拓寬學生的思路。同時，教材中已

21　Queen's College, Hong Kong, Annual Examination,1896: C.O. 129/271, pp. 412-413, p. 415.

經包含了對英法等國資產階級革命情況的介紹。香港西式學校的教學內容、教學方法和學習環境對在那裏學習的某些中國學生資產階級民主思想的形成，產生過積極的影響。孫中山在 1918 年曾經回憶説：「予在廣州學醫甫一年，聞香港有英文醫校開設，予以其學課較優，而地較自由，可以鼓吹革命，故投香港學校肄業。」[22] 孫中山這裏談的是香港西醫書院，十九世紀香港其他西式學校情況大體也是如此。西醫書院比較自由寬鬆的學習環境，為孫中山接受西方先進的政治思想創造了良好的條件。孫中山在西醫書院的同學關心焉回憶説：「總理（孫中山）在院習醫科五年，專心致意於學業，勤懇非常。彼於日間習讀醫學，夜則研究中文，時見其中夜起床燃燈誦讀。但最愛讀之書乃法國革命史（藍皮譯本）及達爾文之進化論，後乃知其思想受此二書之影響為不少也。」[23]

十九世紀香港西式學校對中國學生的影響既有積極的方面，又有消極的方面。學校的教學內容過分美化殖民主義制度，主辦教育者如歐德理等又具有較強的殖民主義偏見。這些因素對中國學生的思想容易帶來消極影響，使他們對外國侵略和中國人民反侵略鬥爭有時不能採取正確立場，甚至在一些學生頭腦裏打下殖民地思想的烙印。以何啟、胡禮垣為例，他們的著作中就有若干糊塗認識。他們對康有為在保國會演説中揭露香港的種族歧視不以為然，對何啟能在港英有關機構中兼任幾項並無多大權力的職務引以為榮。他們竟批評林則徐焚燒鴉片的正義行動是「驕傲而失威」，「滿盈而招損」。他們甚至為列強在華攫取「領事裁判權」辯解，認為這是中國律例「無公平之故」。[24] 這些糊塗認識與他們長期接受西方殖民主義教育是有一定聯繫的。我們應該注意香港西式學

22 《孫文學説──行易知難（心理建設）》，第八章「有志竟成」，載《孫中山全集》，第 6 卷，頁 229。

23 廣東文物展覽會編：《廣東文物》，中冊，卷六，頁 431。

24 參看何啟、胡禮垣：《新政真詮》（上海：格致新報館，1901），四編，〈康説書後〉，頁 7、3；初編，〈曾論書後〉，頁 11。

校的消極影響，認真地進行分析，以利於正確評價歷史事物和總結歷史經驗。

近代中國有兩個交錯進行、相互影響的歷史進程。一個是維護國家主權和民族獨立的進程，即資本—帝國主義侵略和中國人民反侵略的進程。一個是近代化的歷史進程，即中國社會逐漸擺脫封建桎梏，接受資本主義影響，經濟基礎和上層建築逐步近代化的進程。過去我們對近代中外關係史的研究，注意力集中在第一個歷史進程，只是從民族解放運動的角度、道德的角度考察近代中外關係。只從這一角度進行研究，對近代中外文化關係容易得出不夠全面的結論。本來我們還可以從另外的角度，比如說從社會發展的角度、從社會經濟形態變更的角度，考察近代中外關係對我國生產力與生產關係的發展變化，以及對我國意識形態和社會風氣發展變化帶來的影響。從這一角度進行考察，就不難發現，近代外國在華興辦教育，客觀上對中國社會的近代化亦產生過積極的影響。

近代外國在華興辦教育可以說是資本主義列強的文化征服，它是以洋槍洋炮作為後盾，以不平等條約作為依據得以實現的。但是，文化征服不能與軍事征服等量齊觀。資本主義的文化科學知識包含着某些有利於社會進步的東西，不能完全等同於殺人武器或鴉片煙。在不同歷史條件和地理環境下形成的東方文明和西方文明各有其長處和短處。但我們也應該承認，處於資本主義階段的西方文明代表着先進的社會生產力，處於封建社會階段的東方文明代表着落後的社會生產力，前者比後者先進。近代外國在華興辦教育傳播的主要是比較先進的資本主義文化科學知識。這些知識既可以用來為資本主義列強在華侵略活動服務，亦可以用來為改造中國，推動中國社會進步服務。這不同的社會效應不僅取決於辦教育者，而且還取決於受教育者。

歷史發展是充滿矛盾的運動。矛盾着的事物的諸方面對其發展都能產生程度不同的影響。過去把文化侵略作為對近代外國在華興辦教育的唯一評價，是只強調了辦教育者（主要是外國官方人士）的主觀意圖及其對事物發展的影

響，忽視了其客觀效果及受教育者的主觀能動作用和影響，忽視了接受西方教育的許多中國知識份子中間蘊藏着極大的愛國熱忱這樣一個基本事實。在英國的殖民統治之下，十九世紀香港西式學校自然不會對中國學生進行愛國主義教育。中國學生的愛國主義傾向來自他們與祖國不可分割的歷史聯繫和文化傳統，來自根深蒂固的鄉土觀念。何啟、胡禮垣這段飽含激情的話是一個很好的說明：「夫人生於中國，長於中國，其宗祖千百年食德飲和於中國者，亦莫不欲高抬宗國，盛稱故鄉，以為天下交遊之光寵。」[25] 渴望祖國繁榮昌盛的中國青年進入香港西式學校以後，學到了西方比較先進的科學文化知識，接觸了一個新的世界，思想上引起了極大的震動，自然會產生用所學知識為祖國服務，改變祖國落後面貌的強烈願望。我們還是以何啟、胡禮垣為例，儘管他們的著作中存有若干無庸諱言的糊塗認識，然而，瑕不掩瑜，認真通讀他們合寫的全部著作之後，我們不難發現貫穿其中的基調是熾熱的愛國主義精神，字裏行間洋溢着他們把知識奉獻給祖國，百折不撓推進祖國社會改革的急切心情。何啟在〈新政始基序〉中寫道：「方今中國東三省以及山東、雲南、廣西、廣東鐵路礦務之利權，旅順口、大連灣、威海衛、廣州灣水道門戶之險要，俱已歸於外人。中國苟猶有必欲自全之心，則此篇之說或亦有可採焉爾。」他的愛國主義感情躍然紙上。香港西式學校的中國學生的愛國主義感情使他們自覺地把所學知識用於推動中國社會進步，這是影響香港西式學校歷史作用的一個重要因素。

十九世紀香港教育史告訴我們，當年英國在香港開辦西式學校的主觀動機與實際社會效果既有一致的方面，又有相左的方面。這些學校既培養了為英國服務的華人買辦、職員，又培養了對中國社會近代化作出貢獻的改良主義思想家、資產階級革命家和其他有用人才。在中國遭受資本主義列強侵略的特殊歷

25　何啟、胡禮垣：《新政真詮》，初編，〈曾論書後〉，頁 18、19。

史條件下，香港的西式學校實具有雙重歷史作用。這些學校一方面充當了外國侵略勢力利用或影響中國青年知識份子的工具，有不利於中國民族獨立和社會發展的消極作用；另一方面，它們又成為中國向西方學習的管道，為中國學生提供了向西方學習的機會和場所，激發了他們中間許多人的愛國熱忱，使之立志為中華民族重新崛起而奮鬥，成為改造中國社會的一支重要力量。應該說，這些學校客觀上又具有推動中國社會前進的積極作用。筆者認為，把近代外國在華興辦教育看作特殊歷史條件下某種意義上的中西文化交流，恰如其分地指出他們所辦西式學校的雙重歷史作用，也許更加接近歷史實際。

原載《歷史研究》1989 年第 6 期

屯門青山的歷史文化內涵

　　屯門是最早出現在中國古籍的香港地名。唐朝詩人韓愈、劉禹錫的詩中提到過屯門，北宋時期的《新唐書》有關於屯門的記載。屯門青山則是香港歷史文化內涵最豐富的一座高山。青山上的青山古寺、「香海名山」牌坊，以及與其有關的杯渡、韓愈的傳說，顯示出港人與源遠流長的中華文化的聯繫和情感。

一、青山寺重建和寧港淵源

　　位於青山半山腰的青山寺，又名青山禪院，與元朗的靈渡寺、錦田的凌雲寺合稱香港三大古剎。青山寺的由來可以追溯至南朝劉宋時期杯渡禪師的傳說，該寺曾稱杯渡寺、杯渡庵。1910 年左右，青山寺一派衰敗的景象，僅餘青雲觀小屋一間，雜陳在荊榛之間。

　　青山寺的振興與陳春亭這位奇人有關。陳春亭（1859－1932）原籍福建漳州浦南縣，在香港經營實業致富。他曾在香港油麻地設齋會，以不殺伐明因果，從化日眾。陳春亭因青山幽邃，乃於 1910 年左右移居其地修行，並斥資購入該山多處土地，籌備重修青山寺。

　　陳春亭本來是道教徒，後來受凌雲寺妙參法師開導而轉信佛教。民國七年（1918），陳春亭經高鶴年居士介紹赴浙江寧波觀宗寺，師從天臺宗第四十三世祖諦閑大師，受三壇大戒，法名得真，字顯奇。

　　顯奇先後主持修建了青山寺的大雄寶殿、護法殿、不二法門、菩提薩埵

殿、觀音閣，以及居士林、方丈室、海月亭、杯渡亭、山門、藏經閣等建築物。1926 年，青山寺修復工程全部完成，成為當時香港最具規模的寺院。顯奇法師居功至偉，被譽為「中興青山」祖師。

二、韓愈手跡「高山第一」的故事

青山是新界西北最高山脈。青山絕頂一巨石上，鐫刻着「高山第一」四個大字，下署「退之」兩個小字。清朝嘉慶年間王崇熙纂《新安縣志》卷十八〈勝蹟略〉「杯渡山」條稱：「山之巔鐫高山第一四字，舊傳為韓愈題。」青山古稱杯渡山。「高山第一」原題字是「高山弟一」。古代漢語在使用上，「第」和「弟」可以互通。此刻石至今猶存，可惜由於風化嚴重，已很難看出書法原貌。民國九年（1920 年），屯門曹受培因山頂的石刻斑駁難辨，於是命人拓印四字重刻於青山寺杯渡岩旁，是為「高山第一」新碑。

據羅香林教授考證，當年韓愈是經內河赴潮州上任，並未經過青山。關於青山絕頂刻石的來源，許地山教授在〈香港與九龍租借地史地探略〉一文中說：「依《南陽鄧氏族譜》，此四字係北宋鄧符協摹退之刻石。」依據許地山教授的說法，該刻石應該是目前香港境內發現的年代最久遠的文字石刻，已有近千年歷史。許地山提到的鄧符協生於錦田，是北宋熙寧年間進士。

既然大文學家韓愈並未到過青山，那末，鄧符協為何要將韓愈手跡摹刻在青山，而後世香港不少文人名士為何又要以韓愈途經青山為由大作文章呢？筆者認為，這是香港華人因仰慕韓愈，仰慕中華文化，而在借題發揮。

三、青山與杯渡的傳說

杯渡為東晉和南北朝期間一位傳奇性的高僧。杯渡並非他的真實姓名，而是因其常用木杯渡水而得來的綽號。他行為怪異，喜怒無常，但醫術十分高

明。據梁朝釋慧皎所著《高僧傳》，杯渡在歷史上應該是實有其人。

北宋進士蔣之奇在〈杯渡山紀略〉中引用《廣州圖經》說：「杯渡山在屯門界，三百八十里。舊傳有杯渡師來此。」這就把今日屯門青山與杯渡聯繫起來了。

他提到，當時猶存的《漢封瑞應山勒碑》，碑文刻有：「漢乾和十一年（953年），歲次甲寅，開翊衛指揮同知、屯門鎮檢點、防遏右靖海都巡陳巡命工鐫杯渡禪師像供養。」明清時期，與香港有關的地方志中，有不少關於杯渡的記載。而在今日的屯門區，有一個輕鐵站亦被命名為杯渡站。

目前青山寺內，有眾多與杯渡有關的文物勝跡。「不二法門」的牌坊正面刻有光緒進士吳道鎔所書「杯渡遺蹟」四個大字。牌坊後杯渡岩內有粗石雕刻的杯渡禪師像，藏身在一小龕中，龕聯曰：「孟津別後杯猶渡，劉宋修成砵尚傳」。

民國初年，香港許多文人雅士熱衷以杯渡為題在青山題字、寫聯。在他們眼中，杯渡和韓愈一樣，實際是源遠流長的中國文化的一個符號，一個象徵。他們借助這些符號，抒發他們的民族感情和對故鄉的思念。

四、「香海名山」牌坊

青山寺前不遠處，有一座高大的花崗岩石牌坊。此牌坊係 1929 年為紀念香港總督金文泰（Cecil Clementi）登臨青山而建造。金文泰是喜愛中國文化的一位港督。牌坊正面有他親筆題寫的「香海名山」四個大字。牌坊正面還有晚清進士、原北洋政府內閣總理梁士詒題寫的對聯：「樓觀參差清夜聞鐘通下界」，「湖山如此何時返錫到中原」。牌坊背面有鐵禪法師筆跡；並有晚清進士陳伯陶所題對聯：「遵海而來杯渡情依中國土」、「高山仰止韓公名重異邦人」；以及晚清進士伍銓萃書寫的對聯：「岸泊屯門幸我輩附韓子題名卜異日山河並

壽」、「亭觀海月歎此地無坡公遊蹟問何年笠履重來」。

「香海名山」牌坊上刻有倡建者的名字。這二十位倡建者，除北約理民府官傅瑞憲（John Alexander Fraser）是英國人，其餘十九位是當時聲名顯赫的華人士紳，包括周壽臣、羅旭龢、周埈年、馮平山、曹善允、鄧志昂、鄧肇堅、伍華、李右泉、何華生、李亦梅等。

華人士紳倡建「香海名山」牌坊，反映出他們對英國殖民統治和祖國傳統文化雙重效忠、雙重認同的複雜心態。從現實的政治經濟利益考慮，他們選擇認同英國的統治，並竭力和港英當局保持良好的關係。但是長期受中華文化的熏陶，他們對祖國和祖國文化的認同難以割捨。他們透過牌坊對聯流露出的對杯渡和韓愈的仰慕之情，特別是「遵海而來杯渡情依中國土」這句話，含義就很深刻。

在牌坊背面題字的鐵禪法師是華南高僧，曾任廣州六榕寺住持。辛亥革命前，他結識孫中山，曾掩護革命黨人在寺塔秘密集會。1912 年，他曾組織信徒在六榕寺開會歡迎孫中山。民國初年，他組織廣東佛教總會，任會長。日本佔領廣州後，在日軍的威逼利誘之下，鐵禪法師晚節不保，出任日華佛教會會長、國際佛教協會華南支部部長，並曾赴日本拜謁裕仁天皇。抗戰勝利後，1946 年他被國民政府以漢奸罪判刑四年，並於同年病死獄中。他在牌坊上手書「回頭是岸」，原意是指點信眾迷津。結果他自己在涉及國家、民族利益的大是大非問題上行差踏錯，渡人者竟不能自渡，無法回頭，令人無限感慨。

原載《今日中國》（香港出版）2015 年 7 月號

潮州人在深井

　　深井地處香港新界荃灣的鄉郊，釣魚灣海畔。深井原居民是傅氏家族，其先祖清朝乾隆初年由廣東惠州遷往今香港新界清快塘定居。清朝咸豐七年（1857年）清快塘傅氏分支建立深井村。至於潮州人定居深井村，則與香港工業的發展有關。二戰以前，香港印度商人律敦治（J. H. Ruttonjee）在深井創設香港啤酒廠，廠內已有少數潮籍員工。戰後美國人收購該廠，並於1948年更名為生力啤酒廠。1948年，上海企業家李國偉亦在深井創辦九龍紗廠。戰後有愈來愈多的潮州人到這兩間工廠打工。生力啤酒廠的員工中，潮州人佔八成以上。大批潮州人到來，把潮汕文化，如盂蘭勝會習俗、天地父母崇拜等帶到了深井。

一、深井盂蘭勝會

　　盂蘭勝會起源於潮汕地區。關於其由來有這樣的傳說：佛弟子目犍連的母親不信佛法，死後墮入餓鬼道。目犍連送飯給母親，誰料飯未到母親口中，就化為炭火。目犍連求佛超渡。佛祖指示說，在七月十五日設盂蘭盆會供，以百味果食供養十萬眾僧，仗其法力解脫母親。佛祖又讓佛弟子們仿效目犍連的做法，為現生父母增福延壽，為過世父母離苦得樂。這個故事與中華民族的孝道十分吻合。後來，對沒人祭祀的孤魂餓鬼，也建醮超度，名為施孤。

　　香港潮州人的盂蘭勝會一般先要巡遊請神。儀式中有僧尼在誦經壇超渡亡

魂。儀式過程中，上演神功戲。通常會上演潮州戲或木偶戲，既讓先人靈魂接受功德，又可娛樂街坊。儀式最後會派平安米。早年是為救濟貧民，為先人積福。現時已演化為替長者討吉利、祈求健康。

深井盂蘭勝會的起源與生力啤酒廠有關。當時深井村十分荒涼，工人晚上在宿舍留宿時，經常會疑神疑鬼。有鑑於此，潮籍頭囉（工頭）周鎮裕向廠長窩拿先生（H. A. Waller）提出，潮籍人士習俗在舊曆七月盂蘭節，拜祭亡魂及燒街衣。因此由 1950 年開始，由以往的個別自發性拜祭，開始有組織性的安排，在啤酒廠工人宿舍外安排盂蘭勝會場地，費用由窩拿先生及廠方支出。

1960 年代初，深井潮州人發起組織深井潮僑街坊福利會，推廣潮汕文化。1996 年生力啤在深井結業搬往元朗，爾後窩拿先生去世，地方上熱心潮人亦陸續年老、離世或搬離。在此重重影響下，深井盂蘭勝會運作一度十分艱難。直至退休警長姚志明先生被推選為深井盂蘭勝會會長，改變以往運作模式，將會務配合現時社會運作，打動一些在外發展的深井成功潮人支持，深井推廣潮汕文化的情況才大為改觀。

2011 年，「香港潮人盂蘭勝會」列入第三批國家級非物質文化遺產名錄。香港潮屬社團聯會編輯的《香港潮人盂蘭勝會紀念特刊》寫道：多年來，盂蘭勝會這一民間風俗活動，已作為中華文化組成部分的潮汕文化傳統「根脈」象徵，讓港人大開眼界；同時，亦是旅港潮人熱愛祖國及團結鄉誼的具體表現。

二、香港唯一一間天地父母廟

「天地父母」是潮汕人供奉的一個重要神靈。這個神靈一般不以神像形象示人，只用香爐或牌位為代表。在潮汕人心目中，萬事萬物都是由「天地父母」化育而來。他們稱「天」為「天公」，與民間信仰的玉皇大帝聯繫起來，把正月初九定為天公誕。至於土地，則像母親哺育嬰兒一樣，給人類帶來食物和生

命所需,他們稱之為「地母」。「天地父母」最初是指天公和地母。拜祭「天地父母」體現出潮汕人對宇宙和大自然的崇敬。在凡間,父母和長輩對個人和家族而言亦很重要,因此後來拜祭「天地父母」的含義亦有所擴展,亦是潮汕人表達敬老感恩之心的方式。

目前在香港一些廟宇內,有天地父母神位與其他神位共存的現象,但專門為天地父母建廟則只有深井這唯一的一間。1946 年,深井潮州人在村內一水坑旁建一小廟,設立天地父母寶座。1981 年,潮州人周鎮裕、姚光宗、劉世能等組成重建委員會,在荃灣理民府、窩拿先生及眾多潮州街坊支持下,集資重建天地父母廟,規模擴展。

2012 年,在裕記大飯店、陳榮宜先生及其他潮州街坊支持下,深井盂蘭勝會主持再次重修天地父母廟。2012 年 4 月 9 日舉行重修開光儀式。民建聯主席譚耀宗、新界潮人總會副會長鄭俊平、潮劇名伶陳楚蕙、影視演員曾偉明等前來拜祭祝賀。

現在,每年農曆正月初九的天地父母誕已成為深井潮州人的重要節慶日。上午拜祭天地父母,晚間則舉辦敬老會,免費宴請全村六十五歲以上的長者,並演出歌舞節目。

三、裕記燒鵝傳奇

「裕記燒鵝」創辦人吳春鹽先生原籍潮州普寧,戰後他來到深井做飲食生意。潮州菜原本沒有燒鵝,只有鹵水鵝。吳春鹽發現人們喜歡吃燒鴨,於是改做燒鴨。在 1960 年代,農民養鴨的飼料很便宜,用「燥米」來餵飼,稱為泥鴨(黑鴨),特別好吃。但後來香港的經濟起飛,成本高了,就改了飼料,用白鴨。吳春鹽燒鴨時覺得白鴨不好吃,即使花了很多心思改進,客人仍然不太喜歡,於是便決定改用鵝。鵝的成本是鴨的 2.5 倍。以前香港沒有人養鵝,鵝需

要在大陸先養，再在落馬洲養，成本很高。但他覺得要做得好的話，必須不計成本。除了用料講究，他還創造出獨特的炭燒烤法。燒鵝過程中，還要塗上麥芽糖水，鵝內要塞入獨門香料。製成的燒鵝外表油亮、口感多汁，搭配店家特製的梅子醬，十分可口。

屯門公路開通之前，很多香港人喜歡到釣魚灣釣魚，並將魚穫帶到「裕記」加工。他們發現裕記燒鵝與眾不同，經食客互相宣揚而使其譽滿香江。當時生力啤酒研製出一種生力生啤。為了推廣新產品，他們讓市民到啤酒廠免費品嘗。飲啤酒需要吃東西。生力啤酒廠員工便帶那些市民來裕記，從而使裕記的名氣更上一層樓。1980 年代，「去深井、食燒鵝、飲生力生啤」是當時香港市民一個很好的消閒節目。

正當「裕記」營運如日中天時，1992 年一個深夜，飯店突發大火，吳春鹽夫婦不幸蒙難。其女吳娟華毅然擔當第二代掌門人，團結家人重振裕記。她說：「潮州人做生意的宗旨，是勤力而不貪，只賺應賺的錢。我們的要求是做得好，不求做得多，才能把我們的生意發揚光大，保持招牌。」除了秉承家傳秘方做好燒鵝，她還設計多款小菜和海鮮迎合人客需要。魚扣就是其中一味特別的粵菜。

經過兩代人半個世紀的苦心經營，「裕記燒鵝」成為香港餐飲業的特色美食。香港總督彭定康、行政長官曾蔭權以及梁愛詩、周梁淑怡、張宇人、周潤發等社會名流都曾慕名遠道前來光顧裕記。

看到「裕記燒鵝」經營成功，在深井做飲食生意的其他一些潮州人也改用燒鵝做品牌，先後出現「能記燒鵝」、「陳記燒鵝」等。深井燒鵝逐漸聲名遠揚。可以說深井的潮州人為弘揚香江飲食文化做出了特別的貢獻。

原載《今日中國》（香港出版）2015 年 6 月號

達德學院與中國知識份子

在達德學院創辦六十五周年之際，劉智鵬教授編著的《香港達德學院——中國知識份子的追求與命運》（以下簡稱《達德》）一書最近由香港中華書局出版。該書是「香港地方志系列」叢書中的第三本專著。

一、一間被遺忘的新型民主大學

高度商業化的香港是一個善忘的社會，很多本來不該遺忘的人和事都被遺忘，達德學院是其中之一。達德學院其實是在中國現代革命史、香港教育史以及中國教育史上佔有重要地位的一所大學。《達德》一書系統介紹了該校建校緣起、教育方針與課程編制、學風、師生狀況和學校生活。

達德學院是國共內戰時期中國共產黨和民主黨派合作在香港屯門蔡廷鍇將軍別墅開辦的一所大學，實際上是香港第二所大學。該校名師薈萃。擔任行政和教學工作的有李濟深、陳其瑗、鄧初民、沈志遠、黃藥眠、陸詒、侯外盧、千家駒、許滌新、胡繩、鍾敬文、翦伯贊、杜國庠、劉思慕、張鐵生、章乃器、曾昭掄等；到校作專題講座的有喬冠華、郭沫若、茅盾、夏衍、曹禺、臧克家等。港督葛量洪曾在向英國政府提交的報告中指出，達德學院教職員的質素明顯高於香港其他教育機構的同業。

在上個世紀四十年代後期，在國共內戰的動盪年代，在英國管治下的香港，竟有一批有理想、有抱負的左翼文化人士在達德學院這個近似烏托邦的教育園

地，傳承「科學與民主」的五四傳統，提倡和實踐自由、民主和開放的教育理念和社會理想，讓人感覺有些不可思議。也許會有人以為這是天方夜譚，但這確實是客觀存在的歷史事實。相信讀過《達德》一書後，多數讀者會認同筆者的看法。

二、達德師生命運令人深思

達德學院創辦於 1946 年 10 月，1949 年 2 月被港英當局關閉，在短短兩年零四個月時間內，培育了約一千名學生。《達德》一書記述了離開校園後達德師生的曲折經歷和歷史命運。達德學院師生對中華人民共和國的建立作出過重要貢獻。約二百多名學生在華南游擊區參加戰鬥，並有十八位成為革命烈士。部分學生曾參與南方人民銀行的創辦，並隨軍進入廣州，參與接管國民黨的金融、財政、海關等部門。學院領導和教師中，李濟深、陳其瑗、沈志遠、章乃器、曾昭掄等擔任了中央人民政府的要職。但是在隨後接連不斷的政治運動中，特別是在反右派鬥爭和「文化大革命」中，多數達德師生卻是命運多舛。在反右派鬥爭中，原達德學院的四位系主任當中，有三位（沈志遠、黃葯眠、陸詒）被戴上「右派份子」帽子，達德學院教師之中的「右派份子」還有曾昭掄、宋雲彬、章乃器、鍾敬文、費振東等。在「文化大革命」中遭受批鬥的，則有千家駒、司馬文森、周鋼鳴、胡繩、高天、許滌新、劉思慕等。翦伯贊、梅龔彬等則被迫害致死。許多達德學生也有類似的經歷。校友謝一鋒總結他們的命運說：解放以來，達德師生，除了極個別外，由於極「左」路線，幾乎無一不在歷次運動中，以「莫須有」罪名被整，挨批挨鬥，包括「三反」、「五反」，特別是在「反右」、反地方主義和十年浩劫中，含冤九泉的，並非個別。

國家實行改革開放政策以後，達德校友，特別是地處廣州、深圳、福建等改革開放先行地區的達德校友再次遇到報效國家的大好機遇，迎來了他們政治生命中的第二個春天，為國家的改革開放作出了重要貢獻。

三、堅持「民主治校」和「民主辦校」

《達德》一書還對離開校園後達德師生命運大起大落的原因進行了探討。書中除了討論 1949 年後「左」傾路線形成的大環境外，還指出：達德學院的辦學理念強調民主教育、思想自由和學術自由，這種教育內容和「左」傾的國家政治思想路線產生極大的分歧。大力主張這種辦學理念的達德教師自然受到打擊。書中提到，達德學院的師生一直堅持「民主治校」和「民主辦校」的理念，且院務委員會在實踐民主的理念上得到非常滿意的效果，因此，不少達德學院的教授在後來的崗位上都堅信民主治校是理想的辦法。書中舉了黃藥眠教授的例子。他主持起草了《我們對學校領導體制問題的建議（草案初稿）》，雖然不支持「黨團退出學校」和「教授治校」的主張，但因提出要「加強黨的領導，民主治校」的建議，因而被認定是右派份子，被迫在《人民日報》進行自我檢討。

《達德》一書也分析了國家改革開放後許多達德校友能為國家作出重要貢獻的原因，認為這是由於改革開放的舵手鄧小平提出「解放思想，實事求是，團結一致向前看」，把過去在政治上極「左」的方向改正過來，國家的政治局面比以前寬鬆了，黨也調整了知識份子政策。中共中央明確肯定知識份子和工人、農民一樣是社會主義事業的依靠力量。達德師生的命運令人深思。它從一個側面使人們認識到改革開放的必要性和重要性，認識到知識份子的命運是與國家的發展和命運密不可分的。排斥和打擊知識份子，國家的發展就會受到窒礙；尊重和善待知識份子，國家的發展就會一日千里。歷史的經驗值得重視。《達德》一書是歷史內涵十分豐富和厚重的一本新書，值得知識階層閱讀，並從中得到有益的啟發。

原載《明報月刊》2012 年 3 月號

從港澳關係看葡語世界的影響

本文試圖從早期港澳關係的一些史實，探討葡語世界對外部世界的影響，探討澳門在葡語世界對外交流中的作用。

葡萄牙人對香港的認識早於英國人。十六世紀葡萄牙的航海圖上，曾將香港的鯉魚門書作「鹽江口」，可見葡萄牙商船航經鯉魚門，往來於港澳之間為時已久。

十九世紀四十年代香港開埠初期，因地理條件的便利，便有許多葡萄牙人由澳門赴香港定居經營。亞馬達賈斯特洛在〈香港葡僑〉一文中，引用白樂賈的話說：「居於香港之葡人，生活極為艱苦，日間工畢，無娛樂去處，夜裏又因城內歹徒橫行，不敢外出。他們皆為安分守己，努力工作的人，晚上唯與親朋團聚在家，共敘天倫，以消磨時間。對外界事，除非必要，則無理睬。此等初期香港的澳門葡人，對開發香港成為要港，居功至大。」[1]

香港開埠後的二十年間，至少有八百名葡人在香港定居。至 1860 年，香港政府聘用的葡人將近四十人，被普通英國人和外國洋行僱為職員的則有一百五十多人。那些在洋行工作的葡人往往充當譯員。因為當時華人不會說英語，當時確實流行稱為洋涇浜英語（Pidgin-English）的混合語言，但是，重要的翻譯工作，還是需要譯員來做。[2]

1　郭永亮：《澳門香港之早期關係》（台北：中央研究院近代史研究所，1990），頁 120。

2　J. M. Braga, *Hong Kong and Macao* (Hong Kong: Noticias de Macau, 1960), pp. 65-66.

來自澳門的早期香港葡人格蘭披里曾任香港警官。他見香港警力不足，對日益繁重的警務難以應付，便向澳門警方求援，使香港治安稍趨安定，犯罪率得以下降。香港域多利監獄瘟疫盛行時，葡醫佬楞佐貝萊博士負責治療，貢獻很大。[3]

從經濟方面看，香港開埠之初，便有一些澳門葡人在港經商取得成功。例如，來自澳門的雷米迪斯（J. J. dos Remedios）冒險從事航運服務業，臨終時，他的財富已積累至 100 萬港元。這在當時是很大一筆財產。另一名葡萄牙航海家羅薩瑞歐（Marcos do Rosario）是斯蒂芬森洋行（Stephenson & Co.）的合夥人，經營與澳洲港口有關的業務，並獲得成功。[4]

早年澳門葡人在香港開設的規模較大的商行，還有羅桑的域多利藥房、白樂賈的醫務堂藥房、蘇桑的皇后道藥房，以及哥斯達和德山合辦的香港汽水公司。規模較小的，則有多士賴美弟斯、馬哥士多羅三略、以都亞多貝萊拉、羅拔杜德西華等開辦的商行。[5]

二十世紀前期，澳門葡商在香港開設的一些商行生意非常興隆，對溝通葡語世界與外界的經濟往來作用很大。例如，1914 年前，葡商布爹路兄弟（B. J. Botelho, J. Heitor Botelho 及 P. V. Botelho）在香港創辦紹和洋行，又先後在上海、青島、濟南、廈門、福州、梧州及三藩市、紐約開設分號。該行進口菲、葡、美所產雪茄、紙煙、軟木塞、軟木製品、打包籮、沙丁魚、蜜餞等；出口桐油、茶葉、爆竹及其他中國物產，銷往世界各地；兼營航運及佣金代理業務。滬行設有倉棧多處。又如，1914 年前，原三利洋行職員梳沙（E.V.M.R. de Sousa）在香港德輔道中開設葡商貿易行梳沙洋行（De Sousa & Co.），並在上海設立分號。該洋行進口麵粉、皮件、染料、搪瓷器皿、食品、玻璃器皿、棉花、亞麻布、呢絨、電器、發動機等；出口大米、茶葉、生薑、錫器、皮件、

3　同註 1，頁 121－122。
4　同註 2，頁 65。
5　同註 1，頁 121。

生皮、頭髮、精油及其他中國物產。再如，1925 年前在香港德輔道中開設的葡商貿易行經濟貿易公司（Economical Trading Co.）在九龍設有營業所，代理幾家歐美廠商公司。澳門新馬路澳門經濟貿易公司、經濟自由車公司和澳門西洋輸運汽車公司均為其產業。[6]

澳門葡人對香港印刷業貢獻很大。例如，1844 年，澳門葡人羅郎也（Delfino Noronha，又譯為德芬諾）便在香港開設了著名的羅郎也印字館。有人認為此為香港有印務所之始，羅郎也是第一位在香港開拓商業的澳門葡人。羅郎也印字館承印《香港政府憲報》（*Hong Kong Government Gazette*）及其他零擔業務。1867 年改組為父子公司，更西名為「Noronha & Sons」，包攬英國駐華使領館印務，兼營一般書籍文具商業務。1878 年，該館兼併上海望益紙館（Carvalho & Co.），成立上海分號。該館 1940 年代尚見於記載。1867 年前，葡商盧斯（J.A. da Luz）在香港嘉咸街開設了今孖素印字館，承辦商業印刷業務。1884 年，葡商機地士（Florindo Duarte Guedes）在香港雲咸街開設機地士印字館，經營印刷和出版業務，曾出版發行葡文報刊《中國回聲》（*O Echo da China*）和《遠東》（*O Extremo Oriente*），1920 年代尚見於記載。[7] 早年澳門葡人曾與香港華人合作在香港大嶼山開採銀礦和鋁礦。白樂賈寫道：「當時，有數名葡萄牙人，曾與中國人合作，在兩處大嶼山地方，開採銀礦與鋁礦。這兩處一個是在現在的銀礦灣，另一個是利馬坑（?）。今在此地的老一輩的居民，還能記得實有其事。」[8]

澳門葡人對香港的園藝事業貢獻也很大，他們將一些珍稀的樹木和花卉引進到香港。前面提及的印刷業實業家羅郎也是一位熱心的業餘園藝家。在朋友的協助下，他先後將澳大利亞著名的冷杉和松樹、新加坡的椰子樹引進到香港。1876 年，羅郎也和另一位葡商在九龍油麻地購買了兩塊土地和五英畝農田。羅郎也和

6　黃光域：《外國在華工商企業辭典》（成都：四川人民出版社，1995），頁 467、468、617。

7　同上註，頁 144、240–241、778–779。

8　同註 1，頁 119。利馬坑很可能是蓮麻坑的誤譯，但蓮麻坑在粵港邊境，不在大嶼山。

業餘植物學家索瑞斯（Mathias Soares）經常乘船從香港島到油麻地從事園藝工作，並在大陸的歐人園地中首次生產出鳳梨。鳳梨種植後來成為新界重要的產業。當時在油麻地羅郎也的園地順利生長並取得豐收的果樹有香蕉、番櫻桃、桃樹、無花果等。澳門葡人在香港熱衷於花卉種植。十九世紀末，每年為香港花卉展提供大量各種花卉的是九龍一所經營良好、面積最大的花園。這所花園是葡人所有的。業餘植物學家索瑞斯在西營盤有一個小花園，進行鮮花栽培試驗。他將姜黃色百合花的球莖引進到香港，使這種鮮花在夏季普遍出現在居民的桌子上，或其他裝飾物上。後來擔任過葡萄牙駐香港總領事的羅馬諾（A. G. Romano）在薄扶林經營了一個花圃。他最大的愛好是栽培稀有花卉，收集蕨類植物和蘭花。[9]

在語言方面，澳門葡人對英語，特別是涉及到東方事物的英語詞匯，產生過一定的影響。早年葡人在澳門、廣州，最終是在香港與英國人的交往，導致他們將許多純粹的葡語詞匯，以及葡人從其他民族借用的詞匯引進到英語中。澳門葡人的土語對早期中英貿易時代產生的洋涇浜英語也有過重要影響。這可從早年的文件和書信中看出。澳門葡人引進到英語中的詞語主要是有關商業的，涉及財政、貨幣、度量衡，例如 picul（擔）、catty（斤）、cash（現金）等，這些都不是來自中文。英語中還有一些與商業和生產有關的詞語是來源於葡人，例如 bamboo（竹）、banana（香蕉）、bhang（印度大麻）、mango（芒果）、tapioca（木薯澱粉）、papaya（薯木瓜）、plantain（車前草）、betel-nut（檳榔子）、jack-fruit（木菠蘿）、saffron（藏紅花）、camphor（樟腦）、sandalwood（檀香）、beche-de-mer（海參）、cocoa（可可）、agar-agar（石花菜）、arrack（燒酒）、ginseng（人參）等。

通常在英語中使用而純粹是來自葡語的詞匯有 praia（普臘亞，佛德角群島首府）、verandah（走廊）、mandarin（中國官員、官話）、compradore（買辦）、

9　J. P. Braga, "Portuguese Pioneers of Hong Kong: Horticultural Experiments at Kowloon", *The Macao Review*, 1930, pp. 10-15.

linguist（語言學家）、galleon（西班牙大帆船）、caravel（西班牙和葡萄牙輕快多桅小帆船）、stevedore（碼頭工人）、factory（工廠）、factor（因素）等。還有一些後來在英語中運用的詞匯，如 bazaar（東方國家集市）、bungalow（平房）、pagoda（塔）、compound（院子）、amah（保姆）、boy（男孩、男僕）、coolie（苦力）、lascar（印度水手）、peon（聽差、奴僕）、sepoy（英軍中的印度兵）、molosses（糖漿）、lorcha（中國、泰國等地歐式船身的三桅帆船）、massage（按摩）、tank（大容器）、chintz（擦光印花布）、curry（咖喱）、copra（乾椰肉）、jute（黃麻）等，是最早由葡人在印度和東南亞其他地區使用，然後傳入澳門，再傳入其他地方。涉及家用物品的普通名詞，包括 porcelain（瓷器）、parasol（女用陽傘）、palanguin（東方國家四人或六人抬的轎子）、cuspidor（痰盂）、kimono（和服）、calico（白布）、taffeta（塔夫綢）、shawl（披巾、圍巾）、cambric（細薄布、麻紗）、cashmere（開士米）等，英語是受惠於葡語。

英語中某些動物和昆蟲的名稱是受到葡人的影響，如 mongoose（獴）、alligator（短吻鱷）、albatross（信天翁）、buffalo（水牛）、cobra（眼鏡蛇）、mosquito（蚊子）等。[10]

早期港澳關係的上述史實說明，葡語世界曾經對香港的發展產生過某些影響，澳門是葡語世界在亞洲對外交流的一個中心，它促進了葡語世界與外部世界的經濟交流和語言文化交流。如果澳門今後能夠保持這一歷史傳統，繼續推動葡語世界與外部世界的經濟文化交流，澳門對世界和平和人類發展將能做出更多的貢獻。

此為「澳門——葡語世界 2003 學術研討會」論文

---

10 同註 2，頁 66 － 67。

香港地方史志書籍的出版重鎮

　　聯合出版集團是香港地方史志書籍的出版重鎮。集團旗下的三聯書店、中華書局和我們有着密切交往。我們的香港地方史志研究成果，通過他們的精心編輯和出版，先後送往香江各地，五湖四海。

　　二十世紀八十年代初，中英兩國關於香港問題的談判開始以後，內地學者意識到香港問題的重要性，對香港史的研究逐漸重視起來。中國社會科學院近代史研究所和廣東省社會科學院歷史研究所分別成立了香港史課題組，逐漸形成南北兩個香港史研究中心。近代史所香港史課題組負責人最初是我的兩位老師余繩武教授和劉存寬教授，後來由我接任。

　　香港三聯書店董事長兼總經理趙斌很早就注意到近代史所香港史課題組的研究工作。他曾多次到北京東廠胡同一號近代史研究所會見香港史課題組成員，討論我們的研究成果出版問題。此後，先後擔任香港三聯書店總編輯的陳翠玲和侯明也很重視出版我們的研究成果。

　　1995 年，香港三聯書店出版了一套題為「香港歷史問題資料選評」的叢書，由我的兩位老師余繩武、劉存寬和我分別編寫《割佔香港島》、《割佔九龍》和《租借新界》。這三本書以外交檔案為核心，適當加以評論，言必有據，強調「讓文件說話」。出版後，獲得較好的社會評價。

　　1998 年香港三聯出版了《簡明香港史》。這是第一本通史性質的香港史中文著作，內容涵蓋遠古至 1997 年香港的政治、外交、經濟、社會、文化等領

域。該書由本人出任主編，本所香港史課題組的徐曰彪、張俊義、張麗參與編寫。國務院港澳辦港澳研究所經濟學家陳多、蔡赤萌應邀參加了部分工作。該書後經兩次補充、修改，於 2009 年出版了新版，2016 年又出第三版。十八年時間出了三版，前後八次印刷。在香港這個狹小的繁體字中文圖書市場，應該是一個不錯的成績單了。

2004 年，香港三聯出版了一本學術性很強的專著《20 世紀的香港經濟》。該書由本人擔任主編，作者有饒餘慶、周亮全、鄧樹雄、張俊義、孫麗鶯和周家建，包括港澳和中國內地學者，有歷史學家，也有經濟學家，是跨地區、跨學科合作的嘗試。這本屬於「陽春白雪」的專著得到香港許多學者的肯定。《香港經濟導報》總編輯陳可焜説：「這一豐碩的研究成果，在某種意義上説，使這本著作成為研究二十世紀香港經濟史奠基性的著作。」

2005 年，應嶺南大學陳坤耀校長和劉智鵬博士邀請，本人通過輸入內地人才計劃來港，協助推動香港地方志工程。十餘年間，和香港中華書局打交道較多。可能與公司負責人趙東曉、李占領皆是專攻歷史學有關，他們對出版香港地方史志書籍特別熱心。香港地方志辦公室相當一部分研究成果是由香港中華書局出版的。

香港中華書局和香港地方志辦公室合作推出「香港地方志系列」叢書，先後出版陳敦德著的《香港問題談判始末》、劉智鵬主編的《展拓界址：英治新界早期歷史探索》和劉智鵬著的《香港達德學院：中國知識份子的追求與命運》等著作。抗戰史研究方面，他們出版了劉智鵬、丁新豹主編的《日軍在港戰爭罪行：戰犯審判紀錄及其研究》一書，獲香港電台和香港出版總會合辦的第九屆「香港書獎」評為 2015 年度十本獲獎好書之一。口述歷史方面，他們出版了劉智鵬、周家建編著的《吞聲忍語：日治時期香港人的集體回憶》、劉智鵬編著的《我們都在蘇屋邨長大：香港人公屋生活的集體回憶》等暢銷書籍。人物傳記方面，他們出版了劉智鵬編著的《香港早期華人菁英》和《香港華人菁英

的冒起》。本人的第一本文集《劉蜀永香港史文集》也是由他們出版的。香港的第一本村志《蓮麻坑村志》已由他們出版，並被中國地方志指導小組列入中國名村志系列出版計劃。

歷史教育是國民教育的重要組成部分。全面客觀地了解香港歷史的發展，有助於「一國兩制」的順利實施，也有助於香港與內地關係的健康發展。聯合出版集團推動香港地方史志書籍出版的貢獻有目共睹。在聯合出版集團成立三十周年之際，衷心祝願集團的業務日新月異，不斷為香港的文化建設作出新的貢獻。

原載《文化躍動 啓迪傳薪——聯合出版集團成立三十周年紀念文集》，

2018 年 9 月出版。

人　物

林則徐與香港海防

　　鴉片戰爭前，香港地區的尖沙咀洋面（即今天的維多利亞港）是英國鴉片走私的一個中心。據兩廣總督鄧廷楨奏報，1839 年 2 月，停泊在尖沙咀洋面的外國鴉片船就達十六艘之多。[1]

　　當年 3 月，欽差大臣林則徐到廣州查禁鴉片。他到任之後，做了許多調查研究的工作。他首先「檢閱圖志」，並與地方官吏一起探討，接着又乘船到虎門等地進行實地考察，因而對珠江口一帶的山川形勢和戰略地位有比較清楚的了解。他在 1840 年 6 月 24 日的奏摺中說：「臣等查中路要口，以虎門為最，次即澳門，又次即尖沙咀一帶。」[2] 這就是說，他認為虎門、澳門和香港地區的尖沙咀一帶是珠江口的戰略要地。

　　林則徐在奏摺中曾多次從軍事和交通的角度，強調尖沙咀一帶戰略地位的重要性。他在道光十九年十月十六日（1839 年 11 月 21 日）的奏摺中說：尖沙咀洋面「群山環抱，浪靜風恬，奸夷久聚其間，不惟藏垢納污，且等負嵎縱壑，若任其據為巢穴，遺患何可勝言」？[3] 他在道光二十年三月二十日（1840 年 4 月 21 日）的奏摺中又說：「查大鵬營所轄洋面，延袤四百餘里，為夷船經由寄泊之區。其尖沙咀一帶，東北負山，西則有汲水門、雞踏門，東則有鯉魚

1　《籌辦夷務始末（道光朝）》（北京：中華書局，1964），頁 151。

2　同上註，頁 330。

3　同上註，頁 239。

門，四面環山，波恬浪靜，水勢寬深，英夷船隻久欲依為巢穴。而就粵省海道而論，則凡東赴惠、潮，北往閩、浙之船，均不能不由該處經過，萬一中途梗阻，則為患匪輕。」[4]

1839 年 3 月，林則徐到廣州查禁鴉片後，大批英國船隻（主要是鴉片躉船）繼續盤踞在尖沙咀洋面，船上人員不時登岸騷擾。英國水手在尖沙咀村「無故滋事」，發生「林維喜事件」後，英國駐華商務監督義律公然藐視中國的司法管轄權，拒不交出兇手，還一再製造事端，先後挑起九龍海戰和穿鼻之戰。

為防止英船長期盤踞在尖沙咀洋面，林則徐下令在尖沙咀以北的小山梁官涌「固壘深溝，相機剿辦」。英軍看到官涌清軍對其構成極大威脅，多次從兵船上炮轟官涌營盤，並派兵登陸仰攻。林則徐根據戰鬥的進展情況，不斷添調兵力，先後派出候補知府余保純、新安知縣梁星源、增城營參將陳連陞、駐守九龍參將賴恩爵、駐守宋王臺參將張斌等文武官員親臨第一線坐鎮指揮。他們將清軍分為五路，並由鄉勇策應，迎頭痛擊英軍。從 1839 年 11 月 3 日到 13日，「旬日之內，大小接仗六次，俱係全勝」，[5] 迫使英國軍艦兩艘、鴉片船數十艘逃離尖沙咀洋面。

官涌之戰使林則徐更清楚地看出尖沙咀一帶在軍事上、交通上的重要性。為防止英軍捲土重來，他決定在尖沙咀「扼要設防」。余保純、賴恩爵、梁星源等奉命進行勘察後報告說：「尖沙咀山麓，有石腳一段，其形方，直對夷船向來聚泊之所；又官涌偏南一山，前有石排一段，天生礜固，正對夷船南洋來路。若兩處各建炮台一座，聲勢既相聯絡，而控制亦極得宜。」[6] 於是，1840年 4 月 21 日，林則徐正式奏請在尖沙咀、官涌各修築炮台一座。當年 7 月，炮台「趕辦完工」以後，命名為「懲膺」和「臨衝」。他為這兩座炮台購辦大炮

4　同上註，頁 302。

5　同上註，頁 240。

6　同上註，頁 302。

五十六門，並派兵八百餘名駐守在炮台附近山梁。[7]

在加緊修築軍事防禦工程的同時，林則徐還提議增強九龍半島的兵力。尖沙咀一帶屬大鵬營管轄。在 1840 年 5 月 26 日到京的奏摺中，林則徐將香山協和大鵬營加以比較說：「查香山協向駐副將，管轄兩營，額設弁兵一千七百零九員名，兵力較厚。大鵬原只一營，額設參將一員，管轄洋面四百餘里，其中有孤懸之大嶼山，廣袤一百六十餘里。是以道光十年，已將大鵬分為兩營，而所設弁兵只九百九十八員名，較之香山營制，已有軒輊。」大鵬營人馬「除分班出洋外，尚不足以敷巡守」。大鵬營和新安縣要求增添兵力，林則徐與水師提督關天培再三商議後，提出「應將大鵬改營為協，撥駐副將大員督率，與香山協聲勢相埒」。他建議「將澄海協副將，改為大鵬協副將，移駐大鵬所轄扼要之九龍山地方，居中調度」，並提出了尖沙咀炮台和官涌炮台等地兵力部署的方案：「以把總一員，兵七十五名，專防右營官涌炮岩。以把總一員，駐防九龍炮台，將原駐九龍炮台之千總一員，移防左營尖沙咀炮台，並帶新設額外外委一員，兵丁一百三十名。又以外委一員、兵丁十五名，防守前經裁撤今應設回，與尖沙咀對峙之左營紅香爐汛。」他還提出為大鵬協增添大小米艇四艘、快船兩隻。[8]

從上述史實看，林則徐對香港海防的部署有如下特點：一是既注重書本知識，又注重實地考察。二是既注重物的因素，又注重人的因素。他既重視軍事防禦工程的修築，又重視兵力的合理調配。在戰術思想上，他懂得集中優勢兵力殲滅敵人，把鋼用在刀刃上。官涌之戰就是他的戰術思想的成功體現。由於林則徐重視香港和整個廣東沿海的防衛，1840 年 6 月鴉片戰爭爆發後，英國遠征軍未敢貿然對這個地區發動進攻，而是繞過這一地區，北上進攻閩浙沿海。

7　同上註，頁 330。

8　中國史學會主編：《鴉片戰爭》（中國近代史資料叢刊），第二冊（上海：上海人民出版社，1962），頁 205 – 206。

林則徐對香港海防的部署在一定程度上可以說是他的經世致用思想在軍事上的體現和運用。

1840 年 8 月，英國遠征軍抵達天津白河口。清政府驚慌失措，任命琦善為欽差大臣，赴廣州辦理中英交涉，並將林則徐撤職查辦。琦善在中英交涉的過程中，採取了與林則徐截然相反的做法，迎合侵略者的種種無理要求，破壞了林則徐精心構築的香港海防工程。1841 年 1 月 26 日，英軍佔領香港島。1 月 30 日，義律照會琦善，聲稱「尖沙咀不應寄存炮台軍士，致嚇該處洋面及香港海邊地方」，無理要求中國方面將軍械將士「統行撤回九龍（指九龍城寨）」。[9] 琦善曾經反駁說：「豈有貴國寄寓之人，留兵設炮，而天朝將原設兵炮撤回，未為情理之平。」但最後他仍然屈從英方的武力壓力，宣佈「所有尖沙咀炮位兵丁，現已概行繳回」。[10] 琦善藉口尖沙咀、官涌的炮台「孤懸海外，不足禦辱，而新安地方緊要」，[11] 下令將林則徐部署在那裏的五十六門大炮和附近山梁的守軍全部撤往新安縣城。英軍乘機拆毀了這兩座炮台，將炮台的磚瓦石塊運往香港島修路，使九龍半島南端尖沙咀一帶成為不設防之地。因此，第二次鴉片戰爭爆發後，英軍能夠毫不費力地佔領九龍半島南端。琦善的所作所為與林則徐形成鮮明對照，從反面說明了林則徐海防思想和海防部署的正確性。

原載王碧秀、林慶元主編：《林則徐經世思想研究》

（北京：中國文史出版社，2002）

9　佐佐木正哉：《鴉片戰爭的研究（資料篇）》（東京：近代中國研究委員會，1964），頁 76。

10　同上註。

11　同上註，頁 78。

容閎家族的香港情緣

容閎是中國近代史上的傑出人物。他因推動 120 名中國幼童赴美國留學，被譽為「中國留學生之父」。但很少人知道，160 多年來，容閎及其後人與香港有着不解的情緣。

一、容閎在港就讀四年之久

容閎（1828－1912），廣東香山縣南屏鄉人。1842 年 11 月 1 日，位於澳門的馬禮遜學校遷往香港，容閎是隨校遷移的十一名學生之一。據校長勃朗（S. R. Brown）的報告，該校遷港後開設的課程有英國歷史、世界自然地理、力學、數學、英語閱讀、作文、中國典籍等。容閎在香港馬禮遜學校讀書達四年之久。馬禮遜學校的學習生活使容閎學到了西學的初步知識，具備了一定的英語基礎，為出國深造創造了條件。1854 年，他畢業於美國耶魯大學，成為第一個畢業於美國一流大學的中國學生。

系統接受西方教育並未妨礙容閎成為時刻關心祖國命運的愛國者。他很早就萌生了「教育救國」的思想。他說：「在大學最後一年結束前，我已經勾畫出自己未來事業的草圖。我確信：中國成長中的一代應該享受我享受過的良好教育，通過西方教育，使中國得以復興，文明強大起來。」

容閎學成歸國後，數次通過江蘇巡撫丁日昌，向清政府提出選派幼童出國留學等建議。在曾國藩、李鴻章的支持下，得到清政府批准。容閎首先在上

海設立出國預備學校。因所招第一批學生名額未滿，容閎曾親自前往香港，從官立學校中招收了一些聰明伶俐、中英文略有根底的學生。從 1872 年至 1875 年，前後四批 120 名幼童送往美國留學。這些留美幼童中，後來出現了一批傑出的人物，如中國第一位鐵路工程師詹天佑、清華學校首任校長唐國安、北洋大學校長蔡紹基、東亞銀行主席周壽臣、晚清外交家梁敦彥、民初國務總理唐紹儀等。

二、容覲彤與蓮麻坑礦場

2013 年春，筆者開始主持編寫香港第一部村志《蓮麻坑村志》，發現一件鮮為人知的史實，即容閎的長子容覲彤曾在香港新界經營蓮麻坑礦山達八年之久。

容覲彤（1876－1933），字詠蘭，英文名字 Morrison Brown Yung，畢業於耶魯大學，並獲得哥倫比亞大學礦業工程師學位。容閎一直心繫國家。他曾吩咐兩個兒子容覲彤、容覲槐回國服務。1909 年，容覲彤返回中國，先後在廣東羅浮山、曲江、樂昌、廣西貴縣、福建龍岩、建甌等地主持探礦工作。1921 年，他被非常大總統孫中山任命為內務部技士，並在同年以英文起草《中國礦業條例草案》。

蓮麻坑村是位於深港邊境的一個客家人村莊，蓮麻坑礦山盛產方鉛礦和閃鋅礦，是提煉鉛和鋅最重要的礦石。1925 年 6 月 23 日，容覲彤獲香港政府批出蓮麻坑礦業地段三號的採礦租約，生效日期追溯至 1922 年 7 月 12 日，租期 75 年。

在容覲彤的經營管理下，蓮麻坑礦場有了較快發展。他主持發掘了六條礦道，長約 2,100 米。1927 年，蓮麻坑礦場每個月生產 1,500 袋鉛礦石，每袋 40 斤，由九廣鐵路運送到九龍，銷往海外。容覲彤為香港礦業發展作出了貢獻，

亦為蓮麻坑村民提供了就業機會。容覲彤工作繁忙，經常出差、跑礦山等，結果積勞成疾，於 1933 年 9 月 11 日因肺癆在北平去世，享年 57 歲，歸葬於香港薄扶林華人基督教墳場。

三、容永成二訪蓮麻坑

容永成是容閎長孫、容覲彤之子、新加坡著名會計師。他曾在香港上中學，在英國上大學。他曾是新加坡多家上市公司高級管理人員及行政總裁，1974 年到 1986 年曾出任新加坡電信局主席。2004 年筆者在珠海參加「容閎與科教興國」學術研討會時，與容永成先生相識。2014 年春，筆者將容覲彤與蓮麻坑關係的研究結果告訴容先生，並促成他第一次蓮麻坑之行。

2014 年 12 月 5 日上午，容永成在珠海參加第二屆留學生節開幕禮，晚上抵港。次日早上，八十一歲的他不顧旅途勞累，就在筆者的陪同下，輾轉來到仍屬禁區範圍的蓮麻坑村，受到村長葉華清、葉長風和村中長老的熱情接待。

容永成先在村公所翻看《蓮麻坑村志》初稿，特別是書中蓮麻坑礦場部分。他又來到香港法定古蹟葉定仕故居。葉定仕是蓮麻坑村民，曾任同盟會泰國分會會長。八十三歲的葉定仕之子葉瑞山向容永成講述父親當年追隨孫中山革命的事蹟。他們的前輩容閎和葉定仕都是孫中山革命事業的支持者，兩人見面感到格外親切。

訪問最後一程，進入通往蓮麻坑礦場的邊境路。容永成與隨行的記者邊走邊談。他說，祖父容閎的精神是「對國家做貢獻，對社會做貢獻」，這種精神影響了後人。他又說：「我出生十天，父親（容覲彤）就離世了。母親少談父親的事，只說他在香港北邊有礦場，人很好。父親是君子，他沒有什麼錢，但對社會有貢獻。」到達深圳河旁的礦場寫字樓舊址後，容永成在父親昔年工作的地方徘徊許久，才依依不捨地結束行程。

　　2015 年年初，容永成向筆者提出，希望再次訪問蓮麻坑，讓兒孫更多了解家族的歷史。4 月 12 日，容永成率長子容志明、次子容志堅、二兒媳胡麗芬、孫子容正峰、容正宏等一家三代人，在香港展開一次別具意義的訪問。筆者邀請香港歷史博物館前總館長丁新豹博士陪同訪問。丁博士的先祖丁日昌與容閎交情甚深，曾協助容閎推動幼童赴美留學。丁博士與容永成一見如故，有說不完的共同話題。

　　筆者與丁博士先陪同容永成一行到薄扶林華人基督教墳場拜祭容覲彤。接着，驅車前往蓮麻坑，參觀葉定仕故居，拜會葉瑞山先生。容永成的兒孫又在村內葉氏宗祠司理葉玉安陪同下，攀登九百多級石階登上礦山，到六號礦洞考察。葉玉安還向他們贈送了礦石標本。容永成的兒孫到達先祖工作過的地方，顯得既新奇又興奮。4 月 12 日容閎家族與香港的情緣增添了新的一頁。容永成表示，對他們的家族而言，這是令人難忘的一天。

原載《今日中國》（香港出版）2015 年 5 月號

趙今聲教授談魯迅訪港經過

  為紀念香港大學成立八十周年，筆者主持編寫了《一枝一葉總關情》一書，由香港大學出版社出版。內地許多老校友撰寫了傳記和回憶錄。其中趙今聲教授撰寫的〈八十八歲自述〉一文曾簡要介紹他當年邀請魯迅訪港的經過。他寫道：

  一九二六年北伐戰爭開始後，捷報不斷傳來，我精神振奮。激於愛國熱情，我振筆撰文，鼓吹革命，歡呼北伐戰爭勝利，投稿香港《大光報》。《大光報》總編輯陳卓章從嶺南大學畢業不久，血氣方剛，熱心革命，對我寫的文章深加賞識，到香港大學宿舍登門拜訪，對時事交換意見，頗多共識。該報決定聘我為社外編輯，每週寫三篇社論，每月酬金四十元。

  省港大罷工之後，香港政府加強統治，政治空氣沉悶。為喚起香港人民革命熱情，一九二七年春，我以《大光報》名義，邀請在中山大學講學的魯迅先生從廣州到香港。二月十八日下午，魯迅到港。當晚，我在基督教青年會食堂設便宴，招待魯迅夫婦及陪同人員葉少泉。我準備了黃酒，魯迅先生興致很濃，喝了好幾杯。十九日下午，魯迅在青年會禮堂為香港知識界做報告，講題是《老調子已經唱完》。香港《大光報》及《華僑日報》均登載了他的講話。對香港社會產生了廣泛影響。

  趙今聲教授生於 1903 年，1926 年畢業於香港大學。他從事高等教育工作六十餘載，歷任河北工學院院長、天津大學副校長、全國人大代表、天津市政協副主席，是國內著名的港口工程專家。他從未將邀請魯迅訪港一事作為資本

加以炫耀，只是到 1991 年應我們的邀請撰寫自傳時，才簡要披露此事。

今年春季筆者應邀赴港參加《一枝一葉總關情》首版發行儀式，順便訪問香港中文大學，承蒙該校中文系高級講師盧瑋鑾將其編著的《香港文學散步》一書相贈。讀後感到這是一本內容和形式都很新穎、頗有價值的好書。書中收錄的〈魯迅赴港演講瑣記〉（署名劉隨）一文，引起筆者特別注意。該文說，1927 年 2 月魯迅先生赴港演講，是香港大學教師兼香港《中華民報》總編輯黃新彥以香港基督教青年會的名義邀請的。在港參加接待的人除了黃新彥，還有《華僑日報》副刊編輯黃之棟和劉隨本人。魯迅住在皇后大道中的勝斯酒店。後來劉隨曾將記錄稿整理，寄往廣州請魯迅先生過目校正。

筆者離港返京後，將劉文影印本寄往天津，徵詢趙今聲教授的看法。趙教授前後四次來函述說真相。筆者閱後感到，他的來信不僅有助於澄清事情真相，而且對於研究魯迅和了解當時香港與廣州社會狀況亦有一定參考價值。徵得趙教授同意，現將信中內容整理成文，奉獻給讀者參考。

趙今聲教授說：黃新彥確有其人，我也認識，但他並未參與邀請工作，更未主持演講會。魯迅在香港的演講會是我主持的。劉文有不少漏洞。首先，魯迅赴港演講是我通過在廣州的老鄉葉少泉邀請的，並由他陪同前往。劉文根本未提葉少泉，似乎那次由廣州到香港的只有魯迅和許廣平。其次，魯迅在香港住在基督教青年會，葉少泉也住在那裏，我請他們吃飯就在青年會二樓食堂。魯迅日記中也說：「寓青年會」。劉文卻說他住勝斯酒店。再者，我是以《大光報》名義邀請魯迅赴港的。劉文卻說是黃新彥以基督教青年會名義邀請的。基督教青年會能邀請革命文學家魯迅演講嗎？

葉少泉是促成魯迅訪港的重要人物之一。據《魯迅日記》記載，此次赴港前，在 2 月 5 日、10 日和 17 日，葉少泉曾三次拜訪魯迅。筆者認為，這很可能與安排魯迅訪港有關。應筆者要求，趙今聲教授介紹了他與葉少泉交往的經過。他回憶說：我和葉少泉是在廣州認識的。1926 年，我曾任香港《大光報》

社外編輯，在該報發表不少文章和社論，歡呼北伐戰爭的勝利、宣傳三民主義，引起廣州國民黨總部青年部注意。他們邀請我去廣州參觀革命勝地，如黃花崗烈士墓、土敏土廠孫中山大元帥府等。陪同參觀的人有葉少泉，當時四十多歲，河北省保定人。我曾在保定育德中學讀書，對保定情況很熟悉，因而我們一見如故，他還邀我去家裏吃餃子。我在香港大學讀書時，住在明原堂儀禮翼（Elliot Hall）二樓二十五號。1927 年初我畢業後，學校不允許再住下去，我就搬到學校主樓對面的聖約瑟堂（Saint John's Hall）。這是教會辦的宿舍，住在其中的也都是港大學生，但允許畢業生居住。我一個人住一間房。葉少泉是廣州國民黨總部青年部的交通員，常往香港送黨的宣傳品。他同時也是國民黨總部與港大國民黨組織的聯絡人。他來港後常住在我的房間。當時國民黨在香港被禁，不能公開活動，住在我那裏既方便又安全。通過葉少泉，我了解到香港大學國民黨地下組織的一些情況。港大國民黨組織負責人是教務處一位職員鄭文光（廣東人）。我的同班同學姚振家（上海人）也是國民黨員。有一次，葉少泉和我談起，他認識魯迅先生。我就產生了請魯迅赴港演講的想法，希望活躍一下香港的政治空氣。我請葉少泉和魯迅商量。他去魯迅處好幾趟，將事情決定下來。商定之後，我才同《大光報》發行人葉成商量，用《大光報》名義印入場券。他同意了，但他不出面招待，《大光報》也不負擔魯迅的食宿交通費用。我只好自己掏腰包。當時沒有出租禮堂的習慣，會場是我和青年會商量借用的，沒有收費。到碼頭接送魯迅一行，都是我一個人，沒有其他人參加。

趙今聲教授說：我當時沒有將記錄稿送魯迅校閱，是我的疏忽。可能劉隨當時是一名聽眾。他做了記錄，並曾送魯迅校閱。這是有功勞的，應該肯定。但說魯迅赴港演講是黃新彥邀請，黃之棟和劉隨曾參與接待，並無其事。應該將真相告訴後人。

周恩來總理的香港情緣

——紀念周恩來誕生一百二十周年

一、周恩來早年三赴香港

1920 年 11 月，滿懷救國救民的理想，年輕的周恩來遠涉重洋到歐洲求學。1924 年秋，周恩來歸國到廣州，後來出任黃埔軍校政治部主任。途經香港時，他住在南開中學同學石志仁家中。[1] 石志仁畢業於香港大學，新中國成立後，曾任鐵道部副部長。這是周恩來第一次踏上香港的土地，但停留時間很短。

1927 年 8 月 1 日，周恩來等共產黨人發動南昌起義，打響了武裝反抗國民黨的第一槍。這一天後來被定為中國人民解放軍建軍節。當時敵我雙方力量對比懸殊，起義隊伍很快被打散。10 月上中旬，同主力部隊失散後，周恩來和葉挺、聶榮臻等率領警衛部隊趕往海陸豐。他途中病重，有時昏迷，無法行進，遂令警衛部隊趕往陸豐的金廂鎮集中。自己則和葉挺、聶榮臻等在中共汕頭市委常委楊石魂的陪同下，到陸豐縣南塘區黃厝寮村休養治療。後在楊石魂護送下，和葉挺、聶榮臻從金廂鎮的渚村乘小船，飄泊兩天一夜，到達香港。這是周恩來第二次到香港。

到達香港後，楊石魂同廣東省委取得聯繫，把周恩來安置下來。周恩來

1　熊華源、廖心文：《周恩來總理生涯》（北京：人民出版社，1997），頁 172。

扮做一個商人，住在九龍油麻地廣東道養病。廣東省委派來一個受過護士訓練
的同志照顧他。經過半個多月的治療和休養，周恩來的健康逐漸恢復。養病期
間，他曾參加當時在港的中共廣東省委召開的研究廣州起義的會議。[2]

後來，中共臨時中央政治局常委決定在上海召開緊急會議，總結湘、鄂、
粵、贛四省秋收暴動的經驗教訓。10 月 23 日，中央致信南方局並廣東省委，
通知周恩來務於 11 月 7 日以前趕到上海出席會議。11 月上旬，周恩來從九龍
深水埗乘船到達上海。不久，他被增補為中央政治局委員、常務委員，擔負起
處理中共中央日常工作的職責。[3]

1928 年 3 月中旬至 4 月中旬，受中共中央委託，周恩來又一次前往香港，
主持召開廣東省委擴大會議，糾正李立三對廣州起義所作的錯誤結論和懲辦做
法。會上他充分肯定廣州起義的歷史意義和起義領導人在鬥爭中表現出的革命
精神，總結其中的經驗教訓，指出起義失敗的原因主要是由於敵強我弱，未能
爭取廣大農民配合，在戰鬥形勢不利的情況下，又未及時撤退轉移農村。同時
對有錯誤的同志也提出批評，並宣佈撤銷原來省委對起義領導人的處分決定。
在此期間，他又指示中共廣東省委組織營救在香港被捕的廣東省委書記鄧中
夏。不久，鄧中夏獲釋出獄。[4]

這是周恩來第三次到香港。此後，除了二十世紀五十年代期間出訪歸國
時，他曾在香港機場有過一次短暫停留外，他再無踏上過香港的土地。他三赴
香港的經歷，使他對香港在國家歷史上的特殊地位有過親身體驗和初步認識，
對他後來協助毛澤東主席制定暫不收回香港和「長期打算，充分利用」的對港
方針，相信產生過一定影響。

2　中共中央文獻研究室編：《周恩來年譜》（北京：中央文獻出版社，1998），頁 129；《周恩來總理
　　生涯》，頁 173。

3　《周恩來年譜》，頁 129；《周恩來總理生涯》，頁 174。

4　《周恩來年譜》，頁 142。

二、周恩來與香港抗日救亡運動

抗日戰爭初期，中共中央代表周恩來面晤英國駐華大使卡爾爵士（Sir Archibald Clark-Kerr）。周恩來說，八路軍在敵後英勇作戰，得到國內外人士的讚揚，贏得廣大華僑的欽佩，紛紛捐助款項、醫藥和其他物資。可是沒有機構辦理接收。我想派人到香港去設立一個辦事處。我們不公開掛牌，辦事處是秘密的，將不妨礙英國的中立地位，並請卡爾關照港英當局。徵得英國政府同意之後，1938 年 1 月廖承志前往香港，同潘漢年一起籌建八路軍駐香港辦事處。辦事處設在皇后大道中十八號二樓，是一個半公開的機構，以粵華公司的名義掛牌，以經營茶葉生意作掩護。[5]

辦事處成立後，接收了大量捐贈物資。1938 年冬，辦事處收到的藥品和醫療器械有 130 箱，由水運經淡水、惠州、老隆運至桂林八路軍辦事處，再轉運到延安。1939 年 10 月，辦事處收到南美華僑捐贈的大批西藥以及東南亞華僑捐贈的二十輛卡車和兩輛轎車。這些物資都被轉交給桂林八路軍辦事處。[6] 八路軍駐港辦事處油印的《華僑通訊》及時向海外華僑報道國內抗戰的消息。有不少華僑青年通過辦事處，回國參加到八路軍、新四軍的戰鬥行列。辦事處還組織過幾批汽車司機和醫務人員回國參加抗戰。[7]

1941 年 12 月日軍佔領香港以後，立即封鎖交通要道，大肆搜捕抗日人士。當時滯留在香港的抗日文化人大多是「外江佬」，既不會講廣東話，社會關係又不多，長久隱蔽很不容易，處境十分艱險。[8] 中共中央十分關心這些民

5　《連貫同志紀念文集》編寫組：《賢者不朽──連貫同志紀念文集》（北京：中國華僑出版社，1995），頁 280－281；梁上苑：《中共在香港》（香港：廣角鏡出版社有限公司，1989），頁 2。

6　李軍曉：〈八路軍駐香港辦事處述略〉，《抗日戰爭研究》，1997 年第 3 期。

7　《賢者不朽──連貫同志紀念文集》，頁 155。

8　楊奇：《虎穴搶救：日本攻佔香港後中共營救文化群英始末》（香港：香港各界紀念抗戰活動籌委會有限公司、香港各界文化促進會有限公司，2005），頁 24。

主人士、文化人士的安危。1941 年 12 月 8 日，日軍剛進攻香港，中共中央書記處便向香港的廖承志、潘漢年、劉少文發出電報，指出：「香港文化人、黨的人員、交通人員應向南洋及東江撤退」。接着，中共中央南方局書記周恩來發出兩次加急電報。12 月 20 日，他就香港文化界人士如何安置，朋友是否已撤出等問題電詢廖承志。12 月下旬，他又致電廖承志、潘漢年、劉少文並中共中央書記處，提出：將困留在香港的愛國人士接至澳門轉廣州灣然後集中桂林；即刻派人告梅龔彬、胡西民，並轉告在柳州的左洪濤，要他們接待；政治活動人物可留桂林，文化界可先到桂林新華日報社，戈寶權等來重慶；對戲劇界朋友可要夏衍組織一旅行劇團，轉赴西南各地，暫不來重慶；留港的少數人必須符合秘密條件；存款全部取出，一切疏散和幫助朋友的費用均由你們開支；與港政府商定，如他們派軍隊護送人物及軍火至海南島，可送一批人去，並進行破壞日機場和倉庫交通線；派人幫助孫、廖兩夫人（何香凝）和柳亞子、鄒韜奮、梁漱溟等離港。[9]

在周恩來的直接關注下，秘密大營救從 1941 年 12 月 25 日香港淪陷算起，到 1942 年 11 月 22 日鄒韜奮到達蘇北抗日根據地為止，歷時十一個月。中共多個地下組織和廣東抗日游擊隊無數無名英雄排除土匪的干擾，闖過日軍的哨卡，歷經千難萬險完成了這一歷史壯舉。先後救出的民主人士、文化人士、知識青年及其家屬約八百人，沒有一人被日軍截獲。其中著名人士有何香凝、柳亞子、鄒韜奮、茅盾、夏衍、沈志遠、張友漁、胡繩、范長江、喬冠華、劉清揚、梁漱溟、李伯球、陳汝棠、張鐵生、千家駒、黎澍、戈寶權、韓幽桐、廖沫沙、金仲華、黃藥眠、胡風、沙千里、周鋼鳴、高士其、端木蕻良、蔡楚生、司徒慧敏、司馬文森、袁水拍、金山、王瑩、宋之的、郁風、葉淺予、丁

---

9 《周恩來年譜》，頁 535 – 536；廖承志：〈序言〉，載中共廣東省委黨史研究室：《東江縱隊史》（廣州：廣東人民出版社，1995），頁 2。

聰、鄧文釗等等。[10]

三、周恩來與中央對港政策

中華人民共和國成立後，中國政府對香港問題的一貫立場是：香港是中國的領土，中國不承認帝國主義強加的三個不平等條約，主張在適當時機通過談判解決這一問題，未解決前暫時維持現狀。[11] 中國政府還確定了對香港採取「長期打算，充分利用」的特殊政策。[12]

早在中華人民共和國建立之前，中共最高領導人毛澤東對建國後如何解決香港問題，如何利用香港，已經有了戰略性的構想。1946 年 12 月 9 日，毛澤東在延安回答美國記者哈默關於「在香港問題上中共的態度如何」的提問時說：「我們現在不提出立即歸還的要求，中國那麼大，許多地方都沒有管理好，先急於要這塊小地方幹嗎？將來可按協商辦法解決。」[13] 1949 年 2 月，毛澤東在西柏坡會見蘇聯政府代表團時曾說：「急於解決香港、澳門的問題沒有多大意義。相反，恐怕利用這兩地的原來地位，特別是香港，對我們發展海外關係、進出口貿易更為有利些。」[14] 周恩來在協助毛澤東制定對港方針方面發揮過重要作用。

1949 年 10 月，解放軍抵達廣東之後，毛澤東、周恩來曾嚴禁野戰軍越過羅湖以北四十公里的樟木頭一線。[15] 當時華南和廣東軍政機關對粵港邊界問題

---

10 《虎穴搶救：日本攻佔香港後中共營救文化群英始末》，頁 79。

11 鄧小平：《鄧小平文選》，第三卷（北京：人民出版社，1993），頁 387。

12 楊奇：《香港概論》，下卷（香港：三聯書店，1993），頁 491。

13 毛澤東：〈同三位西方記者的談話〉（1946 年 12 月 9 日），載中共中央文獻研究室編：《毛澤東文集》，第四卷（北京：人民出版社，1993），頁 207。

14 師哲回憶、李海文整理：《在歷史巨人身邊：師哲回憶錄》（北京：中央文獻出版社，1995），頁 380。

15 曾生：《曾生回憶錄》（北京：解放軍出版社，1991），頁 570。

採取「保持邊界平靜」、「避免邊界糾紛」、「不挑釁，不示弱」等方針，謹慎處理邊界問題。

1957 年 4 月 28 日，周恩來在上海工商界人士座談會上講話，對在經濟上如何發揮香港的特殊作用，如何「為我所用」有進一步的闡述。他說：「香港的主權總有一天我們是要收回的，連英國也可能這樣想。」「我們不能把香港看成內地。對香港的政策同對內地是不一樣的，如果照抄，結果一定搞不好，因為香港現在還在英國統治下，是純粹的資本主義市場，不能社會主義化，也不應該社會主義化。香港要完全按資本主義制度辦事，才能存在和發展，這對我們是有利的。」「我們在香港的企業，應該適應那裏的環境，才能使香港為我所用。」「香港可作為我們同國外進行經濟聯繫的基地，可以通過它吸收外資，爭取外匯。」[16]

作為國家總理，周恩來還直接主導一些具體舉措，支持香港經濟發展，關心香港同胞的福祉。廣交會、東江水供港等就是典型的事例。

1955 年 10 月至 1956 年 5 月，廣東省外貿系統憑借廣東毗鄰港澳的地緣優勢，先後舉辦了三次出口物資展覽交流會，在推動外貿發展及出口創匯方面取得了一定的成績和經驗。[17] 經周恩來總理同意，國務院批准外貿部和廣東省人民委員會共同以中國國際貿易促進委員會的名義在廣州舉辦中國出口商品展覽會。這個展覽會每年春秋各舉辦一次，一直延續至今。將中國出口商品交易會簡稱為「廣交會」的第一人是周恩來總理。當年，周總理在接見原外貿部的有關負責人時，表示中國出口商品交易會這一名稱太長，既然在廣州舉辦，乾脆

---

16 中共中央文獻研究室編：《周恩來年譜：1949 － 1976》，中卷（北京：中央文獻出版社，1997），頁 37 － 38。

17 中國對外貿易中心編著：《百屆輝煌，1957 － 2006：中國出口商品交易會 100 屆紀念》（廣州：南方日報出版社，2006），頁 6、7。

簡稱為「廣交會」。於是,「廣交會」這一稱呼便流行開來。[18] 廣交會對推動香港與內地的貿易發揮了重要的作用。

　　香港淡水資源缺乏,歷史上多次發生水荒。隨着人口的急劇增長和工商業的發展,矛盾更加突出。1963 年香港出現六十年來最嚴重的水荒,香港政府宣佈限制用水,每隔四天供水一次,每次四小時。這一措施維持整整一年。香港中華總商會和工聯會曾多次向廣東省反映香港的供水困難,英國政府也向中國政府表示希望引入東江水以穩定香港供水。

　　為了長遠解決香港的用水困難,周恩來總理下令修築東江－深圳供水工程。1963 年 12 月 8 日,他聽取廣東省水電廳廳長劉兆倫關於工程方案的彙報,並同陶鑄、陳郁、程子華、曾生等談話,指出:香港居民百分之九十五以上是我們自己的同胞,供水工程應由我們國家舉辦、列入國家計劃,不用港英當局插手。並指出:向香港供水問題,與政治談判要分開,不要連在一起。並指出所謂事實上連在一起而公開的又不連在一起的做法,是行不通的。供水計劃可以單獨進行。他僅要求工程建好後,採取收水費的辦法,逐步收回工程建設投資費用。水費應該實行經濟核算,每一噸收一角錢(人民幣)可定下來,不要討價還價。[19]

　　1964 年 4 月 22 日,廣東省人民委員會代表與香港當局代表簽訂了《關於從東江取水供給香港、九龍的協議》。1964 年工程建設初期,在國家遭受自然災害、經濟尚未復興的情況下,中國政府從援外資金中撥款 3,800 萬元,確保了工程的順利進行。首期工程於 1965 年 2 月 26 日竣工,並在當年就向香港供水 6,000 萬立方米,佔當時香港全年用水量的三分之一。為了滿足香港不斷增長的用水需求,1970 年代、1980 年代和 1990 年代,東江－深圳供水工程三次

18　同上註,頁 9、21。

19　《周恩來年譜:1949－1976》,中卷,頁 600;〈周總理關於供水香港問題的談話紀要〉,1963 年 12 月 8 日下午。

進行擴建，累計耗資逾 20 億元。1994 年底，第三期擴建工程完工後，對香港的供水能力增至 11 億立方米。[20] 長期以來，香港很大部分淡水依靠內地供應。例如，中國內地輸往香港的水量 1995 年為 6.9 億立方米，佔當年香港耗水量（9.19 億立方米）的 75%；1996 年為 7.2 億立方米，佔當年香港耗水量（9.28 億立方米）的 78%；1997 年為 7.5 億立方米，佔當年香港耗水量（9.13 億立方米）的 82%。[21] 東江水供港體現國家重視香港特殊地位的戰略思想，也飽含周恩來總理關心香港民生的深情厚誼。

四、周恩來與香港大學

周恩來與香港歷史最悠久的大學香港大學也有過交往，留下了感人的故事。1955 年冬天，以 E.C. 布蘭頓教授為首的香港大學訪問團二十四人和國民黨元老陳友仁之子、香港著名律師陳丕士等五人越過羅湖橋，踏上了新中國的土地。訪問團的客人十分複雜，其中大部分是抱着懷疑態度來看看，他們對新中國太不了解了。12 月 23 日，周恩來在中南海紫光閣接見他們時說：「香港離北京不遠，但是消息不通，有隔閡。你們這次來了，要想法把消息溝通才好！」他問道：「不僅是消息不通，交通也不靈，不通暢，香港到廣州，廣州到香港很麻煩，把它通起來好不好！」會見中，周恩來談到北京、香港和廣州之間的關係。他說：「這個問題是最切身與最現實的問題，我們希望關係更緊一些，更密切一些。」周恩來指出：「過去我們經常經過外交途徑，把一些情況告訴英國代辦處，我們希望今後不必都經過英國代辦處，而和香港政府能夠直接接

---

20 C.O. 1030/1280, p. 38; C.O. 1030/1657, pp. 149-150；參考李健：〈香港飲水靠天靠地靠內地〉。

21 陳多、蔡赤萌：《香港的經濟（一）》（北京：新華出版社，1996），頁 82；《香港 1996》，頁 182；《香港 1997》，頁 182；《香港──邁進新紀元》，頁 179。

觸，這樣會便於兩個地方關係的增進，也就是香港和北京之間的關係。」[22]

12 月 20 日和 27 日，周恩來兩次會見了與香港大學英籍教授一同來京的陳丕士等人，並在西花廳家中請他們共進午餐。在座的有一位年輕姑娘，她是香港大學的學生，名字叫廖瑤珠。姑娘直率地問周恩來：「香港問題怎麼樣？」周恩來回答說：「香港問題我不能肯定地說，你今年才 21 歲，到 80 歲還有 60 年，總有一天，你會看到香港問題得到解決的。」周恩來寄希望於港人，他說：香港人絕大多數是愛國的同胞，他們願意看到祖國前進。周恩來不無遺憾地說：「六年來我對香港了解得不太充分，注意得不夠，工作作得不夠，現在接觸了一下，知道那個地方大有可為。那個地方有那麼多的中國人，都非常關心祖國，而且從來就看成那是自己的地方。」[23]

周恩來與侯寶璋教授的交往具有傳奇色彩。侯寶璋是我國病理學先驅之一，1948－1960 年出任香港大學病理學教授。他雖然身處香港，仍然抱着一腔愛國熱忱。1952 年，他把次子侯健存由港大送回內地工作。他還多次組織英國和香港醫學專家訪問北京和廣州。1956 年 7 月 23－29 日在北京舉行的中華醫學會第十八次全國會員代表大會上，國家衛生部的官員知道侯寶璋是國內外知名的病理專家，殷切希望他能回內地參加新中國的建設。7 月 27 日下午，周恩來總理在中南海懷仁堂，同大會主席團成員以及港澳來賓座談。周恩來緊握住侯寶璋的手，表示了親切的問候，並關心地詢問侯寶璋在事業上的成就。侯寶璋深受感動，回到駐地就表達了要回內地參加建設的決心。

1960 年，侯寶璋從港大醫學院約滿退休，獲港大委任為榮譽退休教授（Emeritus Professor），翌年又獲授榮譽科學博士殊榮，以表彰他對港大病理學科作出的巨大貢獻。自港大退休之後，侯寶璋接到英美等國的工作邀請，但他

---

22 《周恩來總理生涯》，頁 178 － 180。
23 同上註，頁 180 － 181。

一一拒絕。在周恩來總理的關懷下，侯寶璋毅然回到內地，參加新中國的建設工作。1961 年底，國務院任命侯寶璋為中國醫科大學（現為中國協和醫科大學）副校長。1962 年春天，侯寶璋帶着從英國學成歸來的次子侯健存啟程往北京赴任。

到京後，周恩來總理親切接見了侯寶璋伉儷和侯健存，並在中南海西花廳設家宴為他們洗塵。出席作陪的有陳毅副總理、國務院辦公廳主任童小鵬和香港《大公報》總編輯費彝民。席間周恩來總理尊稱侯寶璋為「侯老」。他說：「侯老，對你們在這個困難時期回來，我十分欽佩！……我們關閉自守多年，對外面科技發展、進步很少了解。侯老這次回來可以引進醫學新科技，引進人才。」鄧穎超也說：「侯老，你要有主見，不要輕信下面一知半解的亂說。就按你的想法行事，有什麼困難就給我們說。」

在北京，侯寶璋出任中國醫科大學副校長，並負責指導中國醫科大學病理系、中國醫學科學院病理研究室，以及阜外醫院、同仁醫院和日壇醫院的病理科研究工作。他還先後擔任第四屆全國政治協商會議委員、中華醫學會理事及中華病理學雜誌副總編輯等職。[24]

在周恩來誕生一百二十周年之際，回顧他三赴香港的經歷，回顧他重視香港特殊地位的戰略眼光，以及他對香港經濟發展和社會民生的關心，是為了表達我們對這位黨和國家傑出領導人的懷念和敬意，也希望大家能夠從中吸取智慧和力量，在新的歷史時期更好地發揮香港獨特的作用，將香港所長和國家所需結合起來，將香港的發展和國家的發展更好地融合在一起。

原載《紫荊》雜誌 2018 年 5 月號

24　劉智鵬、劉蜀永：《侯寶璋家族史》增訂版（香港：和平圖書有限公司，2012），頁 28 − 34。

懷念梁濤先生

　　梁濤先生離開我們已經一個月了。這段時間我一直想寫點什麼，用以寄託一個內地學子對一位香港前輩學人的哀思。

　　梁濤先生是一位資深記者，又是一位著名的香港掌故專家。他曾以魯言、魯金為筆名，為廣角鏡出版社編輯十餘本《香港掌故》；為三聯書店主編「古今香港系列」叢書，並親自編寫了《九龍城寨史話》、《港人生活後望鏡》、《中區街道的故事》；還為市政局編寫過《香港街道命名考源》和《九龍街道命名考源》。

　　1988 年 11 月，我赴香港大學參加首屆中國海關國際研討會。承蒙港大孔安道紀念圖書館館長楊國雄先生安排，由廣角鏡出版社總編輯李國強先生出面，在灣仔一家餐館請我與幾位對香港素有研究的專家會晤。出席者中有《香港經濟導報》總編輯陳可焜先生和梁濤先生。這是我第一次與梁先生見面。他滿頭銀髮，慈眉笑目，一看就是一位忠厚的長者。我們一見如故，毫不拘束地談起彼此的研究近況。

　　此後，梁先生曾以多種方式支持和鼓勵內地學者對香港史的研究。1989 年1 月 12 日，他在《明報》上發表了〈九龍城寨史話與劉蜀永先生〉一文，熱情地向香港街坊介紹我的研究情況。該文篇首用大號字體寫道「《九龍城寨史話》已經出版，書中曾引用劉蜀永先生的論文。劉先生是國內著名的香港史學者，他曾多次來香港搜集史料，寫有多篇有分量的香港史論文。」梁先生提到的這

篇論文是發表在《近代史研究》上的〈天地會攻佔九龍城寨史實考訂〉。我在
該文中根據中英文史料，指出 1854 年攻佔九龍城寨的不是以往一些著作所說的
太平軍，而是天地會起義軍。梁先生這種實事求是、虛懷若谷的學風和尊重他
人勞動、提攜後進的態度使我深受感動和鼓舞。1993 年，我主編的《一枝一葉
總關情》(香港大學國內校友文集) 由港大出版社出版後，梁先生兩次在《明報》
撰文推介該書，稱讚該書「是一本研究香港史、香港與中國文化交流史的重要
參考書」。1994 年年初，我將自己撰寫的介紹內地學者研究情況的文章〈香港
史研究述評〉寄給梁先生，請他指正。他認為該文對香港讀者有益，立即推薦
給《廣角鏡》雜誌，發表在該刊二月號。

去年，我邀請梁先生與我合編一部反映香港社會變遷的《圖說》，他欣然
同意，並已做了大量準備工作。為了加快進度，他以古稀之年開始學習使用中
文電腦，並且寫信給我說，再不會用電腦，就要成文盲了。正當此事順利進展
之際，沒想到他竟突然仙逝，給我們留下了終生的遺憾。

作為一個研究香港史的後輩學人，今後只有更加努力地工作，為社會奉獻
更多更好的作品，才不辜負梁先生生前對自己的鼓勵和期望。

1995 年 3 月 6 日於北京潘家園一號樓

原載《香港文學》第 125 期

亦師亦友　風範永存
——懷念恩師劉存寬教授

　　10月6日清晨，手提電話突然響起，電話中傳來近代史所同事張俊義的聲音：「劉老師昨天下午在協和醫院逝世了。」這一消息如同晴天霹靂，深深地震撼着我的心弦。今年暑期回北京度假時，我曾去東廠北巷劉存寬老師家探望他。雖然由於做過大手術和長期患病，面容顯得憔悴，但他精神很好，談笑風生，沒想到他竟這麼快離我們而去了。這些日子我一直沉浸在悲痛之中。回憶起與老師相處的點點滴滴時，有時竟輾轉反側，夜不能寐，總想寫點文字來紀念他。

　　存寬老師1928年出生在四川南充，畢業於北京大學國際政治系，是我國著名的中外關係史專家和香港史專家。他具有深厚的史學、國學和外語根基，精通英、俄、法三國語言。他1982年起從事香港史研究，是內地香港史研究的奠基人和開拓者之一。余繩武老師和他二人主編的學術專著《十九世紀的香港》，在香港和內地皆獲得很高的評價。香港《信報》曾經發表書評，稱讚該書「無一字無來歷」。他對新界歷史有獨到的研究。他根據大量檔案資料編寫而成的《香港歷史問題資料選評——租借新界》一書，是研究新界歷史的必讀參考書。他對中國收復香港的歷史有深入的研究。他和我合作撰寫的論文〈1949年以前中國政府收復香港的嘗試〉一文發表在國內權威性的歷史刊物《歷史研究》上。

　　在提攜後進方面，存寬老師有着長遠的戰略眼光和寬闊的胸襟。1979 年我考入中國社會科學院研究生院，余繩武、劉存寬兩位教授是我的指導教師。在完成《十九世紀的香港》書稿之後，大約是 1993 年，近代史所香港史課題組決定編寫《二十世紀的香港》（政治篇）一書。按資歷，這本新書應該還是余、劉兩位老師主編。但是為了提攜後進，存寬老師提議由余老師和我兩人擔任主編，他則擔任該書作者之一。該書出版時正值香港回歸前夕，在香港和內地出版了繁體、簡體字兩個版本，其中簡體字版發行了四萬冊，創造了史學專著發行數量的新紀錄，一時間社會上對我這個香港史研究新丁也就有了更多的認識。

　　2005 年我通過「輸入內地人才計劃」來港工作之後，存寬老師仍然十分關心和支持我。2008 年，香港地方志辦公室計劃編輯一本有關新界歷史的論文集。我提議存寬老師和劉智鵬博士擔任該書主編。但是為了提攜後進，他婉言謝絕了出任主編的建議，卻欣然同意擔當難度較大的《英皇制誥》、《王室訓令》和《駱克先生香港殖民地展拓界址報告書》等英文文書的全文翻譯工作。他在八十歲高齡精心翻譯的這些重要文書，全部收錄在劉智鵬主編的《展拓界址：英治新界早期歷史探索》一書中，使得該書大為增色。

　　存寬老師為人耿直，待人寬厚、謙和。每當我到他家中做客，無論是談學術問題，還是談論家庭瑣事，他都耐心傾聽，並給出中肯的意見。他身上體現出中國知識份子憂國憂民的傳統美德，直到晚年仍是如此。談到國家的進步時，他眉飛色舞；談到社會的不正之風時，他深惡痛絕。他多次談到，作為歷史學者，一定要注重史德，實事求是，客觀公正，對社會負責，對歷史負責。老師的學者風範和諄諄教誨，我會永遠銘記在心中。

原載香港《文匯報》2012 年 10 月 17 日。

懷念陳可焜教授

　　年前參加中華書局的一次茶敘，洪清田博士告訴我，陳可焜教授去世了。回到家中，立即到網上去搜索，但沒有得到任何消息。打電話去問畢業於廈門大學的老友陳佳榮，他說陳教授已於 5 月 30 日逝世，廈門大學校友會發過一則簡短的訃告。陳可焜教授是香港經濟問題專家，一位極其關愛香港的知名學者。他的去世竟然在香港沒有引起任何反響，在悲傷之餘，我不禁感到十分困惑與失落。

　　陳可焜教授是福州人，1928 年生，1950 年畢業於廈門大學經濟系，1952 年研究生畢業。1979 年移居香港，任香港《經濟導報》編輯、總編輯，1998 年退休後任該報高級顧問。著有《香港經濟論叢》、《有人則成》、《香港經濟一瞥》、《港事港情》、《香港風物漫話》等。除了經濟學方面，他對香港社會的一個重要貢獻，就是提出了「香港學」的概念。他在 1984 年的《港澳經濟》雜誌上，提出把「香港學」作為一門學問，對「歷史的香港、今日的香港和未來的香港」進行研究。

　　1988 年 11 月，我由北京赴香港大學參加首屆中國海關國際研討會。承蒙港大孔安道紀念圖書館館長楊國雄安排，由廣角鏡出版社總編輯李國強出面，在灣仔一家酒樓請我與幾位對香港素有研究的專家會晤。出席者中有梁濤先生和陳可焜教授。這是我第一次與陳教授見面。此後，每次訪港我都要去拜訪他。他也經常將有用的報刊資料剪下來寄給我。

　　2004 年，嶺南大學陳坤耀校長、劉智鵬博士和我推動召開「香港地方志座談會」時，他特意前來參加，並發表熱情洋溢的講話。我主編的《20 世紀的香港經濟》一書出版時，他欣然應邀作序表示鼓勵。就在中風之後，他還曾在《明報月刊》上撰文支持香港地方志工程。想起與他交往的點點滴滴，不禁感慨萬分。

　　目前香港進入了後佔中時期，「一國兩制」面臨前所未有的挑戰。所有真正關心香港未來的人士，都在反思香港未來的發展路徑。在這種背景下，紀念陳可焜教授具有特別的意義。期望有更多的學人投入香港研究，推動香港學的發展，號對脈，下對藥，為在「一國兩制」框架下推動香港社會的平穩發展貢獻各自的力量。

原載《明報月刊》2015 年第 2 期。

侯勵存：心繫家國的病理學家

　　侯勵存醫生（Dr. Laurence Hou）出生於醫學世家。祖父侯秀春是位中醫。
父親侯寶璋是我國近代病理學先驅之一，曾擔任香港大學醫學院病理系主任、
教授。1962 年退休後應周恩來總理邀請到北京工作，出任北京中國醫科大學
（今北京協和醫科大學）副校長。

　　侯勵存醫生是侯寶璋第四子，1930 年 3 月 20 日出生於山東濟南。侯勵存
是一名出色的病理學家，一手創辦了養和醫院病理部。今已屆九十高齡，他仍
然堅守在工作崗位。他在香港最早推動冰凍切片技術。他亦是香港醫學博物館
創辦人之一。他扎根香港，譽滿香江。但他始終心繫祖國，並在耄耋之年返回
內地，展開尋根之旅。

一、英國終身講師中第一位中國人

　　侯勵存幼時極具藝術天賦。著名畫家吳作人看見他的作品後讚不絕口，說
在侯家發現了一個天才畫家。但侯勵存志不在此。1948 年他在華西協合大學醫
學院讀醫預一年班，後因父親到香港大學工作，他轉赴香港大學醫學院就讀，
並於 1956 年獲內外全科醫學士學位。

　　1959 年，侯勵存到英國深造。1965 年，侯勵存在韋理士教授（Prof. Rupert
A. Willis）和盧姆斯敦教授（Prof. Charles E. Lumsden）的指導下，以《內分泌器
官的移植實驗》為研究題目，於利茲大學（University of Leeds）獲得病理學博

士學位。

侯勵存拿到博士學位之後，選擇了留在英國發展。在 1965 年至 1972 年之間，他加入了蘇格蘭皇家亞伯丁大學（University of Aberdeen）醫學院病理系，在柯瑞爵士（Sir Alastair Currie）手下擔任由女王任命的終身講師。這是當時英國終身講師中第一位、也是唯一的一位中國人。

二、病理診斷開創先河

1973 年，侯勵存正式回到香港發展。他應曹延榮醫生的邀請，在養和醫院擔任組織病理學的諮詢服務工作。這是香港首次有為私家醫院和在外開業醫生做病理診斷的服務工作。2002 年受李樹培院長邀請，侯勵存正式和養和醫院簽約，出任組織病理暨細胞學主任。李樹培為此感到非常高興，並說達成他多年的願望——醫院要有一個病理部門，並且要由侯勵存打理。

1961 年英國病理學界開始有冰凍切片技術，但當時不被人看好。侯勵存在英國熱心推廣這項技術，並曾向皇家病理學院寫過報告。返回香港之後，他又在香港普及這項技術。1973 年侯勵存購置了一部冰凍切片機，令養和醫院成為香港第一家有冰凍切片診斷服務的私家醫院。他和外科醫生一起取標本，十分鐘內就可以有病理檢驗報告。此後，侯勵存又在其他幾家私家醫院自行設置了冰凍切片機。1978 年，侯勵存捐贈了一部冰凍切片機給中山大學醫學院病理部，親自到廣州一個星期，教導他們如何使用該機器，並編寫了一份講義供他們參考。

1981 年 11 月，侯勵存和妹夫陳煥璋醫生共同創立了香港（CH）病理檢驗中心。當年香港的私家醫院做完開刀手術後，病理標本無處送檢，香港（CH）病理檢驗中心的建立，解決了私家醫院和診所的一個難題。侯勵存在香港的病人中間獲得很好的口碑。有人說：「經過 Laurence Hou 診斷的，才是最後結

論。」現在這個病理檢驗中心已由當年的一個中心三位員工，發展成為有九十名員工及三間分行的標準化醫務化驗中心。

侯勵存在病理學研究和實踐中取得的成就，得到香港和國外多間學術機構的高度評價，並先後授予他榮譽教授和博士等頭銜。從 1984 年至現在，侯勵存擔任香港中文大學病理解剖學榮譽副教授。1992 年任香港病理學專科學院創院院士。1997 年，蘇格蘭亞伯丁大學授予侯勵存榮譽文學及法律博士學位。從 2002 年起，侯勵存又出任蘇格蘭亞伯丁大學病理系榮譽高級講師。2007 年，任香港大學榮譽病理學教授。

三、創辦和管理香港醫學博物館

1996 年 3 月 22 日，香港醫學博物館開幕。侯勵存是創辦人之一。其他兩位創辦人是香港醫務總監蔡永業醫生和陳煥璋醫生，但陳醫生在博物館開幕前已去世。2004 年，侯勵存出任香港醫學博物館學會董事局及行政委員會主席。他上任時，醫學博物館面臨嚴重的財政困難，隨時可能關門。辦博物館本來就是注定要虧本的事業，一般博物館還可以靠門券收入勉強幫補財政。侯勵存認為培養下一代很重要，要鼓勵年輕人來參觀，於是中小學生參觀不收費。醫學博物館交通不便，主動來參觀的人不多，結果到來的多是中小學生，博物館根本無法從門券收入中開源。博物館管理每月的運作成本至少需要十五萬港元，包括員工薪酬、水電費、印刷費、展覽和宣傳活動等。

起初，博物館每年舉辦慈善演唱會募集經費，最多曾經籌到一百多萬港元。後來籌款愈來愈困難。有人認為這是無底深潭，一直扔錢進去也不會有好結果。博物館無計可施，只好裁員，將每月支出減省至八萬港元。侯勵存個人每月固定捐出一萬港元，又用他和朋友合辦的醫藥公司的名義每月捐一萬港元，他和妹夫合辦的化驗所每月也捐一萬港元。另外至少還有十位博物館之友

每月固定捐一千至五千港元不等，再加上門券收入一萬多港元，每月收入約五萬港元，尚缺三萬港元。

為了維持醫學博物館的運作，侯勵存每年找朋友募捐。有的捐五萬元，有的捐十萬元，有的甚至捐五十萬元。另外，侯勵存還想到一個特別的辦法每年為博物館增添經費。侯勵存因為姓侯，於是有「猴子」的綽號。年長之後，「猴子」被尊稱為「猴王」。每年過生日時，侯勵存都要舉辦「猴王盃」高爾夫球賽，每次邀請一百多人參加。從 2005 年起，他將這種生日聚會變為支持醫學博物館的籌款活動，每年籌得善款約十萬港元，用以贊助博物館。

四、獲頒大學榮譽院士銜

作為香港大學畢業生，侯勵存一直心繫母校，熱心地為母校的教學、科研和育人貢獻力量。當年侯寶璋逝世後，他的友好捐了一筆錢，於 1969 年設立 Professor Hou Pao-chang Memorial Loan Fund。到 1970 年代侯勵存回香港時，錢幾乎用光。所以，1997 年 1 月 16 日，侯勵存支持夫人朱錦雲（朱明霞）開書畫展，籌得六十多萬港元，全部捐給香港大學，用以支持「香港大學侯寶璋醫學紀念基金（HKU - Hou Pao Chang Medical Memorial Fund）」。

香港大學於 1997 年成為首間成立「師友計劃」的本港大專院校。該計劃將不同學科與專業範疇的學生與導師配對；導師會聆聽學生想法、分享經驗，並指導學生朝着自己的目標邁進。藉着計劃，港大學生有機會與富有人生經驗的導師交往，領略大學生涯與工作現實情況的差別，為投入社會做好準備。

由 1998 年至今，侯勵存連續擔任師友計劃導師二十二年。他當導師，主要是教學生如何做人，如何待人接物，並要時常觀察留意周圍發生的事情，取長補短，增長自己的人生經驗，令自己更快成熟。他認為每個人都要發展自己的興趣，發展自己最好的能力。他跟年輕人相處都是當朋友一樣，是平等的、

不分彼此的，所以相處十分融洽。該計劃原定每批學生只需維持一年的師友關係，但侯勵存得到學生的愛戴，每一批學生都願意一直與他保持聯繫，一直留在他的身旁。

2011 年 9 月 29 日，香港大學由港大副校監李國寶爵士主禮，舉行名譽大學院士頒授儀式，向香港十位傑出人士頒授名譽大學院士銜，以表彰他們對大學及社會的貢獻。十位名譽大學院士之中有侯勵存醫生，還有陳有慶、張國榮、朱裕倫、麥齊光、潘燊昌、冼為堅、蕭文強、胡紅玉和 Dr. Ronald Leslie Zimmern。香港大學醫學院署理院長劉宇隆教授在宣讀讚詞時說：「侯醫生具有先驅者的精神。1961 年他引入了重要的冷凍切片技術，以協助外科醫生在手術過程作出正確診斷……2010 年，他創立了侯寶璋教授綜合醫學基金（Professor Hou Pao-Chang Fund for Integrative Medicine），以支持和推動綜合中西醫發展的活動和項目……我十分高興，因侯勵存醫生對香港和學術界的諸多貢獻而授予他名譽大學院士銜。」

設立於 2005 年的「明德教授席」是香港大學授予校內學者的崇高榮譽。捐贈者的慷慨捐贈將在選定的學術範疇內成立冠名永久教授席，開展薪火相傳的卓越傳統，支持大學的教研工作。2014 年 2 月 24 日，侯勵存捐款一千萬港元給「明德教授席」計劃，設立侯勵存基金教授席（解剖分子病理學）。他在贈言中寫道：「對萬物規律時刻求知若渴，善用想像和創意，以周全的方法驗證理論，孜孜不倦，毋畏毋懼，為病理學庫悉力貢獻，為醫學研究開拓領域。謹以此與各位共勉。」

侯勵存後來解釋說：以往病理學體系中，主要是解剖病理學、組織病理學。近年的研究則深入到細胞層面的細胞核，因此他建議設一個新的分支——分子病理學。他參與「明德教授席」計劃，便是專門捐助一筆錢，給予香港大學病理學系的張雅賢教授，從事分子病理學的研究，主要研究不同疾病細胞核裏的各種變化。

五、熱心支持香港修志

編修地方志是中國獨特的文化傳統。從 2004 年開始，筆者與香港一些志同道合的朋友在香港推動編修地方志。侯勵存醫生認為，他自己雖不是億萬富翁，但劉蜀永教授、劉智鵬教授等立志編寫香港地方志，是「功在當代，利在千秋」的事情，特別願意支持。

香港修志是靠民間熱心人士推動。2012 年香港地方志辦公室出現嚴重的財政困難，大量裁員，只剩下三個人。到後來支付劉蜀永教授助手的薪酬也出現了困難。侯勵存醫生聞訊對劉蜀永說：「你助手的人工，由我來付。希望你們堅持下去。」從 2012 年 9 月到 2018 年 1 月五年多時間，侯醫生每月都支付一位助手的人工，累計九十二萬多港元。在侯勵存及香港其他幾位熱心人士的支持下，香港地方志辦公室度過了最困難的時刻，隊伍逐漸壯大，十餘年來編寫出四十餘種香港地方史志書籍，並使地方志的概念深入香港媒體和學術界。

到 2017 年下半年《香港通志》的編修仍無眉目。我們提議先編《醫療志》。侯醫生欣然同意。他主動與醫學界同行討論此事，並從 2018 年 2 月起，每月贊助五萬港元推動此事，為期三年。到 2019 年，情況有所變化。香港修志工作改由團結香港基金主導。我們提議，把項目改為編寫《香港醫療史》，由嶺南大學香港與華南歷史研究部繼續此項工作。他表示同意，並從 2020 年 2 月起，把資助金額提高為每月八萬港元。截至 2020 年 5 月，他資助此項目的金額已達到一百三十多萬港元。

六、服務社會　譽滿香江

侯勵存服務香港社會近五十載。他高超精湛的醫術、與人為善的處世之道和熱心公益的善舉，使他獲得香港社會許多階層的廣泛尊重。2010 年 3 月 18 日，侯勵存八十壽辰晚宴在香港會議展覽中心新翼大禮堂舉行。千餘名嘉賓前

往祝賀，席開一百一十餘桌，盛況空前。嘉賓中有來自教育界的馬臨、徐立之，來自醫學界的楊紫芝、梁智鴻、方津生、蔡永善、李宏邦、曹延棨、曹延洲、郭友仁、周肇平、李心平、陳立昌、童瑤、李維達，來自醫藥界的 Frank Lie，來自護理界的 Myoma Wong，來自商界的陳祖表、李景勳、余錦基、李福全、鄭樹安、冼為堅、容永道、李寧，來自法律界的 Willie Stone、關卓然，慈善家、畫家梁潔華，慈善家李韶、李梅以菁，來自史學界的劉智鵬、劉蜀永，來自體育界的雲維熹、康寶駒、仇偉冠、歐陽若曦、李英健等等社會名流，都是侯勵存的知心好友。

舞台上懸掛着侯勵存夫人朱錦雲揮毫題寫的大字對聯「心仁德厚研病理」、「樂言好施益社群」。各界友好紛紛登台致詞祝賀。香港大學校長徐立之教授致送的一份賀禮將宴會氣氛推向了高潮，他將侯勵存在香港大學讀書時的畢業證書精心裝裱送給壽星。壽宴上，侯勵存宣佈將收到的近二百萬元港幣賀壽禮金悉數捐獻給侯寶璋教授綜合醫學基金會。

七、「每個人都要找到自己的根」

侯寶璋出生在安徽省鳳台縣，今屬安徽省利辛縣。早年侯醫生在瀋陽故宮聽説，清太祖的弟弟被派到江南，因為要管理漢人，就要同漢人溝通，他娶了一個漢族女子為妻。後來由「愛新覺羅」改姓為侯，是清朝皇族之一。侯勵存從未回過故鄉，但一直心神嚮往。2013 年春天，八十三歲高齡的他帶領侯家後人展開了他的尋根之旅。參加者有侯勵存、朱錦雲伉儷和他們的女兒侯元琪、侯元皓，侯寶璋長子侯助存的次女侯元琳、女婿郭世忠，侯寶璋次子侯健存之子侯元聰、女兒侯元明，侯寶璋三子侯兢存之女侯元怡、兒子侯元恒，侯寶璋六弟侯寶璿長子侯頡存等十餘人。他們分別從香港、北京、天津和上海匯集到合肥，然後驅車前往他們嚮往已久的利辛縣。

　　為了接待尋根祭祖的侯勵存一行，利辛縣闞疃鎮侯氏族人特意整修了侯氏墓園，並提前於 3 月 30 日上午舉辦清明祭祖活動。侯勵存一行在墓園虔誠地焚香祭拜。祭拜完畢，侯勵存輕輕地撫摸青石祖碑。上面刻着侯氏家族世系表。他在十二世孫寶字輩中找到父親侯寶璋的名字，名字上方還刻有「山東齊魯大學醫科畢業」、「北京協和醫校醫學博士」兩行小字。接着，侯氏族人又陪同侯勵存一行前往闞疃鎮老街東六十五號。這是侯寶璋教授出生的地方。望着這一排簡樸的青磚平房，侯勵存思緒萬千，心情久久不能平靜。

　　3 月 30 日下午，香港地方志辦公室和利辛縣地方志辦公室聯合在利辛縣政府辦公大樓舉行「侯寶璋教授誕生一百二十周年紀念會」。金國珍副縣長指出：侯寶璋教授是一位偉大的愛國者。無論在哪裏，他都心繫祖國，是利辛人的傑出代表。侯勵存醫生說：父親生前教導我們不要忘本，每個人都要找到自己的根。這次找到父親出生的地方，找到了祖碑，我非常感動。從今天開始，才算有一個真正的身份認同。

　　　　原載《今日中國》（香港出版）2020 年 8 月號，與劉智鵬教授合撰。

關於陳明銶教授的點滴記憶

陳明銶教授是香港工運史專家，但給我印象最深的是香港回歸時他對香港問題的關注。他先後獨自或與他人合作出版了 *The Hong Kong Basic Law: Blueprint for Stability and Prosperity under Chinese Sovereignty?*、*The 1991 Elections in Hong Kong: Democratization in the Shadow of Tiananmen*、*Precarious Balance: Hong Kong between China and Britain, 1842-1992* 和 *The Challenge of Hong Kong's Reintegration with China* 等著作。1997年 9 月，西方研究中國問題的權威性刊物《中國季刊》(*The China Quarterly*) 邀請了三位學者討論英國在香港的遺產問題。英國學者是 Brian Hook 教授，中國學者是我，香港學者則是陳明銶教授。他的文章題目是 "The Legacy of the British Administration of Hong Kong: A View from Hong Kong"。

他也十分關注華南歷史，特別是粵港關係的研究。2008 年 4 月，在他的積極推動下，嶺南大學主辦了「20 世紀初廣東與香港學術研討會」。他在會上探討廣東在近代中國轉化中的歷史角色，給人留下深刻印象。他指出廣東是中西衝突的前線和戰場，廣東曾是中國近代史的轉折點，應該使香港史成為中國近代史和廣東近代史的組成部分。會後，他與饒美蛟教授合作主編《嶺南近代史論——廣東與粵港關係 1900－1938》一書。

2007 年 7 月，陳明銶教授在接受香港《文匯報》採訪時，對香港史與中國史的關係有精闢的論述。他指出：「講中國史，尤其是對外關係、現代化改革等，沒有香港就不完美；談香港歷史，不放在中國主流歷史中看香港，亦不合

適。」「香港史本身便是中國史的一部分。」在西雅圖唸研究院時，陳明錄的碩士論文就是以省港大罷工為題，研究香港在中國近代史中的位置。他在接受採訪時還表示，強調香港在中國近代史上的地位，不是為了凸顯香港的高人一等：「較全面的香港史，也一定要有全面的大中華的歷史，香港近代史和中國近代史，一定要合流合軌。」

我和陳明錄教授相識已二十餘年。他原擬 2018 年 10 月 31 日下午在嶺南大學演講，講題很新穎：大灣區與四個革命策源地。我答應出席聆聽並參加副校長歡迎他的宴會。哪知突然收到他在美國機場突發心臟病逝世的噩耗。斯人已去，書香猶存。寫下寥寥數語，表達我深切的哀悼和懷念。

原載《陳明錄教授追思錄》

追念霍啟昌教授

　　獲悉港澳史專家霍啟昌教授於 9 月 12 日在澳門病逝，深感意外和悲傷，不禁回憶起和他交往的種種往事。我和他初次見面是在 1983 年 4 月。他作為香港的特邀代表，到北京出席中國史學會第三次全國代表大會，並到訪中國社會科學院近代史研究所。我的老師余繩武所長要我參與接待工作，並陪同霍教授參觀故宮博物院。當時我們研究所剛剛開始香港史研究，余老師邀請霍教授參與合作研究，他欣然同意。

　　當時是國家改革開放初期，信息渠道不甚暢通。霍啟昌教授提供了大量海外香港史研究的信息，使我們獲益匪淺。正是採納了霍教授的建議，中國社科院動用三萬英鎊外匯，從英國購買了英國殖民地部檔案 CO129 系列縮微膠卷，內容是十九世紀到 1950 年代香港政府與英國政府的來往文書。隨後，霍教授又在香港替我們代購了一台十分先進的讀印機，用以閱讀和影印縮微膠卷。這些極大地提高了我們香港史研究的質素和效率。

　　霍啟昌教授應邀參加了近代史所香港史課題組《十九世紀的香港》和《二十世紀的香港》兩本學術著作的編寫工作，分別撰寫了「英國佔領前的香港地區」和「香港與辛亥革命」兩章書稿。他還多次對兩本書的編寫提出不少建設性的意見，比如如何客觀、公正地使用歷史檔案，得出令人信服的結論。

　　1985 年 3 月－5 月，近代史所香港史課題組首次到香港收集資料和考察。成員有我的老師劉存寬教授、同事楊詩浩教授和我。霍啟昌教授替我們做了極

其周到的安排。首先是請香港大學亞洲研究中心作為接待單位，又安排我們到港大孔安道圖書館、布政司署圖書館收集資料。他陪同我們參觀香港博物館，到澳門考察。他又請孔安道圖書館主任楊國雄先生駕車陪同我們考察曾氏大圍、侯王廟和九龍城等地。當時國家剛剛開始改革開放，我們的出差經費很少。霍教授替我們精心安排，通過陳坤耀教授安排我們住進了明愛中心宿舍。那裏離香港大學很近，住宿費又便宜，記得一個房間一天的住宿費僅為八十港元。

霍啟昌教授還積極推動海峽兩岸和國際間的學術交流。1988 年，他作為籌備委員會主席，在香港大學主持召開了第一屆中國海關史國際學術研討會。來自內地的陳詩啟、張寄謙和來自台灣的張存武、趙淑敏等學者聚集一堂，本文作者也應邀出席。海峽兩岸學者初次相逢擦出的火花和趣事，我至今記憶猶新。

霍啟昌教授著述甚豐。他還參與過《香港史新編》的編寫工作，並著有《香港與近代中國：霍啟昌香港史論》、《香港史教學參考資料》、《港澳檔案中的辛亥革命》、《澳門：孫中山的外向門戶》、*Hong Kong and the Asian Pacific (1840-1900)*、*Lectures in Hong Kong History*、*Estudos Sobre a Instalacao dos Portugueses em Macau* 等。他的逝世是港澳史學界的重大損失。然而，學術之樹長青。他雖然遠去，卻留下了彌足珍貴的學術遺產。

原載香港《大公報》2020 年 9 月 22 日。

研究動態與
香港地方志

內地學者的香港史研究

一、研究概況

西方人研究香港歷史較早。百餘年來，西方人（主要是英國人）撰寫了許多香港史著作。代表性的著作有歐德理的《歐西於中土：從初期到 1882 年的香港歷史》（E. J. Eitel, *Europe in China: The History of Hong Kong from the Beginning to the Year 1882*）、塞耶的《香港的誕生、少年和成年（1841－1862）》（G. R. Sayer, *Hong Kong 1841-1862, Birth, Adolescence and Coming of Age*）、《謹言慎行年代的香港（1862－1919）》（*Hong Kong 1862-1919: The Years of Discretion*）和安德葛的《香港史》（G. B. Endacott, *A History of Hong Kong*）等。許多西方人撰寫的香港史著作資料豐富，具有重要的參考價值，但往往流露出程度不同的殖民主義偏見。他們在書中將英佔以前的香港錯誤地稱為不毛之地，以港督為中心構造香港歷史體系，並抹煞華人對香港社會發展的重大貢獻。當然，也有的書籍立論公允，例如史維理的《不平等條約（1898－1997）：中國、英國與香港新界》（Peter Wesley-Smith, *Unequal Treaty, 1898-1997, China, Britain and Hong Kong's New Territories*）等。

中華人民共和國成立初期，中國科學院近代史研究所所長、著名歷史學家范文瀾曾提議研究香港歷史，但未引起人們足夠的重視。當時中國內地只有少數學者寫過幾本香港史讀物。

丁又（杜定友）的《香港初期史話（1841－1901）》（三聯書店 1958 年出版，七萬餘字）一書，是內地出版的第一本香港史讀物，由著名圖書館學家杜定友

編寫。該書記述了香港地區的歷史沿革、英國侵佔該地區的經過和十九世紀香港社會概況。雖然由於資料條件和政治環境的影響，該書在史料的運用和論述的科學性方面存在一些缺陷，但對中國內地學者的香港史研究仍有一定的參考價值。

章洪的《香港海員大罷工》（廣東人民出版社 1979 年出版）一書，對 1922 年香港海員大罷工的背景、經過和意義進行簡要和系統的論述。蔡洛、盧權的《省港大罷工》（廣東人民出版社 1980 年出版）一書，主要依據中文書刊和調查訪問資料，對省港大罷工進行了較為系統的初步研究，涉及罷工的背景、慘案經過、組織、籌略和影響、罷工過程中的中英談判、中山艦事件對罷工的影響、北伐戰爭與省港罷工、國內外對罷工的支援等問題。但上述兩本書籍未能利用大量的英文檔案資料，影響了對問題探討的深度。

二十世紀八十年代初，中英兩國關於香港問題的談判開始以後，內地學者意識到香港問題的重要性，對香港史的研究逐漸重視起來，形成了較為穩定的研究隊伍。中國社會科學院近代史研究所和廣東省社會科學院歷史所分別建立了余繩武、劉存寬、金應熙等知名學者領導的香港史課題組，逐漸形成南北兩個香港史研究中心，先後編寫出《十九世紀的香港》、《二十世紀的香港》（政治篇）、《簡明香港史》、《香港史話》、《粵港澳近代關係史》、《粵港關係史（1840－1984）》等著作，推動了中國內地的香港史研究。暨南大學、中山大學學者的香港史研究也取得了可喜的成績。

1995 年 12 月，中國社會科學院、廣東省社會科學院和香港新亞洲文化基金會主辦的「香港史研究現狀與前景研討會」在珠海召開，來自中國內地、港澳和加拿大的近八十名專家、學者出席，發表論文四十餘篇。

1997 年 12 月，中國社會科學院和香港大學主辦的「香港與近代中國國際學術研討會」在香港舉辦，此次會議是香港歷史上規模空前的一次香港史國際研討會。出席會議的正式代表多達 135 人，國內外研究香港歷史的知名學者幾

乎都出席了會議。他們分別來自中國內地、港澳台地區，以及日本、美國、英國、加拿大、澳大利亞等國家。論文涉及香港的考古、政治、經濟、社會、教育、文學等方面。

香港回歸前夕，香港史研究在內地成為一門顯學，研究人數較多。但熱潮來得快，退得也快。回歸以後，只有極少數學者繼續堅持研究香港歷史。

二、研究成果簡介

(一) 綜合性著作

余繩武、劉存寬主編的《十九世紀的香港》（北京中華書局、香港麒麟書業有限公司 1994 年出版）是國家「七五」重點科研課題成果。該書編寫組由中國社會科學院近代史研究所擔任主力，參加人員除兩位主編外，有徐曰彪、劉蜀永、楊詩浩等學者。此外還有北京大學歷史系張寄謙教授和香港大學歷史系霍啟昌博士參加。該書徵引了大量中外文檔案和書刊，是第一部對十九世紀香港史進行深入的學術探討的中文專著，內容涉及英國佔領前的香港地區、英國侵佔香港地區的經過和十九世紀香港的政治制度、經濟、文化、社會生活等。

余繩武、劉蜀永主編的《二十世紀的香港》（政治篇）（中國大百科全書出版社、香港麒麟書業有限公司 1995 年出版）一書是中國社會科學院重點科研項目成果，由該院近代史研究所香港史課題組編著，霍啟昌教授參加了部分工作。該書包括二十世紀香港政制、香港與中國內地時局的相互影響和中英關於歸還香港的交涉等三部分，無論結構、觀點、內容均與以往西方出版的香港史著作有所不同。例如，該書明確揭示了港英統治的殖民主義性質，論述了其統治方式的演變，對其某些行政措施（例如廉政建設）也給予了實事求是的評價。又如，以前除了省港罷工問題外，極少有人論述香港與內地時局的相互影響。該書卻依照辛亥革命、省港大罷工、抗日戰爭和解放戰爭等不同歷史時

期詳加論述。再如，以前沒有一本中文著作詳細地論述過中英關於歸還香港的交涉。該書卻圍繞二戰期間和戰後收復香港的交涉、九龍城問題、中英談判和《基本法》的制訂等問題，系統地加以闡述。

劉蜀永主編的《簡明香港史》（香港三聯書店 1998 年出版）一書，四位主要作者劉蜀永、徐曰彪、張俊義和張麗曾先後參與《十九世紀的香港》和《二十世紀的香港》兩書的編寫。該書引用了上述兩書的重要內容，又補充了作者對香港古代史、港英統治手法的變化、香港經濟與社會發展及香港與中西文化交流等方面最新的研究成果，提出了一些新的看法。國務院港澳辦港澳研究所陳多、蔡赤萌參加了部分編寫工作。這是一部涵蓋香港古今的通史性中文著作。

許錫輝、陳麗君、朱德新著《香港跨世紀的滄桑》（廣東人民出版社 1995 年出版）簡明扼要地敘述了從遠古到《中英聯合聲明》簽署期間，香港歷史各主要方面的發展概況。書中對香港歷史的發展明確提出了自己的見解，對讀者有所啟發，但該書在史料的引用方面，尚存在一些不足之處。

元邦建的《香港史略》（香港中流出版社 1987 年出版）是作者用他所能找到的中文書刊資料在較短時間內組裝成的一本書籍，對香港歷史的敘述缺乏全面性和應有的深度。

(二) 政治史

內地學者對香港政治史的研究，除了綜合性著作中涉及的內容外，側重對英佔香港和收回香港的歷史過程的探討。重要的論文有丁名楠的〈英國侵佔香港地區的經過〉（《近代史研究》1983 年第 1 期）、陳勝燐的〈香港地區被迫「割讓」和「租借」的真相〉（《學術研究》1983 年第 2、3 期）、余繩武、楊詩浩的〈中英有關香港的三個條約問題〉（《人民日報》1983 年 10 月 10 日）、劉存寬的〈英國租借九龍新界始末〉（《西北史地》1988 年第 3 期）和劉存寬、劉蜀永的〈1949 年以前中國政府收復香港的嘗試〉（《歷史研究》1997 年第 3 期）等。

余繩武的《香港歷史問題資料選評——割佔香港島》、劉蜀永的《香港歷史問題資料選評——割佔九龍》、劉存寬的《香港歷史問題資料選評——租借新界》等三本書籍（香港三聯書店 1995 年出版），採用「讓文件說話」的寫作方法，將反映香港問題由來的大批中外文檔案公佈於眾，並加以簡要的評說。

馮道仁（郭召金）的《香港回歸千日風雲》（上下冊）（和平圖書‧新天出版社 1997 年出版）一書記述了香港回歸倒數千日內的中英關係及香港社會變遷，對歷史學者撰寫香港回歸史有重要的參考價值。該書作者是在香港工作的內地資深記者。

還有一些論著涉及香港與辛亥革命、香港與抗日戰爭。例如有陳錫祺的〈孫中山的大學時代〉（《孫中山研究論叢》第一集）、陳華新的〈香港是孫中山思想學說的發源地〉（《孫中山研究》第一輯）、賀躍夫的〈輔仁文社與興中會關係辨析〉（《孫中山研究論叢》第二集）、劉蜀永的〈香港與辛亥革命運動〉（載於《辛亥革命在各地》一書，中國文史出版社 1991 年出版）等論文，宋慶齡基金會研究室編寫的《宋慶齡在香港，1938－1941》（中國和平出版社 1989 年出版）等。

(三) 思想史

一些論文對洪仁玕、何啟、胡禮垣等著名思想家改良主義思想的成因、特點及其在中國近代思想史的地位進行了論述，例如劉蜀永的〈《資政新篇》與香港〉（《浙江學刊》1991 年第 2 期）、熊月之的〈何啟、胡禮垣民權思想簡論〉（《江海學刊》1986 年第 5 期）、馮天瑜的〈洋務派與改良派交鋒的紀錄〉（《江漢論壇》1987 年第 1 期）等。

(四) 經濟史

金應熙、劉澤生的〈試論香港經濟發展的歷史過程〉（《廣東社會科學》

1985 年第 1 期）一文，簡要地勾勒出香港經濟發展的歷史面貌，分析了古代、轉口港時代和工業化時代香港經濟發展的狀況和特徵，並對香港經濟發展經驗提出若干看法。此文對內地學者的香港經濟史研究，具有一定的引導作用。此外還有一些論文涉及香港的海關問題和鴉片問題，如劉存寬的〈19 世紀下半葉的中國九龍海關及其有關交涉〉（《近代史研究》1988 年第 6 期）、鄧開頌、陸曉敏的〈九龍海關的設立與赫德〉（《廣東社會科學》1991 年第 4 期）、石楠（徐曰彪）的〈略論港英政府的鴉片政策（1844－1941）〉（《近代史研究》1992 年第 6 期）等。

馮邦彥的《香港的英資財團（1841－1996）》和《香港華資財團（1841－1997）》（香港三聯書店 1996、1997 年出版）填補了香港經濟史研究的空白，是第一次對香港英資財團和華資財團進行系統研究的中文著作，很有參考價值。作者花費了許多精力收集了大量中文資料，卻較少利用英文書籍和檔案，影響了對英資財團研究的深度。

張曉輝的《香港華商史》（明報出版社 1998 年出版）採用漫談的方式介紹早期香港華商史，內容涉及香港華商的起源、華商涉足各行業的情況、華商的經營管理、華商社團、華商與愛國運動、華商的國際聯繫等方面。張曉輝的《香港近代經濟史（1840－1949）》（廣東人民出版社 2001 年出版）論述 1840－1949 年的香港經濟史，內容廣泛，包括近代香港各個歷史時期的經濟立法及相關政策、貨幣金融制度、財政稅收、國際貿易、交通運輸、通訊設施、城市基礎建設、城市商業、製造業、農漁業、企業經營管理、勞動就業及工資、市場狀況、人口及工商團體活動等方面，嘗試對香港近代經濟史進行綜合性的探討。

劉蜀永主編的《20 世紀的香港經濟》（香港三聯書店 2004 年出版）是內地學者與港澳學者分工協作的學術著作。作者除主編外，有港澳著名經濟學家饒餘慶教授、周亮全教授、鄧樹雄教授，還有青年學者張俊義、孫麗鶯、周家建

等。該書比較深入地論述了第二次世界大戰前後香港對外貿易、航運、工業、商業、金融和財政的發展狀況。日佔香港三年零八個月期間是香港經濟發展一個特別的時期，書中用單獨的一章加以論述。作為經濟史著作，該書力圖盡可能多地向讀者展示二十世紀香港經濟主要方面發展的基本史實，並嘗試對其發展的階段性、特徵和影響經濟興衰的主要因素，進行初步的學術探討。

（五）社會與文化史

謝常青的《香港新文學簡史》（暨南大學出版社 1990 年出版）一書，對 1949 年以前三十年的香港新文學進行了較為系統的研究，論述了香港新文學與中國現代文學的密切關係。

劉蜀永主編的《一枝一葉總關情》（香港大學出版社 1993 年初版，1999 年增訂版）是一本反映香港大學與中國內地關係的書籍，包括專題論文、回憶錄和內地著名港大畢業生傳略等。此書記述了孫中山與香港大學的關係、港大畢業生劉仙洲（原清華大學副校長）、朱光潛（著名美學家）、林宗揚（原中華醫學會會長）、石志仁（原鐵道部副部長）等對中國經濟建設和文化建設的貢獻、港大與中國內地交流的歷史與現狀、港大作為中西文化匯合之點所起的作用等，對香港文化史的研究有一定的參考價值。

張麗編著的《20 世紀香港社會與文化》（名創國際（新）私人有限公司 2005 年出版）一書分為社會史和文化史兩大部分，對二十世紀香港社會史和文化史的主要問題，進行了全方位、多側面的考察，涉及人口與家庭、社會結構、社會生活、社會習俗、社會組織的演進歷程，以及香港文化教育的發展概況。

（六）軍事史

劉蜀永的〈天地會攻佔九龍寨城史實考訂〉（《近代史研究》1987 年第 3 期）

根據有關中外文史料，指出 1854 年攻佔該寨城的不是太平軍，而是羅亞添領導的天地會起義軍。

馬鼎盛的〈香港戰役十八天〉（《廣東社會科學》1985 年第 3 期）一文，分析了 1941 年 12 月英軍在香港戰役中迅速失敗的原因。他認為，英軍未能與中國部隊聯合抗日，更不敢武裝香港同胞，是戰略性的失敗。從軍事方面看，主要由於日軍集中使用兵力，保持戰役戰術突然性，中下級軍官主動利用戰機，而英軍部署指揮不當。

《港九獨立大隊史》（廣東人民出版社 1989 年出版）一書，是在向老戰士廣泛徵集資料的基礎上，由廣東省社會科學院歷史所港澳史研究室江敏銳副研究員執筆編寫的。該書記述了東江縱隊港九獨立大隊在香港動員群眾、組織隊伍殺敵鋤奸的英雄事蹟，以及在搶救愛國民主人士和文化人士、營救盟軍及國際友人和情報工作等方面的貢獻。

（七）考古

楊式挺撰寫的〈香港與廣東大陸的歷史關係〉（《嶺南文史》1983 年第 2 期）是作者參加廣東省文物考古工作者赴港考察團之後所作。他通過對香港地區和廣東大陸文物古蹟的比較分析，說明兩地自古以來在居民、政治、經濟、文化等方面不可分割的關係。

二十世紀九十年代初開始，廣州和北京的考古學者先後與香港考古學者合作，對香港的一些古文化遺址進行考古發掘，豐富了人們對香港古文化的認識，特別是香港古文化與珠江三角洲文化的淵源和同一性，以及它與長江流域古文化和中原文化的聯繫。為慶祝中國政府對香港恢復行使主權，中國社會科學院考古研究所在《考古》雜誌 1997 年第 6 期上開闢了《本刊專稿──香港考古》，發表了安志敏的〈香港考古的回顧與展望〉，商志䃋、吳偉鴻的〈香港新石器時代文化的分期與斷代〉，鄧聰的〈1925－1936 年香港考古工作試述〉，

白雲翔的〈香港李鄭屋漢墓的發現及其意義〉，香港古物古蹟辦事處的〈香港
湧浪新石器時代遺址發掘簡報〉和鄧聰、商志𧫴、黃韻璋的〈香港大嶼山白芒
遺址發掘簡報〉等一組論文。

商志𧫴的《香港考古論集》（文物出版社 2000 年出版）一書深入分析了香
港地區考古文化的特點、分期及文化內涵，並回顧了香港七十餘年考古工作歷
程，總結了香港考古發展的歷史經驗。

（八）兩地關係史

鄧開頌、陸曉敏主編的《粵港澳近代關係史》（廣東人民出版社 1996 年出
版）對 1840－1949 年廣東與港澳的政治、經濟和文化關係進行綜合研究，填補
了港澳歷史和廣東地方史研究的空白。

鄧開頌、陸曉敏主編的《粵港關係史（1840－1984）》（香港麒麟書業有限
公司 1997 年出版）一書，從政治、經濟和文化等方面，闡述鴉片戰爭爆發至中
英聯合聲明簽署這一百多年間，粵港兩地之間的衝突、合作與交流，豐富了人
們對香港歷史的認識。該書在闡述 1949 年以後的粵港關係時，較多地引用了廣
東省檔案館的歷史檔案，披露了一些鮮為人知的史實。

蔡德麟主編的《深港關係史話》（海天出版社 1997 年出版）一書主要是深
圳大學董本建教授為首的寫作組編寫的。該書敘述了從遠古到香港回歸深港兩
地政治、經濟、文化關係的發展，對改革開放後的兩地關係記述比較詳細，提
供了許多新的史實。

劉蜀永的〈從香港史看西方對近代中國社會的影響〉（《史學集刊》1991
年第 2 期）一文，透過許多香港史典型事例，考察了西方對近代中國社會的雙
重影響。劉澤生的〈香港與中國近代史若干問題芻議〉（《廣東社會科學》1989
年第 4 期）一文，指出香港在中國近代史中具有某種特殊意義，從政治史、經
濟史、文化史、社會史等領域，列舉了香港與中國近代史關係密切的許多歷史

現象。

（九）比較研究

姚錫棠主編的《上海香港比較研究》（上海人民出版社 1990 年出版）一書，從歷史、經濟關係、投資環境、工業、出口貿易、金融業、財政稅收、旅遊業、地方立法機制、社會保障和福利事業、城市基礎設施、市政管理、房地產管理等十三個方面，對上海和香港兩個城市加以比較。書中許多地方涉及上海和香港歷史的比較研究。如該書「近代上海與香港」這一專題中，除開埠前上海和香港的比較外，還對滬港近代化道路的模式進行比較，並對與此相關的一系列問題進行了分析比較，如早期滬港經濟地位的相對變化、滬港近代關稅問題、滬港兩種不同的投資市場等。

（十）文集

鄒雲濤等整理的《金應熙香港今昔談》（龍門書局 1996 年出版）收集了已故著名香港史專家金應熙教授有關香港史研究的學術專論、隨筆、書評和雜憶等，對後人的香港史研究有很大的啟示作用。

劉存寬的《香港史論叢》（香港麒麟書業有限公司 1998 年出版）收集了作者二十世紀八十年代以來十餘年間，在各報刊發表的有關香港史的大部分學術論文及有關學術情報、讀書劄記等論著。書中論文主要涉及英佔香港和香港回歸的歷史過程，大量引用檔案資料，立論嚴謹，論述深入。

莫世祥的論文集《結合與更替》（廣東人民出版社 1997 年出版）中，收集了作者撰寫的六篇香港史論文，涉及香港與辛亥革命的關係、香港華人社會的變化等內容。

(十一) 歷史讀物

金應熙主編的《香港史話》（廣東人民出版社 1988 年出版）一書，以分題介紹的形式通俗地概述香港歷史，寫到第二次世界大戰結束為止，是一本編寫態度嚴肅認真的歷史讀物。歷史讀物方面，還有劉蜀永的《香港歷史雜談》（河北人民出版社 1987 年出版）、《香港的歷史》（新華出版社 1996 年出版）、《香港史話》（社會科學文獻出版社 2000 年出版），劉澤生的《香港古今》（廣州文化出版社 1988 年出版）等。在這類書籍中，姜秉正的《香港問題始末》（陝西人民出版社 1987 年出版）出版年代較早，但書中屬於史實錯誤的「硬傷」較多。

(十二) 英文論著

為了使外國學者和一般讀者了解中國學者對香港歷史的研究，北京學者開始用英文發表自己的研究成果。劉蜀永編寫的 An Outline History of Hong Kong（《香港歷史概要》）（外文出版社 1997 年出版）一書是中國內地第一本用英文系統介紹香港歷史與現狀的書籍。劉蜀永還撰寫了反映中國學者學術觀點的英文文章 "Hong Kong: A Survey of its Political and Economic Development over the Past 150 Years"（〈香港：150 年來政治經濟發展概況〉），發表在西方研究中國問題的權威性學術刊物《中國季刊》（The China Quarterly）第 151 期上。

(十三) 資料

資料書方面，有廣東哲學社會科學研究所歷史研究室編：《省港大罷工資料》（廣東人民出版社 1980 年出版）、中國第二歷史檔案館編：《五卅運動和省港罷工》（江蘇古籍出版社 1985 年出版）、馬金科主編：《早期香港史研究資料選輯》（上下冊）（香港三聯書店 1998 年出版）。中國第一歷史檔案館編《香港歷史問題檔案圖錄》（香港三聯書店 1996 年出版）將有關香港歷史問題的原始檔案翻拍彩色精印出版，不僅有其史料價值，亦具有收藏價值。

　　工具書有曹淳亮、劉澤生主編的《香港大辭典（經濟篇）》（廣東人民出版社 1994 年出版）。這是一部大型工具書，收有五千餘辭條，共三百萬字。該辭典對於研究香港當代史（特別是當代經濟史）有很大的參考價值。此外還有李宏編《香港大事記：公元前 214－公元 1997》（人民日報出版社 1998 年出版，1997 年增訂本）。

　　廣東學者點校了幾種罕見的近代香港史資料和著作。莫世祥點校的《香港雜記（外二種）》（暨南大學出版社 1996 年出版），輯錄了《香港雜記》、《勘建九龍寨城全案》和晚清十九種出洋載記中有關遊覽香港的記述。李龍潛點校的《香港紀略（外二種）》（暨南大學出版社 1997 年出版）輯錄了《香港紀略》和《香港市政考察記》。

二、幾點看法

　　地處中國南部邊陲的香港地區是中國最早遭受西方侵略勢力衝擊的地區之一，又是中西文化交匯之地。香港史在中國近代史上佔有重要的地位。香港回歸以後，如何對待香港的歷史遺產，如何理解和貫徹「一國兩制」的方針，保持香港的長期繁榮和穩定，也需要認真地總結歷史的經驗。所以，無論是從香港史學和中國史學發展的學術角度看，還是從香港社會發展的現實需要看，都需要深入地開展香港史研究。

　　最近二十餘年香港學者與內地學者的香港史研究取得了長足的進步，但仍然有許多領域是研究的空白，或需要更深入的研究。例如，在政治史方面，香港的政治制度史、政治團體史、民主發展史；在經濟史方面，香港的金融史、外貿史、零售商業史、航運史、工業史、財政史；在文化史方面，香港的教育史、文學藝術史；在社會史方面，香港的人口史、宗教史、社會運動史、中產階級史，以及香港著名政治家、思想家、企業家、教育家的歷史等，都值得進

行深入的研究。

　　由於教育背景和工作環境不同，香港學者與內地學者的香港史研究既有共同點，也有一定的差異。例如，從研究方向看，內地學者多側重宏觀的綜合性研究，香港學者多側重較具體的個案研究。而對某些歷史現象或歷史事件的分析、評價有時也會出現分歧。實踐經驗告訴我們，通過多種形式的學術交流，兩地學者可以加強相互理解，增進共識，優勢互補，從而深化香港史研究，使我們的研究成果更加接近客觀的歷史實際。

　　　　　本文為 2004 年 6 月發表在「香港史家與史學研討會」的論文。

編修《香港地方志》的幾點看法與建議

一、歷史上香港編志情況

編修地方志是中華民族特有的優秀文化傳統，已有二千多年歷史。歷代保存下來的舊志書，僅宋元以來就有九千餘種，十萬多卷，約佔我國現存古籍的十分之一。香港在清朝屬廣州府新安縣管轄。涉及香港的地方志，目前僅存清朝康熙二十七年（1688）的《新安縣志》和嘉慶二十四年（1819）的《新安縣志》兩種。康熙年間的縣志共十三卷，由靳文謨主纂，內容比較簡單。嘉慶年間的縣志共二十四卷，由王崇熙主纂，包括沿革、輿地、山水、職官、建置、經政、海防、防省、宦跡、選舉、勝跡、人物、藝文等，內容比康熙志詳細得多。現在我們有關香港古代的知識，多數來自以上兩部志書。在嘉慶年間修志二十二年後，英國佔領了香港島。此後，新安縣大部分領土被英國逐漸佔領。英國佔領香港一百五十多年期間，沒有進行過修志工作。

二、香港編修地方志的時機已經成熟

中國內地實行改革開放政策以後，政府十分重視新編地方志的工作。1983年建立了中國地方志指導小組。在此前後，各省、市、自治區皆成立了專職的地方志辦公室，組織修志工作，取得了顯著成果。現在，多數省、市、自治區又開始續修工作。目前，在全國範圍（包括台灣省）內，僅香港和澳門尚未着

手進行修志工作。香港的這種狀況，與香港作為國際大都會的地位很不相稱。我們認為，目前香港編修地方志的時機已經成熟。

（一）1997 年香港回歸標誌着香港進入了一個新的歷史階段。現在有必要、也有可能對回歸以前香港的政治、經濟、文化和社會等方面的情況進行系統的記載和研究。

（二）最近十餘年，香港史研究取得了長足的進展。香港本地有了一批高水平的專家，編寫出了兩卷本的大型學術專著《香港史新編》，以及許多有影響的專題著作。同時，香港的十八個地方行政分區先後編寫了各區的風物志，積累了一些修志經驗。內地的香港史研究也取得了很大進展，培養出一批香港史專家，編寫出《十九世紀的香港》、《20 世紀的香港》、《簡明香港史》等有影響的專著。海外華人學者如曾銳生、科大衛、陳明銶、陸鴻基、蔡榮芳等的香港史研究也取得了重要成果。可以說，編修香港地方志已經有了較好的人才基礎。

（三）編修香港地方志也有較好的資料基礎。香港大學孔安道圖書館（即香港特藏部）、香港中文大學香港文學特藏、香港歷史檔案館和香港歷史博物館能夠為修志工作提供豐富的資料。當然也需要在香港之外，特別是在英國進一步收集資料。

（四）一些香港社會知名人士熱心支持香港編修地方志。聯合出版集團名譽董事長李祖澤先生、香港古物諮詢委員會前主席龍炳頤教授等多次呼籲編修香港地方志。嶺南大學校長陳坤耀教授熱情地實際推動修志工作的開展，組織召開了香港地方志座談會。我國學術泰斗之一饒宗頤教授親自編修過《潮州志》，他也表示支持編寫香港地方志。

（五）2003 年 3 月，香港文化委員會在向特區政府提交的《政策建議報告》提出：「我們必須先了解自己的歷史，才能向別人介紹香港的文化遺產。我們建議政府編纂《香港地方志》，讓更多人更有系統地認識香港的人文和風土歷

史。這個工作可以由中央圖書館或香港歷史博物館盡快開展。」修志工作已引起特區政府注意。行政長官董建華先生曾先後對李祖澤先生、龍炳頤教授表示支持編修香港志的提議。民政局長何志平先生也多次表示支持編志工作。

三、編修《香港地方志》的幾點建議

為推動香港地方志的編寫，我們有以下幾點建議：

（一）編修地方志應該是一種政府行為。希望特區政府採納文化委員會的政策建議，盡快將編修香港地方志納入議事日程。首先需要盡快建立以特首為主任委員的香港地方志編纂委員會，確定修志的原則、方式和進度。同時需要盡快解決財政撥款問題。

（二）為節省財政開支，暫時不必在特區政府內部設立專門的編志機構。建議撥出專款，設立香港地方志研究中心，委託熱心推動此事的大學代管，聘請不超過四人的精幹的專業研究人員，具體從事修志的組織和編輯工作，以及香港地方資料的收集、整理和研究工作。受委託的大學和政府有關部門在人力和物力資源方面需要給予必要的支持。

（三）修志工作應本着公平、公正、公開的原則，注重普遍主義、程序理性和專業主義，把依靠專家修志與動員廣大市民廣泛參與結合起來。修志工作是大規模的文化工程，主要依靠香港本地的專家，也需要吸引內地和海外的專家參加。建議採用公開招標的方式確定有關各卷的撰稿人。

本文係與劉智鵬合寫，原載《中國地方志》2004 年第 6 期。

「一國兩制」下的香港修志

一、香港修志緣起

香港位處南海之濱，既遠離朝廷，亦非國防重鎮，因此在古代中國歷史上極少引起史官注意。《新唐書》關於屯門的記載是個例外。要了解香港古代面貌，主要依賴地方志。香港一地自秦朝到晚清，先後屬於番禺縣、博羅縣、寶安縣、東莞縣和新安縣管轄範圍。歷史上與香港有關的地方志有《粵大記》、《廣州府志》、《廣東通志》、《東莞縣志》、《新安縣志》等。若論與今日香港特別行政區關係最為密切的方志，則非《新安縣志》莫屬。

香港本來是東莞縣的屬土。為方便管理，萬曆元年（1573），明朝政府將東莞縣南部沿海地區設為一個新縣，命名為「新安縣」。新安縣管轄範圍大致相當今天的深圳和香港。直至英國佔領香港後為止，香港一直屬廣州府新安縣管轄。

新安縣獨立於東莞之後，《新安縣志》的編修工作亦隨即展開。《新安縣志》的第一次纂修於萬曆十四年（1586）已經完成，距離建縣不過十四年的時間，可見當時任知縣的邱體乾對修志的重視。自此至民國初年，《新安縣志》經歷過不少重修增補，前後共有七次之多。然而，目前碩果僅存的《新安縣志》只有康熙二十七年和嘉慶二十四年兩種。

《新安縣志》就是一本關於古代新安縣的百科全書。這本百科全書包含了大量歷史沿革、疆域、經濟、軍事、人物、文物、古蹟、藝文等方面的資料，

是研究新安縣古代面貌的基本史料來源。從地理上看，明清時期的新安縣超過一半的土地屬於今日香港特別行政區範圍。另外，香港位處新安縣南部，縣地大部分的海岸線和領海範圍都劃歸香港境內。從這種意義來看，《新安縣志》實際上就是一本古代的《香港志》，可以作為現代香港地方志的文化源頭。事實上《新安縣志》包含大量香港古代史的資料，是揭開香港本來面貌的最主要的歷史文獻。因此，過去不少研究古代香港史的學者都將《新安縣志》直接視為香港的舊志。

中國內地實行改革開放政策以來，政府十分重視新編地方志的工作。現在各省、市、自治區已基本完成第一輪新編地方志的編修，有些地方已完成第二輪續修。台灣在過去幾十年來也編修出多種省、市、縣志。目前在全國範圍內，只有香港和澳門尚未編修地方志。現存康熙和嘉慶兩種《新安縣志》雖然是研究古代香港的主要文獻，但香港開埠以來的發展則未記錄於任何方志之中。

從 1997 年香港回歸開始，劉蜀永和香港史專家冼玉儀、丁新豹、古物諮詢委員會主席龍炳頤教授、聯合出版集團名譽董事長李祖澤等已開始討論和呼籲香港修志。2003 年 3 月，香港文化委員會在《文化委員會政策建議報告書》中提出：「我們必須先了解自己的歷史，才能向別人介紹香港的文化遺產。我們建議政府編纂《香港地方志》，讓更多人更有系統地認識香港的人文和風土歷史。」但特區政府並未採取措施落實報告書的建議。

2002 年年底，陳坤耀校長和劉智鵬博士在嶺南大學會見劉蜀永教授，達成推動香港修志的共識，大家合作做了大量工作，並得到香港社會許多有識之士支持，香港地方志工程的宣傳推廣才有了實際的進展。

2004 年 6 月 9 日，嶺南大學主辦「香港地方志座談會」，這是香港學術文化界關於編修地方志的第一次會議，盛況空前。2005 年 12 月，譚廣濂先生贊助港幣一百萬元，支持建立香港與華南歷史研究部，以推動香港地方志和香港

與華南歷史研究。陳坤耀校長委任劉智鵬博士出任研究部主任。2006 年 5 月
26 日,「香港地方風物志座談會」於嶺南大學舉行。會議期間,廣東省地方史
志辦公室與嶺南大學香港與華南歷史研究部聯合舉辦了「廣東省新編地方志
展覽」。

　　2007 年 2 月 14 日,香港地方志工程啟動典禮以「文化回歸　締造和諧」為
口號,在銅鑼灣世界貿易中心舉行。國務院下屬中國地方志指導小組派出領導
日常工作的最高級別負責人常務副組長朱佳木出席典禮。他在致詞時指出,香
港地方志工程宣佈啟動是弘揚中華民族文化傳統的體現,是促進香港繁榮發展
的善舉。對於這樣利港利國的好事,中國地方志指導小組和祖國內地方志界同
仁無疑會給予全力支持。中聯辦副主任李剛則對傳媒說,沒有什麼事比編修香
港志更重要的了,這是值得大書特書的大事,是留給子孫後代的一筆財富,盼
望社會各界大力支持。當時,幾乎香港所有的中文報紙都以重要篇幅報道此次
典禮,體現出香港社會對本土歷史文化的關注。

　　2007 年 4 月 3 日,香港地方志籌備委員會通過成立香港地方志辦公室,並
推舉劉智鵬博士為主任兼《香港通志》主編,丁新豹博士與劉蜀永教授出任副
主任兼《香港通志》副主編。2009 年 6 月 1 日,香港地方志基金會在特區政府
註冊為有限公司,並由稅務局證實為「公共性質的慈善機構或信託團體」。

二、香港修志的意義

　　地方志是中國獨有的文化產品,並不見於世界其他文化體系。中國地方志
的發展源遠流長,「方志」一詞最早見於《周禮》,而地方志的出現可以追溯到
秦漢時期。現存戰國時代的《吳越春秋》與漢代的《華陽國志》可以說是中國
較早成書的地方志。近年出土的漢初長沙國地形圖、駐軍圖和城邑圖,都可以
歸入地方志一類。秦漢以後地方志日趨發展,到宋元時期蔚為大觀,出現大量

地方志或專志的製作。到了明清兩代，地方志的編纂進入成熟時期，發展出傳統地方志的典型。章學誠主張「方志為國史羽翼」，奠定了清代地方志的發展方向，地方志自此成為國史以外的另一個修史系統。國史與地方志兩者並行，充分體現了傳統史志學中「治天下者以史為鑒，治郡國者以志為鑒」的實用精神。

傳統地方志的作用在於「資政、存史、教化」，主要是為地方行政管理服務。這些保留到現代的舊志在應用上更能發揮章學誠方志學的精神。地方志以當地人記述當地的人、事、地、物，保留了大量不載於國史的地方資料，對今天的地方史的研究提供很大的幫助。

香港地方志對推動香港的政治、經濟和社會發展有極大的借鑒作用，也是向中國內地和國際社會推介香港的最佳書籍。

香港是中國的一個特別行政區，編修香港地方志是一項意義重大的文化回歸工程。近年在世界範圍出現反建制、反精英、反全球化的民粹主義思潮。在此大背景下，香港的本土分裂思潮有所抬頭，部分人否認香港人是中國人，甚至把中央與香港的關係說成是宗主國與殖民地的關係。香港地方志有助於香港市民探索自己的歷史文化根源，了解香港與中國內地的緊密聯繫，加強對國家的認同感，抵消本土分裂思潮的錯誤影響。

香港地方志是政府制訂施政良策的基本依據，編修香港地方志有助於中央政府和特區政府更準確地掌握香港的社情民意，對於貫徹「一國兩制」方針，對於維持香港社會的繁榮、穩定、和諧，有重大的正面作用。

三、香港修志的特點和設想

編修地方志是中華民族獨特的文化傳統。內地與香港都承襲中華民族的文化傳統進行修志，這實際是「一國」精神的體現。但由於「一國兩制」，香港

修志可以有不同的方式，可以有自己的特點，可以進行更多新的嘗試，使我國的修志文化呈現多元化，更加豐富多彩。

內地地方志的編修，沿用傳統的官方修志的做法，《地方志工作條例》明確規定：「以縣級以上行政區域名稱冠名的地方志書、地方綜合年鑒，分別由本級人民政府負責地方志工作的機構組織編纂，其他組織和個人不得編纂。」官方修志有助於資源整合，較容易落實修志的資金、資料和人才問題。

戰後台灣修志原來也是官方修志模式，但目前已從完全的官修，變為官民合修，即各地政府提供經費和資料方便，用招標的方式委託學者主修。

因應香港的具體情況，香港地方志工程採用「政府支持，社會參與，學者主修」的學者修志模式，或稱民間修志模式。這種模式比較符合香港社會較普遍的價值取向，也使編修者享有更多的學術自由，有可能編修出更加客觀和更具有科學性的志書，但在落實修志的資金、資料和人才方面將會遇到較多困難，其運作必須有政府大力支持才能實現。

香港修志需要認真地借鑒前人和今人的修志經驗，才能有所前進，有所創新。基於這種想法，香港地方志辦公室在參考新舊地方志的基礎上草擬出《香港通志》的篇目，並走訪中國地方志指導小組，以及廣東省、北京、天津、上海、鄭州、秦皇島、威海、蘇州、寧波等地方志機關，吸取了內地省市地方志專家的經驗，完善了《香港通志》的篇目。我們又赴台訪問台灣國立中興大學和國史館台灣文獻館，聽取當地專家介紹台灣修志經驗。

在篇目設計方面，內地新編地方志一般是採用小篇的結構。《上海通志》、《蘇州市志》、《秦皇島市志》等等，都是如此。《香港通志》的篇目設計，最初是採用小篇結構，在徵求海峽兩岸專家意見之後，最後是採用大小篇結合的結構。暫定 55 卷，分為地理志、政治志、經濟志、社會志、文化志、人物志、大事記、專記等八個部分，共約 250 個課題單元。全書預計分為 10 冊，約 1,000 萬字。編修範圍自遠古至 1997 年 6 月 30 日。《香港通志》完成後將縮編

普及本及英文本，以照顧普羅大眾的閱讀興趣。編修工作預計十年完成。經費主要向社會募集。

香港修志需要突出香港的地方特色。例如，在經濟方面，財團對香港經濟的發展影響巨大，我們就設計了「財團」一卷，分別介紹香港的華資財團、中資財團、英資財團和其他外資財團。又如，在政治方面，一些全國性政黨對香港有很大影響，因而，我們設計了「全國性政黨在港機構與活動」一卷，分別介紹中國共產黨、中國國民黨和民主黨派在香港的活動。

四、香港修志的現狀

由於香港特區政府主要官員對修志問題意見不統一，有的支持，有的猶豫不決，未能給予實際的支持，導致《香港通志》的編修至今未能啟動。儘管如此，香港地方志工程仍然取得了較大進展。

首先是使香港市民對修志從一無所知到有所了解，使香港學術界和傳媒普遍支持香港修志。其次，是建立了修志的工作機構、核心團隊和支持網絡。

此外，我們編寫出版了香港地方史志書籍近四十種。在舊志整理方面，有《〈新安縣志〉香港史料選》。作為《香港通志》的補充，我們編輯出版了「香港地方志系列」叢書，對香港地方史志的專門課題深入發掘，陸續單獨出書。現已出版《香港問題談判始末》、《展拓界址：英治新界早期歷史探索》、《香港達德學院：中國知識份子的追求與命運》等三本專著。其中《香港問題談判始末》一書，得到外交部駐香港特派員公署的好評。

我們出版了《吞聲忍語：日治時期香港人的集體回憶》、《侯寶璋家族史》、《潮起潮落：中英街記憶》、《我們都在蘇屋邨長大》等口述歷史書籍。此外，還出版了《屯門歷史與文化》、《人物與歷史：跑馬地香港墳場初探》、《香港歷史散步》、《簡明香港史》新版、《劉蜀永香港史文集》、《善與人同：與香港

同步成長的東華三院（1870－1997）》、《香港國家地質公園人文散步》、《香江有幸埋忠骨》、《香港早期華人菁英》、《香港地區史研究之四：屯門》、《僑通天下：陳有慶傳》等著作。我們為特區政府民航局、消防處和海事處等部門編寫了它們的歷史，現已出版《天空下的傳奇：從啟德到赤鱲角》、《香港消防處發展史1868－2015》。

紀念抗日戰爭勝利七十周年，我們利用英國陸軍部檔案編寫的《日軍在港戰爭罪行》榮獲香港電台和香港出版總會合辦的「第九屆香港書獎」評為2015年度十本獲獎好書之一。香港地方志辦公室與深圳市史志辦公室聯合出版了圖文並茂的歷史書籍《中英街與沙頭角禁區》，這是香港與內地地方志界的首個合作項目。

在《香港通志》編修暫時無法啟動的情況之下，我們着手小型志書的編修工作，積累修志經驗。我們選擇深港邊境香港一側的一個客家村莊作為試點，從2013年啟動《蓮麻坑村志》的編修，並在2015年由香港中華書局出版。該書現已列入中國地方志指導小組的中國名村志系列。

最近十餘年，香港地方志基金會下屬香港地方志辦公室，在財政資源極為匱乏的情況下，為香港修志做了大量準備工作。我們編製了詳盡的《香港通志》篇目和參考書目。為《香港通志‧人物志》的編寫，收集整理了大量人物資料。目前香港修志的最大困難是財政困難，只要有足夠的資金支持，《香港通志》的編修工作即可立即全面啟動。

五、關於設立香港地方志資源中心的構想

為了推動香港地方志工程，我們提出了設立香港地方志資源中心的構想。資源中心採用「前店後廠」的模式。擬將現在的香港地方志辦公室分為兩個部分。一部分是設在大學的研究部，負責《香港通志》的研究和編修工作。另一

部分是設立在市區的活動中心，負責資料收集和推廣工作。這實際是將內地的地方志編纂委員會和方志館的功能合二為一。資源中心為香港修志提供一個更好的工作平台，更有利於香港社會各界了解和支持地方志工程。

資源中心的首要任務是研究香港歷史，編纂覆蓋香港全方位發展的《香港通志》。全書預計分為 10 冊，約 1,000 萬字。以平均每年一冊（100 萬字）的速度，分階段推出編修成果，用 10 年時間完成全部編修工作。

資源中心的核心業務是以「記錄」的方式全方位收集、整理香港歷史文獻，包括機構、團體、家族及個人資料。資源中心亦計劃有系統地建立口述歷史資料庫和香港歷史圖片庫。這既為修志奠定良好的資料基礎，又為香港市民了解和研究香港歷史提供便利。

資源中心的另一重要任務是推廣香港歷史，組織香港歷史研討會、講座、工作坊、考察、交流。包括定期組織本土歷史考察活動及香港與內地關係的交流活動。利用遍佈全國各地的地方志網絡，協助特區政府卓有成效地推動國情教育。與香港的文教組織建立夥伴關係，包括學校、文博機關、地區及專業學會等，並定期合作舉辦香港歷史專題展覽。為政府部門、企業、家族及個人提供專業顧問服務及培訓。成立「香港地方志之友」興趣小組，促進香港市民認識及探索香港歷史。

2013 年香港地方志辦公室提出建立香港地方志資源中心的建議後，立即得到政務司司長林鄭月娥的支持，她還提出具體的落實建議。可惜由於特區政府內部意見不統一，計劃未能落實。期望在新一屆特區政府的支持下，能夠將香港地方志資源中心盡快建立起來，將延誤多年的香港地方志編修盡快全面啓動。

中國地方志走向世界，讓世界了解中國，意義重大。我們認為，落實港澳修志是中國地方志走向世界的組成部分。香港修志是保障「一國兩制」順利實施的基礎性的文化工程。我們願在香港市民的配合下，在中央政府和特區政府的支持下，為落實香港修志繼續貢獻我們的力量。

附錄：香港地方志辦公室研究成果

1. 劉智鵬編著：《屯門風物志》（香港：屯門區議會，2003 年、2007 年）

2. 劉智鵬編著：《屯門歷史與文化》（香港：屯門區議會，2007 年）

3. 劉智鵬、劉蜀永編：《〈新安縣志〉香港史料選》（香港：和平圖書有限公司，2007 年）

4. 丁新豹主編：《香港歷史散步》（香港：商務印書館，2008 年）

5. 丁新豹：《人物與歷史：跑馬地香港墳場初探》（香港：香港當代文化中心，2008 年）

6. 余繩武、劉存寬、劉蜀永編著：《香港歷史問題資料選評》（香港：三聯書店，2008 年）

7. 陳敦德：《香港問題談判始末》（香港：中華書局，2009 年）

8. 劉智鵬、周家建：《吞聲忍語：日治時期香港人的集體回憶》（香港：中華書局，2009 年）

9. 劉蜀永主編：《簡明香港史（新版）》（香港：三聯書店，2009 年）

10. 劉蜀永：《劉蜀永香港史文集》（香港：中華書局，2010 年）

11. 丁新豹：《善與人同：與香港同步成長的東華三院 1870－1997》（香港：三聯書店，2010 年）

12. 劉智鵬編：《展拓界址：英治新界早期歷史探索》（香港：中華書局，2010 年）

13. 劉智鵬主編：《潮起潮落：中英街記憶》（香港：和平圖書有限公司，2010 年初版，2017 年增訂版）

14. 劉智鵬：《我們都在蘇屋邨長大：香港人公屋生活的集體回憶》（香港：中華書局，2010 年）

15. 丁新豹、任秀雯：《香港國家地質公園：人文散步》（香港：天地圖書，

2010 年）

16. Joseph Ting, Daisy Yam, *Hong Kong National Geopark: a Glimpse of History and Cultural Heritage* (Hong Kong: Friends of the Country Parks: Cosmos Book, 2011)

17.《屯門的宗教及廟宇》（香港：屯門區議會，2010 年）

18. 李韡玲編著、劉智鵬註釋：《利瑪竇在中國：西學東漸第一人》（香港：天地圖書，2010 年）

19. 劉智鵬：《香港早期華人菁英》（香港：中華書局，2011 年）

20. 香港地方志辦公室、深圳市史志辦公室編纂：《中英街與沙頭角禁區》（香港：和平圖書有限公司，2011 年）

21. 劉智鵬：《香港達德學院：中國知識份子的追求與命運》（香港：中華書局，2011 年）

22. 劉蜀永：《香港史話》（北京：社會科學文獻出版社，2011 年）

23. 丁新豹：《香江有幸埋忠骨：長眠香港與辛亥革命有關的人物（增訂版）》（香港：三聯書店，2012 年）

24. 劉智鵬、劉蜀永編著：《侯寶璋家族史（增訂版）》（香港：和平圖書有限公司，2012 年）

25. 劉智鵬、劉蜀永編著：《屯門》（香港：三聯書店，2012 年）

26. 劉智鵬：《僑通天下：陳有慶傳》（香港：中華書局，2012 年）

27. 劉智鵬撰文、蒙敏生攝影：《鄉城流轉：蒙敏生攝影集》（香港：中華書局，2012 年）

28. 劉智鵬：《香港華人菁英的冒起》（香港：中華書局，2013 年）

29. 劉智鵬主編：《危情百日：沙士中的廣華》（香港：中華書局，2013 年）

30. 劉智鵬、黃君健、錢浩賢編著：《天空下的傳奇：從啟德到赤鱲角》（香港：三聯書店，2014 年）

31. 黎明海、劉智鵬編著：《與香港藝術對話，1960－1979》（香港：三聯書

店，2014 年）

32. 張俊義、劉智鵬：《香港與內地關係研究》（南京：南京大學出版社，2015 年）

33. 劉智鵬、黃君健編著：《黃竹坑故事：從河谷平原到創協坊》（香港：三聯書店，2015 年）

34. 劉智鵬、丁新豹主編：《日軍在港戰爭罪行：戰犯審判紀錄及其研究》（香港：中華書局，2015 年）

35. 劉蜀永、蘇萬興主編：《蓮麻坑村志》（香港：中華書局，2015 年）

36. 劉智鵬、丁新豹、劉蜀永：《中國概況：香港》（北京：外文出版社，2016 年簡體字版，2017 年英文版。香港：和平圖書有限公司，2018 年繁體字版。）

37. 劉蜀永主編：《簡明香港史（第三版）》（香港：三聯書店，2016 年）

38. 劉智鵬、黃君健編著：《香港消防處發展史：1865－2015》（香港：香港特別行政區政府消防處，2016 年）

39. Lau Chi Pang, Wong Kwan Kin, *The History of the Hong Kong Fire Services Department, 1868-2015* (Hong Kong: Fire Services Department, 2016)

本文為 2017 年 9 月 19 日在北京出席「走向世界的中國方志文化國際學術研討會」時發表的論文，與劉智鵬合撰。

圖片在方志文獻編纂中的作用初探

——以《中英街與沙頭角禁區》一書為例

經過三年的努力，香港地方志辦公室與深圳市史志辦公室合作編寫的《中英街與沙頭角禁區》一書最近由香港和平圖書有限公司出版了。

中英街是粵港邊界一條只有 250 米長的小街，歷史內涵卻十分豐富。《中英街與沙頭角禁區》一書反映英國租借新界初期、抗日戰爭、「文化大革命」和改革開放等歷史時期中英街和沙頭角的歷史面貌、人文生態資源，特別是這些時期的深港關係。

該書是一本圖文並茂的大型書冊，分為古鎮沙頭角、中英街的形成、抗戰中英街、禁區形成和邊界風雲、商貿中英街等五大部分。每一部分皆有簡明扼要的文字說明，介紹不同歷史時期該地區的發展特點和重要事件，並配以大量精選的歷史圖片。該書可以說是一本很有特色的方志文獻書籍。

志書由述、記、志、傳、圖、表、錄等要素組成，以志為主，圖、表是文字的補充。但並不能說圖片在方志文獻編纂中作用不大。本文以《中英街與沙頭角禁區》一書為例，說明注意收集和利用圖片，可使其在方志編纂中發揮多方面的作用。

一、圖片印證史料的正確性

以新中國對港政策為例。1949 年中華人民共和國成立以後，中央政府曾多

次闡明對香港問題的立場:香港是中國的領土,中國不承認帝國主義強加給中國的三個不平等條約。對於這一歷史遺留下來的問題,中國政府一貫主張:在適當時機,通過談判和平解決;在未解決之前,暫時維持現狀。

早在 1946 年 12 月 9 日,毛澤東在延安回答美國記者哈默關於「在香港問題上中共的態度如何」的提問時曾說:「我們現在不提出立即歸還的要求,中國那麼大,許多地方都沒有管理好,先急於要這塊小地方幹嗎?將來可按協商辦法解決。」

圖1

圖2

　　1949 年 2 月，毛澤東在西柏坡會見蘇聯政府代表團時曾說：急於解決香港、澳門的問題沒有多大意義。相反，恐怕利用這兩地的原來地位，特別是香港，對我們發展海外關係、進出口貿易更為有利些。

　　根據《曾生回憶錄》，為確保粵港邊界平靜，1949 年解放軍野戰軍南下時，毛澤東、周恩來曾命令他們「不得越過樟木頭一線」，因而當地邊界的治安工作由地方部隊擔當（樟木頭在羅湖口岸以北四十多公里）。

　　《中英街與沙頭角禁區》一書選用了美國《生活》雜誌記者伯恩斯（Jack Birns）1949 年 10 月拍攝的一張圖片（圖 1）：粵贛湘邊人民解放軍軍官在中英街三號界碑前與香港英國警官交談。粵贛湘邊人民解放軍是地方部隊。這張圖片很生動和形象地印證了史料反映的解放初期中國政府暫時維持香港現狀、保持粵港邊界平靜的對港政策。

　　再以英國租借新界為例。《中英街與沙頭角禁區》一書收錄了 1899 年 3 月中英雙方代表勘定新界北部陸界時，在沙頭角海岸邊豎立第一根界樁的圖片（圖 2）。圖中中方勘界代表王存善低頭站立，垂頭喪氣；英方勘界代表駱克手扶界樁，趾高氣揚。圖片印證了《展拓香港界址專條》和《香港英新租界合同》談判過程中，中英雙方的不平等地位。

二、圖片提供深入挖掘史料的線索

　　關於中英街，有一張著名的歷史圖片，由深圳市攝影家協會主席何煌友拍攝（圖 3）。照片拍攝於中英街起點，中央是三號界碑，右側站立着兩位執勤的中方邊防戰士，左側有兩位巡邏的香港警察迎面走來。背景是掛滿服裝的店舖和熙熙攘攘的購物人群。這張照片提供的資訊很豐富。

　　有關中英街的文字檔案比較缺乏。於是我們想以此圖片為線索，挖掘到更多的史料。經過多方努力，我們通過香港警界的朋友和香港警察學院研究中

圖 3

心，2010 年找到了照片上界碑左側第二位香港警官。他叫姚志明，是香港沙頭角警署的警署警長。1979－1980 年和 1985－1987 年曾被派駐沙頭角警署，多次到中英街巡邏。

我們對姚志明警官進行口述歷史調查，得到許多有關中英街歷史的重要資料。有的資料涉及香港與內地關係的變化。姚志明說：1979 年進入中英街巡邏的時候，一見到香港警察進入中英街，在華界駐守的解放軍本來揹着槍，會立即轉為抱槍，就是一個具防衛性的姿勢，沿途一直跟着走，直至香港警察離開中英街。當時兩邊氣氛挺緊張，雙方巡邏人員沒有目光交流，臉上亦不會有笑容。1985 年當他再進入中英街巡邏時，華界的武警等人員都會跟他們打招呼，關係非常好，跟從前是兩回事。有的資料涉及中英街商貿的發展。姚志明說：1979 年他第一次到沙頭角時，沙頭角的中英街人影疏落，兩邊的店舖都沒人經營，華界只有一間「綜合士多（綜合商店）」。1985 年他第二次到沙頭角警署駐守時，沙頭角和中英街已有了翻天覆地的改變，比香港的女人街（通菜街）還要熱鬧興旺，有很多賣衣服、賣金的店舖。當時中方放寬了申請橋頭紙的限制，讓很多旅遊人士都能進入中英街。那些旅客帶着很多錢，不單買日常用

品、衣服，還會買金器、貴重的手錶。曾有人跟他說一個故事。有一個內地遊客到中英街想買一隻手錶，看到鐘錶店老闆戴着一隻勞力士的名貴手錶，大約值四、五萬元。那遊客對老闆說要這一款手錶，但老闆要從上水帶貨回來。遊客說不能等那麼久，要老闆把手上戴着的手錶脫下來賣給他。

三、圖片可彌補檔案的缺失

圖片還可以彌補歷史檔案的缺失。例如沙頭角的當代史中，關於其解放的時間和解放初期的行政管轄都缺乏準確的文字檔案記載。後來我們從美國《生活》雜誌記者伯恩斯 1949 年 10 月拍攝的一張圖片上（圖 4），發現惠陽縣人民政府和沙頭角臨時自衛隊張貼在中英街華界牆上的佈告，從而證實沙頭角解放的時間是 1949 年 10 月，解放初期沙頭角歸廣東省惠陽縣管轄。

再如，由於英國殖民統治下社會矛盾的激化和內地「文化大革命」的影響，1967 年 7 月 8 日，在中英街街口三號界碑附近爆發了嚴重的邊境武裝衝突，造成多人死傷。目前有關這次衝突的檔案尚未公佈，但歷史圖片可在一定程度上彌補文字檔案的缺失。其中一張圖片反映當時粵港雙方武裝對持的緊張局面（圖 5）。華界建築物上寫滿的大大小小的標語口號體現出「文化大革命」

圖 4

圖 5

圖 6

的時代背景。另一張圖片是港界居民在當時與英軍士兵擦肩而過的情景（圖
6），一個小孩眼中露出驚恐的眼光，反映出邊境衝突對居民日常生活的干擾。

　　綜上所述，圖片在方志編纂中有多方面的作用：印證史料的正確性、提供
深入挖掘史料的線索、彌補文字檔案的缺失等等。重視圖片的收集和利用是提
高志書品質的重要一環。

原載中國地方志指導小組等編：
《方志文獻國際學術研討會論文集》（北京：中華書局，2012）

村志編修的意義與初步體會

── 蓮麻坑個案

一、《蓮麻坑村志》編修緣由

蓮麻坑村位於香港新界東北部沙頭角地區，地處深港邊境的禁區之內，建村於清朝康熙年間，是一個古老的客家村落。

蓮麻坑的歷史內涵十分豐富。村內出過一位傑出的歷史人物葉定仕（1879－1943）。葉定仕是旅居泰國的華僑領袖，早年追隨孫中山先生從事革命活動，曾擔任中國同盟會暹羅（泰國）分會會長。葉定仕是新界原居民中貢獻最大的辛亥革命元老。他對同盟會暹羅分會的會務貢獻巨大，並曾傾家蕩產支持革命黨人的武裝鬥爭，以致家道中落，生活陷入困境。葉定仕故居是他仿照孫中山家居樓房中西合璧的模式在自己家鄉建造的。2009 年 11 月 6 日，香港特別行政區政府宣佈，根據《古物及古蹟條例》，將葉定仕故居列為法定古蹟。特區政府古物古蹟辦事處撥款 700 萬港元對該故居進行修葺，並於 2011 年對公眾開放。

位於村內鹿湖山的蓮麻坑礦場是香港最大的鉛礦場，容閎長子容覲彤曾在這裏經營礦場達八年之久。抗戰時期蓮麻坑礦場被日軍佔領。該村抗日青年葉維里等人與東江縱隊曾三次攻打該礦場，最終將其毀壞。日軍也曾多次拘禁和殺害蓮麻坑村民，犯下無數罪行。

因地處禁區範圍，蓮麻坑村保留了原始鄉村風貌，生態環境極佳。蓮麻坑

的風水林及次生林為「生態熱點」，森林中曾發現橙頭地鶇、赤麂、果子狸、野豬、七間狸、針毛鼠等。一些罕見物種如香港後棱蛇和三種香港的飛蛾特有品種，都在蓮麻坑發現。次生林中亦有首次於香港境內發現的麥氏杪欏。蓮麻坑河是深圳河中「最具生態價值」的河段，亦是全港淡水魚類物種最富饒的河溪，其中更有較罕見的南方波魚、紋唇魚和大刺鰍等。蓮麻坑廢棄礦洞成為香港最重要的蝙蝠集居地，有大量長翼蝠、南長翼蝠等蝙蝠品種。

蓮麻坑村曾有過三次外遷移民潮。第一次在一百多年前，去巴拿馬等地。第二次移民潮在民國初期，移民去馬來西亞、泰國、印尼等地，一大部分回流中國大陸。第三次移民潮在二十世紀五十至八十年代，移到英國、荷蘭、比利時等國。

2011 年，應葉定仕之子葉瑞山先生邀請，香港地方志辦公室協助修改葉定仕傳略，因而有機會對蓮麻坑村的歷史有較多的了解。我們認為，編修一部《蓮麻坑村志》，不僅是為該村整理和保留文化遺產，亦可通過蓮麻坑的個案，加深香港市民對新界歷史、新界生態環境、辛亥革命史、抗日戰爭史、中港兩地關係史和客家文化的認識，對《香港通志》的編修，對香港的歷史教育，都是一件有意義的工作。在蓮麻坑村公所的支持之下，香港地方志辦公室決定與對蓮麻坑作過初步研究的共融網絡合作，按照地方志編修的規範，編修《蓮麻坑村志》。

二、口述史料與檔案史料的關係

編修村志的困難之一是資料匱乏。在很多情況下，我們不得不依靠口述歷史資料。口述歷史資料能夠為我們提供許多歷史線索，並在一定程度上彌補文字資料匱乏的問題，但也有其局限性。在條件許可的情況下，要盡可能尋找檔案資料或其他文字資料進行比較和對照，做出接近歷史實際的判斷。

　　蓮麻坑村民、東江縱隊老戰士葉維里（1927－2013）曾在不同場合講述抗戰時期三打蓮麻坑礦山的故事。一打蓮麻坑礦山，是他和同齡的葉盤嬌、葉煌菁三個孩子企圖炸毀儲存炸藥的礦山八號洞倉庫，但未獲成功。第二天，日軍粉嶺警備大隊連同沙頭角憲兵隊中島伍長共二百多人包圍了蓮麻坑，把全村一百二十幾個男人押到沙頭角憲兵隊部嚴刑拷打，逼問他們認不認識一個懷疑是游擊隊的人。他們被關押了二十八天。二打蓮麻坑礦山發生在葉維里加入東江縱隊之後。1944 年初，他自發地帶着二百多名沙灣民兵攻打蓮麻坑礦山，捉住了印度守衛。這次未能炸毀礦山，但搬走了礦山的一些物資。三打蓮麻坑礦山是經過大隊長曾春連同意的有計劃的行動，發生在 1944 年冬。東江縱隊戰士兵分三路向礦山進發。葉維里是嚮導，也是手槍隊員，帶着三十多人衝在前面，並在戰鬥中受了傷。這次東江縱隊戰士擊退了駐守礦山的日軍，成功佔領和毀壞了礦山。大火在礦山足足燒了七天八夜。葉維里講述的故事是蓮麻坑村史，甚至是新界史、香港史上的重要事件。我們感到需要尋找文字資料加以印證和補充。

　　根據葉維里口述歷史資料提供的線索，我們從 1947 年 11 月 7 日、8 日和 28 日的香港《工商日報》，找到香港戰後審判日本戰犯時有關蓮麻坑的資料。報紙資料披露了蓮麻坑村長葉吉偉等在法庭上指控中島等戰犯的證詞。

　　葉吉偉的證詞說：1943 年雙十節前一日，沙頭角憲兵桑木、中島及戴通譯率領日兵前來蓮麻坑村將村人七十名拘捕，並帶回沙頭角憲兵部拷問，指他們犯有收容藏匿英軍俘虜，協助其逃走至自由區，並參加轟炸粉嶺無線電台工作，以及聯絡游擊隊等罪名。葉維里的口述歷史資料沒有提供一打蓮麻坑礦山以及日軍第一次拘捕蓮麻坑村民的時間。而葉吉偉的證詞清楚地說明，日軍第一次拘捕蓮麻坑村民的時間是 1943 年 10 月 9 日。我們因此也可以判斷，一打蓮麻坑礦山的時間是 1943 年 10 月初。

　　葉吉偉等人的證詞還提供了更多日軍虐待蓮麻坑村民的事例和細節。例

如，中島在拷問時，曾命令葉吉偉跪低，用腳猛踢他面部，並施予灌水，灌水至滿肚時，中島即用腳踏在其腹上。另一天，中島又用大肉香焚燒葉吉偉頸部。後又逼其跪低，用木棍放在其雙膝拐彎部，命二華人在木棍兩端跳動。葉吉偉大聲呼喊，通譯即舉起一木椅，當頭擲來，中其頭部，以致昏厥。蓮麻坑二十四歲村民葉天祥遭日軍嚴刑拷打，周身瘀黑，昏迷不醒。後其母與村民將其抬走，未到家即告氣絕。

1944 年 8 月，中島等又到蓮麻坑拘捕七十多名村民，並將其中十多人毆至重傷。其中身體健壯的蓮麻坑礦山技工葉生，被中島毆擊至不能行動，雙足浮腫，全身傷痕累累，釋放後三星期即告斃命。村民葉吉宏十七歲的兒子葉天送被中島用鐵錘毆打，口吐鮮血。在釋放後二個月，亦告死亡。

後來，我們又發現，2008 年至 2010 年間，香港大學法律系外國學者 Suzannah Linton 從英國國家檔案館編號 WO235 的陸軍部檔案中，整理出 1946 年至 1948 年間香港軍事法庭的法庭紀錄，共有 46 個檔案，約 15,000 頁，123 名戰犯被控。這些原始檔案中有關蓮麻坑的部分，印證了《工商日報》的報道，並提供了更多有關日本統治時期蓮麻坑情況的報道。例如，有日本戰犯在供詞中說，游擊隊攻打蓮麻坑礦山是在 1945 年 2 月。後來，我們將這個資料告訴葉維里先生，他約了當年和他一起參加戰鬥的戰友廖來一起回憶，確定三打蓮麻坑礦山並非發生在 1944 年冬，而是發生在 1945 年春節之後。

三、深入挖掘民間文獻資料

在民間其實是有一些很有價值的史料。如果我們注意去尋找，有時會有意外的收穫。例如，蓮麻坑村民手中就有一些被稱為「帖式」的毛筆手抄本。這實際是反映鄉間民俗文化的應用文。

我們收集到源於清朝同治年間的《葉吉崇帖式》，以及源於民國年間的

《葉偉彰帖式》。這兩本帖式內容十分豐富，涉及拜神、祭祖、節慶、婚嫁、喪葬、求雨、械鬥、戒鴉片、禁溺嬰、護林、防盜等等。形式亦多種多樣。除了應用文，還有對聯、詩歌等。

下面我們列出兩本帖式中的一些標題，如《大王爺許福疏式》、《上神祝文》、《祭伯公文》、《祭孔子》、《葉姓用祭祖文》、《秋季祭祖墓文》、《娶親告祖文》、《祭父文》、《祭母文》、《祠堂上樑祝文》、《吉禮三獻式》、《喪禮三獻式》、《天旱求水表》、《鬥械告示》、《嚴禁偷竊》、《為戒洋煙詩》、《嚴禁山林以護圍場》、《嚴禁塱亥中樹木》、《禁牛遊田》、《過房囑書》、《立分單》、《立賣斷房契》、《請會》、《詠地名》、《勸學詩十首》、《中醫方》、《竹枝詞》、《賀壽對聯》、《上樑點雞血四句》、《更練約章》等等。

在蓮麻坑發現的這些民間文獻資料，體現出慎終追遠、知恩圖報、環境協調等中華民族的傳統文化精神，值得我們很好地整理利用，記錄在村志之中，使之流傳下去。

附：《蓮麻坑村志》篇目

一、概述

二、自然環境

  1. 地理環境

  2. 植物

  3. 動物

  4. 具特殊科學價值地點

三、建置沿革

  1. 沿革

  2. 行政機構

四、人口與宗族

  1. 人口

  2. 宗族

    葉氏家族

    劉氏家族

    冼氏家族

    曾氏家族

    張氏家族

五、政治軍事

    1. 蓮麻坑與辛亥革命

    2. 日治時期的蓮麻坑

    3. 禁區的設置與過境耕作

    4. 維護村民合法權益

六、經濟

    1. 農業

    2. 礦業

    3. 交通

七、教育體育

    1. 教育

    2. 體育

八、文物古蹟

    1. 葉氏宗祠

    2. 冼氏宗祠

    3. 劉氏宗祠

    4. 官氏宗祠

    5. 關帝宮

    6. 觀音廟

    7. 東門樓（啓明樓）

    8. 風水塘

    9. 葉定仕故居

    10. 葉祥霖客家大屋

    11. 古橋

    12. 長命橋（國際橋）

    13. 麥景陶碉堡

    14. 摩羅樓碉堡

    15. 紅花寨遺址

    16. 孫中山銅像

九、民間習俗

    1. 風水

    2. 春秋二祭

    3. 婚嫁習俗

    4. 喪葬習俗

    5. 自然崇拜：求雨

    6. 葉法諸公崇拜

    7. 伯公崇拜

    8. 蓮麻坑與孔嶺洪聖宮

    9. 蓮麻坑與長山寺

    10. 新春同樂日

    11. 特色食品

    12. 語言

十、人物

十一、海外鄉親

十二、大事記

十三、藝文

    1. 碑銘

    2. 文獻

    3. 詩歌

    4. 對聯

5. 告示

6. 禮儀應用文

7. 其他

後記

第三屆中國方志學術年會——兩岸四地方志文獻學術研討會論文，
2013 年 10 月發表於東莞。

參與《香港志》首冊編修感懷

　　首部以香港冠名的地方志《香港志》由全國政協副主席董建華先生領導的香港地方志中心主持編纂。《香港志》首冊《香港志·總述·大事記》已於 2020 年 12 月由中華書局（香港）有限公司出版。該首冊志書邀請學者出任主編。推動香港修志二十餘載，能有機會作為主編之一，承擔《香港志》首本志書的編修，參與總述的起草、修改和大事記的審稿，我甚感欣慰。其他幾位主編劉智鵬、丁新豹、陳佳榮、地方志中心業務總監孫文彬博士和我，以及中心一些年輕同事為此書付出的辛勞，真是一言難盡。

　　述是方志體裁之一。民國時期，黃炎培纂《川沙縣志》，在各分志前設概述，是方志創設概述之始。在志書之首設總述或概述，是國家改革開放後新編地方志的特點。總述或概述是對一地全面情況的概括敘述。方志是一個地方的資料性文獻，強調「述而不論」，因而總述或概述是以記述為主。但總述或概述的作用是彌補志書橫排門類後缺乏宏觀記述和缺乏事物之間聯繫記述的不足，是可以適當議論的。

　　總述或概述有多種寫法。有史體綜述式、橫列特點式等等。本書總述採用橫列特點的寫法，介紹香港自然和社會發展的特色。共分優越的地理位置與自然環境、高度開放的經濟體系、人口流動與移民城市的形成、英國的殖民統治、香港在中國近代史中的獨特地位、從「長期打算，充分利用」到「一國兩制」、多元文化薈萃之地等七個部分。

　　本書編者透過總述與讀者分享和探索香港是怎麼來的、香港人是怎麼來的、香港與國家的關係等問題。講人口流動與移民城市的形成是探索香港人的由來。講經濟體系、英國殖民統治、「一國兩制」和多元文化是探索香港的由來。而講香港在中國歷史中的地位和「一國兩制」則是在探索香港與國家的關係。

　　這本首冊志書第一次系統地記述香港回歸二十年的政治、經濟狀況。在政治部分，既充分肯定「一國兩制」在香港的實踐取得的重大成就，又實事求是地記述了遇到的曲折。書中還對遇到曲折的原因提出初步看法：「回歸以來，香港內部和外部環境的發展變化錯綜複雜。香港未能有效推動經濟轉型，加上兩次金融風暴的衝擊，年輕人向上流動的途徑比較曲折。英治時期遺留下來的土地及房屋問題又未得到妥善解決。思想和教育方面，歷史教育和國民教育成效不彰，年輕一代國家認同感薄弱，未能全面而客觀地認識國家的發展。外部環境方面，反精英、反權威、反全球化的民粹主義思潮盛行，國際關係亦發生重大變化。在各種因素的影響下，『一國兩制』在香港的實踐並非一帆風順。」

　　過去寫香港史，我們多強調華人對香港社會的貢獻，這也符合事實。但此次修志我們認為也應該注意非華裔人士對香港的貢獻。因此，我們在總述中增加了「非華裔人士與香港社會發展」一節，使得記述更加全面。

　　這本首冊志書並未迴避歷史敏感問題，並盡可能平實地加以記述，例如1967年的暴動。書中採用了香港社會通用的說法，稱其為「六七暴動」，同時也說明左派稱其為「反英抗暴」。書中指出，暴動的起因既有內因香港社會固有的矛盾，又有外因「文化大革命」的影響。書中既肯定當年不少左派群眾是抱着反抗殖民壓迫的心態投入鬥爭，又指出左派有些做法引起許多市民不滿，導致香港左派其後相當長的時間被貼上負面標籤。

　　這本首冊志書總述由我們幾位主編起草和修改，大事記由我們審稿，卻是廣泛徵求學界、政府有關部門和編審委員會意見，反覆修改，五易其稿的成

果,是集體智慧的結晶。我們雖然有幾十年香港史研究的知識積累,然而志書
涉及的範圍更廣,編修過程出現差錯在所難免。本書出版以後,聽到學界和傳
媒的肯定,我們不應沾沾自喜;對各界的批評,衷心歡迎。首冊志書的出版只
是一個好的開端,香港修志之路仍很漫長。

原載《亞洲週刊》2021 年第五期

史實考訂

天地會攻佔九龍寨城史實考訂

　　九龍寨城（簡稱九龍城）位於九龍半島白鶴山南麓。該地在歷史上曾先後被稱為官富寨、官富九龍寨和九龍寨。洪武三年（1370 年），明朝政府設置了官富巡檢司，衙署即在該地，其管轄範圍與目前的香港地區大體相同。清朝康熙年間，衙署遷往深圳的赤尾村。鴉片戰爭以後，香港島被英國正式割佔，九龍半島地位岌岌可危。清政府便於道光二十三年（1843 年）將官富巡檢司改為九龍巡檢司，衙署遷回官富九龍寨，移駐大鵬協副將和九龍司巡檢，目的在於加強對香港島的「偵察防維」。接着，新安縣地方當局又動用大批人力，於道光二十七年（1847 年）依山築起了具有相當規模的九龍寨城。由此可見九龍寨城在清代曾經具有重要的戰略地位。

　　一些歷史著作認為 1854 年太平軍曾佔領九龍寨城。最早提出這種說法的是歐德理（E. J. Eitel）1895 年所著《歐西於中土——從初期到 1882 年的香港歷史》（*Europe in China, the history of Hong Kong from the beginning to the year 1882*）。[1] 丁又（杜定友）1958 年所著《香港初期史話（1841－1907）》中亦沿襲此說。丁又在書中寫道：「l854 年 7 月，太平軍陳開、李文茂等在廣州附近起義，進攻佛山，包圍廣州，……9 月，太平軍攻克佛山後，就分兵入寶安，攻九龍城。都司楊以德率清兵抵抗，被太平軍打敗，太平軍佔據了九龍城。」[2] 然而，這種說法並

1　見該書頁 302－303。

2　見該書頁 90。

不確切，具體情節也有較大出入，今據有關中外文資料予以訂正。

1854 年的確曾有一支起義軍攻佔了九龍寨城。在英國殖民地部檔案中，可以找到對這一事件比較詳細的報道。香港護理總督金尼（W. Caine）中校在當年8 月的信中報告說：「本月 19 日上午，一群造反者進攻並佔領了九龍城。」「進攻者幾乎都是客家人，大部分是來自本島及其附近的石匠，而且都是三合會一個支派的成員。」「從昨天上午起，已有數百人加入他們的行列。進攻時他們死亡十二人，清帝國士兵死三人，傷十五人。」他還說，駐守九龍城的兩名清朝官員在潰逃中保全了性命。其中一人據說已逃到香港避難。他認為，攻城的起義軍「既不屬於南京的叛亂者，也不屬於廣東的叛亂者」。[3]

攻佔九龍城的起義軍顯然不是太平軍。當時距廣東最近的太平軍西征軍，尚在湖南、湖北交界處與湘軍鏖戰。廣東境內並沒有太平軍。然而，說攻城的起義軍與當時遍及廣東各地的天地會起義無關，也與事實不符。這在廣東的地方志中，有明確的記載。《廣州府志》記載說：咸豐四年秋七月二十六日（1854年 8 月 19 日，與外文資料所記時間相符），「羅亞添攻陷九龍寨城」。[4] 羅亞添是廣東惠州天地會起義首領。他率眾攻佔九龍城一事，還可從《惠州府志》的一條記載得到印證，「〔咸豐〕四年七月間，逆首羅亞添等自九龍回竄，經鐵矢嶺。」[5] 順便說一點，陳開、李文茂是佛山天地會起義首領，不是太平軍首領，當時正在佛山作戰。尚未找到任何史料，說明他們曾分兵前去攻打九龍寨城。

關於清軍重新佔領九龍城一事，《廣州府志》是這樣記載的：咸豐四年閏七月初四日（1854 年 8 月 27 日），「官軍收復九龍寨城」，「知縣黃光周協同

3　金尼致喬治・格雷函，1854 年 8 月 21 日，英國殖民地部檔案 C.O. 129/47，引文中的三合會，即天地會。

4　戴肇辰等修，史澄、李光廷纂：《廣州府志》卷八十二，前事略八。光緒五年刊本。

5　劉溎年總裁，鄧倫斌等纂：《惠州府志》卷十八，郡事下。光緒七年刊本。

副將張玉堂、都司譚蛟等率眾前進，斬首三十餘級，陣亡兵丁廖達邦、林禹平二人，即日收復寨城。」[6] 從這一記載看，清軍似乎是獨力出擊，經過激烈戰鬥才奪回了九龍城。這與事實不盡相符，重新佔領的日期也早報了數天。這可能是新安縣軍政官員有意謊報軍情，誇大戰績。從外文史料看，在重返九龍城時，清軍和起義軍之間似乎未發生過激烈的戰鬥。香港護理總督金尼報告說：「由於佔領者（指起義軍）中間發生了意見分歧，他們已逐漸從該地（指九龍城）撤離。上週清帝國軍官已重新進入並佔領該地。」[7] 英文報紙《中國之友與香港公報》（*The Friend of China and Hong Kong Gazette*）1854 年 8 月 30 日報道說：上星期二（8 月 22 日），除了留下的三百人以外，造反者一起出發前往大鵬城。在留下的人中間「出現了某些爭執」，「其中三分之一的人可望在一兩天內前往大鵬城」。該報在同年 9 月 13 日又報道說：「在得到付給四百元錢的許諾後」，香港對面的九龍城「於上月 31 日由香港一群擅自對外國作戰者替清帝國人士重新奪回」。

佔領九龍城的天地會起義軍受到當地居民熱烈歡迎，《中國之友與香港公報》在 8 月 30 日的報道中說：造反者由九龍城開赴大鵬城的途中，所到之處「村民們都贊同他們的行動目標，被他們的殷切關懷所感動。有許多人參加這支隊伍就是明證」。這支隊伍「已經增加到一萬人，其中大多數人馬上就行動起來」。

經過考訂，對天地會起義軍攻佔九龍寨城一事，我們就有了比較準確和完整的了解。實際情況是：1854 年 8 月 19 日，以羅亞添為首的惠州天地會起義軍攻佔了九龍寨城，香港地區的勞苦群眾踴躍參加了這次戰鬥。三天之後，多數起義戰士出發前往攻打新安縣的軍事要地大鵬城，九龍城內僅留下起義戰士

6　同註 4。

7　金尼致喬治‧格雷函，1854 年 9 月 9 日，英國殖民地部檔案 C.O. 129/47。

三百名。由於起義軍內部發生意見分歧，削弱了戰鬥力，清軍才借助於香港的外國僱傭軍，於 8 月 31 日重新佔領了九龍城。

天地會起義軍佔據九龍城僅僅十二天，但此事從一個側面反映出在太平天國運動影響下，廣東天地會起義的廣度和深度。港英當局對此事極為恐慌。得知天地會準備進攻九龍城的消息後，護理總督金尼立即「採取了預防措施，加強了警察護衛隊」，並向駐港英軍司令格里芬（Griffen）上校「發出警報」。[8] 香港及廣東的英文報紙也密切注視着事態的發展。天地會起義軍摧枯拉朽的聲勢與備受人民擁戴的情況，使港英當局感到，這是對他們在香港的殖民統治的威脅，清軍在九龍及廣東其他地方的潰敗，又使他們看出清政府的虛弱無能。1859 年，香港輔政司馬撒爾（W. T. Mercer）在一項備忘錄中，把 1854 年 8 月九龍城清軍的潰敗，明確說成是「中國當局孱弱的證據」。[9] 一位外國研究者認為：1854 年中國造反者一度佔據九龍城時，香港總督包令（J. Bowring）開始關心九龍半島問題。[10]

英國商人早就鼓吹割佔九龍半島，英國政府擔心力量不夠，一直不敢採取行動。第二次鴉片戰爭中，英國官方卻上下一致採取行動，強行割佔了九龍。這一變化是多種因素促成的，但與 1854 年九龍城事件的影響也有一定的聯繫。

原載《近代史研究》1987 年第 3 期。

8　金尼致喬治‧格雷函，1854 年 8 月 21 日，英國殖民地部檔案 C.O. 129/47。

9　有關九龍半島問題的備忘錄，1859 年 6 月 6 日，英國殖民地部檔案 C.O. 129/74。

10　E. S. Taylor, *Hong Kong as a Factor in British Relations with China, 1834-1860* (s.l: s.n., 1967), p. 372.

九龍半島、九龍巡檢司、九龍城史事考略

　　前人的歷史論著中，對九龍半島、九龍巡檢司和九龍城的記述，或過於簡略，或不夠系統，或不夠確切。筆者在參加撰寫《十九世紀的香港》的過程中，對這些地方的歷史沿革及有關史實做過一些考察，今將自己的一得之見略加整理，就教於史學界同仁。

一、九龍半島地名範圍考析

　　前幾年國內一些學者撰寫的論文中，把第二次鴉片戰爭期間英國割佔九龍半島今界限街以南、尖沙咀以北的中國領土，稱為割佔「南九龍半島」；把1898年英國強租界限街以北、深圳河以南的中國領土（即今天的新界本土和新九龍），稱為強租「北九龍半島」。也就是說，把尖沙咀以北、深圳河以南這個範圍很大的地區統稱為九龍半島。這種說法值得商榷。

　　「半島」是近代地理科學的概念。《辭海》中「半島」這個條目的釋文是：「伸入海洋或湖泊中的陸地，三面臨水，一面同陸地相連，如同我國的遼東半島、山東半島等」。[1] 尖沙咀以北、深圳河以南這個地區東臨大鵬灣，西臨深圳灣（后海灣），南臨維多利亞港，三面臨海；北面同廣東大陸相連。從這些特徵看，稱其為半島，似乎沒有不妥之處。然而，一個地名的形成有其歷史因素，

1　《辭海》（北京：商務印書館，1979，縮印本），頁89。

並具有約定俗成的性質，需要從歷史的角度進行考察，才能判斷稱其為「九龍半島」是否恰當。

清代在與香港地區有關的地方志中，比如康熙年間靳文謨等修纂的《新安縣志》、嘉慶年間王崇熙修纂的《新安縣志》、道光年間阮元等修纂的《廣東通志》、光緒年間戴肇辰等修纂的《廣州府志》等志書中，皆無「九龍半島」的説法。但在十九世紀，「九龍半島」的説法已大量出現在英國官方文件及英國人的著作和書信中。可見「九龍半島」的説法出自英國人。那麼，他們是怎樣使用這個概念的呢？1860 年 3 月，英國強租了九龍半島今界限街以南的部分。英國外交大臣羅素（Lord John Russell）在向全權專使額爾金（Earl of Elgin）發出的指令中説：「女王陛下政府獲悉，關於九龍半島，巴夏禮先生已為它從中國當局取得這塊土地的永租權。」[2] 羅素的説法並不準確。當時英國在遠東的官員都明白，租借的只是「九龍半島的一部分」，但他們並未去函糾正這一錯誤。筆者認為出現這種情況的原因在於他們心目中九龍半島北部面積並不大。如果九龍半島北部包括如今的新界本土，面積比其南部大幾十倍，他們就不會對羅素的説法無動於衷了。後來英國有關方面醞釀租借今界限街以北、深圳河以南廣大地區及其附近島嶼，幾乎所有文件、信函只使用「展拓香港界址」這一説法，而不提「九龍半島」。這就進一步證明，絕大多數英國官員並不認為目前的新界本土和新九龍都在九龍半島的範圍之內。

筆者曾就九龍半島的範圍問題，請教過香港大學地理地質系高級講師薛鳳旋先生。薛先生在 1986 年 11 月 11 日的覆信中寫道：「北九龍半島」這個提法，他們沒有碰到過。筆者參閱過他與彭瑞琪、蘇澤霖先生合著的《香港與澳門》一書。該書認為，九龍半島北面邊界是獅子山和筆架山。[3] 按照他們的説法，

2　羅素致額爾金函，1860 年 7 月 9 日，英國外交部檔案 F.O.17/329。

3　彭瑞琪、薛風旋、蘇澤霖編著：《香港與澳門》（香港：商務印書館，1986），頁 30。

九龍半島實際上可分為兩個部分。一部分在尖沙咀以北、界限街以南，現稱九龍；另一部分在界限以北、獅子山和筆架山以南，現稱新九龍，包括荔枝角、深水埗、九龍城、觀塘等地。筆者認為這樣確定九龍半島的範圍比較合理。首先，這個地區具備半島的地理特徵。其次，它與歷史文獻中使用的九龍半島概念大體吻合。再者，它與目前香港的行政區劃相一致。這樣劃分無論對於研究地理、歷史，還是對於該地區的行政管理，都會提供許多方便，不致造成概念上的混亂。

二、鴉片戰爭前的九龍半島

九龍半島歷史悠久。1955 年，香港大學林仰山教授（Prof. F. S. Drake）率領員生在九龍半島深水埗的李鄭屋村發掘磚砌古墓一座，出土種類繁多的陶器六十一件，銅器八件。從這些器物的形制與質地考察，可斷定其為漢代遺物。該墓本身的形制與廣州駟馬岡前發現的漢墓相似。墓磚字體與圖案紋樣亦與我國內地發現的漢墓相似。墓磚上刻有「番禺」、「大吉番禺」、「大治曆」等字樣。「大吉番禺」是指入葬地區當時受番禺縣管轄。從上述情況看，李鄭屋村古墓為漢代墳墓無疑。[4] 李鄭屋村古墓說明，二千年前左右，九龍半島地區已經具有比較發達的文化，並與祖國內地保持着密切聯繫。

宋朝時九龍半島在廣東沿海的經濟發展和海上交通方面佔有重要的地位。香港地區濱海地帶多潮墩草蕩，海潮上下，鹹鹵容易滋生，在古代曾為產鹽要地。宋朝時在九龍半島設置的官富場（在今九龍城以南）是廣東沿海重要鹽場

4　參看羅香林：〈李鄭屋村與香港地區自漢至清初之沿革〉，載《慶祝李濟先生七十歲論文集》（台北：清華學報社，1965）。

之一。[5] 官富場鹽官嚴益彰在北佛堂天后廟的摩崖題記至今猶存。[6] 慶元六年（1200 年）經略錢之望等報請朝廷同意，將駐守大嶼山的摧鋒水軍一百五十人調往官富場。[7] 由此可見官富場當時具有相當的規模。九龍半島地處我國南部海上交通要衝。宋朝時江浙與福建沿海南下船舶多行經此地，有些船民還在這裏安家落戶。據新九龍蒲崗村《林氏族譜》記載，宋朝時福建莆田有名叫林長勝的，舉家遷居於今新九龍黃大仙附近的彭蒲圍（即今日之大磡村）。長勝之子名雲遠、雲高。雲遠之子名松堅、柏堅。一家數代都以行船為業，其艚船往來於閩浙粵之間。松堅、柏堅兄弟的艚船曾在海上遇到颶風，船貨盡失。幸兩人以力挽船篷，緊抱船上林氏大姑（即後人所稱天后）神主，才得以浮至東龍島（南佛堂）北岸脫險。後來他們在該地建造了祭祀林氏大姑的神廟，即南佛堂天后廟。以後松堅之子林道義又在田下山半島（即北佛堂）創建了祭祀林氏大姑的神廟，即北佛堂天后廟。[8] 這兩座天后廟創建的經過說明宋朝時九龍半島的航運業已比較發達。由於地處海上交通要衝，且有鹽場之利，宋朝時九龍半島沿岸已形成一些村落，比較著名的有彭蒲圍村、土瓜灣村等。正因為當時九龍半島已具備一定的經濟基礎，南宋末年海上行朝的帝昰、帝昺一行在流亡途中，才選擇官富場修建行宮，在此滯留大約五個月之久。

清朝初年，為了對付鄭成功的抗清活動以及沿海海盜騷擾，清朝政府注意加強海防建設。在新安縣沿海也設置了一些墩台、營汛。康熙七年（1668 年）設九龍墩台一座，有士兵三十人戍守。康熙二十一年（1682 年）改設九隆汛（即

5　《宋會要》第 134 冊〈食貨二十七、鹽法十〉記載說：（興隆二年）11 月 15 日，提舉廣東茶鹽司言：「……官富場撥附疊福場，……從之。」可見宋孝宗時一度將官富場撥附疊福場（今沙頭角東北）管理，而官富場建場年代應在興隆二年（1164 年）以前。

6　羅香林等：《1842 年以前之香港及其對外交通——香港前代史》（香港：中國學社，1959），頁 172。

7　陳伯陶等纂：《東莞縣志》卷三十〈前事略二〉引《倉格軍門志》。

8　同註 6，頁 172－173。

九龍汛），當時有士兵十人戍守。[9] 嘉慶年間，海盜張保仔聲威日大，屢次擊敗清軍水師，並在香港島安營紮寨。為了對付張保仔，兩廣總督百齡督令將康熙年間設在佛堂門的炮台，移建至九龍寨海旁。錦田《鄧氏族譜‧家傳‧鄧英元傳》記述此事說：「嘉慶十五年，海氛大熾，提督錢夢虎，以佛堂門原有康熙間所建炮台，年久圮壞，孤懸海外，無陸可通，又無村莊居民互相捍衛，且距大鵬營二百餘里，距九龍汛水陸四十餘里，控制不能得力。應將該台移建九龍地方，兵與民合，聲勢聯絡，較為得力。總督百齡著新安縣勸捐建築。知縣李維榆以經費不易措，親至錦田，謀諸英元。英元曰：九龍一帶，石匠甚多，若曉以義理，必當效力輸將。乃親往九龍，集石匠，勸其為國效勞。群匠悅服，踴躍協助。建築落成日，英元題『鎮若金湯』石額以誌。」[10]

　　香港地區在秦、漢、三國及東晉初期五百多年的時間內，屬番禺縣管轄。由東晉咸和六年（331 年）至唐朝至德元年（756 年）四百多年的時間屬寶安縣管轄。由唐朝至德二載（757 年）經歷五代、宋、元，至明朝隆慶六年（1572 年），在這八百多年的時間內，屬東莞縣管轄。自明朝萬曆元年（1573 年）起，到清朝道光二十一年（1841 年）英國人開始逐步侵佔該地區為止，屬新安縣管轄。至於在此設置縣以下的一級行政單位巡檢司，始於元朝。元朝初年，元朝政府曾在本地區設置屯門巡檢司。洪武三年（1370 年）明朝政府設置了官富巡檢司。擔任官富巡檢司巡檢有姓名可考者，是福建人林雲龍，萬曆二年任職。官富巡檢司衙署設在九龍半島的官富寨（今九龍城附近）。大約在清朝初年，衙署年久失修，巡檢蒞任者多借深圳附近赤尾村民居辦公。康熙十年（1671 年）

9　靳文謨等纂：《新安縣志‧卷八‧兵刑志》（康熙二十七年本）。

10　同註 6，頁 169。羅香林認為此炮台在尖沙咀西南角。筆者以為此說有誤。王崇熙等纂《新安縣志‧卷四‧山水略》佛堂門條寫得很清楚：「康熙年間設炮台一座，以御海氛。嘉慶庚午知縣李維榆詳情移建此台於九龍寨海旁。」此台即著名的九龍炮台，在今九龍城附近。尖沙咀炮台係道光年間所建，時間要晚得多。

巡檢蔣振元捐獻薪俸購買赤尾村民地，起造衙宇，將駐地正式遷往該地。[11] 從嘉慶年間王崇熙等修纂的《新安縣志‧卷二‧輿地略》記載的情況看，官富巡檢司管轄的土客籍村莊，大部分分佈在今天的香港島、九龍和新界，僅福田、赤尾、小梅沙等少數村莊，分佈在目前的深圳特區內。可見官富巡檢司的管轄範圍與目前的香港地區大體相當。

三、鴉片戰爭期間的九龍半島

鴉片戰爭期間九龍半島成為抗英鬥爭前線，戰略地位十分重要。1839 年 3 月欽差大臣林則徐抵達廣州之後，大張旗鼓地開展禁煙運動。為了打擊侵略者的囂張氣焰，林則徐下令沿海各地斷絕英船接濟。

1839 年 9 月 4 日，大鵬營參將賴恩爵率師船三艘在距尖沙咀二十餘里的九龍山口岸巡邏。義律（Charles Elliot）率英船五艘前往該地，遞上稟帖，求買食物。清軍正待回答，五艘英船突然一齊向清軍開炮。清軍開炮還擊，經過五個時辰激戰，將英船逐回尖沙咀洋面。11 月 3 日，英船兩艘在東莞穿鼻洋面向關天培率領的舟師開炮挑釁，再次被清軍擊退。

為防止英船長期盤踞在尖沙咀洋面，林則徐命令在尖沙咀一帶「擇要紮營，時加防範」。尖沙咀以北有座名叫官涌的小山梁，「俯攻最為得力」。林則徐下令在此「固壘深溝，相機剿辦」。英軍看到官涌清軍對其構成極大威脅，多次將兵船排列海面，炮轟官涌營盤，並曾派出士兵百餘人「乘潮撲岸」，「搶上山崗」。林則徐陸續派出候補知府余保純、新安知縣梁星源、參將陳連陞、賴恩爵、張斌等文武官員，指揮官涌清軍迎頭痛擊。從 11 月 3 日至 13 日，「旬日之內，大小接仗六次，俱獲全勝」。[12]

---

11 靳文謨等纂：《新安縣志‧卷五‧宮室志》、《新安縣志‧卷四‧職官志》（康熙二十七年本）。

12 《籌辦夷務始末（道光朝）》，第一冊（北京：中華書局，1964），頁 240 – 241。

　　九龍之戰、穿鼻之戰和官涌之戰揭開了鴉片戰爭的序幕。這三次戰鬥有兩次發生在九龍半島，這反映出鴉片戰爭期間九龍半島在軍事上的重要地位。林則徐清楚地看到九龍半島在軍事上、交通上的重大作用。官涌之戰以後，為防止英軍捲土重來，他飭令余保純等官員實地踏勘，決定在尖沙咀山麓及官涌偏南一山各建炮台一座。這兩座炮台於 1840 年 7 月「趕辦完工」，分別命名為「懲膺」炮台與「臨衝」炮台。林則徐為兩座炮台購辦大炮五十六門，並派兵八百餘名駐守在炮台附近山梁。在修建上述炮台同時，林則徐又與水師提督關天培反覆商議，奏請將防守新安縣沿海地區的大鵬左右二營升格為大鵬協，移駐大鵬協副將一名，於九龍山居中調度，使當地的防禦力量大為增強。但是，清廷將林則徐撤職議處，改派琦善任欽差大臣赴廣州辦理中英交涉之後，廣東局勢急轉直下。

　　1841 年 1 月初英軍武力奪取大角、沙角炮台後，義律先是要求割讓沙角，後轉而要求「將尖沙咀、香港各等處，讓給英國主治，為寄居貿易之所」。[13] 琦善向道光皇帝表示：「尖沙咀新建炮台，設兵防守，非如香港之孤懸外洋可比，且係兩處地方，礙難允准。」[14] 他在 1 月 20 日代義律奏請「准就粵東外洋之香港地方，泊舟寄居」。[15] 但早在 1 月 15 日他就向義律發出照會，擅自許諾英國於尖沙咀或香港「止擇一處地方寄寓泊船」。[16] 當時英國並沒有足夠力量同時佔據香港與九龍半島。義律提出割讓兩處地方，不過是奸商漫天要價的手法。因此，他在覆照中只提割讓「香港一島」，不再提尖沙咀。

　　義律放棄割讓尖沙咀的要求，有苛刻的附加條件。他在 1 月 30 日的照會中聲稱：「尖沙咀不應留存炮台軍士，致嚇該處洋面及香港海邊地方。」他橫

13　佐佐木正哉編：《鴉片戰爭的研究（資料篇）》（東京：近代中國研究委員會，1964），頁 69。

14　《籌辦夷務始末（道光朝）》，第二冊（北京：中華書局，1964），頁 736。

15　同上註，頁 735。

16　同註 13，頁 70。

蠻無理地要求中國方面把軍械將士「統行撤回九龍」。[17] 義律關於尖沙咀撤防的要求是對中國內政的粗暴干涉。連琦善也認為這沒有道理。他在覆照中表示：「豈有貴國寄寓之人，留兵設炮；而天朝將原設兵炮撤回，未為情理之平。」但他仍然屈從於英國的威脅，宣佈「所有尖沙咀炮位兵丁，現已檄行撤回」。[18] 為了掩飾自己的投降行徑，琦善藉口「懲膺」、「臨衝」兩座炮台「海外孤懸，不足禦侮，而新安地方緊要」，將兵炮撤回新安縣城。[19] 後撤地點竟比義律的要求還遠三十多公里。由於琦善的瀆職行為，軍事要地尖沙咀一帶成為了不設防地區，聽任侵略者自由往來。難怪香港總督德庇時（John F. Davis）在 1845 年報告說：九龍「早被當作一種中立地區」。[20]

　　清軍撤防以後，英軍多次派遣小股部隊入侵九龍半島，進行偵察和破壞活動。1841 年 3 月 23 日，英軍佔領了官涌和尖沙咀的兩座炮台。5 月 24 日，他們將其中的「臨衝」炮台「兵房拆卸，台基轟裂」；隨後又將「懲膺」炮台拆毀，把磚瓦石塊運回香港，用以修路造屋。

　　1841 年 6 月 15 日，英國首相巴麥尊（Lord Palmerston）在向新任駐華全權代表砵甸乍（Henry Pottinger）發出的指令中說：「女王陛下政府認為香港島應該保留；但似乎對面海岸的某些地方俯臨香港錨地，因此有必要規定，中國人不得在俯臨香港錨地的那些地點的一定距離內建築任何防禦工事或工程，安放任何大炮、或駐紮任何軍隊。」[21] 巴麥尊的指令體現鴉片戰爭時期英國政府對九龍半島的政策。只是由於當年交通不便，通訊手段落後，信件往返十分緩

---

17 同註 13，頁 76。引文中的「九龍」應為大鵬協副將駐地九龍寨。

18 同註 13，頁 78。

19 同註 14，頁 1103。

20 G. B. Endacott, *A History of Hong Kong* (8 ed.)(Hong Kong: Oxford University Press, 1985), p. 109.

21 H. B. Morse, *The International Relations of the Chinese Empire, The Period of Conflict, 1834-1860*, vol. 1 (London: Longmans, Green, and Co., 1910), p. 661.

慢，巴麥尊尚不知曉，反對九龍半島南端尖沙咀一帶設防的無理要求已經變為現實。

四、九龍司的設置與九龍城的修建

鴉片戰爭以後，香港島被英國正式割佔，九龍半島地位岌岌可危。面對危難的局勢，清政府於道光二十三年（1843 年）將官富巡檢司改為九龍巡檢司（簡稱九龍司），巡檢駐地遷回官富九龍寨。[22] 新安縣知事王銘鼎撰《九龍司新建龍津義學敘》對此事有如下起載：「道光二十三年，夷務靖後，大吏據情入告，改官富為九龍分司。」[23] 九龍巡檢司下設七個大鄉，其管轄範圍大體相當於目前香港地區的九龍、新九龍和新界。[24]

九龍司設置之初，巡檢駐地九龍寨既無城垣、衙署，又無兵營，困難重重。1846 年 8 月 8 日，兩廣總督耆英奏請修建九龍寨城「以便防守」。他在奏摺中說：「查九龍山地方，在急水門之外，與香港逼近，勢居上游，香港偶有動靜，九龍山聲息相通。是以前經移駐大鵬營副將及九龍山巡檢，藉以偵察防維，頗為得力。第山勢延袤，駐守員弁兵丁無險可據，且係賃住民居，並無衙署兵房堪以棲止，現值停工，又未便請動公項。英夷雖入我範圍，不致復生枝節，而夷情叵測，乃應加意防備。今於該處添建寨城，用石砌築，環列炮台，多安炮位，內設衙署兵房，不惟屯兵操練足壯聲威，而逼近夷巢，更可借資牽制，似於海防大有裨益。」[25]

關於九龍城的修建，以前的論著中鮮有記述，個別有所記述的也不夠準

---

22 官富九龍寨即官富寨，又稱九龍寨。王崇熙等修纂的《新安縣志》中，這幾個名稱都使用過。
23 黎晉偉主編：《香港百年史》（香港：南中編譯出版社，1948），頁 88。
24 毛鴻賓、瑞麟編：《廣東圖說》，卷 13，頁 10 – 12。
25 《籌辦夷務始末（道光朝）》，第六冊，頁 3010 – 3011。

確。例如一篇題為〈微妙的九龍城寨問題〉的文章寫道：「同年（指 1843 年），新安縣又動員人力，在這片特殊的土地周圍，建築城牆，作為屏障。當時的建築並無機械輔助，全用人力進行，因此，這條小城牆足足費了五年光景，才告完工。」[26] 一本質量較高的學術著作也認為九龍城「建於 1843 至 1847 年」。[27] 近年香港大學歷史系霍啟昌博士在廣州發現一份珍貴的歷史資料——《勘建九龍城炮台全案文牘》。根據這份史料，我們已有可能糾正以前論著中的謬誤，對修建九龍城的情況作出正確的介紹。[28]

廣東當局對九龍城工程極為重視。該工程並非由新安縣地方官員直接經辦，而是由兩廣總督耆英指派廣東試用通判顧炳章、署廣東新寧縣事候補知縣喬應庚等任督工委員專司其職。建城地點在九龍寨。據《全案文牘》所載，九龍寨在九龍山中間白鶴山五里以內的沿海地帶。當時有店舖、民房數百間。城基選在白鶴山南麓距海三里的一片官荒地上。[29] 經顧炳章等實地踏勘，決定修築石城一座，周長 199 丈，城牆上築城門、敵樓各四座。城上東西南三面配置大炮 32 門。城內開有水池，廣深各一丈。城內橫量 70.7 丈，直量 35.2 丈，佔地約 41.5 畝。為了「妥為防範」，還在城北添築腰牆一道，圈圍山頂周 170 丈，牆上酌開長形槍眼，並建望樓一座。此外，將城外舊有之九龍炮台南面加高培厚，添易三千斤大炮兩門，與城寨成犄角之勢。九龍城工程還包括修建武帝廟、副將衙署、巡檢衙署、演武亭、大較場、軍裝火藥局和兵房等配套工程。[30] 這項頗具規模的工程於 1846 年 11 月 25 日興工，1847 年 5 月 31 日完

26　章盛：《港澳大罪案揭秘》（香港：天地圖書公司，1980），頁 191。

27　Peter Wesley-Smith, *Unequal Treaty, China, Great Britain and Hong Kong's New Territories* (Hong Kong: Oxford University Press, 1980), p. 18.

28　《勘建九龍城炮台全案文牘》（簡稱《全案文牘》）係勘建委員顧炳章原稿本，共收道光二十六年、二十七年的有關公文八十件，四萬餘字。原件藏廣東省中山圖書館，由劉蜀永標點整理後，刊於《近代史資料》總 74 號。

29　〈顧炳章、喬應庚復核勘估工程情形稟〉，載《全案文牘》。

30　〈顧炳章、喬應庚復核勘估工程情形稟〉、〈造具腔樣並開列簡明清析呈核稟〉，載《全案文牘》。

竣，前後僅用時間六個月零六天。**31** 由於清政府財政困難，九龍城工程並未動用公款，而是靠捐資興建。廣東官紳對修建這項海防工程表現出極大熱忱，半年時間之內，捐輸洋銀達四十六萬八千多兩。九龍城工程僅用銀三萬六千兩。所餘銀兩則用於修建琴沙炮台、虎門同知衙署、省垣內外城工以及添調防兵兵房、修葺加工火藥局等省內重要工程。**32**

九龍城建成七年之後，在這裏發生了一場激戰。1854 年 7 月，在太平天國運動的影響和推動下，廣東爆發了聲勢浩大的天地會起義。當年 8 月 19 日，羅亞添率領的惠州天地會起義軍攻打九龍寨城，香港地區的貧苦群眾踴躍參加了戰鬥。**33** 香港護理總督金尼（W. Caine）對這一事件有較為詳細的報道：「本月 19 日上午，一群造反者進攻並佔領了九龍城。」「進攻者幾乎都是客家人，大部分是來自本島及其附近的石匠，並且都是三合會一個支派的成員。」「從昨天上午起，已有幾百人加入他們的行列。他們在進攻中死亡十二人，清帝國士兵死亡三人，傷十五人。」他還説，駐守九龍城的兩名清朝官員在潰逃中保全了性命。其中一人據説已逃到香港避難。**34** 據香港的英文報紙報道，起義軍佔領九龍城三天之後，多數起義戰士出發前往攻打新安縣的軍事要地大鵬城，九龍城內僅留下起義戰士三百名。留下的戰士中間又「出現了某些爭執」。在起義軍力量大為削弱的情況下，香港一群僱傭軍「在得到付給四百元的許諾後」，於 8 月 31 日替清軍重新奪回了九龍城。**35** 1854 年 8 月九龍城清軍的潰敗給香港英國當局留下了深刻的印象。數年以後，香港輔政司馬撒爾（W. T. Mercer）把

---

31 〈九龍城寨各工一律完竣裏〉，載《全案文牘》。

32 〈耆英、徐廣縉奏請獎敍捐資官紳及酌提捐資盈餘備支各項要工摺〉，載《全案文牘》。

33 歐德理（E. J. Eitel）所著 *Europe in China, the history of Hong Kong from the beginning to the year 1882*、丁又著《香港初期史話》等書把 1854 年攻佔九龍城的起義軍説成是太平軍，筆者曾撰〈天地會攻佔九龍寨城史實考訂〉加以辨正。該文已收入本文集。

34 金尼致喬治·格雷函，1854 年 8 月 21 日，英國殖民部檔案 C.O. 129/47。

35 《中國之友與香港公報》，1854 年 8 月 30 日、9 月 13 日。

此事明確地說成是「中國當局孱弱的證據」。[36]

五、第二次鴉片戰爭期間的九龍半島

1856 年 10 月，英國以亞羅號事件為藉口，發動了第二次鴉片戰爭。英國海軍上將西馬糜各厘（M. Seymour）率三艘軍艦闖入廣東省城內河，佔據多處炮台。英軍炮轟廣州城，並一度攻入廣州城內，在兩廣總督葉名琛衙門內肆行劫掠。

英軍的野蠻行徑激起了廣東軍民的憤怒反抗。咸豐六年十一月二十二日（1856 年 12 月 19 日），新安全縣士紳在明倫堂聚會，抒發他們同仇敵愾的愛國情懷，議決嚴禁向香港供應食物。他們發佈告示，號召「本縣百姓在裙帶路（指香港島）開設店舖者，一概停止交易。從本月二十二日起，限一個月之內回家」。[37] 新安縣抗敵會會長陳桂籍委派他的弟弟、舉人陳芝亭（譯音）率領鄉勇二千人前往九龍，進行抗英活動。他們截獲向香港偷運物資的船隻，襲擊零散英軍，刺探香港敵情，組織和鼓動香港島中國居民參加抗英鬥爭。

新安縣（尤其是九龍半島）在抗英鬥爭中充當了前哨陣地，香港英國當局對此恨之入骨。1857 年 4 月 20 日，香港總督包令（John Bowring）召集行政局會議，決定採取軍事行動，強制九龍城清朝軍事長官引渡抗英愛國人士。次日上午，在代理輔政司布里奇斯（W. T. Bridges）的參與和指揮下，馬德拉斯土著步兵團特遣隊二百名士兵進行了一次異乎尋常的侵略活動，渡海襲擊了九龍巡檢司衙署所在地九龍城。大鵬協副將張玉堂拒絕交出抗英愛國人士，竟被英軍在光天化日之下劫持到了香港。包令在當天立即召開行政局和立法局聯席會議，對張玉堂進行圍攻和恫嚇。他疾言厲色地宣稱，如果抗英鬥爭繼續發生，

---

36 〈有關九龍半島問題的備忘錄〉，1859 年 6 月 6 日，英國殖民部檔案 C.O. 129/47。

37 《有關女王陛下海軍在廣州行動的文件續編》（1855・2・21–1857・3・18），頁 20。

就是張玉堂的責任。[38]

1857 年 4 月的九龍劫持事件是英軍試探性的軍事行動。這一事件説明清軍的海防陣地形同虛設，不堪一擊，再次暴露了清朝當局的腐敗無能。九龍城的修築並未達到預期的目的。

早在 1847 年西馬縻各厘就提出過佔領九龍半島及其附近小島昂船洲的主張。由於英國政府認為時機不成熟，該建議被擱置一旁。1857 年 12 月，英法聯軍進攻廣州，清軍不戰而撤。侵略者任命英國駐廣州領事巴夏禮（H. S. Parkes）等三人擔任「大英法會理華洋政務總局正使司」，對廣州實行軍事統治，監督和指揮廣東巡撫柏貴行使傀儡政權職能。在這種情況下，參加侵華戰爭的一些英國軍官重新提出割佔九龍半島的建議。1858 年 3 月 2 日，「加爾各答號」艦長霍爾（W. K. Hall）鼓吹當時是割佔九龍岬角和昂船洲的良好機會，如果喪失這一機會，「其他國家就會通過租賃、購買或割讓來佔有這些地方」。[39] 駐紮廣州的英軍司令斯托賓齊（C. van Straubenzee）少將也提出類似建議。英軍將領的建議送達倫敦以後，得到英國政府首肯。1858 年 6 月 2 日，外交大臣馬姆斯伯里（Malmesbury）寫信命令駐華全權專使額爾金（Earl of Elgin）：一旦出現機會，應竭力從中國政府手中割佔九龍岬角和昂船洲，至少要割佔九龍岬角。[40]

1859 年 6 月英法侵略軍在大沽遭到慘敗之後，英法兩國決定派遣更多的軍隊，向中國發動更大規模的武裝進攻。1860 年 3 月，來華參戰的英國海陸軍萬餘人陸續來到香港。3 月 18 日，在該部隊統帥克靈頓（H. Grant）的指揮下，英軍第四十四團特遣隊強行侵佔了九龍半島岬角——尖沙咀一帶。陸續到達的參戰英軍大部分駐紮在九龍半島，只有很少一部分駐紮在香港島南部的深水灣

---

38 包令致拉布爾函，1857 年 4 月 24 日，英國殖民地部檔案 C.O. 129/63。

39 霍爾致哈德威克函，1858 年 3 月 2 日，英國殖民地部檔案 C.O. 17/309。

40 馬姆斯伯里致額爾金函，1858 年 6 月 2 日，英國殖民地部檔案 C.O. 17/284。

和赤柱。在阡陌縱橫的九龍半島上，英軍帳篷星羅棋佈；九龍和香港之間的海港裏，英國艦船密密層層。英軍在九龍半島進行北上作戰的準備工作，訓練錫克族騎兵，並對新式武器阿姆斯特朗炮的「威力和精確性」進行試驗。[41]

3月16日，巴夏禮在香港就租借九龍半島問題同克靈頓和香港總督羅便臣進行磋商。羅便臣決定讓巴夏禮盡快返回廣州辦理此事。3月20日，巴夏禮以九龍有「不法份子和其他壞份子」聚居為藉口，致函兩廣總督勞崇光，強行要求租借該地。此時廣州仍處於英法聯軍的佔領之下，勞崇光又是一個毫無民族氣節的昏庸官吏。在接到英國的領土要求後，他本應嚴詞拒絕，並立即向中央政府奏報。他卻反其道而行之，於當天匆遽覆信，擅自應允將今界限街以南的九龍半島領土和昂船洲租借給英國。更有甚者，他還主動提出讓新安縣令和九龍司巡檢發佈告示，責令九龍居民「各安其業」，並由地方軍政當局協同英軍鎮壓人民。[42] 中英兩國當時處於敵對狀態，英軍強佔九龍半島南端，將其作為擴大對華侵略的基地，要從該地乘船出發北上進攻清朝政府的心臟地帶。身為封疆大吏的勞崇光卻處處迎合侵略者的需要，其荒唐無恥真是無以復加。難怪英國陸軍大臣赫伯特（S. Herbert）獲悉租借成功的消息後，感歎道：「中國人真是世界上最奇怪的人！」[43]

租借九龍成功的消息傳到倫敦以後，外交大臣羅素於1860年7月密令額爾金爭取「獲得九龍半島的完全割讓」。[44] 1860年10月，英法聯軍攻入北京，火燒圓明園。10月24日，額爾金強迫清政府簽訂了中英《北京條約》。條約第六款規定：「前據本年二月二十八日（陽曆3月20日）大清兩廣總督勞崇光將粵

---

41 G. V. Wolseley, *Narrative of the War with China in 1860* (London: Longman, Green, Longman, and Roberts, 1862), p. 3.

42 勞崇光致巴夏禮函，1860年3月20日，英國外交部檔案 F.O. 17/337。

43 Samuel Couling, *The Encyclopaedia Sinica* (Shanghai: Kelly and Walsh, limited, 1917), p. 277.

44 羅素致額爾金密函，1860年7月9日，英國外交部檔案 F.O. 17/329。

東九龍司地方一區，交與大英駐紮粵省暫充英法總局正使功賜三等寶星巴夏禮代國立批永租在案，茲大清大皇帝定即將該地界付與大英大君主並歷後嗣，並歸英屬香港界內，以期該港埠面管轄所及庶保無事。」[45] 從此，新安縣九龍司的部分領土——九龍半島今界限街以南的土地（包括昂船洲）由「永租」改為「割讓」，又一塊中國領土遭到英國殖民主義者蠶食。

《北京條約》中文本稱割讓「粵東九龍司地方一區」，這種表達方式容易引起歧義。有的研究者大約是對九龍司的管轄範圍不甚明瞭，誤認為第二次鴉片戰爭中，英國割佔了整個九龍司。例如，有的著作說：英國「第一次割去香港，第二次割去九龍司」。[46] 其實，割佔的只是九龍司的一部分，而且是較小的一部分。條約英文本寫得比較清楚，割佔的只是 the portion of the township of Kowloon。[47]

六、九龍城問題始末

1898 年 6 月 9 日，英國強迫清朝政府簽訂了又一個不平等條約——《展拓香港界址專條》。通過該條約及簽約後的劃界活動，英國強租了今界限街以北、深圳河以南的廣大地區，以及包括大嶼山在內的附近大小二百多個島嶼。強租的地區包括目前的新界和新九龍。該條約聲稱：「溯查多年以來，素悉香港一處非展拓界址不足以資保衛，今中、英兩國政府議定大略，按照粘附地圖，展擴英界，作為新租之地。其所定詳細界線，應候兩國派員勘明後，再

45　英吉利續增條約九款，《籌辦夷務始末（咸豐朝）》，第七冊（北京：中華書局，1979），頁 2506。

46　蔣孟引：《第二次鴉片戰爭》（北京：三聯書店，1965），頁 220。該書是一部嚴肅的學術著作，引用了大量的檔案材料，很有參考價值，但書中有關割佔整個九龍司的說法，不能不說是千慮一失。

47　W. F. Mayers ed, *Treaties between the Empire of China and Foreign Powers* (Shanghai: North China Herald, 1902), p. 9.

行畫定,以九十九年為限期。又議定:所有現在九龍城內駐紮之中國官員,仍可在城內各司其事,惟不得與保衛香港之武備有所妨礙。其餘新租之地,專歸英國管轄。……」[48] 由於簽約過程中清朝官員竭力爭取,在條約中總算給清朝政府保留了一點面子,象徵性地規定中國對九龍城繼續擁有管轄權。但條約中「惟不得與保衛香港之武備有所妨礙」的說法,又留下了極大的漏洞,使英方有可能以此為藉口隨時對九龍城採取侵略行動。

雖然《展拓香港界址專條》的有關規定使英國隨時有可能尋找藉口阻止中國對九龍城行使管轄權,英國資產階級和某些軍方人士對此仍然表示不滿。三位一體的通商口岸壓力集團——香港總商會、英商中國社會(舊譯中國協會)和海軍聯盟獲悉條約中有關九龍城的規定後,大發雷霆。護理總督布力(Wilson Black)少將曾說,「某些對公眾事務感到興趣並且暢所欲言發表意見的團體」,他們的觀點當時給英國政府造成極大壓力,中國對九龍城行使管轄權一事已盡可能地加以限制。[49]

1899 年 4 月爆發了中國居民反抗英國武力接管新界的鬥爭。英國政府趁鎮壓反抗運動之機,一度派兵佔據了九龍城。5 月 14 日,外交大臣張伯倫(Joseph Chamberlain)下令實行佔領。兩天之後,皇家威爾士火槍隊員和一百名香港義勇軍在九龍城碼頭登陸,開進九龍城寨。城內的清朝官員提出強烈抗議,但沒有反抗。入侵者得意洋洋地升起英國國旗,並鳴放禮炮二十一響,以慶祝他們的勝利。第二天,城寨居民被迫乘船撤走。守城的大鵬協副將等拒絕離去。英方無理要求兩廣總督譚鍾麟在 5 月 20 日前撤走這些軍官,否則將用武力驅逐。譚鍾麟對英軍佔領城寨提出抗議,對英方規定的撤退期限不加理會。

---

48 王鐵崖編:《中外舊約章匯編》,第一冊(北京:三聯書店,1957),頁 769。
49 同註 27,頁 51。

1899 年 12 月 27 日，英國樞密院頒佈《城寨條例》，宣稱「中國官員在九龍城行使權利，不符合保衛香港的軍事需要」，他們「應該停止在該處行使權利」。該條例以英國女王的名義悍然宣佈：在條約的租期內，「九龍城成為女王陛下香港殖民地的重要組成部分」。[50]

本來，《展拓香港界址專條》就是一個不平等條約。英國政府竟得寸進尺，企圖否認條約保留的中國對九龍城的管轄權。這自然引起歷屆中國政府的注意和反對。因而，九龍城問題成為一個十分敏感的問題。因香港英國當局強迫城內中國居民拆遷，幾十年間風波迭起，導致中英兩國多次外交交涉。

1933 年 6 月 10 日，香港南約理民府通告九龍城內居民，將於 1934 年年底前收回他們所居之屋地，酌情給予補償，並指定城外狗虱嶺為重新建房的地段。當時城內住戶多是貧苦人家，重建住房困難很大，他們又明白所住地方一直歸中國管轄，所以他們便向當時的中央和廣東省政府求援。中國五省外交特派員甘介侯依據條約和英國政府交涉，英方才取消原議。

1936 年 12 月 29 日，香港英國當局督拆城內門牌第二十五號民屋，中國外交當局向英國駐華大使提出嚴重抗議，同時與英國駐廣州總領事費理伯（Herbert Phillips）進行交涉。但香港英國當局仍於 1940 年強行拆遷，全城住戶五十餘家住房幾乎一掃而光。當時城內房宇保存完整者，僅剩老人院、龍津義學和當地人曾生祖傳房舍一所。日本侵佔香港後，又於 1943 年將九龍城城牆拆毀，用作擴建啟德機場的材料。

日本投降以後，許多居民回到九龍城內，搭建臨時房屋作為棲身之處。1947 年 11 月 27 日，香港政府發佈通令，限城內居民在兩星期內將所建木屋自行拆毀。中國外交部兩廣特派員郭德華立即對此提出異議。1948 年 1 月 5 日、6 日兩天，香港警察強行拆毀城內民房七十四間。居民代表朱沛唐、劉毅夫阻

---

50 同註 27，頁 196、197。

止拆屋遭到逮捕。1 月 12 日警察再度進入城寨拆房，與當地居民發生衝突。他們竟開槍射擊，打傷居民張忠武等六人。內地群眾堅決支持城寨居民反討拆遷的鬥爭。南京、上海學生舉行遊行和罷課。廣州群眾三萬人舉行大規模的示威遊行。1 月 13 日中國外交部長王世杰召見英國駐華大使施諦文（Ralph Stevenson），要求停止逐出九龍城居民，並釋放所有被捕居民。在中英交涉過程中，英國政府聲稱：1899 年後，除日本佔領期間外，九龍城之管轄權始終由香港政府行使。中國駐英大使鄭天錫在 2 月 5 日答覆英國外交大臣貝文（Ernest Bevin）的照會中駁斥說：「第一，中國官員所以於 1899 年撤出九龍城及停止在該城內行使管轄權者，純因其受武力之壓迫所致，當時並曾提出抗議。第二，自該時後，中國政府不但從未放棄其在該地區內所享之管轄權，且凡遇香港政府企圖佔收此項管轄權時，均嚴厲反對。茲須特予引述者，即 1946 年時，中國政府曾釐訂方案，計劃在九龍城內恢復設治，此種計劃之暫予擱置，純係為顧全中英兩國之友好關係着想。猶憶香港總督當時曾發表聲明，否決中國政府在九龍城內恢復設治之權利，中國外交部發言人曾立即予以駁斥。」[51]

1960 年 5 月，香港英國當局發表了《九龍東北部發展草圖計劃》，把九龍城寨列入其計劃範圍之內，當地居民紛紛對此表示反對，並向香港城市設計委員會提出抗議。1962 年 3 月至 1963 年 1 月，香港政府徙置事務人員多次進入九龍城寨，張貼徙置通告，派發「徙置通知令」和「拆遷通知令」，試圖拆遷房屋近二百間，涉及居民二千餘人。當地居民拒絕接受派發的通知書，組織「九龍城寨居民聯合反對拆遷委員會」，抗議香港英國當局侵犯中國主權、損害當地居民切身利益的作法。1963 年 1 月 1 日，中華人民共和國外交部西歐司副司長宋之光召見英國駐華代辦賈維（T. W. Garvey），對香港英國當局強迫拆遷行動，表示嚴重關切，並要其轉達香港英國當局慎重考慮它所採取的行動。1 月

51《大公報》，1948 年 2 月 7 日。

17 日，外交部向英國政府提出嚴重抗議，鄭重指出九龍城寨是中國的領土，管轄權屬於中國，歷史上一向如此。要求英國政府責成香港英國當局立即撤消拆遷九龍城寨的決定，並停止任何有關拆遷的行動。[52]

歷屆中國政府都堅持擁有對九龍城的管轄權，但由於種種原因，二十世紀以來中國未能實際行使管轄權，沒有重新派遣官員和軍隊進駐九龍城。由於中國政府對管轄權問題態度堅決，在一般情況下，香港英國當局對城內事務並不過分干預。這種特殊情況，使九龍城實際成為一個「三不管」的地區。這裏是香港地區黑社會組織的重要活動場所之一，各種製造罪惡的場所在城寨內比較集中。由於在九龍城內建房、租房手續簡便，無照醫生可以自由開業，許多安份守己的居民也在這裏居住。1985 年春筆者前往香港進行學術訪問時，曾步入九龍城寨參觀。只見城寨被許多破舊簡陋的樓房圍成了四邊形，城內橫街窄巷，污水流溢，光線昏暗，空氣惡濁。城內居民生活條件十分惡劣。

1984 年 12 月 19 日，中英兩國簽署了關於香港問題的聯合聲明。中國對整個香港地區的主權問題得到解決，中國對九龍城的主權就更不成其問題了。在新的歷史背景下，香港政府提出準備清拆九龍城寨，並耗資數十億在原址上興建公園，城內四五萬居民將獲賠償安置。經過一段時間討論，中英雙方達成一致意見。1987 年 1 月 14 日，中國外交部新聞發言人發表談話説：「九龍城寨和香港其他地區一樣，是歷史遺留下來的問題，但有其特殊的歷史背景。中英兩國政府 1984 年 12 月 19 日簽署了關於香港問題的聯合聲明，圓滿地解決了中國政府於 1997 年 7 月 1 日對整個香港地區恢復行使主權的問題，從而為盡早從根本上改善九龍城寨居民的生活環境創造了條件。切實改善九龍城寨的生活環境，不但符合城寨居民的切身利益，也符合全體香港居民的利益。因此，從整個香港的繁榮與穩定出發，我們對於香港英國政府準備採取妥善措施，清拆

52《人民日報》，1963 年 1 月 18 日。

九龍城寨，並在原址上興建公園的決定表示充分的理解。」[53] 特殊歷史背景下形成的九龍城問題終於有了妥善的解決辦法。這和整個香港問題的圓滿解決一樣，標誌着中英兩國關係新的發展，為和平解決國與國之間的歷史遺留問題提供了良好的經驗。

原載《西北史地》1988 年第 2 期

---

53 《人民日報》，1987 年 l 月 15 日。

「琦善與義律會談」圖片辨誤

　　擺在我們面前的這張歷史圖片，長期以來被當作「琦善與義律會談」的
圖片而廣為採用。其實這是「張朝發與伯麥會談」的圖片。為避免繼續以訛傳
訛，有必要加以訂正。

　　這幅圖片可見於詹姆斯‧奧林奇所編《中國通商圖》（*The Chater Collection*，
馬思頓‧巴特沃思公司，1924 年初版）一書第 123 頁。書中的文字說明為：舟
山會談，1840，彩色石印畫，達雷爾爵士（Conference at Chusan, 1840, Chromo-
lithography, Sir H. Darell）。

該書第 101 頁對這幅圖片有比較詳細的說明，明確指出這是伯麥爵士與清朝主要官員之一、中國將軍張某在舟山會談的圖片。地點在舟山港，英艦威里士厘號（Wellesley）上，時間為 1840 年 7 月 4 日晚，英軍奪取舟山島之前。坐在桌子旁的，從左至右為：達雷爾爵士（Sir Harry Darell）、布耳利從男爵（Bart., Brig. Burrell）、伯麥爵士（Sir J. J. Gordon Bremer）、中文翻譯郭士立（Chas. Gutzlaff）、中國將軍張某、張的掌旗官和舟山行政長官。後面站立者，從左至右為：梅特蘭船長（Capt. Thos. Maitland）、使團軍事秘書喬斯林勛爵（Lord Jocelyn）和清朝官員們。

清代史學家夏燮在《中西紀事》一書中，對英軍入侵定海，有如下的記載：

> 英師既遁，仍乘舟北駛，行至浙洋，偵舟山之無備也，遂入焉。……時定海鎮總兵張朝發議親督水師出洋，又調派中軍游擊羅建功、護營游擊王萬年等分路堵剿。（六月）初五日，突有洋艘二駛至定海之道頭街，定海知縣姚懷祥偕羅建功登舟詰之，則手出照會文書一角，脅大令獻城。（有傳其書者皆用漢字，內稱：英國水師統領爵子伯麥、陸路統領總兵官布爾利，敬啟定海姚縣主知悉……）

這說明當時中英雙方在舟山確實舉行過會談，只是這段中文記載和《中國通商圖》上的圖片及文字說明有些出入。第一：登船與英方交涉的是姚懷祥、羅建功兩人。第二：時間是陰曆六月初五，即 1840 年 7 月 3 日，而不是 7 月 4 日。兩種記載為何略有出入，尚待研究。但參考中文資料，我們判斷畫面上坐着的三名清朝官吏為定海鎮總兵張朝發、中軍游擊羅建功和定海知縣姚懷祥，應該是正確的。

北京歷史博物館主編的《中國近代史參考圖片集》（教育圖片出版社，1958 年），可能是最早把該圖片說成是「琦善在白河口英艦上會談」的。香港七十年代雜誌出版社出版的《中國近百年歷史圖集（一八四○－一九七五）》（1976

年出版)、中國歷史博物館主編的《中國近代史參考圖錄》(上海教育出版社,
1981年) 等沿襲了這種說法。這幅圖片曾被一些英文書籍用作插圖,但文字
說明只簡單地寫為 Conference at Chusan。英文中 Chusan (舟山) 與 Kesen (Ch'i-
Shan 琦善) 發音相近。最初的譯者可能未看到《中國通商圖》原書及其對該圖
的詳細說明,大意地翻譯錯了,導致這一張冠李戴的錯誤流傳三十餘年。

原載台灣《歷史月刊》1991年第11期

附錄一
報刊評介

學者的歷史責任感
——記中國社會科學院研究員劉蜀永

傅旭

認識劉蜀永，是在香港回歸之前。因他是中國社科院近代史所研究香港問題的專家，我請他為本報「迎九七話香港」欄目撰寫幾篇關於香港歷史的文章。那時國內外許多新聞媒體出於和我同樣的目的，紛紛找他約稿，如此繁忙，他能否應允，我心裏實在沒底。豈知他不僅慨然允諾，而且如期完稿，讓我心存感動。香港回歸後，我想他該消閒多了。不曾想近日見到劉蜀永，方知他又為澳門回歸在忙碌着。去年《中華百年史話》編委會請他為《澳門史話》一書審稿，這個偶然的機會使他開始關注澳門問題。他還曾參與新華通訊社主辦的《澳門歷史與發展》大型圖片展的策劃，應邀參加《澳門歷史與社會發展》一書的構思與修改定稿工作。

劉蜀永原本並非研究香港歷史的。他 1966 年畢業於天津南開大學外文系，學的是俄語，「文革」後考入社科院研究生院，研究中外關係。1983 年，中英已就香港問題開始談判，他得知英國人一再堅持有關香港的三個不平等條約依然有效，一種學者的歷史責任感使他毅然放棄了自己的研究方向，轉而跟隨他的老師余繩武、劉存寬從事香港史研究，後來又成為香港史課題負責人。為此，他用了十年時間提高英語水準。幾年下來，他單獨或與他人合作著有《十九世紀的香港》、《二十世紀的香港》、《簡明香港史》、《香港的歷史》、《割佔九龍》等有影響的香港史著作。他撰寫的《香港歷史概要》是第一部中國學

者撰寫的系統介紹香港歷史與現狀的英文著作。近日，他參與編寫的《十九世紀的香港》獲得國家社科基金優秀成果獎。

劉蜀永始終堅持這樣一個觀點，歷史研究也要為現實服務。在香港回歸的過程中，他利用自己的研究成果做了大量的香港知識普及工作。他曾擔任中央電視台大型專題片《香港滄桑》、《香港百年》和《香港百題》的顧問，電影專題片《中國香港：1997》顧問，全國香港知識競賽總決賽顧問和評委，《光明日報》、《今日中國》雜誌「香港史話」專欄撰稿人，大型圖片展《香港的歷史與發展》的策劃人和撰稿人。

1997 年 6 月 30 日至 7 月 1 日，他應邀擔任中央電視台國際頻道香港回歸七十二小時特別報道的嘉賓主持，與電視台主持人徐俐一起進行現場直播。很少有人知道，此時他正在因感冒發着高燒。一年多為香港回歸的辛勞，使他瘦了一大圈兒。

「無一字無來歷」，是香港一家報刊對《十九世紀的香港》一書的評價。熟悉劉蜀永的人認為，這也可以說是對他嚴謹工作態度的概括。在香港回歸的宣傳中，他根據大量歷史事實糾正了某些西方學者對香港歷史的歪曲。他曾在中央電視台《新聞聯播》和《新聞 30》節目中闡述《穿鼻草約》並未簽署，英佔以前的香港並非不毛之地等論斷，在國內外引起重大反響。在澳門回歸的宣傳中，他與鄧開頌教授聯名撰文指出，有人認為澳門回歸洗雪了葡萄牙在澳門實行殖民統治四百多年的恥辱，這種說法是不準確的。葡萄牙人到澳門有四百多年，但鴉片戰爭以前中國政府是能夠對澳門行使主權的。他們的看法對澳門回歸的宣傳產生了重要影響。

作為研究香港問題的專家，在本世紀末先後經歷了香港回歸和澳門回歸兩大歷史事件，劉蜀永教授感慨甚多。他指出，從外國佔領港澳到港澳順利回歸，是我們的國家由衰弱落後到獨立強大的寫照，具有歷史的必然性。這也是

「一國兩制」方針具有強大生命力的明證。他衷心祝願，祖國在新世紀更加繁榮強大，早日實現祖國統一大業。

原載《人民日報》1999 年 12 月 28 日

《九龍城寨史話》與劉蜀永先生

魯金

　　《九龍城寨史話》已經出版，書中曾引用劉蜀永先生的論文，劉先生是國內著名的香港史學者，他曾多次來香港搜集史料，寫有多篇有份量的香港史論文。

　　《九龍城寨史話》已經出版。這是記者三十年來對九龍城寨實地採訪積存的資料所寫成的。當九龍城寨烟館、紅丸格和白粉檔最多的時候，記者曾進去作多次的採訪，這個時代是城寨的黑暗時代，要有點膽量才能進去採訪的。城內的黃賭毒，實際上是由一個貪污集團包庇而被維持的。當廉政公署成立後，反貪污運動展開，貪污集團瓦解了，城內的大小「撈家」已無法立足，是以黃賭毒就自動消失了。對於這一段歷史，記者認為不應該遺忘，是以在《九龍城寨史話》中佔了很多的篇幅。

　　九龍城寨內究竟有多少街巷，也是少人研究的。記者曾到城寨內研究每一條街巷的歷史，將每條街巷的命名原因也都逐一考察出來，亦寫進這本書內，目的是將城內的史料，盡量收入書中，以後將來清拆這個地區之後，仍保留一些歷史和照片，供後人憑吊。是以現時有一本在手，將來拆去城內的建築物之後，仍可以到該地去，按圖索驥，找出從前街道的位置和主要建築物的位置，這是記者寫這本書的主要原因。

　　記者曾向街坊介紹過九龍城寨築城的歷史，也介紹過咸豐四年（1854年）九龍城寨曾被羅亞添等三合會黨攻陷，佔領達八天之久。這些史料，在寫《史

話》的時候，增加了很多資料，其中引用國內一位學者劉蜀永先生的最新資料，是值得向街坊一談的。劉蜀永先生是國內研究香港史的學者用功最深的一位，他曾多次來香港，每次在香港都住上兩至三個星期，每次都在香港大學和中文大學的圖書館內閱讀中英文史料。他在國內寫了多篇香港史論文，其中一篇〈香港地名考析〉，發表於 1985 年《百科知識》第四期。又寫了一本《香港歷史雜談》的通俗性的香港史專書。他在 1987 年第三期的《近代史研究》中，發表論文〈天地會攻佔九龍城寨史實考訂〉，將羅亞添攻佔九龍城寨的資料引證得十分詳細，因此記者在《史話》中亦徵引他這篇論文。

劉蜀永上月來港時，和記者見面。他透露他在香港大學霍啟昌博士那裏，發現一份九龍城寨建城的檔案，這份檔案是建築九龍城池時的原始資料，是霍啟昌博士在廣州經多年的努力才找到的。可惜記者的《史話》已在印刷中，無法加入這些原始資料，只好在再版時將這份檔案資料加進去。

劉蜀永先生是中國社會科學院近代史研究所的研究員，是著名的香港史學者。三聯書店計劃出版一套叢書，名「古今香港系列」。《九龍城寨史話》作為「古今香港系列」的第一本，將來按月出版一本有關香港歷史掌故的書，記者準備介紹劉蜀永也寫一本專書，充實「古今香港系列」。

原載《明報》1989 年 1 月 12 日

值得港人重視的《劉蜀永香港史文集》

陳佳榮

　　《劉蜀永香港史文集》由中華書局（香港）有限公司出版了。劉蜀永教授是中國內地旅港的香港史名家，參與和主編過《十九世紀的香港》、《二十世紀的香港》、《20 世紀的香港經濟》、《香港史圖説》、《簡明香港史》等重要著作的編撰。本書則是他的自選文集。全書包含了三十餘篇文章，分隸於下列諸項：總論、英佔以前的香港、香港與中國革命、中英角力下的香港政治、香港經濟與文化、歷史人物、史實考訂、香港史研究動態與香港地方志、附錄。

　　書中各文無論史事考訂或分析評論，均呈客觀持平的態度，頗具參考的價值。例如：〈從香港史看西方對近代中國社會的影響〉一文，以香港為個案論述西方影響近代中國社會發展的雙重歷史作用；〈香港：150 年來政治經濟發展概況〉一文曾作為代表中國學者觀點的重要論文，於 1997 年發表在西方研究中國問題的權威性雜誌《中國季刊》上；〈香港與辛亥革命運動〉一文，系統論述了香港作為孫中山革命思想發源地，革命黨人武裝起義基地、宣傳重地和籌款之地，對於中國革命的貢獻，曾引起海內外華人傳媒的關注。書中還附有香港歷史圖片，以及與劉蜀永學術生涯有關的報刊評介、信函、簡歷、照片等，對讀者了解香港史研究狀況，以及認識香港，均有一定的幫助。

　　蜀永先生自中英《關於香港的聯合聲明》簽署前後，即矢志於香港史地的研究，並馳名於香港回歸祖國時期的國內外學術論壇上。手持《劉蜀永香港史文集》，不禁浮想聯翩，因為自己與劉君從相識到建立長期友誼，亦正同此國家大事密切攸關。在二十世紀九十年代，我們曾共同經歷了《十九世紀的香

港》、《二十世紀的香港》、《香港歷史圖說》等書的編輯、出版過程，度過了無數難忘的歲月。是故敝人之所以向大家推薦此書，絕非源於私交，而是出於對香港史學的密切關注和深厚感情。

毋庸諱言，部分香港學人曾對部分內地學者的香港史論著有所保留，認為政治內涵、意識形態過濃，並名之「歷史的沉重」。不過，對人、對事、對書均應持具體分析的態度，堅持史事確實、態度持平、結論客觀等標準。在這裏，未能對劉君文集各篇作什麼具體的評述，只就自己在兩次學術會上目擊親聆蜀永教授對學術批評的態度，發表一點感想。在那些會上，均有人撰文直接批評劉著，或詢及其對《歷史的沉重》批評的態度，劉教授非常平和、謙遜，一方面據理解釋，一方面感謝批評乃至反對的意見。由具有此等學者風度者所撰的篇章，即使內中難免可以商榷之處，但其學術價值、可讀程度，本身應是毋庸置疑的。

敝人在黃鴻釗教授《香港近代史》（學津書店 2005 年版）的〈弁言〉中有云：「由於香港自古至今，均屬中外大國治下的一個區域，故其歷史的地方性頗重，且多非由本港人所書寫：有外國人寫的香港史，有清朝人寫的香港史，有國民黨人寫的香港史，有共產黨人寫的香港史。迄今為止，還缺少一部由香港人自己寫成的、篇幅較大的通史性香港史。本來學術研究是不能分種族、民族、國界或地域的，只要是符合客觀實際，均屬全人類的成果。唯若以香港人的立場論，如果不滿意外地人為本地所撰的歷史，那就不能停留在批評的境地，而應加倍努力，認真嚴肅地編撰出一部權威的『香港人的香港史』來！」

蜀永教授早已在嶺南大學香港與華南歷史研究部和香港地方志辦公室供職，與劉智鵬博士、丁新豹博士等合力推動《香港通志》的編撰工作。「嶺南二劉一丁」所從事的，不正是「港人自講」嗎？我們應該悉力以赴，從經費、學術、出版諸方面，對他們的大業予以充分的支持！

原載香港《文匯報》2010 年 9 月 21 日

鮮活而豐富的村莊歷史記錄

——評香港第一部村志《蓮麻坑村志》

黃玲

　　香港地方志辦公室副主任劉蜀永教授專程從香港來深圳，給我贈送了幾部新出版的《蓮麻坑村志》，誠請本人為這部村志寫寫書評，我欣然答應。之所以願意為這部村志寫書評，有三個原因：一是蓮麻坑村位於深港邊界，與深圳的長嶺村一河之隔，兩村都是客家村莊，有血脈相連的關係；二是劉蜀永教授參與了這本村志的調研與編寫工作。劉教授是研究香港史的學者，他以香港地方志辦副主任的身份參與村志的編修，顯示了學者對村志的重視，正因為如此，基於這份敬意，也要給予支持；三是這部村志是香港第一本村志，也是香港地方志辦公室親力親為完成的第一部志書，其意義和價值不言而喻。

　　本人與劉教授先後兩次參加中國地方志指導小組舉辦的方志文獻學術研討會，在會上被安排互相點評對方的參會論文，我想這種安排是基於深港兩地的密切關係和互相了解。2013 年在東莞舉行的兩岸四地方志文獻學術研討會上，劉教授發表了論文〈村志編修的意義——蓮麻坑個案〉，本人被安排點評劉文。當時我認為香港編修村志是非常有必要的而且很有價值，尤其是編修深港邊界的村志更是具有不同一般的歷史價值和現實意義。今天這部村志終於由香港中華書局出版，可賀可讚！

　　蓮麻坑村是一條歷史文化內涵十分豐富的村莊。據《新安縣志》記載，該村建於清朝康熙年間，屬廣州府新安縣管轄，距今已有三百多年歷史。這條

村曾發生過許多大事，村民葉定仕是新界原居民中貢獻最大的辛亥革命元老，追隨孫中山先生從事革命活動，曾擔任中國同盟會暹羅（泰國）分會會長。抗戰時期，蓮麻坑村歷經浩劫，村民葉維里與夥伴試圖炸毀日軍控制的蓮麻坑礦山，後又參加東江縱隊抗日。可以說，蓮麻坑村的特殊地理位置和歷史傳統，為這本村志增添了歷史的亮色和特殊意義。

《蓮麻坑村志》按照地方志編修體例，系統介紹了深港邊境客籍村莊蓮麻坑的自然和社會狀況，包括自然環境、建置沿革、人口宗族、政治軍事、經濟、教育體育、文物古蹟、民間節俗、人物、海外鄉親、大事記及藝文等，廣大讀者可通過這本村志，通過蓮麻坑歷史，了解香港史、新界史、中港兩地關係史、華僑史和客家文化。

全志三十多萬字，收錄許多珍貴的歷史圖片，是一本頗有價值的志書。閱讀此志，發現這本村志有七個特點：

一、訪談資料與檔案文獻資料相結合，使全志資料翔實，內容豐富。這本志書的資料來自於許多第一手歷史資料，如官方檔案、族譜、地契、收租簿、碑銘、過境耕作證等，同時通過大量的訪談，補充了許多歷史細節和重大事件資料，從而使全志資料翔實、內容豐富。如「人口與宗族」部分，人口的資料來源於香港政府檔案資料，如 1898 年的深圳區人口情況，引自於 1898 年的《香港殖民地展拓界址報告書》的附件五〈新界各個村莊名稱和人口表〉，這個表是有關香港新界最早的人口統計資料。該統計資料中有關於深圳區的情況，該表格清楚列明了蓮麻坑是一條客籍村莊，1898 年有人口 450 人。到了 1911 年，在香港政府人口統計處的《香港殖民地 1911 年人口統計報告》裏，記錄了 1911 年的蓮麻坑村有人口 516 人，在當時的沙頭角地區中，人口位列第三。在蓮麻坑村的總人口中，男 197 人，女 319 人，男女比例嚴重失調，這是男性人口較多出國謀生的緣故。在反映蓮麻坑的宗族情況時，更多的資料來源於訪談資料。這部分主要記述了村裏葉氏、冼氏、劉氏、官氏、張氏等五大家族的情

況，其中以葉氏為村內大姓，目前在村裏居住的村民絕大多數姓葉，僅有一戶劉姓。至此其他姓村民都已遷居海外、內地或香港其他地方。在介紹這五個家族的歷史和故事時，其生動的細節都是通過訪談獲得的。精彩的故事在志中比比皆是，如「民國時期，葉氏家族在深圳河兩岸，東至沙頭角，西至布吉的範圍之內，擁有大量田地，為深圳河一帶的農業開發做出過較大貢獻」。而在蓮麻坑的劉氏家族中，「出現過一位有影響的歷史人物，就是曾在馬來亞堅持抗日活動的馬共領導人劉一帆」。記述官氏家族也有生動的記載：「1950 年代，蓮麻坑僅剩下兩戶官氏人家，居於官氏宗祠兩側的民居。官氏家族與葉氏家族及其他村內宗族關係融洽，村民之間無分彼此。至 1960 年代，年輕的官氏族人陸續前往英國謀生，日漸老邁的族人亦選擇遷至交通較為方便的上水居住。時至今日，已無官氏族人在蓮麻坑定居，但村內仍有官氏宗祠，以及官氏族人擁有的房屋及田地。」

　　二、重視記載民間習俗，全志具有濃厚的歷史文化底蘊。全志分為十三部分，專設有「民間習俗」部分，專門記載蓮麻坑村的所有習俗。內容包括風水、春秋二祭、婚嫁習俗、喪葬習俗、自然崇拜：求雨、葉法諸公崇拜、伯公崇拜、蓮麻坑與孔嶺洪聖宮、蓮麻坑與長山寺、新春同樂日等習俗。如「伯公崇拜」，客家地區普遍流行的習俗，蓮麻坑村也不例外。伯公為一方土地神、保護神。蓮麻坑村就有十二座伯公神壇，其中大王爺伯公神壇是全村最重要的土地神壇。而且蓮麻坑伯公神壇中有五座寫有對聯，如大王爺伯公的對聯是：大德巍峨千古仰，王恩浩蕩四民安。樟樹頭伯公的對聯是：福澤綿綿遠，德音秩秩長。對些對聯都顯示了源遠流長的中華文化底蘊。記載「婚嫁習俗」也很生動。如「村內有一婚娶風俗。新郎迎娶新娘回來時，自己須要先坐上花轎，抬至村口下轎回家。若家中只有新郎是男丁，則須要攜燈回家，等候新娘過門。這風俗表示男先坐花轎，希望先添男丁，而攜燈回家，則表示有香燈繼後」。

三、記載文物古蹟詳實而豐富，彰顯了村莊的悠久歷史文化。一般的村志很少記載文物古蹟，最多簡略記載一些，而這本村志，以詳實的資料、細膩的筆觸記載了村內眾多的古蹟，從而多角度地反映了這條村莊的悠久歷史與內涵。先後記載了葉氏宗祠、冼氏宗祠、劉氏宗祠、官氏宗祠、關帝宮、觀音廟、東門樓、風水塘、葉定仕故居、葉祥霖客家大屋、古橋、長命橋、麥景陶碉堡、摩囉樓堡壘、紅花寨遺址、孫中山銅像等。如葉氏宗祠建於 1819 年，2010 年被香港特區政府古物古蹟辦事處評定為三級歷史建築物。志中記載宗祠為一院三間的傳統中式建築，門廳內有功名牌匾三幅，分別是「明經進士」、「欽點御前侍衛」和「武魁」，顯示了葉氏家庭的曾經輝煌。宗祠門外還懸有對聯：螺溪世澤，楚縣家聲。表明了蓮麻坑葉氏先祖葉梅實在廣東海豐螺溪立業，其始祖沈諸梁的封邑是葉縣，後以其封邑為家族姓氏。蓮麻坑位於深港邊界，因此其古蹟也顯示了獨特的地理位置和意義，如「長命橋」是香港通往內地的七個陸路合法通道之一，原為清代古石橋，是以前蓮麻坑村民前往深圳墟趕集的必經之路；深港邊界封鎖後，只允許持過境耕作證者通過，因此又稱為國際橋。在這些文物古蹟中，麥景陶碉堡是最有時代特徵的，它反映了香港政府為了對抗非法移民和跨境犯罪而採取的堡壘封鎖的歷史。從蓮麻坑村瞭望，可清晰看見位於蓮麻坑礦山的麥景陶碉堡，這是所有深港邊界建設的麥景陶碉堡中最高的一座，2009 年被香港政府古物古蹟辦事處評定為二級歷史建築。

四、不僅記載村內歷史情況，而且也記載村民在海外僑居的生活情況。蓮麻坑是一個典型的華僑村莊。村民世代務農，原屬於傳統的農業社會。自鴉片戰爭開始，由於中國社會的動亂，國人生活苦不堪言，而西方殖民者需要大量廉價勞動力開發美洲、澳州等地，從十九世紀四十年代後期起，香港便成為有名的苦力貿易中心。蓮麻坑村的村民也紛紛出洋謀生，加入苦力大軍。在「海外鄉親」部分，就記載了這段華僑歷史，分「二戰以前出洋的村民」和「二戰以後出洋的村民」兩個時期寫。志中記載「現在居於蓮麻坑村內的村民不足

100 人，但居於海外的蓮麻坑村民估計超越一萬人」。蓮麻坑村的華僑史實際上就是中國華僑史的一個典型縮影。

五、村志系統地揭露了日軍在蓮麻坑的暴行和村民的抗日活動，令人印象深刻。這部村志在香港第一次根據檔案資料和口述史資料系統地揭露了日軍在一個村莊的暴行和村民的抗日活動。在日治的三年零八個月期間，日軍將村內七十多名村民拘捕拷打，有些村民因此死亡。村民回憶了 1943 年 10 月第一次大拘捕的七十多位村民名單。村民的抗日活動包括與東江縱隊一起三打蓮麻坑礦山等，使日軍膽戰心驚。對這段歷史的記載，可以讓後人銘記日本軍國主義者的罪惡！

六、圖文並茂，以眾多的圖片輔助正文記錄歷史。這本村志難得的是配有眾多圖片輔助正文記載村史。有不少圖片來自於村民的提供，這些圖片都非常有價值而且珍貴。如上個世紀五十年代的村貌圖片、六十年代的村風水塘圖片、六十年代的過境耕作證圖片、1918 年的葉氏族人收租簿、旅居海外的葉氏後人全家福圖片等。

七、參與村志編寫的不僅僅是幾個熱心人士的，還包括眾多鄉親提供大量的文獻資料和口述史資料，以及還捐獻資金予以支持出版。真正體現了村志是「眾手成志」。

總而言之，《蓮麻坑村志》作為香港第一部村志，無論是在歷史價值上，還是在編寫品質上，都屬於精品之作。可以說，一部村志，記錄的是鮮活而豐富的村莊歷史，也是從一座村莊的縮影反映了香港的歷史變遷。

原載《深圳史志》2015 年第 4 期、《廣東史志》2016 年第 1 期。

歷史學者劉蜀永：以史結緣香港情

張小靜

劉蜀永教授，香港嶺南大學高級研究員、香港地方志中心事務顧問。他從事香港史研究近四十年，2005 年應邀移居香港推動香港編修地方志。在「一國兩制」下修志困難重重，劉蜀永和眾多香港學者幾經努力，終有進展。他參與了香港第一本志書《香港志‧總述‧大事記》的編修。

劉蜀永認為，在條件許可的情況下，要做自己喜歡的事情，做對社會有益的事情。自己認為是正確的事情，就要鍥而不捨地堅持下去。對他而言，編修香港地方志，就是那件不容放棄的「正確的事」。

與歷史結緣

劉蜀永 1941 年生於四川省永川縣（今重慶市永川區），先後輾轉於重慶市和河北保定市生活學習，1960 年考入天津南開大學外國語言文學系俄羅斯語言文學專業。大學畢業後，劉蜀永分配到河北省秦皇島市的中學任教。當時中學不開俄語課，劉蜀永成為歷史老師，結下了與歷史的緣分。「由於工作地點是秦皇島，有山海關、萬里長城這些古蹟，我有興趣做點研究，算是和歷史搭上了關係。」

隨着「文化大革命」結束，1978 年國家恢復中斷許久的研究生招生考試。在整個社會躍躍欲試的向上氣氛中，劉蜀永抱着「多為社會做點事情」的心態，於次年報考中國社會科學院近代史研究所中俄關係史專業研究生。

　　1979 年，蔣南翔重新出山主持國家教育工作，提出「寧缺毋濫」的要求，研究生招生標準較 1978 年嚴格得多。即使如此，劉蜀永在當年報名社科院的 1,600 名考生中仍取得了第二名的優異成績。劉蜀永笑言：「因為我是當老師的，懂得怎麼應付考試，所以考得比較好。」

　　「那一年有七十九人報考近代史研究所，最後就招了我一個。」劉蜀永感歎自己的幸運，「我趕上了最後一班車。現在的人很難想像，我報考研究生時已經三十八歲，小孩都上小學了。」

　　1982 年，劉蜀永研究生畢業進入近代史所工作。此時正逢中英談判開始，國內國際對香港的歷史都很感興趣。「我的老師余繩武教授、劉存寬教授認為應該把香港歷史梳理清楚，於是決定成立香港史課題組。」跟隨老師的腳步，劉蜀永的研究方向也由中俄關係史轉為香港史。

　　上世紀八十年代初，國內相關研究資料匱乏。在國家的支持下，社科院向英國國家檔案館支付三萬英鎊，購買了編號為 CO129 的英國殖民地部檔案縮微膠卷作為研究資料。這批檔案主要內容為 1840 年代至 1950 年代初香港政府與英國政府關於香港問題的來往文書。

　　「三萬英鎊在當時是很大一筆數字。」劉蜀永提到，「我們做十九世紀香港的課題研究時，很多原始檔案都是英文手寫。有些字母很難分辨，看懂一頁資料要花很長時間。」

　　通過多年扎實細緻地研究，余繩武、劉存寬主編的《十九世紀的香港》和余繩武、劉蜀永主編的《二十世紀的香港》兩本著作先後在 1994 年、1995 年於香港和內地出版，獲得學術界與媒體的好評。「當時有香港媒體說《十九世紀的香港》是『無一字無來歷』。」《二十世紀的香港》一書印刷四萬多冊，「一本學術著作，能夠印幾萬冊，是很難得的。當然，這與當時的氣氛有關，香港回歸前，大家都希望能對香港多些了解。」

赴港推動地方志編修

編修地方志是中國獨特的文化傳統。在古代「國有史，地方有志」，地方志相當地方的百科全書，系統地記錄地方上有關自然環境與社會狀況的方方面面，側重於資料的保存。

改革開放後，國家成立了中國地方志指導小組。由國務院委託中國社會科學院代管，負責統籌規劃、組織協調、督促指導全國地方志工作。劉蜀永說：「有段時間，中國地方志指導小組在近代史所借用一層樓辦公。那時跟他們有很多接觸，了解到香港還沒有編修地方志。」

香港在明清時期隸屬廣州府新安縣。新安縣在明清時期曾數次編修縣志，但目前僅存清康熙與嘉慶年間的兩個版本。此後，英國佔領香港，新安縣大部分領土被佔領。在英國佔領香港的 156 年間，沒有進行任何修志工作。

地方志具有「存史、資政、育人」的功能。劉蜀永認為香港應該修志。香港回歸前後，當時還在北京的劉蜀永認為，香港修志應該主要靠香港本地學者推動。他與很多香港學者一起討論，大家都很熱心，但由於彼時香港社會對編修地方志缺乏認知，並沒有實質進展。

2001 年，劉蜀永從近代史所退休，有更多精力推動編修香港地方志。2002年，他與嶺南大學校長陳坤耀討論此事。「陳坤耀教授是我的老朋友，他很熱心，把劉智鵬教授介紹給我。」劉智鵬教授是土生土長的香港人，原來研究方向是清代學術。2005 年，在陳坤耀校長和劉智鵬教授邀請下，劉蜀永通過「輸入內地人才計劃」到嶺南大學駐校研究香港史，協助推動地方志編修。

內地與台灣修志都採取「官修」，但香港修志則是「政府支持，社會參與，學者主修」的模式。這種模式更符合香港社會的價值取向，使編修者享有更多學術自由，但容易出現經費困難，需要政府的大力支持。

香港社會熱心人士成立了非牟利團體香港地方志基金會，陳智思出任主

席。基金會下設香港地方志辦公室，劉智鵬任主任，原香港歷史博物館總館長丁新豹和劉蜀永任副主任。人稱「二劉一丁」。

香港實行「一國兩制」，意識形態上與內地有所差異。劉蜀永分析說：廣東話有一句俗語「順得哥情失嫂意」。由於內地與香港在某些問題看法不一，導致部分特區官員不知怎樣平衡不同看法，在支持修志的問題上態度猶豫不決。

香港地方志辦公室是自負盈虧的機構，由於政府未能給予實際支持，他們在財政上遇到的困難，外界很難想像。「最困難時，香港地方志辦公室只剩下三個人，我的助手都發不出工資。老朋友侯勵存醫生了解到情況，慷慨解囊，幫我們渡過了難關。」劉蜀永感歎道：這是得道多助，做的事情有意義，就會有很多人鼓勵、支持你。

面對重重困難，「二劉一丁」率領的地方志團隊沒有停下腳步，不斷向特區政府及香港社會推介地方志，逐漸使社會了解到修志的重要意義。他們的努力也得到中央有關機構，包括中國地方志指導小組的鼓勵。十多年來，「二劉一丁」率領的地方志團隊為修志做了大量準備工作，並寫了四十多本地方史志書籍，積累了修志經驗。其中，以深港邊境香港一側的一個客家村莊為試點編修的《蓮麻坑村志》，被列入中國地方志指導小組的中國名村志系列。

2019 年，香港修志取得重大實際進展。在中央政府及特區政府的支持下，特別是在特首林鄭月娥的關心下，董建華先生創辦的團結香港基金接手地方志編修工作，成立了香港地方志中心，在團結香港基金負責人陳智思、鄭李錦芬，地方志中心負責人林乃仁、孫文彬的主持下，正式開展《香港志》的編修工作。「二劉一丁」分別在地方志中心擔任理事、編審委員會召集人和事務顧問等職務，他們還在《香港志‧總述》中擔任主編。劉蜀永說：「眾多香港社會熱心人士齊心協力，才使香港修志邁出實質性的一步。董建華先生勇擔重任是事情的關鍵。學界朋友踴躍參與令人難忘。」

歷史學者的擔當

談到香港當前的問題時，劉蜀永說：「一國兩制」在香港的成功實踐具有里程碑意義，但也要看到回歸後發生的一些問題。作為歷史學者，很多問題不是我們能解決的。我們能做的就是在歷史教育上貢獻力量，凝聚社會共識。他認為，利用本地資源開展歷史教育更有成效。最近幾年，他和劉智鵬教授聯合原東江縱隊港九獨立大隊老游擊戰士聯誼會和東江縱隊歷史研究會等團體，研究歷史文獻，展開田野調查，提出建立沙頭角抗戰紀念館和沙頭角、西貢和大嶼山三條抗戰文物徑的構想，反映中共領導的抗日游擊隊港九大隊在新界堅持抗戰的歷史面貌。他和工作團隊行走在新界的荒山野嶺，發現了多處重要的抗戰遺址。

在編修《香港志》的過程中，劉蜀永查閱檔案史料，發現英國人管治香港的一個歷史遺產，就是小心謹慎地處理與中國政府的關係。劉蜀永談到：「諸多資料顯示，英國人深知香港與中國內地在地理、經濟和血緣等方面的緊密聯繫。他們明白，香港的發展必須建立在與中國政府的良好關係之上。如果現在的許多港人有這種智慧，很多問題能處理得好一點。」

「不是故鄉　勝似故鄉」

今年七十九歲的劉蜀永身體硬朗，仍堅持工作，每天出現在辦公室。「我的生活態度就是隨遇而安，我從沒想過退休後會這樣長時間地工作。」他說：「我還沒想到什麼時候再次退休。編修地方志的工作剛開頭，只要身體條件允許，還會繼續承擔一些工作。」

問到保持健康的秘訣，他開玩笑說：「長壽的妙方就是忙，天天有事做，讓大腦不要停下來是最重要的。」

「我六十多歲剛來香港時喜歡爬山，按粵語說是『行山』。青山爬過三次，

大帽山也爬過。」工作之餘，劉蜀永常和朋友一起爬山，足跡遍佈香港的山山水水。對他來說，這既是休息又是考察，對香港也多了些感性認識。

從事香港史研究近四十年，在香港工作生活十五年，這份獨特的經歷使劉蜀永感到香港早已成為他生命中不可分割的部分。他既為香港在國家發展中起到的歷史作用感到自豪，又為如今香港遭遇的問題而痛心。於他而言，對香港的感情似乎難以用語言描述，只是感到「不是故鄉，勝似故鄉」。

原載香港《鏡報月刊》2020 年 12 月號

附錄二
信函

金應熙致劉蜀永函 [1]

蜀永同志：

去年十二月廿一日來示敬悉。

《香港概論》上卷已於去年十月由香港三聯書店出版。此卷是香港經濟部分。去年九月收到書信時正值出版工作忙碌，故未及覆信，至感抱歉。此書現未向內地發行，俟有熟人北上京華之便，當託帶上請教正。

現在下冊編寫工作正在進行，而香港環境工作較忙，對外宣傳任務頗多，估計唯有俟春節假期方能抽出時間寫稿。港大學習生活回憶錄，去年夏間曾為港大中文系中文學會會刊撰寫一篇，約數千字，但並未着重文化交流角度。候該刊最近出版後可作為底稿加以補充。〈港大史略〉的要求，與以前所寫〈初建港大〉相差頗遠。港大歷史，專著前有 Brian Harrison 之 *The First 50 Years*，只到 1961 年；後有 Bernard Mellon 之 *University of Hong Kong* 兩卷本，亦只講到 1980 年。寫港大歷史全部過程，約以一萬字為限，很不容易，未知能否寫得好？先從深入資料開始試試看。

《香港大學與中國內地的文化交流》的題目，範圍很大。從兩次來信所述，你們組稿的內容似乎多以人為主，如校友傳略、校友專題報道、回憶錄等。港大成立近八十年來，教員學生中其經歷事業與中港文化交流有關的人數很多，如何避免畸輕畸重獲掛漏，值得注意。即以中文系

1　金應熙（1919 – 1991），著名歷史學家，畢業於香港大學，曾任廣東省社科院副院長、研究員。信中所談《香港大學與中國內地的文化交流》一書，1993 年由香港大學出版社出版時定名為《一枝一葉總關情》。

老師來說，許地山老師外，如陳寅恪、馬季明、陳君葆、
羅香林以及外籍的林仰山（Drake）、傅朗思（France）等，
有些人在港大時間長久，影響較大似亦應有傳，有些人或
可附見別人傳內。再想多數人（不論老師、學生）一生事
功，只部分與港大有關，部分與中港文化交流有關，若全
面寫傳或專題報道，則本書內容將來是否會與主題扣不
緊？我想可否考慮另一種方法參雜運用，即以港大所設的
院、系或研究機構（如亞洲研究中心等）為出發點，約請
專人撰寫該院、系等在港大與內地文化交流中的活動與成
果，如此或可比較全面（起碼我們可掌握更多情況，以為
進一步研究中港文化交流的素材）。一隅之見，僅供參考。

　　專此奉覆，即請

近安　並致候　繩武、存寬各同志

　　　　　　　　　　　　　　　　　　　　　　　應熙
　　　　　　　　　　　　　　　　　　　　　91.1.12 晨

蜀永同志：

　　兩次來示敬悉。

　　前數日託人將〈港大生活回憶〉一份帶回廣州轉寄
上，想已收到。

　　現在續考慮寫〈港大簡史〉，但因南京方面舉辦許地
山老師五十周年紀念會，會期定 7 月上旬，來信徵求紀念
文章，要 6 月初送稿。加上《香港概論》預定要在秋季定
稿（下冊），所以目前比較緊張，況「簡史」不好寫。港
大現有教師 Anthony Sweeting 專門研究香港教育史，發表
了 "Controversy over the re-opening of the University of Hong

Kong 1947-1948"等專文，要綜合寫成一篇，要花些精力，目前只有放後一點。如全書稿件已齊，是否不等此稿，請編輯室酌定。

至於傳略，我考慮我生活中與港大及內地關係有聯繫的，已在回憶中寫了。我自 1945 年回廣州在嶺南大學附中任教後，初時還有幾次回港（帶進步書刊回穗傳閱），最後一次是 1949 年 10 月廣州解放前十多天，因國民黨有捕人消息，由組織通知往港暫避，廣州解放後即回廣州，並離學校去當幹部。由此到 1983 年止，足不履香港土地凡 34 年，與香港親友亦無通訊聯繫。如此，則與本書主題（港大與內地文化交流）全無聯繫。在這一段（是我生平的主要部分）中，傳略完全是內地一個幹部、教師的生平。所以，我建議書中不要收入我的傳略。如編輯室考慮後認為仍有需要，可請轉告劉澤生同志屬筆，但總以簡略為好，請予考慮。

香港十九世紀史不知已出版否？下一步香港史研究如何計劃？照現初步考慮概論完成後，如無新的任務（聞說有單位擬組織力量編香港百科全書）則將轉回香港史方面，雖暮年精力、情緒俱遠不如前，仍將盡一點力量，項目可能是「兩次大戰之間香港史」，不知能做到多少。

專此敬覆，請代問候繩武、存寬等老友，此致

教禮

應熙

［一九九一年］五月十五日下午

黃麗松致劉蜀永函 [1]

A7 Bellevue Court
41 Stubbs Road
Hong Kong

蜀永先生：

您好！

來信和附件都收到了，謝謝！

聯誼社成立典禮上我的講話，港大新聞處已寄了一份給我。文字上您整理得很好，只有一兩個地方打字的打錯了，如下：

（1）第 8 段：「另一件可引以為慰的事，就是 1934 − 1941⋯⋯」，「1934 − 1941」應改為「1939 − 1941」。

（2）第 11 段：「交流可說開始於 1980 年⋯⋯」的第五行：「私人身份捐一筆款（五十萬元）⋯⋯」，「五十萬元」應改為「十五萬元」。

您擬將講話放進您主編的書裏，我甚歡迎。您這書很有意思！

此次來京得與各位見面暢談，不勝欣慰。希望不久將來再有機會！

匆此順頌　學安

黃麗松啟

1991.8.30

1　黃麗松（1920 − 2015），著名化學家，1972 − 1986 年任香港大學校長，為香港大學首位華人校長。受王賡武校長委託，黃麗松教授於 1991 年 6 月 16 日率香港校友觀禮團赴北京，參加香港大學校友聯誼社成立典禮，並發表講話。《一枝一葉總關情》書中收錄了這篇講話，題目為：〈你們是中港之間的橋梁〉。

趙今聲致劉蜀永函 [1]

蜀永同志：

你所寫的短文已收到，我仔細閱讀之後，提出修正意見如下：

（1）標題改成〈趙今聲教授談魯迅訪港經過〉（將「真相」二字改為「經過」減少刺激，標題下署名劉蜀永）。

（2）將原第二段提到前面，把我在〈八十八歲自述〉一文中所寫任《大光報》編輯和請魯迅赴香港作報告經過加進去，讓讀者知道事情的經過，以便判斷真假。這很重要。否則讀者就有丈八燈台摸不着頭腦之感。之後，把我的身份簡單介紹一下，令讀者感到這樣一個在社會上有地位有名望的人，不會到了晚年為成名就捏造出一段神話出來，欺世盜名。

（3）下面再揭露劉隨文章中的漏洞。

以上三段修改稿另紙附上，下面接你寫的原文。我未作修改。這樣全稿共兩千多字，我打算商請在天津出版的《團結報》全文發表。該報有訂戶一萬多家，最近改由天津市政協領導。將來內容新聞逐漸向報道政協委員和各民主黨派活動情況及對國事意見轉變。該報社長為政協副主席蕭元兼任，估計問題不大。是否妥當，請示知。

趙今聲敬啟

1993.6.1

1　趙今聲（1903－2000），著名港口工程專家，原名趙玉振，1927 年畢業於香港大學，曾任河北工學院院長、天津大學副校長、全國人大代表、天津市政協副主席。

蜀永同志：

　　兩次來函均已收見，我同意最後文稿可據此發表。香港盧瑋鑾女士同意此稿在《香港文學》發表最好不過。我已通知天津團結報社不再佔用該報篇幅發表此文，並作了解釋，請編輯諒解。這即為在香港發表更正文章掃清了道路，也可使香港關心此事的人士明瞭此事的真相。我作了件好事，但後來忙於生活，忙於工作，忙於教育科研工作，早已把此事置之度外，但並未忘掉這件事。沒想到一篇回憶錄引起如此大的波折。你為此事查文獻寫文章，花費不少心血，特此致謝。這也算你的近代史研究中一件恢復歷史真像的功績，雖然是件小事。盧信附上，請存查。

此致

敬禮

趙今聲敬啟

1993.6.25

盧瑋鑾致劉蜀永函 [1]

劉蜀永先生：

　　五月二十三日大函及大作均已收到，訪問很有意思。劉隨先生早已去世，也無法追查了。有當年人的訪問，仍應呈現於世，以供有心參考才對。未知大作會在什麼刊物刊登？我本想該文在《香港文學》刊出較理想，但該刊硬性規定不刊國內已刊出的稿件。（即不用一稿兩投的稿）故我先問清楚，才代您轉去。請來信告知，並附簡歷。（該刊有作者簡介）

　　匆匆　祝

好

盧瑋鑾
1993.6.10

1　盧瑋鑾筆名小思，香港文學家、教育家、香港中文大學中文系教授。

丁新豹致劉蜀永函 [1]

中國社會科學院近代史研究所
劉蜀永教授

劉教授：

　　您好！來信已悉，寄來書籍已收到，謝謝。

　　《香港史新編》中我的文章是拉雜成章的，部分取材自我的論文，部分是參考其他人的著作，作一些綜合的工夫，而且因為截稿的時間很早——大概是兩年前吧，不少近年來出版的資料都未及參考，待再版時才作修訂及補充吧！

　　編寫香港地方志，是很重要的工作，也是急不容緩的，我完全同意您的看法。香港有沒有人計劃編寫香港地方志？我不大清楚。這是一個很繁重的工作，需要有份量、有影響力、能動員香港史學者的人發起推動，有足夠的資源作支援，才能成事。

　　昨天收到冼玉儀的電話，她說已給校長打了報告，有意由港大出錢並作統籌。這很好，由港大出面，成立一個編纂委員會之類組織，廣泛爭取香港本地及海外有關學者的支持和協助，玉成其事。我昨天已向冼玉儀表了態，我們一定鼎力支持，希望能合力編寫一本有份量的香港地方志。

　　十月中下旬左右，可能上京與國家文物局商討博物館開館大型展覽，倘能成行，必登門拜訪一聚。順頌
研安！

香港博物館總館長丁新豹
一九九七年八月十二日

1　丁新豹，香港史專家，香港歷史博物館前總館長，香港大學、香港教育學院榮譽院士。

冼玉儀致劉蜀永函 [1]

劉蜀永老師：

你好！

聖誕節假期前，收到大作數篇，感激不已！你能在數年內「盛產」多篇資料豐富、研究深入的論文，給我們大開眼界，獲益良多，對學術界，尤其是香港研究的領域真是貢獻不少！

你的大作中，〈香港史研究述評〉、〈香港與辛亥革命運動〉及〈從香港史看西方對近代中國社會的影響〉等文章，不知刊登於哪份期刊？日期？期號？望你能將以上資料提供，好讓我能把文章登記妥當，供學生參改。

上次你和兩位張同學訪港，很可惜時間太短了！下次你們來港，請通知我，讓我盡地主之誼。

拙作東亞銀行歷史已殺青，中英文本都有。過一會兒，我將提議銀行方面寄給貴院圖書館保存，我亦會私人寄一份給你，請你指教！

祝

研安

冼玉儀上

1994.1.10

1　冼玉儀，香港史專家，香港大學香港人文社會研究所名譽教授。

劉智鵬致劉蜀永函 [1]

蜀永教授如晤：

　　日前承問香港地方志座談會進度，現特奉書報告如下：

　　陳校長已暫時擇定六月十一日為開會日期。弟亦擬好邀請名單，大致根據教授建議而有所增益。內地學者專家計有地方志指導小組兩位代表，以及鄧開頌教授。教授可否惠函三位之詳細資料，包括職位及地址、郵編等，以使發出邀請函件。至於教授和三位專家要否在會上宣讀報告，有勞教授代為斟酌商量。

　　至於內地學者來港日期，最少得停留三天（10/6－12/6）。如果教授及地方志小組兩位專家希望多留數天，弟亦可以安排。

　　弟於五月將往南開一行，倉卒間恐未能赴京拜訪教授並兩位專家。若時間安排得當，或可留京數日亦未可知。此事日後再奉書說明。

　　Alan Birch 的正式中文名字是彭雅儁。勿此，即頌

研安

弟 智鵬拜啟

二〇〇四年三月三日

1　劉智鵬，香港史專家，嶺南大學協理副校長、歷史系教授、太平紳士。

梁振英致劉蜀永函 [1]

香港 屯門
嶺南大學

劉蜀永教授：

感謝你慨贈大作《簡明香港史》。

香港回歸至今 11 年，港人對國情的認識與日俱增，但對港情的認識仍有待加強。熟悉港史是認識港情的基石，而認識港情更是建立香港身份感和凝聚力的根本。

大作翔實記載並分析香港近代史，為構建香港的凝聚力補白，我特此致謝。

順頌

大安

梁振英

二零零九年五月十一日

1　梁振英，曾任特許測量師、戴德梁行亞太區主席、香港特區政府行政會議召集人、行政長官，現任全國政協副主席。信中所説《簡明香港史》，是指 2009 年出版的該書新版。

關禮雄致劉蜀永函 [1]

蜀永教授：

　　辱承不棄，來書誨勉。弟雖於香港日治時期史，有志數十年，迄無寸進。曩昔校友先輩應熙學長在時，屢倡本港中英史料彙編，分門別類，以便查檢，以策來學。金教授戰前在港，學冠同儕，文史資料重溫如同拾芥，惜今茲去遠，可歎！

　　日本侵港戰犯審判事，在英治軍政府過渡至民政府之時即予籌組。當時另設有第五法庭（即今崇光百貨後面近景隆街、波斯街及近渣甸東角貨倉地一帶，榛莽就荒。）

　　當日港版之《南華早報》、《德臣西報》等屢有披露法庭聽證紀實，又載有若干裏通外國的奸細如 George Wong 等劣名昭著的人物等。時主筆有 Charles Ching（海外華僑，其子為 1960 年代副布政司亦名 Charles Ching 程慶禮）等人，多所記載。當時 SCMP 的主筆 Robin Hutcheon 主政逾 20 年，與另一主筆 John Luff 寫成日戰時紀實 *The Hidden Years (1941-1945)* 及戰後情況，足資參考。同時期在港大任教的英籍講師 G. B. Endacott，至為熱心，卒有學術著作 *The Hong Kong Eclipse* 的面世。

　　上世紀九十年代初，日本東京大學專研佔領地該時期的學者如林道生、小林英夫等一行來港聯絡，除翻譯拙著全書及加上補註以闡明時代背景之外，兼及其他資料及學術計劃，用力頗勤，惜未果。惟弟忖知他們在各領域都搜

1　關禮雄，律師，業餘時間潛心日佔香港史研究，著有《日佔時期的香港》。

羅資料。戰犯審訊紀錄,當無例外,惜礙於國體,未便表明而已。

　　弟雖身在法律界數十年,惟對 1947－1948 年間的法庭紀錄少有瀏覽,故個人所知所閱,跡近空白。

　　以上潦草雜憶,貽笑大方。有暇自當趨候。

弟關禮雄　謹上

2013 年 5 月 30 日

梁贊勳關於容覲彤的信函 [1]

各位：

　　2015 年來到了。三洋開泰，新春快樂！

　　歲末 12 月 18 日，《香港商報》用一版半的篇幅，報道了 12 月 6 日容永成先生到香港新界蓮麻坑村探訪其父容覲彤（Brown Morrison Yung）先生 90 年前開辦的蓮麻坑礦場舊址。永成兄和珠海梁振興先生把這個報道寄給我。新歲將臨，看了非常高興，謹轉寄給各位關心容閎和留美幼童歷史研究的朋友、教授們共用。

　　辛亥革命成功、民國成立後，容覲彤先生遵照容閎的遺訓，在哥倫比亞大學畢業後回國服務，在孫中山主持的革命政府礦業部中擔任過技士（相當於後來的副工程師），其後一直在國內從事礦業、鐵路工程等實業救國的工作。其間，1924－1932 年，在香港新界建立和經營蓮麻坑礦山長達八年，開發當地的方鉛礦、閃鋅礦，利用廣九鐵路運往香港出港。礦山容納礦工近 2,000 人，年產值佔香港當時 GDP 相當不小的比重（一說佔六分之一）。這次探訪和相關的報道，挖掘、並向我們展示了已塵封近百年的歷史，而這個位於香港新界、已荒蕪了的歷史故址，不但是容閎在臨終時殷殷諭示其子學成回國服務的佐證，而且對香港產業發展史、華南礦業史及容閎和留美幼童史的研究，提供了新的有意義的一頁。

　　感謝香港地方志辦公室副主任劉蜀永教授，他從新界

1　梁贊勳教授，中國航空專家，清代留美幼童梁普照之孫。

的史料中，知道蓮麻坑礦曾由 Brown Morrison Yung 經營了 12 年，但不知 Brown Morrison 是誰。去年容永道先生逝世後閱讀材料，才知道 Brown Morrison 就是永道的繼父，即容觀彤先生，於是邀約永成兄同去蓮麻坑探訪。這次永成兄在珠海參加留學生節開幕式後第二天，立即趕往香港新界，親睹其父親創建的開拓性的礦山遺址，不勝感慨繫之，流連忘返！

劉蜀永教授建議在礦山原址立一石碑，以志永久，我們極力贊成。不知建碑之事，在哪些地方需要我們略盡棉力，以促其成？

相信各位看到附件上的報道，會感到高興。

謹致 2015 年新年的節日問候！

梁贊勳

2014.12.29 於北京

葛劍雄致劉蜀永函 [1]

蜀永先生：

　　來郵敬悉，附件中照片敬領，不勝感激。先師信件已匯入所積先師資料庫，今年正值先師一百十周年誕辰，或能採入相關紀念材料，或將作先師遺文遺著選編。檢先師日記，此信有明確記載。又 1990 年 4 月初先師赴京開會住近代史所招待所，8 日上午先生到訪。我隨侍先師，當亦在場。

　　拜讀所附報道，得知先生作為主編參與編修之《香港志》首冊出版，先生矢志香港史研究，終成煌煌巨著，嘉惠公眾，貢獻學術，功在國家，無任欽仰！專此奉覆，敬頌新禧

葛劍雄上

2021 年 2 月 7 日

1　1977 年，劉蜀永在秦皇島做中學教師時，曾就秦皇島歷史沿革問題，向歷史地理專家譚其驤教授求教。譚教授覆信詳細作答。他的來函不僅有學術價值，也體現出提攜後進的學者風度。2021 年 2 月 7 日，劉蜀永將信函掃描件電郵給葛劍雄教授，商量如何處理有關信函。此為葛教授覆函。葛劍雄，復旦大學文科特聘資深教授、中央文史研究館館員。1978 － 1983 年係譚其驤教授指導的碩士、博士研究生，1980 － 1991 年為譚其驤教授助手。

劉蜀永簡歷

劉蜀永，男，祖籍河北省定州市清風店西只東村，1941 年 1 月 20 日生於四川省永川縣（今重慶市永川區）。

曾先後在重慶市菜園壩小學、河北保定市永華北路小學讀書。

1953－1960 年

在河北省保定市第二中學讀書。其間曾在河北北京中學讀書一年。

1960－1966 年

在天津南開大學外國語言文學系俄羅斯語言文學專業讀書。

1968－1979 年

在河北省秦皇島市第七中學和第四中學任中學教師。

1979－1982 年

在中國社會科學院研究生院近代史系讀書，獲歷史學碩士學位，指導教師余繩武教授、劉存寬教授。

1982－2001 年

任中國社會科學院近代史研究所助理研究員、副研究員、研究員，並任中外關係史研究室副主任、香港史課題負責人，兼任廣東省社會科學院客座研究員、西安交通大學兼職教授、中國社會經濟文化交流協會理事、香港大學內地校友聯誼社常務理事兼秘書長。

2003－2004 年

任中國社會科學院「香港中產階級現狀研究」課題負責人。

2005 年 9 月至今

歷任嶺南大學榮譽教授、高級研究員、香港地方志辦公室副主任、香港地方志中心事務顧問。

主要著作

1. 《山海關、秦皇島、北戴河》，北京：中國旅遊出版社，1982、1986 年。
2. 《香港歷史雜談》，石家莊：河北人民出版社，1987 年。
3. 《一枝一葉總關情》（主編），香港：香港大學出版社，1993 年、1999 年。
4. 《十九世紀的香港》（合著），北京：中華書局、香港：麒麟書業有限公司，1994 年；北京：中國社會科學出版社，2007 年。
5. 《二十世紀的香港》（余繩武、劉蜀永主編），香港：麒麟書業有限公司；北京：中國大百科全書出版社，1995 年。
6. 《香港歷史資料選評——割佔九龍》，香港：三聯書店，1995 年。
7. 《香港的歷史》，北京：新華出版社，1996 年。
8. *An Outline History of Hong Kong*（《香港歷史概要》），北京：外文出版社，1997 年。
9. 《香港》（歷史部分撰稿人），新華通訊社、聯合出版（集團）有限公司，1997 年。
10. 《香港的歷史與發展》大型圖片集（撰稿人），北京：文化藝術出版社，1997 年。
11. 《香港歷史圖說》（劉蜀永、蕭國健編），香港：麒麟書業有限公司，1997 年。
12. 《簡明香港史》（主編），香港：三聯書店，1998 年、2009 年、2016 年。
13. 《香港史話》，北京：社會科學文獻出版社，2000 年、2011 年。

14. 《揭開淇澳歷史之謎》（楊水生、劉蜀永主編），北京：中央文獻出版社，2002 年。

15. 《20 世紀的香港經濟》（主編），香港：三聯書店，2004 年。

16. 《〈新安縣志〉香港史料選》（劉智鵬、劉蜀永編），香港：和平圖書有限公司，
    2007 年。

17. 《香港歷史資料選評》（余繩武、劉存寬、劉蜀永編著），香港：三聯書店，2008 年、
    2013 年。

18. 《侯寶璋家族史》（劉智鵬、劉蜀永著），香港：和平圖書有限公司，2009 年、
    2012 年。

19. 《劉蜀永香港史文集》，香港：中華書局，2010 年、2021 年。

20. 《香港地區史研究之四：屯門》（劉智鵬、劉蜀永編），香港：三聯書店，2012 年。

21. 《蓮麻坑村志》（劉蜀永、蘇萬興主編），香港：中華書局，2015 年。

22. 《中國概況：香港》（劉智鵬、丁新豹、劉蜀永著），北京：外文出版社，2016 年簡體
    字版，2017 年英文版；香港：和平圖書有限公司，2018 年繁體字版。

23. 《香江史話》（主編），香港：和平圖書有限公司，2018 年。

24. 《香港威海衛警察口述歷史》（劉智鵬、劉蜀永主編），香港：香港城市大學出版社，
    2018 年。

25. 《簡明香港史》簡體字版（主編），廣州：廣東人民出版社，2019 年。

26. 《香港史 ── 從遠古到九七》（劉智鵬、劉蜀永編著），香港：香港城市大學出版社，
    2019 年、2020 年。

27. 《香江史話》（二）（主編），香港：和平圖書有限公司，2020 年。

28. 《方志中的古代香港 ──〈新安縣志〉香港史料選》（劉智鵬、劉蜀永選編），香港：三
    聯書店，2020 年。

29. 《植根基層 70 載 ── 香港工會聯合會工人醫療所簡史》（劉蜀永、姜耀麟著），香港：
    和平圖書有限公司，2020 年。

30. 《香港志·總述·大事記》（主編之一），香港：中華書局，2020 年。

增訂版後記

　　這本自選文集初版出版於 2010 年，已經十一年了。此次應香港中華書局邀約增訂再版，對原書做了較大調整。總計刪除文章十四篇，新增文章二十四篇、信函六封、圖片八十二張。對後記也做了一些修改。

　　本人進入香港史研究領域實際是受益於國家的改革開放政策。改革開放不僅是經濟的重大改革和思想的解放，也使得許多人得到重新選擇人生道路的機遇。我在大學主修俄羅斯語言文學專業。畢業時正值「文化大革命」期間，當然沒有機會從事研究工作，我被分配到海濱城市秦皇島做中學教師。當地有萬里長城的起點山海關和避暑勝地北戴河，這引起了我對歷史研究的興趣，撰寫和發表過有關這些名勝古蹟的文章和小冊子。在國家恢復高考和研究生招生之後，1979 年我有幸考入中國社會科學院研究生院，研究中外關係史，論文題目是《沙俄與國際銀行團》。1982 年畢業進入近代史研究所工作時，中英兩國已就香港前途問題開始談判。所裏建立香港史課題組後，我按照導師余繩武、劉存寬兩位教授的提議，改變研究方向，轉而跟隨他們從事香港史研究，後又成為香港史課題負責人。本人先在北京，後在香港長期從事香港史志研究是機緣巧合，是較難複製的特別經歷。

　　在香港史研究的過程中，我逐漸認識到，與國家遼闊的疆域相比，香港只是彈丸之地，但其獨特的地理環境和政治生態卻使它的歷史內涵極其豐富。香港是中國最早受到西方勢力衝擊的地區之一，亦是中西文化和南北文化薈萃之地。從鴉片戰爭開始，中國近代史上許多重大事件都與香港有關。第二次世界大戰以後，香港經濟高速發展，成為亞洲「四小龍」之一的發展歷程和成功經驗引人矚目。中英兩國通過和平談判解決歷史遺留問題的做法，以及「一國兩制」構想的

提出及實踐亦有許多值得深入研究的內容。

　　在近四十年的學術生涯中，我主要做了四件事：一是香港史學術研究，二是普及香港歷史知識，三是促進香港與內地的相互了解與溝通，四是推動香港地方志工程。

　　我的精力主要集中在香港史學術研究方面，參與或主持過《十九世紀的香港》、《二十世紀的香港》、《20 世紀的香港經濟》、《簡明香港史》、《香港史──從遠古到九七》等學術著作的編撰。出於對香港和國家的熱愛和學者的社會責任感，我亦樂於花費時間普及香港歷史知識，以及促進香港與內地的溝通與交流。

　　2003−2004 年，我接受中國社會科學院常務副院長王洛林委託，出任「香港中產階級現狀研究」課題組負責人，與社會學家單光鼐一起兩次赴香港「收風」，廣泛聽取中產階級人士和不同政治觀點的知名人士對香港回歸後政治經濟發展的看法，並有機會在中南海懷仁堂當面向國家高層領導報告，希望能為中央政府和香港社會各界的溝通，為更好地實施「一國兩制」方針貢獻一點力量。

　　2005 年，我接受嶺南大學陳坤耀校長和劉智鵬博士的邀請，通過「輸入內地人才計劃」，來到嶺南大學長期駐校研究香港史，協助推動香港地方志工程。十五年來，與劉智鵬教授配合默契的合作關係使我有機會更深入和全面地了解香港社會，提高了香港史研究的視野和學術水平，亦使香港地方志工程能在極其困難的情況下得以不斷向前推進。

　　我和劉智鵬教授合作最重要的成果就是 2019 年香港城市大學出版社出版的《香港史──從遠古到九七》（繁體字版）一書。毫無疑問，香港史是中國史的一部分，香港政治、經濟、社會、文化的發展與中國內地密不可分。我在北京主要是從國家的視角做香港史研究。2005 年到香港以後，和智鵬教授在一起，嘗試把國家視角和香港視角有機地整合在一起，更全面地研究香港史。這本新書就是這種嘗試的產物。該書簡體字版將由北京大學出版社出版。

　　十五年以來，除了全局性、綜合性的香港史研究以外，我和智鵬教授還對屯門、中英街、香港威海衛警察、香港達德學院、日軍在港戰爭罪行、港九大隊、新界土地、新界鄉村、家族史等進行過專題研究。在專題研究的過程中，

曾得到達德學院校友、侯寶璋教授後人、黃玲、孫霄、姚志明、韓家傑（Blake Hancock）、吳傳忠、張軍勇、林珍、尹素明、尹小平、羅志威、黃俊康、陳敬堂、王玉珍、魯慧、楊少初、鄧聖時、鄧昆池、何觀順、李耀斌、蘇萬興、葉華清、葉偉彰、李冠洪、曾玉安、宋煌貴、陳冬、張肖鷹、區劍偉、張一兵、廖虹雷、潘江偉、吳秋北、許禮平和夢周基金會等朋友和機構的幫助。

　　回顧近四十年的學術生涯，導師余繩武老師嚴謹的治學態度和劉存寬老師與人為善的學者風範對我影響甚深，使我終身受益。近代史所香港史課題組的同事徐曰彪、張俊義、張麗和我一起編寫《十九世紀的香港》、《二十世紀的香港》和《簡明香港史》的往事歷久難忘。香港大學歷史系霍啟昌博士也曾參與前兩本書的編寫。廣東省社會科學院金應熙、張磊、鄧開頌、劉澤生、陸曉敏、暨南大學馮邦彥、封小雲、張曉輝、陳偉明、葉農等師友與我有着良好的合作交流關係。英國牛津大學的曾銳生博士也曾協助我收集香港史資料。全國港澳研究會前後兩任會長陳佐洱、徐澤、秘書長陳多、楊光、副秘書長張國義、國務院港澳辦港澳研究所蔡赤萌、何德龍、萬琪、劉文娟、韓珊珊以及國務院參事曹二寶等給過我很多支持。國務院港澳辦趙秉欣、衛陵彥、中聯辦蔡培遠、張錦華、香港中國學術研究院周溯源、黃平等領導和朋友亦為我從事香港史研究提供過協助。

　　在香港，前輩梁濤和蕭國健、霍啟昌、冼玉儀、丁新豹等好友在香港史研究方面給過我許多鼓勵和協助，與陳劉潔貞、周永新、呂大樂、陳弘毅、陳明銶、陳文鴻、吳倫霓霞、科大衛、葉漢明、何佩然、鄧聰、周佳榮、林啟彥、李金強、麥勁生、黃文江、李彭廣、張兆和、鄭宏泰、游子安、馬冠堯、周家建等學者也有許多有益的學術交流。陳坤耀、陳可焜、饒餘慶、周亮全、鄧樹雄等經濟學家在香港經濟史研究方面，給過我極大支持。香港大學孔安道圖書館前後幾任主任楊國雄、尹耀全、陳桂英，香港大學檔案中心張慕貞以及高添強、鄭寶鴻、林建強、沈思等朋友在資料收集方面給過我很多幫助。熱心學術研究的企業家譚廣濂先生慷慨資助嶺南大學建立香港與華南歷史研究部，使我在香港能有一個良好的工作環境。王淦基醫生曾資助我和研究部出書。在嶺南大學工作期間，黃君健、鄭慧莊、任秀雯、章珈洛、吳端雯、曾憲明等年輕同事協助我處理過許多技

術性的問題。前後兩位助手姜耀麟、嚴柔媛高效、主動的工作，對我幫助極大。

　　香港史研究範圍極廣，而人的壽命有限，因而我寄希望於年輕一代的學者，樂於與他們分享自己的研究心得和經驗教訓。除了本部門的同事之外，我與孫揚、何志輝、孫晨旭、夏瑛、阮志、張媞等年輕學者可説是忘年之交。

　　我曾出任香港大學內地校友聯誼社秘書長十餘年，主持編寫過一本反映香港大學與內地關係的書籍《一枝一葉總關情》。在促進香港與內地的溝通與交流方面，黃麗松、王賡武、鄭耀宗、徐立之、陳坤耀、程介明、陳南祿、徐天佑、韋永庚、徐詠璇、陳鈞潤、楊雪筠、鍾佩芬、黃佩瑤、劉兆佳、李明堃、陳弘毅、呂大樂、何瀠生、李彭廣、曾鈺成、馬逢國、張炳良、邱雅雯、鄒重華，以及王洛林、李薇、盧曉衡、楊建國、張海鵬、單光鼐、馮子佩、許乃波、侯健存、施正信、顧懋祥、鍾香崇、程靜、王燕祥、于恩華、張麗英、周偉、葉林、崔全才、孟鴻偉、呂衛、羅涵先、張永年、王炳新等領導、前輩與朋友給過我許多協助與勉勵。

　　在推動香港地方志工程方面，李剛、殷曉靜、郝鐵川、朱佳木、李培林、高德、秦其明、田嘉、李富強、冀祥德、邱新立、張英聘、陳旭、劉丹、周勇進、陳強、陳華康、侯月祥、丘洪松、黃玲、楊立勛、王地久、張妙珍、陳澤泓、黃小晶、胡巧利、鄭安興、酈曉寧、吳冉彬、唐中克、王鐵鵬、譚烈飛、楊洪進、孫進柱、韓振京、孫繼勝、沙似鵬、洪民榮、朱敏彥、梅森、呂鮮林、秦驤、蔡金良、顏越虎、魯孟河、陳其弟、馬小彬、殷智、陳偉、袁心常、葛向勇、張惠評、楊明祥、鄧特、沈松平、畢吉玲、黃秀政、步平、王建朗、萬紅強、陳斌華、陳敦德，香港的陳智思、陳坤耀、鄭國漢、李祖澤、龍炳頤、譚廣濂、馬豪輝、簡永楨、伍步謙、馬逢國、李鑾輝、侯勵存、冼為堅、香樹輝、丁新豹、冼玉儀、蕭國健、吳秋北、劉兆佳、李明堃、陳萬雄、周永新、陳弘毅、呂大樂、潘耀明、鄧聰、李彭廣、洪清田、陳南祿、鄭李錦芬、林乃仁等政府官員、學者和朋友給過我許多支持。在中國地方志指導小組的領導之中，朱佳木先生始終如一的支持和鼓勵令人難以忘懷。

　　在香港地方志辦公室財政最困難的時候，侯勵存、伍步謙、簡永楨等朋友慷

慨予以支持。在香港地方志事業的多個關鍵時刻，丁新豹力挺「嶺南二劉」。香港地方志辦公室「二劉一丁」組成的修志工作團隊在推動香港修志方面可以説是竭盡全力。

2019 年，在中央政府和特區政府的支持下，香港修志有了實質性的進展。董建華先生領導的香港地方志中心成立後，我出任事務顧問和編審委員會委員。作為主編之一，我承擔了以香港冠名的首本志書《香港志・總述・大事記》的編修工作，參與總述的起草和修改、大事記的審稿。這實現了我的夙願，深感欣慰。其他幾位主編劉智鵬、丁新豹、陳佳榮、中心業務總監孫文彬博士和我等為此書付出的辛勞，真是一言難盡。

傳媒界朋友郭召金、劉兆義、董會峰、曾嘉、黃少華、張小靜、萬紅強、向建國、王紅玉、蘇曉、丁梓懿、張力平、刀書林、黎知明、馬海濤、王昊、傅旭、馮學知、唐書彪、郭偉峰、潘耀明、邱立本、文灼非、呂少群、管樂、鄭玉君、周駿、張家偉、畢嘉敏、鄭靜珊、張潔平、歐陽斌、周振天、王康宏、張謳、田軍、江若瑾、劉文、田永明、張立中、阿憶、黎錫、蔡真停、鄭穗華、黃芷淵，出版界朋友趙斌、文宏武、李濟平、區錦榮、陳佳榮、李昕、陳翠玲、侯明、周建華、鄭德華、李安、姚永康、胡開敏、楊春燕、張世林、李建國、謝剛、李效華、董海敏、金敏華、翟德芳、李占領、趙東曉、呂愛軍、黎耀強、顧瑜、朱國斌、陳家揚、梁茵、胡利國、李江、程倩等在香港史志成果推介和出版方面的努力，我一直銘記在心。

在文集增訂版出版之時，十分懷念已故的父親劉瑞恩、母親賀淑芬，是他們的關愛和鼓勵使我走上了學術研究之路。與我同甘共苦五十載的妻子張亞娟在物質生活條件十分艱難的情況下，默默地撫育子女、支撐家庭，我才能安心地從事學術研究。

我的中學老師陳中孚、大學老師宗玉才、葉乃芳、陳雲露、陳本和等使我受到良好的基礎知識和治學方法的訓練。我的中學同學袁啓明、景玉書、續玉虎、崔保安、大學同學趙宏博、谷恆東、李清和、蕭澤瀛、趙芳元、李紅傑、研究生院同學宋廷明、單光鼐等對我的影響和幫助令人難忘。在秦皇島任中學教師期

間，譚其驤、羅哲文等前輩，郭繼汾、齊慶昌、孔繁德等朋友曾對我的業餘歷史研究給予指導或鼓勵。此外，中國社會科學院考古所莫潤先、近代史所蔣大椿是影響我人生路向的兩位學長，沒有他們提供信息和熱情推薦，當年我不可能考入中國社會科學院研究生院深造。

我願在文集增訂版問世之際，再次向所有影響和支持我走向學術研究之路、從事香港史志研究的老師、家人、朋友、領導、同事和同學，表示由衷的感激之情。

人貴有自知之明。自己並非才華出眾之人，卻是腳踏實地、認真做事之人。我的文章、著述是自己熱愛祖國、回報香港的體現。希望它們能為今人和後人認識香港、研究香港提供一些線索，能為學術批評提供一些參照物。僅此而已，別無他求。

劉蜀永

2021 年 1 月 20 日杖朝之年於嶺南大學